Allgemeines

Reisepraktisches

Der Norden des Friaul

Die Mitte des Friaul

Die friulanische Küste

Text und Recherche: Eberhard Fohrer
Lektorat: Sabine Senftleben
Layout: Dirk Thomsen
Fotos: alle Fotos von Eberhard Fohrer außer S. 50, 51, 99, 110, 113, 183, 242 von Sigi Backer
Karten: Susanne Handtmann, Kim Vanselow
Coverkarten: Carlos Borrell
Covergestaltung: Karl Serwotka
Titel: In den Colli Orientali del Friuli (oben)
Canal Grande in Triest (unten)

Herzlichen Dank für Tipps und Hilfe – insbesondere bei den Wanderungen – an Sigi Backer

Die in diesem Reisebuch enthaltenen Informationen wurden vom Autor nach bestem Wissen erstellt und von ihm und dem Verlag mit größtmöglicher Sorgfalt überprüft. Dennoch sind, wie wir im Sinne des Produkthaftungsrechts betonen müssen, inhaltliche Fehler nicht mit letzter Gewissheit auszuschließen. Daher erfolgen die Angaben ohne jede Verpflichtung oder Garantie des Autors bzw. des Verlags. Beide übernehmen keine Verantwortung bzw. Haftung für mögliche Unstimmigkeiten. Wir bitten um Verständnis und sind jederzeit für Anregungen und Verbesserungsvorschläge dankbar.

Aktuelle Infos zu unseren Titeln, Hintergrundgeschichten zu unseren Reisezielen sowie brandneue Tipps erhalten Sie in unserem regelmäßig erscheinenden Newsletter, den Sie im Internet unter **www.michael-mueller-verlag.de** kostenlos abonnieren können.

ISBN 978-3-89953-263-0

1. Auflage 2007

FRIAUL-
JULISCH VENETIEN

Eberhard Fohrer

INHALT

Kartenverzeichnis

Zeichenerklärung für die Karten und Pläne

Autobahn
Hauptstraße
Straße
Nebenstraße
Piste/Staubstraße
Fußweg/Pfad
empfohlene Wanderung
GPS-Punkt
Fährlinie
Gewässer
Park/Grünanlage

Strand
Badestrand
Aussichtspunkt
Berggipfel
Höhle
Felsen
Olivenbaum
Weinberg
Quelle
Wasserfall
Anlegestelle

Grenzübergang
Museum
Allgemeine Sehenswürdigkeit
Schloss/Burg
Turm
Tor
Kloster
Kirche
Camingplatz
Rastpaltz

Hütte
Bushaltestelle
Taxistand
Flughafen
Parkplatz
Information
Post
Ärztliche Versorgung
Apotheke
Supermarkt

Verzeichnis der Wanderungen

Die Waypoints für die mittels **GPS** kartierten Wanderungen können Sie auf unserer Homepage herunterladen:
www.michael-mueller-verlag.de/gps/homepage.html

Was haben Sie entdeckt?

Haben Sie eine freundliche Trattoria weitab vom Trubel entdeckt, eine nette Unterkunft mit Atmosphäre, ein stilvolles Weingut oder einen schönen Wanderweg? Wenn Sie Ergänzungen, Verbesserungen oder neue Tipps zum Buch haben, lassen Sie es uns bitte wissen!

Schreiben Sie an:

Eberhard Fohrer
Stichwort „Friaul-Julisch Venetien"
c/o Michael Müller Verlag GmbH
Gerberei 19
D – 91054 Erlangen
eberhard.fohrer@michael-mueller-verlag.de

Das venezianisch geprägte Zentrum von Udine

Friaul-Julisch Venetien erleben

Friuli Venezia Giulia, die kleine Doppelregion am Nordende der Adria, ist ein Gebiet mit komplexer Geschichte, eigener Sprache und interessanter Mischkultur, dank des Zusammenrückens von Bergen und Meer auf engstem Raum von großer landschaftlicher Vielfalt und nicht zuletzt eine kulinarische Hochburg wegen der fantastischen Weine, den naturreinen alten Käsesorten und dem wunderbaren Schinken von San Daniele. Dazu kommt die alte Hafen- und Handelsstadt Triest, eine aufregende multikulturelle Metropole an der Nahtstelle zwischen Nord und Süd, Ost und West. Eine Region also, in der es viel zu sehen und erleben gibt – und die doch in weiten Bereichen noch fast unentdeckt ist.

Friaul besteht aus vier höchst unterschiedlichen Landschaften: den waldreichen Berglandschaften der Karnischen und Julischen Alpen, den Hügeln voller Weingärten, den Lagunen und kilometerlangen Sandstränden der Adria und dem rauen Karst um den Golf von Triest. Abwechslung ist Trumpf – wer vormittags im Liegestuhl am Strand döst, könnte schon mittags zur genussvollen Weinverkostung in die Colli Orientali del Friuli fahren und abends die Sonne glutrot über den markanten Bergspitzen der Karnischen Alpen untergehen sehen.

Für den Großteil aller Urlauber ist aber natürlich die Adria das allererste und heiß ersehnte Ziel. Österreichische Feriengäste finden heute über das Friaul den schnellsten Weg zum Mittelmeer und so ist die friulanische Adria allsommerlich fest in der Hand von Erholungssuchenden aus der Alpenrepublik, die auf der Alpen-Adria-Autobahn über Villach und Tarvisio im Handumdrehen anreisen. In den

Strandleben in Lignano

großen Badeorten *Grado* und *Lignano* ballen sich jeden Sommer Hunderttausende, doch liegen geschützte Naturparks nur wenige Kilometer entfernt, wo man nach Herzenslust und oft fast völlig allein wandern oder Rad fahren kann. Das ausgedehnte, üppig grüne Lagunengebiet setzt dabei einen prächtigen Kontrast zu den Karnischen Alpen, die bei klarem Wetter nicht selten von der Küste aus zu sehen sind.

Bei Abstechern ins Hinterland lohnt vor allem zunächst eine Fahrt über die Weinstraßen des *Collio* und der *Colli Orientali del Friuli* im sanft-hügligen Alpenvorland, die seit einigen Jahrzehnten zu den besten Anbaugebiete Italiens gehören und durch ihre innovative Rebenkultur Wohlstand in die Region gebracht haben. Die friulanischen Weinpioniere wie Livio Felluga, Silvio Jerman und Josko Gravner sind mittlerweile weltbekannt und ihre Tropfen erzielen Höchstpreise. Ebenfalls eine Tour wert ist die schon deutlich slowenisch geprägte Hügellandschaft des *Triestiner Karst*, wo man gut wandern kann und den erdigen Terrano-Wein probieren kann, dabei aber keinesfalls die im wahrsten Sinne gigantische *Grotta Gigante* versäumen sollte. Von den Städten lohnen natürlich unbedingt das venezianisch geprägte *Udine* und die ehemalige altehrwürdige k.u.k.-Metropole *Triest* einen Besuch. Reizvoll und historisch interessant sind aber auch die kleineren Orte wie *Venzone*, *Cividale del Friuli*, *Spilimbergo*, *Sacile*, *Palmanova* und *San Daniele del Friuli* – letzteres ist die unumstrittene Schinkenhauptstadt Nordostitaliens, besitzt aber auch eine Kirche voller herrlicher Fresken, genannt die „Sixtinische Kapelle" des Friaul. Das zweifellos bedeutendste kulturelle Highlight ist jedoch die alte Römer- und Patriarchenstadt *Aquileia* mit dem größten frühchristlichen Mosaikboden Europas. Familien sollten schließlich auch den Abstecher nach *Bordano* mit einem der größten Schmetterlingshäuser Europas in Betracht ziehen, wobei man den Tag

Weinlandschaft in den Colli Orientali del Friuli

wunderbar mit einem Bad im nahe gelegenen *Lago di Cavazzo* mit seinem glasklaren Wasser abrunden kann.

In den dünn besiedelten *Karnischen* und *Julischen Alpen* locken weniger kulturelle Attraktionen als vielmehr die unverbrauchte Natur – hier erstrecken sich die größten Waldgebiete Italiens. Die Sommer- und Winterfrische *Sáuris* mit ihrem märchenhaft anzusehenden Stausee hat ihren ganz eigenen Reiz und die einsamen Bergstraßen sind wie geschaffen für Biker. Mehrere große Naturparks bieten aber auch ideale Bedingungen für Wanderer und Mountainbiker und die kleinen Seen wie die *Laghi di Fusine* und *Lago del Predil* haben hohen Erholungswert, wobei Letzterer auch für Wassersportler interessant ist.

Das Friaul hat also manches zu bieten und ist auch kulturell ein durchaus anspruchsvolles Pflaster. In vielen Sitten und Gebräuchen haben sich neben den italienischen auch österreichische, slawische und deutsche Einflüsse erhalten, so etwa in der Küche, die bei aller ursprünglichen Einfachheit äußerst abwechslungsreich ist und im Spannungsbogen zwischen Bergen und Meer eine große Bandbreite besitzt. Alte Traditionen leben in den zahlreichen Festen weiter, z. B. in der Karsthochzeit von Rupingrande, in der Schiffsprozession Perdón de Barbana von Grado und im Karneval von Sáuris.

Von allen Regionen Italiens hat Friaul-Julisch Venetien aber wohl auch die größten historischen Wunden erlitten. Jahrhundertelang umstrittenes Grenzland zwischen der Republik Venedig und den Habsburgern, wurde das Friaul im 19. Jh. Schauplatz der *Irredenta*, deren Anhänger für die Angliederung der italienischsprachigen Gebiete Österreichs an den neu entstandenen Nationalstaat Italien kämpften. Im Ersten Weltkrieg schlugen sich Österreicher und Italiener in den zwölf *Isonzo-Schlachten* die Köpfe ein. Im Zweiten Weltkrieg waren die Faschisten tonangebend, die SS richtetet nach der Kapitulation Italiens eine Operationszone „Küstenland" ein und bescherte Triest das einzige Vernichtungslager auf italienischem Boden. 1945 nahmen die jugoslawischen Partisanenarmeen die Stadt ein, ab 1947 wurde Triest von der UNO kontrolliert und erst 1954 wieder italienisch. Vor allem aber war Friaul über hundert Jahre lang österreichisch, das hat Spuren hinterlassen. Gerade in der im 19. Jh. so bedeutenden Hafenstadt Triest erkennen Wiener so manches wieder: die monumentale klassizistische Architektur, die gediegenen Kaffeehäuser, das Wiener Schnitzel, das Kaiserfleisch, das „Gselchte" mit Sauerkraut, den Strudel und die Sachertorte.

Fazit: Das Friaul will entdeckt werden, man braucht aber Zeit, nicht alles zeigt sich gleich unmittelbar und vordergründig. Doch nach einigen Besuchen wird man vielleicht feststellen, dass man begonnen hat, die kleine, vielgestaltige Region im äußersten nordöstlichen Zipfel Italiens und ihre Menschen zu schätzen. Und: Es muss nicht immer Adria sein – ein Weinaufenthalt in einem der zahlreichen komfortablen Agriturismi der Colli, Wanderurlaub in den Alpen, eine Studienreise auf den Spuren der friulanischen Renaissancekünstler, ein Abstecher zum weltbekannten Schinkenfest von San Daniele, ein Wochenende in Triest oder vielleicht auch eine Kombinationsreise mit dem Nachbarstaat Slowenien – das Friaul bietet Stoff für viele Urlaube und hat schon so manchen Liebhaber für sich gewonnen.

Friaul-Julisch Venetien: Kurzer Steckbrief

Die autonome Doppelregion Friuli Venezia Giulia heißt auf friulanisch „Friûl Vignesie Julie", auf slowenisch „Furlanija Julijska krajina" und auf deutsch „Friaul-Julisch Venetien", wobei sie in diesem Reiseführer meist kurz und bündig, wenn auch historisch nicht ganz korrekt, „Friaul" genannt wird. Sie wurde 1963 gegründet, ist 7847 qkm groß und besteht (von West nach Ost) aus den vier Provinzen Pordenone, Udine, Gorizia und Triest, Regionshauptstadt ist Triest. Die jahrhundertelang von den Venezianern beherrschten heutigen Provinzen Pordenone und Udine bilden zusammen das „Friaul", die einst von den österreichischen Habsburgern regierten Provinzen Gorizia und Triest werden als „Julisch-Venetien" bezeichnet – sie sind aber nur noch ein verschwindend kleiner Teil des einstigen Julisch Venetien, das weit die dalmatinische Küste hinunterreichte. Wegen ihrer unterschiedlichen Geschichte herrscht zwischen den beiden Teilregionen bis heute eine deutliche Dualität – Bewohner von Triest würden sich nie als „Friulani" bezeichnen.

Fast 1,2 Millionen Einwohner leben heute in der Region, das sind etwa 2,1 % aller Italiener, darunter eine beachtliche slowenische Minderheit in den Provinzen Triest und Gorizia, in den Valli del Natisone (Cividale del Friuli), im Val Canale und im Canale del Ferro sowie im Val Resia (Tarvisiano). Zwei altdeutsche Sprachinseln haben sich in Zahre (Sáuris) und Tischelwang (Timau) erhalten. Die friulanische Sprache „Furlan" wird noch von vielen Einwohnern gesprochen. Das Friaul gehört somit zu den mehrsprachigen Regionen Italiens, neben dem Italienischen genießen seine drei Sprachen Slowenisch, Friulanisch und Deutsch gesetzlichen Schutz.

Landschaftliche und kulturelle Highlights

Aiello del Friuli: abseits der Touristenpfade, die Stadt der Sonnenuhren (→ S. 202)

Aquileia: der mächtige Dom mit seinem riesigen, vielgestaltigen Mosaikboden, dazu die größten römischen Ausgrabungen im Nordosten Italiens (→ S. 203)

Bordano: kleines Dorf mit einem der wichtigsten Schmetterlingshäuser Europas (→ S. 134)

Castello di Duino: Hier schrieb Rilke seine weltberühmten Duineser Elegien, nostalgische Inneneinrichtung, betörender Meerblick (→ S. 216)

Castello di Miramare: Hollywood lässt grüßen – weißes Habsburger Schloss an den Gestaden des Mittelmeers (→ S. 219)

Cividale del Friuli: das alte Herrschaftszentrum der Langobarden, Eingangstor zur Weinregion und das beste Archäologische Museum im Friaul (→ S. 158)

Colli Orientali del Friuli & Collio: Weinreben bis zum Horizont, genussvolles Degustieren und Speisen auf hohem Niveau (→ S. 158 & S. 169)

Gorizia (Görz): die geteilte Stadt an der italienisch-slowenischen Grenze mit einem Kastell wie aus dem Bilderbuch (→ S. 177)

Grado: Lagunenstädtchen mit historischem Kern – Fischmarkt, Sandstrände und Thermalkuren (→ S. 206)

Grotta Gigante: größte Einraumhöhle der Welt, versteckt im Triestiner Karst (→ S. 243)

Lago di Cavazzo: beschaulicher Bade- und Windsurfsee in den Voralpen (→ S. 133)

Lagunen von Grado und Marano & Isonzo-Mündung: Naturparks am Meer, kilometerlange Sandstrände – Schilf, Wasser und Einsamkeit (→ S. 199 & S. 211)

Laghi di Fusine: zwei Kleinode in den Bergwäldern bei Tarvisio (→ S. 101)

Monte Zoncolàn, Monte Paularo & Monte Cróstis: schmale Straßen in die Einsamkeit der Berge, Bikers Traum (→ S. 82, S. 87 & S. 89)

Monte Lussari: Marienwallfahrtsort in 1789 m Höhe, viel Ruhe und prächtige Panoramen (→ S. 102)

Palmanova: Festungsstadt in Form eines neunzackigen Sterns (→ S. 199)

Parco Naturale Dolomiti Friulane: größter Naturpark der Region, mächtige Zweitausender, weite Wälder, tiefe Täler und Stauseen (→ S. 124)

San Daniele del Friuli: Schinken bis zum Abwinken, dazu die herrlichen Fresken des Pellegrino di San Daniele (→ S. 137)

Tagliamento: frei und ungebändigt, die letzte große Wildfluss-Landschaft im Alpenraum (→ S. 128)

Triest: klassizistisches Gesamtkunstwerk mit Kaffeehaus-Romantik und dem Flair der k.u.k.-Monarchie (→ S. 222)

Sacile: idyllischer Stadtkern am Fluss Livenza, am letzten Sonntag im August einer der größten und ältesten Vogelmärkte Italiens (→ S. 118)

Sàuris: hoch gelegene deutsche Sprachinsel in fantastischer Alpenlandschaft, dazu ein imposanter, türkisfarbener Stausee (→ S. 93)

Spilimbergo: idyllische Kleinstadt, prachtvoller gotischer Dom, gemütliche Osterie (→ S. 144)

Udine: repräsentatives, von den Venezianern geprägtes Zentrum, Fresken von Tiepolo, dazu ein „Tajut" (Gläschen) am Stadtkanal (→ S. 151)

Val Rosandra: Wanderparadies am Rand der Großstadt (→ S. 245)

Venzone: nach den Erdbeben von 1976 wieder aufgebaute Stadt aus weißem Kalkstein am Tagliamento (→ S. 129)

Der Tagliamento war stets die Lebensader des Friaul (Wandbild in Pinzano al Tagliamento)

Geschichte

Nicht so richtig Italien, nicht Slowenien, nicht Österreich bzw. alles auf einmal – die Grenzregion am oberen Ende der Adria war jahrhundertelang kulturell hin- und hergerissen zwischen Venetien, dem Balkan und der österreichisch-ungarischen k.u.k.-Monarchie. Ihre wechselhafte Geschichte ist bedingt durch die exponierte geografische Lage im Schnittpunkt der Kulturen und Machtsphären.

Schon seit der Antike war Friaul stets umkämpftes Grenzland mit wechselnden Herrschaften unter Kelten, Rom, Byzanz, den Langobarden und den deutschen Kaisern. Im Mittelalter konnte sich dank einer klugen, kaisertreuen Politik der Patriarchenstaat etablieren, der 343 Jahre Bestand hatte. Seit Anfang des 16. Jh. teilten sich Venedig und die österreichischen Habsburger das Land, der Westen war venezianisch (= Friaul), der Osten gehörte zu Habsburg (= Julisch Venetien). Das 19. und das beginnende 20. Jh. waren geprägt von den Auseinandersetzungen zwischen dem neuen Nationalstaat Italien und der österreichischen k.u.k.-Monarchie. Diese Spannungen entluden sich im Ersten Weltkrieg, der mit der Niederlage des deutschen Kaiserreichs und der österreichischen Doppelmonarchie endete, Friaul-Julisch Venetien wurde damit endgültig italienisch. Die Jahre nach dem Zweiten Weltkrieg waren im Bereich Triest und Istrien vom Ost-West-Konflikt bestimmt und erst 1963 wurde die Doppelregion Friuli Venezia Giulia gegründet.

Kelten und Römer

Im 1. Jt. v. Chr. wanderten die *Karnier*, ein aus dem Osten kommender keltischer Stamm (= Gallier), im heutigen Friaul ein. Sie ließen sich zunächst in den Bergregionen und im Hügelland nieder, von den Römern wurden sie „Galli carni" genannt, karnische Gallier also. Von diesem Namen leitet sich *Carnia* (Karnien) ab, aber auch Kärnten in Österreich und Krain in Slowenien. Ihr Hauptort lag beim heutigen Zuglio im Tal des Bût (→ S. 84). Als die Kelten in die Küstenebenen vordrangen, kam es zum Konflikt mit den Römern. Diese griffen im Jahr 183 v. Chr. die Karnier an und drängten sie zurück. Um ihre Besitzansprüche wahren zu können, gründeten die Römer bereits zwei Jahre später nahe der adriatischen Küste die militärische Kolonie *Aquileia*. Diese Stadt wurde bald eine der wichtigsten des Reiches, denn sie war ein idealer Standort für die militärische Expansion im gefährlichen Nordosten des Reiches, gleichzeitig wurden von hier alle Handelswege nach Norden und Osten kontrolliert – die *Via Julia Augusta* verlief von Aquileia nach Norden über die Alpen, ins heutige Ljubljana ging die *Via Gemina*, weitere Straßen führten nach Westen ins Kernland des Reiches. Julius Cäsar (100–44 v. Chr.) weitete dann die Herrschaft ins Hinterland aus und gründete in den Jahren 56–50 v. Chr. die Stadt *Forum Iulii*, das heutige Cividale del Friuli. Die Region hieß damals „Decima Regio Venetia et Histria" und sie reichte über Tergeste (das heutige Triest) hinaus bis zur istrischen Halbinsel, die die Römer den illyrischen Histrer abgerungen hatten. *Tergeste* („Terg" = „Markt") wurde zur starken Grenzfestung gegen die Stämme der Ostalpen ausgebaut und entwickelte sich dank seiner strategischen Lage zur wichtigen Hafen- und Handelsstadt.

Friuli Venezia Giulia: zwei Mal Julius

Friaul-Julisch Venetien – ein eigenartiger Regionsname, der seine Wurzeln in der römischen Antike hat. Aus der von Gaius Julius Cäsar gegründeten Stadt *Forum Iulii* – dem heutigen Cividale del Friuli – wurde im Lauf der Jahrhunderte „Friuli" (Friaul). Aber auch der Name „Giulia" (Julisch) weist auf Cäsar zurück. Insofern ist der Name ein wenig „doppelt gemoppelt".

Zerfall des römischen Reiches, Christentum und Langobarden

Vierhundert Jahre später zerfiel das römische Imperium in ein West- und ein Ostreich. Das Christentum setzte sich als Staatsreligion durch, Aquilea wurde *Bischofssitz* und weitete seinen Einfluss auf das gesamte heutige Friaul aus und sogar noch darüber hinaus. Bereits im frühen 4. Jh. begann man mit dem Bau des mächtigen Doms, der noch heute die herausragende Sehenswürdigkeit von Aquileia darstellt. Doch in seiner exponierten Lage war die Stadt den ständigen Einfällen der „Barbaren" aus dem Osten ausgesetzt und verlor rasch an Stärke. Anfang des 5. Jh. kamen die *Westgoten* unter Alarich, konnten zunächst noch abgewehrt werden, doch 409 n. Chr. wurde Rom erobert. 452 n. Chr. belagerten die *Hunnen Attilas* Aquileia und zerstörten es völlig, seine einstige Macht war damit gebrochen. Danach folgten die *Ostgoten* Theoderichs und die *Byzantiner*, die sich auf dem Gebiet des heutigen Friaul erbittert bekämpften.

Die *Langobarden*, ursprünglich in Skandinavien ansässig, kamen 568 n. Chr. ins Land. Sie trafen nach den vorangegangenen Kämpfen vermutlich auf keinen großen Widerstand, besetzten das Friaul und machten das stark befestigte *Cividale del Friuli* zur Hauptstadt ihres ersten Herzogtums in Italien. Die Küste war zu dieser Zeit noch von den Byzantinern besetzt. Die langobardische Herrschaft sollte über 200 Jahre dauern, in dieser Zeit assimilierten sie sich allmählich, nahmen den katholischen Glauben an, verwendeten Latein als Schriftsprache und sprachen ab dem

Der Feudalismus manifestierte sich im Friaul mit zahlreichen Burgen und Festungen (Museo dei Castell Attimis)

7. Jh. Vulgärlatein. In diesen Jahrhunderten begann sich auch die friulanische Sprache zu bilden (→ S. 21). Die Langobarden erkannten zunächst auch den aus theologischen Gründen romfeindlich eingestellten Bischof von Aquileia an, der bei ihrem Einmarsch auf die Laguneninsel Grado geflohen war und sich mittlerweile *Patriarch von Aquileia* nannte. Doch als einer seiner Nachfolger sich wieder Rom zuwandte, kam es im Jahr 607 zu einem Schisma, d. h. es wurde ein Gegenpatriarch gewählt – der romfreundliche Patriarch saß nun auf Grado, der andere in Aquileia. Letzterer wurde von den Langobarden bevorzugt und schlug seinen Sitz in Córmons auf, danach in Cividale del Friuli. Grado und das maritime Istrien blieben im Einflussbereich von Byzanz, während sich das langobardische Herzogtum in ständiger Auseinandersetzung mit den Byzantinern, den ungarischen Awaren und den Slawen befand.

Ende des 8. Jh. wurde das *langobardische Reich*, das sich mittlerweile in weiten Teilen Oberitaliens etabliert hatte, vor allem in der heutige Lombardei (= Langobardia), nach einem Hilferuf des Papstes von *Karl dem Großen* erobert. Zum Dank empfing er im Jahr 800 aus der Hand des Papstes die Kaiserkrone. Sein Sohn Pippin übernahm die Herrschaft im neuen „Regnum Italiae“.

Von Karl dem Großen zur Entstehung des Patriarchenstaats

776 wurde das Friaul als letzter Teil des Langobardenreichs von Karl dem Großen erobert und einige Jahrzehnte später zur *Mark Friaul* (d. h. Grenzgrafschaft) bestimmt. Die fränkischen Herrscher führten damit den Feudalismus ein und schufen somit die Voraussetzungen für die Liquidation der Überreste der romanischen Gesellschaft. Gegen die Awaren aus dem Osten wurden ständige Garnisonen eingerichtet und auch Istrien wurde von den Franken dauerhaft besetzt. Karl der Große begann mit einer Reihe von Schenkungen an den Patriarchen von Aquileia, dessen

Unterstützung er sich versichern wollte. Diese Praxis wurde von seinen Nachfolgern und von den italischen Königen fortgesetzt, sodass die Institution des Patriarchen stark an Einfluss gewann. Otto I. trennte schließlich die friaulische Mark und Istrien vom italischen Reich ab und vereinte sie mit dem Herzogtum Bayern und Kärnten. Dadurch wurden sie an die germanische Welt angebunden und weite Ländereien an deutsche Adelsfamilien vergeben.
Die Patriarchen von Aquileia erhielten jedoch weiterhin Schenkungen und blieben im Gegenzug den Kaisern treu und ergeben. Vor allem der aus Kärnten stammende *Patriarch Poppone* (1019-1045) tat sich hervor, baute das Land auf und brachte den Handel mit den Ländern jenseits der Alpen zum Blühen. Mit den zahlreichen Schenkungen und Privilegien, die den Patriarchen seit langobardischen Zeiten zugestanden worden waren, war so der größte kirchlich regierte Herrschaftsbereich in Europa entstanden. Als der schwer in Not geratene Kaiser *Heinrich IV.* 1076 schließlich auf der Rückkehr aus Canossa vom Patriarchen Sigeard sicher durch das Friaul geleitet wurde, gestand er ihm schließlich die Herrschaft über die *Grafschaft Friaul* mit allen herzoglichen Rechten zu, einschließlich des Cadore (Venetien). Damit war der friulanische *Patriarchenstaat* entstanden, der 343 Jahre lang bis zur Eroberung durch Venedig Bestand haben sollte. Sein Regierungssitz lag zunächst in Cividale, später zogen die Patriarchen nach Udine um.

Der Patriarchenstaat

Die Patriarchen stammten im 12. Jh. durchweg aus deutschen Familien und verfolgten eine ghibellinische (kaisertreue) Politik. Anfang des 13. Jh. fiel Istrien mit kaiserlicher Billigung an die Patriarchen. Doch mit dem Niedergang der kaiserlichen Macht im 13. Jh. kam eine neue Entwicklung, die Patriarchen entstammten nun italienischen Familien und verfolgten eine guelfische Politik. Istrien ging an Venedig verloren und im Hinterland entwickelten sich die Grafen von Görz zum mächtigen Widersacher. Diese legten ihren Herrschaftssitz nach Cividale, während das geschwächte Patriarchat in Udine regierte. Die *Herzöge von Österreich* mischten sich nun ebenfalls in das Spiel der Mächte ein und auch die nahe *Dogenrepublik Venedig* stand drohend vor den Toren der Handelsstadt Triest, denn nach der immer schwieriger werdenden Expansion im Mittelmeer konzentrierte sich die „Serenissima" zusehends auf die Eroberung der näheren Umgebung und des Hinterlands. 1368 eroberten die Venezianer die unbequeme Konkurrentin – doch schon 1382 gelang es den Triestinern nach der Schlacht von Chioggia, in der Venedig nur unter Aufbietung aller militärischen Kräfte den großen Konkurrenten Genua bezwingen konnte, sich den Venezianern zu entziehen und sich unter den Schutz der Habsburger zu stellen. Damit erhielt das Habsburger Reich seinen einzigen Zugang zum Meer, den es bis zum Ende des Ersten Weltkriegs behalten konnte.
Anfang des 15. Jh. kam es zum Konflikt zwischen König Sigismund von Ungarn und Venedig. 1411 besetzten die Truppen Sigismunds Udine, die Patriarchen waren gezwungen, sich ihm zu unterwerfen Damit war für Venedig der Kriegsgrund gegeben – Cividale ergab sich schon bald, Udine fiel ein Jahr später und auch die Grafen von Görz wurden gezwungen, ihre Investitur künftig von Venedig entgegenzunehmen.

Unter venezianischer und österreichischer Herrschaft

In Udine regierte ab 1420 ein venezianischer Statthalter und das Stadtzentrum wurde nach dem Vorbild Venedigs prachtvoll ausgebaut. Doch der lokale Adel und das Volk blieben von jeder Mitwirkung an der Macht ausgeschlossen, die Wirt-

Jahrhundertelang wehte die Fahne Venedigs auch über dem Friaul

schaft verfiel zunehmend und auch das Kunstschaffen der Renaissance fand in Friaul-Julisch Venetien nicht statt. In Istrien förderte Venedig die slawische Einwanderung, um die Landwirtschaft zu sanieren. Mit dem ausgehenden 14. Jh. verstärkten die Türken ihre Expansionsbestrebungen im östlichen Mittelmeer und fielen immer wieder marodierend und brandschatzend in Friaul-Julisch Venetien ein. 1500 marschierte *Kaiser Maximilian I.* in Görz ein, denn der letzte kinderlose Graf hatte seine Ländereien Österreich vermacht. Wenige Jahre später kam es zum Krieg zwischen Venedig und den Habsburgern, die sich in der *Liga von Cambrai* mit Frankreich, Spanien und dem päpstlichen Rom verbündet hatten. Die Niederlage Venedigs gegen die übermächtige Liga bedeutete das Ende seiner Großmachtpolitik. Es behielt nur das *Friaul*, d. h. den westlichen Teil des heutigen Friaul-Julisch Venetien, während der durch den Fluss Judrio getrennte östliche Teil um die Stadt Görz unter habsburgischer Herrschaft stand, ebenso wie das benachbarte Triest. Dieser Landesteil wurde später *Julisch Venetien* genannt. Diese Machtverhältnisse blieben bis zum Ende des 18. Jh. im Wesentlichen unverändert.

Venedig förderte in dieser Zeit zwar die Städte, doch auf dem Land herrschte Armut und Niedergang. Das venezianische Friaul blieb feudal zersplittert, das zunehmend kraftlosere Venedig griff kaum noch ein. Die Pest wütete wiederholt in der Stadt und im 17. Jh. gingen die letzten Besitztümer im östlichen Mittelmeer verloren. Venedig wurde von einer globalen Militärmacht zur Stadt der schönen Künste, aber auch der Vergnügungen und der Lust.

19. Jh. und „Irredenta“

Am Ende des 18. Jh. begann die Expansion der französischen Revolutionsheere in Europa, gefolgt von den Armeen *Napoleons*. 1796 besiegte Napoleon die Habsburger in Oberitalien und zwang den letzten venezianischen Dogen zur Abdankung – mehr als 1000 Jahre Unabhängigkeit hatten damit ihr Ende gefunden. 1797 verzichtete der österreichische Kaiser Franz II. Joseph, der auch das Heilige Römische Reich Deutscher Nation vertrat, im *Frieden von Campo-Formio* auf die Niederlande und erkannte als Frankreichs Ostgrenze den Rhein an. Damit hatte er zwar jahrhundertealte Ansprüche aufgegeben, erhielt dafür aber die Verfügungsgewalt über Venetien bis zur Etsch, Friaul-Julisch Venetien, Istrien und Dalmatien. Der Friedensvertrag wurde unter demütigenden Bedingungen in der *Villa Manin* unterzeichnet, etwa 25 km westlich Udine, wo Napoleon Quartier genommen hatte. Dort ließ er die Österreicher bis spät in die Nacht warten, bevor er zur Unterzeichnung erschien.

Nach der Niederlage Napoleons wurden den Habsburgern im *Wiener Kongress* von 1815 die Lombardei, Venetien, Südtirol-Trentino und Friaul-Julisch Venetien zugesprochen. Doch die italienische Einigungsbewegung des *Risorgimento* erkämpfte im 19. Jh. in schweren Schlachten (z. B. Solferino) die Befreiung von der österreichischen Fremdherrschaft. 1861 wurde das *Königreich Italien* unter Vittorio Emanuele II ausgerufen. Die Lombardei, Venetien und Udine mit dem einstigen venezianischen Teil des Friaul traten 1866 bei, Görz und Triest blieben dagegen bis zum Ersten Weltkrieg in österreichischer Hand. Vor allem in Triest wurde nun die Bewegung der *Irredenta* immer stärker (Irredenta Italia = Unerlöstes Italien), deren Anhänger für die Angliederung der italienischsprachigen Gebiete Österreichs an den neu entstandenen Nationalstaat Italien kämpften. Die Triestiner waren zu drei Viertel Italiener und überzeugte Irredentisten – trotz der Überzeugungsarbeit der österreichischen Behörden, dass es ihnen im einzigen Hafen des Kaiserreich besser gehen würde als unter italienischer Flagge, wo es jede Menge großer Hafenstädte gäbe. Doch die Triestiner entzogen sich dieser zweifellos richtigen politischen Analyse und kämpften für den Anschluss an Italien – im Gegensatz zur Region um Görz, die lieber bei Österreich bleiben wollte.

Erster Weltkrieg und faschistische Epoche

Bei der Teilnahme am Ersten Weltkrieg – in Italien „La Grande Guerra“ genannt – verfolgte Italien u. a. den Anschluss von Friaul-Julisch Venetien. Die Kämpfe gegen das Habsburgerreich wurden zum größten Teil im Friaul selbst ausgefochten, die Frontlinie verlief für Jahre quer durch die Region. Zwischen Juni 1915 und Oktober 1917 war das Gebiet östlich und westlich des *Isonzo* Schauplatz von zwölf erbittert geführten Schlachten mit spärlichen Landgewinnen, aber extrem hohen Verlusten an Menschen (→ S. 184). Auf dem Soldatenfriedhof von *Redipúglia* bei Gradisca d'Isonzo liegen die Überreste von 40.000 identifizierten und 30.000 nicht identifizierten Gefallenen der Isonzo-Schlachten, es ist Italiens größter Militärfriedhof.

Ein Aufbruch voller Enthusiasmus...

Im Oktober 1917 brachen die österreichischen und deutschen Truppen bei *Caporetto* durch und verdrängten die Italiener in die Region Veneto, wo es ihnen mit britischer und französischer Hilfe jedoch gelang, den entscheidenden Durchmarsch der Mittelmächte in die Poebene zu verhindern und sich wieder neu zu formieren. Im Herbst 1918 erlitt Österreich bei *Vittorio Veneto* eine schwere Niederlage und schloss mit

... gefolgt von Trauer und Tod

Italien einen Waffenstillstandsvertrag, der am 3. November unterzeichnet wurde. Damit war der Krieg zwischen beiden Ländern offiziell beendet. Noch am selben Tag landeten italienische Truppen in Triest und besiegelten die *Vereinigung der ehemaligen österreichischen Gebiete mit Italien.* Auch Istrien und Teile Dalmatiens gehörten damals dazu, ebenso wie bald darauf das *Val Canale,* das 1919 von Kärnten und Krain abgetrennt und dem Friaul zugesprochen wurde. Wenig später setzte sich der nationalheroische Literat *Gabriele d'Annunzio* an die Spitze einer Bewegung, die die dalmatinische Stadt Rijeka (ital. Fiume) „heim ins Reich" holen wollte. Im September 1919 besetzte er mit faschistischen Abenteurern Rijeka, wurde aber fünfzehn Monate später in der „Blutigen Weihnacht" von regulären italienischen Truppen aus der Stadt vertrieben.

Wegen der schweren Kriegszerstörungen und der katastrophalen Wirtschaftslage fand die *faschistische Bewegung* in den zwanziger Jahren im Friaul großen Zulauf. Aufgrund des Anspruchs des 1918 gegründeten *Königreichs der Slowenen, Kroaten und Serben* auf die Städte in Dalmatien und Istrien herrschte ein starker Irredentismus, die slawischen Einwohner und ihre Kultur wurden unterdrückt. Im Januar 1924 nahm Italien Rijeka in Besitz und hielt es bis 1941.

Zweiter Weltkrieg bis heute

Im Zweiten Weltkrieg war die Region Friaul eine Hochburg der italienischen Faschisten. 1939 wurden die so genannten „Volksdeutschen des gemischtsprachigen Gebietes von Tarvis", des Val Canale, das 1919 dem Friaul zugeteilt worden war, ähnlich wie in Südtirol vor die Wahl („Option") gestellt, die italienische Staatsangehörigkeit anzunehmen oder auszuwandern. Die große Mehrheit ging nach Kärnten und in die Steiermark, nur die Slowenen blieben und das Kanaltal wurde in den folgenden Jahren schnell italienisch besiedelt.

Nach der Kapitulation Italiens im September 1943 wurde aus der Region Friuli Venezia Giulia der großdeutsche Gau *Operationszone Adriatisches Küstenland* mit den Provinzen Udine, Triest, Görz, Pula, Rijeka und Ljubljana gebildet. Diese letzte europäische Eroberung des nationalsozialistischen Imperialismus war dem österreichischen Gauleiter von Kärnten, Friedrich Rainer unterstellt. Er hasste Italien und hielt es aus seiner rassistischen Ideologie heraus für gerechtfertigt, Friaul

aus dem italienischen Staat herauszulösen, das als Drehscheibe für die Expansion nach Südosteuropa für die Nazis von großer Bedeutung war.
Es begann ein *Partisanenkrieg*, der ursprünglich von slowenischem Territorium ausging, sich aber rasch auf italienisches Gebiet ausbreitete und sogar bis Kärnten übergriff. Bereits seit 1941 hatten die slowenischen Kommunisten den Widerstand organisiert: Sie gründeten Partisanen-Einheiten, schlossen sich Titos Untergrundarmee und der kommunistischen Partei Jugoslawiens an und kämpften bis 1945 gegen die Nazis, aber auch gegen die eigenen, mit den Nazis kollaborierenden Landwehrmänner, die so genannten „Leghe bianche" (Weiße Garden). Da sie antiitalienisch eingestellt waren, kam es auch zu Übergriffen gegenüber den Italienern im Friaul, von denen viele im Karst ihr Leben verloren.
In der Region von Triest hatten es die deutschen Besatzungsmächte sehr schwer, ihre Präsenz zu festigen. Der berüchtigte, in Triest geborene SS-Führer Odilo Lotario Globocnik, der bereits in Polen an der Ermordung von 2,5 Millionen Juden beteiligt gewesen war, leitete die brutalen Polizeiaktionen, unterstützt von „Experten" der „Aktion Reinhardt" (auch: Einsatz Reinhardt), die vorher in den Vernichtungslagern Osteuropas aktiv gewesen waren. (Die Aktion Reinhardt war ein Tarnname für die vollständige Vernichtung des Judentums, der Name war von Reinhardt Heydrich abgeleitet, dem Chef der Sicherheitspolizei, des Sicherheitsdienstes und des Reichssicherheitshauptamtes). Es gab Massaker an der Bevölkerung, ganze Dörfer wurden niedergebrannt und am Stadtrand von Triest entstand ein Konzentrationslager, das einzige Vernichtungslager auf italienischem Boden (→ S. 237), in dem unter Leitung von SS-Sturmbannführer Christian Wirth Juden, zivile Geiseln, Antifaschisten und jugoslawische Partisanen ermordet wurden. Wirth wurde am 26. Mai 1944 von Partisanen erschossen.
Nach dem Rückzug der Wehrmacht wurde Triest im Mai 1945 von den *jugoslawischen Partisanenarmeen* unter Tito eingenommen. Tito ging es darum, den – von Moskau unterstützen – jugoslawisch-slowenischen Anspruch auf Triest (Trst) zu untermauern. Zwischen den italienischen antifaschistischen Partisanen und den Tito-Leuten kam es immer wieder zu Zusammenstößen, hunderte Friulaner wurden verschleppt und in den Karsthöhlen ermordet. 40 Tage dauerte die blutige Besetzung Triests, dann mussten die Jugoslawen im Juni 1945 auf Druck englischer und amerikanischer Truppen aus der Triestiner Region abziehen. Mit dem *Pariser Friedensvertrag* vom 10. Februar 1947 wurde Istrien und Dalmatien zusammen mit dem größten Teil des Karstgebietes Jugoslawien zuerkannt, die Stadt Gorizia wurde zwischen Italien und Jugoslawien geteilt. Der übrige Teil des heutigen Friaul-Julisch Venetien gehörte damals als Provinz zur Region Veneto. Da die Jugoslawen die Italiener in den ihnen zugesprochenen Gebieten Repressalien aussetzten, flohen diese nach Triest, während sich die Slowenen aus Triest nach Jugoslawien absetzten. Die wichtige Hafenstadt wurde nun zum Zankapfel zwischen Ost und West. Über ihre Zugehörigkeit konnte zunächst keine Einigung erzielt werden, deshalb wurde sie als UNO-Schutzzone verwaltet.
Erst im Jahr 1954 konnte die Verwaltung von Triest und Muggia endgültig Italien zugesprochen werden (bei Muggia hatte die englisch-amerikanische Besatzung von 1945 geendet) und 1963 wurde Friaul-Julisch Venetien als *autonome Doppelregion* in der italienischen Verfassung verankert. Die Region hat seitdem kulturelle Eigenrechte, vor allem auf sprachlichem Gebiet, denn neben Italienisch sind auch Slowenisch, Friulanisch und Deutsch durch Regionalgesetze als geschützte Sprachen anerkannt. Schon seit 1947 gibt es eine friulanische Autonomiebewegung, den

Movimento Friul (MF), die die Fremdbestimmung der Region bekämpft und die hauptsächlich von romanischen Wählern bevorzugt wird. Auch die *Lega Friuli* versucht, die Rechte der Minderheiten zu wahren.

Furlan: Das Friulanische

Das Friulanische, im Friaul „Furlan" genannt, ist eine eigene romanische Sprache mit mehreren ausgeprägten, lokalen Dialekten, z. B. dem West- und Ostfriulanischen und dem Karnischen. Die Hauptstadt Triest gehört nicht zum friulanischen Sprachverbund, dort wird ein venezianischer Dialekt gesprochen. Etwa 700.000 Menschen sprechen und verstehen Furlan, damit ist es die drittgrößte Minderheitensprache in Italien. Ob es zusammen mit dem Dolomit-Ladinischen (Südtirol) und dem Bündner-Romanischen (Graubünden) zur rätoromanischen Sprachgruppe gehört, ist umstritten. Erste Dokumente in friulanischer Sprache stammen aus dem 13. Jh., doch die Wurzeln liegen weitaus früher (→ S. 15). Auffallend ist seine starke Latinisierung, die bereits durch die Patriarchen gefördert wurde und die durch die jahrhundertelange Verbindung mit Venetien noch verstärkt wurde. Deutsche Elemente sind dagegen eher selten. Seit dem 15. Jh. sprach das Volk weitgehend Friulanisch, der Adel dagegen Latein oder Deutsch.

Heute ist das Friulanische in der Region gesetzlich geschützt, doch die intensive Verwendung des Italienischen in Wirtschaft und Tourismus hemmt seine Verbreitung. Auch in den Medien findet es nur geringe Verbreitung: So gibt es nur einen einzigen Radiosender namens „Onde Furlane", der Friulanisch sendet, und in den Zeitungen erscheinen immer nur einzelne Artikel auf Friulanisch. Wichtigster Förderer des Friulanischen ist die 1919 gegründete „Friulanische Philologische Gesellschaft" (Società Filologica Friulana), die Sprachkurse und Tagungen veranstaltet (www.friul.it).

Geografie

Friaul-Julisch Venetien bildet die nordöstlichste Ecke Italiens. Es ist die viertkleinste Region im Land (nach Aosta, Molise und Ligurien), erstreckt sich aber von den dicht bewaldeten, hochalpinen Gebieten der Karnischen und Julischen Alpen über die Hügel voller Weingärten und die große Tiefebene bis zu den Lagunen der Adria, die hier ihren nördlichsten Punkt erreicht. Dazu kommt der raue Karst, der wie ein felsiger Rahmen um den Golf von Triest liegt. Das landschaftliche Spektrum zeigt sich so auf engstem Raum äußerst vielseitig.

Morphologisch gibt es zwei deutlich voneinander abgegrenzte Zonen: das Bergland der Karnischen und Julischen Alpen, im Westen *Carnia* (Karnien) genannt, im Osten *Tarvisiano* (Tarvisien), bis zum hügeligen Voralpengebiet und die Ebene, die aus dem Schwemmland der zahlreichen Wasserläufe und den ausgeprägten Lagunenlandschaften der Adriaküste besteht. Die höchsten Gipfel sind der *Monte Cogliàns* (2780 m) in Karnien und der *Jof di Montasio* (2753 m) in Tarvisien. Die größten Wasserläufe sind der lange, majestätische *Tagliamento*, der aus den Alpen kommt, die gesamte Region durchzieht und in seinem letzten Stück die Grenze zur Nachbarregion Venetien bildet, sowie der als Soča aus Slowenien kommende *Isonzo*, der durch den Karst fließt und bei Monfalcone die Adria erreicht. Weitere Flüsse sind der *Fella* im Tarvisiano, der *Bût* in Karnien, *Natisone* und *Torre* im Weinbaugebiet südlich von Cividale, *Cellina* und *Livenza* im Westen sowie die *Stella* im Küstengebiet bei Lignano. Hübsche Panoramapunkte in den Berg- und Hügelzonen bilden die Seen *Lago di Cavazzo, Lago del Predil, Lago di Verzegnis* und die *Laghi di Fusine*. Dazu kommen die pittoresken Stauseen *Lago di Bárcis, Lago di Sáuris, Lago di Selva* und *Lago dei Tramonti*, die seit der Mitte des 20. Jh. zur Energiegewinnung gestaut wurden, sowie der *Lago del Vajont* im Grenzgebiet zum Veneto, dessen falsch konstruierte Staumauer 1963 einen spektakulären Erdrutsch verursachte, der 1500 Menschen das Leben kostete. Charakteristisch für die küstennahe Wasserlandschaft sind die großen *Lagunen von Marano und Grado*, die sich von der Mündung des Tagliamento bis zum Golf von Triest erstrecken. Umgeben war diese Welt aus Wasser, Sumpflandschaften, schmalen Kanälen, Sandbänken und Flüssen einst von weiten Pinienwäldern, die durch den Bau der großen Badeorte immer mehr zurückgedrängt wurden und nur noch in Restbeständen erhalten sind. Die kilometerlangen Strände sind an vielen Stellen mehrere hundert Meter breit und fallen extrem flach ins Wasser ab – passionierte Schwimmer haben Schwierigkeiten, einen Einstieg zu finden, aber für Kleinkinder sind die Verhältnisse schlichtweg ideal.

Aufgrund seiner geopolitischen Lage ist Friaul-Julisch Venetien heute ein bedeutender Verkehrsknotenpunkt, denn hier laufen unzählige Handelsverbindungen zwischen Mitteleuropa, dem Mittelmeerraum und dem Orient, aber auch zwischen den „alten" EU-Ländern und den „neuen" EU-Ländern des Donau- und Balkanraumes zusammen.

Wirtschaft

Traditionell ist Friaul-Julisch Venetien landwirtschaftlich geprägt. Bis heute wird in großem Umfang Mais produziert, dazu kommt die Erzeugung von Futterpflanzen für die Rinderzucht und Milchwirtschaft, die jedoch mittlerweile durch die Quotenpolitik der EU stark in Mitleidenschaft gezogen wurde. Während der Habsburger Monarchie diente das Hügelland mit seinen fruchtbaren Böden auch als Obstgarten, von dem die Wiener Märkte mit Kirschen, Pfirsichen, Trauben und Oliven beliefert wurden.

Da nach den Katastrophen der beiden Weltkriege die lokalen Ressourcen für die Ernährung der Bewohner nicht ausreichten, war das Friaul noch bis in die fünfziger Jahre von Armut und Auswanderung geprägt. Erst in den Siebzigern begann der wirtschaftliche Aufschwung mit dem *Weinbau*, der sich bald flächendeckend durchsetzte. Allein acht DOC-Gebiete gibt es nun in der kleinen Region und die Weine aus den östlichen Hügelgebieten *Colli Orientali del Friuli* und *Collio* genießen international eine hohe Reputation (→ S. 52). Dazu kommt die Schweinezucht mit der bedeutenden Produktion des *Prosciutto di San Daniele del Friuli*, der in Italien gleich nach dem Parmaschinken genannt wird.

Industriell stützt sich die Wirtschaft des Landes neben vielen Klein- und Mittelbetrieben auch auf einige Großunternehmen: Schiffsbau wird in großem Maßstab in Monfalcone und Triest betrieben, der bekannte Haushaltsgerätehersteller Zanussi hat seinen Stammsitz in Pordenone, ein großer Anteil der Weltproduktion von Stühlen kommt aus Manzano und Umgebung. Auch Wissenschaft und Forschung haben sich zu wichtigen Standbeinen entwickelt. Im Raum Triest gibt es einige bedeutende Forschungsinstitute, z. B. das „International Centre for Genetic Engineering and Biotechnology" (ICGEB), das „International Centre for Theoretical Physics" von Miramare und den Teilchenbeschleuniger ELETTRA im Forschungszentrum „Area di Ricerca".

Mit den Stränden von *Grado* und *Lignano* ist natürlich der Fremdenverkehr seit langem eine feste Größe. Aber auch im Wintersport spielt das Friaul eine Rolle, gemeinsam mit Kärnten und Slowenien hatte sich das Tarvisiano sogar um die Austragung der Olympischen Winterspiele 2006 beworben.

Die Stauseen in den Bergen gewährleisten die Energieversorgung in der Ebene (hier: Lago di Sàuris)

Umwelt

Im dünn besiedelten Norden des Friaul liegen die größten und intaktesten Waldgebiete Italiens, es ist damit eines der naturkundlich wertvollsten Gebiete im Land. Dazu gibt es mehrere wichtige Naturparks (→ Kasten, S. 24). Aber auch von Gefährdungen der Natur ist zu berichten: So gilt der Tagliamento als letzte große Wildfluss-Landschaft im gesamten Alpenraum, denn seine Uferlandschaften blieben bisher – abgesehen vom südlichsten Abschnitt – von menschlichen Eingriffen nahezu verschont. Doch nun plant die Regionalregierung große Rückhaltebecken und andere Hochwasser-Schutzmassnahmen, die das in Europa einzigartige natürliche Gefüge der Tagliamento-Landschaft zerstören würde. Der WWF und andere Umweltschutzorganisationen kämpfen gegen dieses Vorhaben.

Naturparks in Friaul-Julisch Venetien: Von den Alpen bis zum Meer

Parco Naturale Dolomiti Friulane (www.parcodolomitifriulane.it): Der mit 37.000 Hektar größte friulanische Naturpark liegt mit einer Reihe von majestätischen Zweitausendern und endlosen Waldgebieten im Nordwesten der Region, begrenzt vom oberen Tagliamento-Tal, im Westen vom Fluss Piave. Er ist groß und völlig unbesiedelt, die wenigen Orte der Region liegen alle außerhalb der Parkgrenzen (→ S. 124).

Parco Naturale di Fusine: Das Gebiet um die beiden beschaulichen Seen bei Tarvisio wurde 1971 als erster Naturpark des Friaul eingerichtet (→ S. 101).

Parco Naturale Prealpi Giulie (www.parcoprealpigiulie.org): Der Naturpark der Julischen Voralpen ist das zweitgrößte Schutzgebiet der Region Friaul-Julisch Venetien. Er erstreckt sich über die von Ost nach West verlaufenden Bergketten südlich des Val Resia. Besiedelt ist ausschließlich das Tal, so kann man hier lange Wanderungen in unberührter Natur unternehmen (→ S. 110).

Riserva Naturale del Lago di Cornino (www.lagodicornino.it): Der idyllische Lago di Cornino ist Zentrum eines kleinen Naturparks bei Cornino, nicht weit vom Tagliamento. Hier wurden Gänsegeier und Uhus heimisch gemacht, die man mit etwas Glück beobachten kann (→ S. 137).

Riserve Naturali Regionali delle Foci dello Stella e della Valle Canal Novo (www.riservenaturali.maranolagunare.com): Die beiden Naturschutzgebiete umfassen Teile der großen Lagune von Marano. Der Naturpark *Foci dello Stella* kann im Rahmen von organisierten Bootsausflügen besucht werden, das *Valle Canal Novo* kann zu Fuß begangen werden (→ S. 199).

Riserva Naturale Regionale della Foce dell'Isonzo (www.foceisonzo.it, www.isoladellacona.it): Das Mündungsgebiet des Isonzo steht auf beiden Seiten des Flusses unter Naturschutz, zahlreiche Vögel nisten in den ausgedehnten Schilfgebieten. Die *Area Naturale Caneo* am Westufer kann auf Asphalt erreicht werden, dort gibt es ein Besucherzentrum, ebenso auf der *Isola della Cona* an der Ostseite des Isonzo (→ S. 211).

Kunst und Kultur

Im Schatten der übermächtigen Kunststadt Venedig war es für Friaul-Julisch Venetien nicht einfach, eine eigene künstlerische Handschrift zu entwickeln. Doch im 16. Jh. entstanden in der Freskenkunst wichtige neue Impulse, die sich vor allem in der so genannten *Schule von Tolmezzo* zeigten. Sie band neben der venezianischen und florentinischen Tradition auch künstlerische Elemente von der Nordseite der Alpen ein.

Die wichtigsten Künstlerpersönlichkeiten des Friaul

- **Amalteo**, Pomponio, 1505–1588, geboren und gestorben in San Vito al Tagliamento. Er war weniger ein künstlerisches Genie, als vielmehr ein fleißiger Schüler des großen Pordenone, bei dessen Werken er wahrscheinlich mitwirkte. Aber auch Pordenones großer Widersacher Tizian war ihm ein Vorbild. Im Friaul finden sich seine Gemälde z. B. in den Kirchen von San Vito und Udine.

- **Il Pordenone**, eigentlich Giovanni Antonio de'Sacchis, 1483–1538, geboren in Pordenone. Die vielleicht eigenwilligste Künstlerpersönlichkeit des Friaul. Seit etwa 1520 begann er seine Fresken in einem neuen, kraftvollen Stil zu malen, so dass

Fresko von Gianfrancesco da Tolmezzo in Forni di Sopra (Karnien)

sein Ruf bis Venedig drang. Er wurde mit seiner leidenschaftlichen Malerei dem großen Tizian aus dem benachbarten Cadore ein fast ebenbürtiger Konkurrent und starb überraschend in Ferrara, kurz nachdem ihn die Este-Herzöge dorthin berufen hatten. Gerüchteweise ist er ermordet worden.

- **Pellegrino da San Daniele**, 1476–1547, geboren in Udine, gestorben in San Daniele, wo auch sein Hauptwerk erhalten ist. Eigentlich hieß er nach seinem Geburtsort Martino da Udine. Dort malte er mehrere Kirchen aus, bevor er Aufträge für die städtische Kathedrale und die Basilika von Aquileia bekam. Er wirkte danach längere Zeit bei den Este in Ferrara, dann ging er nach San Daniele. In der Kirche Sant'Antonio Abate von San Daniele ist ein einzigartiger Freskenzyklus erhalten, der als bedeutendster im Friaul angesehen wird. Er entstand im Laufe vieler Jahre, wobei sich Pellegrinos Stil mehrfach änderte, was sich an den Bildwerken in Sant'Antonio Abate gut erkennen lässt.
- **Tiepolo**, Giambattista (1696–1770), geboren in Venedig, gestorben in Madrid. Der letzte große Maler des venezianischen Spätbarock (Rokoko) schuf zahlreiche Altar- und Tafelbilder für Kirchen in Venedig, im Dom von Udine sind ebenfalls mehrere Ölgemälde erhalten. Seine eigentlich Domäne war aber die Freskenkunst. In Friaul-Julisch Venetien gestaltete er herrliche Wandbilder für den Erzbischöflichen Palast in Udine. Berühmt sind auch die Wand- und Deckengemälde in der Würzburger Residenz. Sein letztes großes Werk war die Ausstattung des Königsschlosses in Madrid. Seine Malereien sind geprägt von leuchtend hellen Farben, dem berühmten „Tiepolo-Blau".
- **Tolmezzo**, Gianfrancesco da, um 1450–1510, geboren und gestorben in Karnien. Der erste Renaissancemaler des Friaul stand unter dem Einfluss von Andrea Mantegna aus Padua und der Florentiner Renaissance, nahm aber auch nordische Elemente auf. Er begründete die so genannte Schule von Tolmezzo und malte mehrere Kirchen in Karnien nach den Vorlagen von Ghirlandaio und Botticelli aus, die bis

heute bestens erhalten sind. Seinen bedeutendsten Freskenzyklus schuf er in der Pfarrkirche San Leonardo in Provesano, südlich von Spilimbergo.

Literatur

Im 19. Jh. war Triest eine mitteleuropäische Metropole, gleichzeitig eine kosmopolitische Handelsstadt und Österreichs Tor zur Welt. Als Schmelztiegel der Kulturen an der Nahtstelle zwischen Ost und West übte es große Anziehungskraft auf Schriftsteller aus. James Joyce, Italo Svevo und Umberto Saba machten es zu einer Hochburg der Literatur und Claudio Magris, der bedeutendste zeitgenössische Triestiner Autor, sieht Triest sogar als „literarische Hauptstadt Mitteleuropas".

Umberto Saba in Triest

Die alte Tradition lebt in den klassischen Cafés und Konditoreien der Hafenstadt weiter, die bis heute Treffpunkte der literarischen Welt sind. Beim Flanieren an der Hafenmole und über die majestätische Piazza d'Unità d'Italia spürt man noch ein wenig von der Atmosphäre, die hier Dichter und Schriftsteller zu ihren Werken anregte. Italo Svevo und Umberto Saba machten Triest und die städtische Gesellschaft oft zum Schauplatz ihrer Romane und Erzählungen. James Joyce legte hier die Grundzüge zu seinem epochemachenden „Ulysses", aber auch Rainer Maria Rilke war an der Triestiner Riviera zu Gast und schrieb auf Schloss Duino die ersten seiner weltberühmten „Duineser Elegien". Heute lebt in Triest Veit Heinichen, der sich durch seine Kriminalromane mit dem sympathischen Commissario Proteo Laurenti einen Namen gemacht hat, wobei immer der spezielle politisch-historische Hintergrund der Grenzstadt Triest eine wichtige Rolle spielt.

Neben der Triestiner Belletristik haben sich friulanische Autoren gerne auf kulinarischem Gebiet betätigt. Ein Vorreiter war der Önologe Walter Filiputti mit seinem Werk „Friaul-Julisch Venetien - Die Straße der Genüsse", eine genussvolle Reise zu zwanzig charakteristischen Restaurants mit exakten Beschreibungen von Gerichten, Rezepten und Weinen, in denen sich die einfache Küche einer ehemals armen Region widerspiegelt, die sich mittlerweile großer Beliebtheit erfreut.

Ein bedrückendes Kapitel in der Geschichte der Region Friauls behandelt Thomas Harlan in seinem aktuellen Buch „Heldenfriedhof", erschienen 2006 im Eichborn Verlag. Thomas Harlan ist Sohn von Veit Harlan, dem Regisseur des Nazipropagandafilms „Jud Süß". Ausgangspunkt des Werks, das präzise recherchierte historische Fakten mit freier Fiktion mischt, ist der (fiktive) Selbstmord von fünfzehn Angehörigen des „Einsatz Reinhard", die im Konzentrationslager Risiera di Santa Sabba bei Triest tausende von zivilen Geiseln, Partisanen, politischen Gefangenen und Juden umbrachten (→ S. 237).

Zum Literaturschaffen in Triest siehe den Abschnitt „Literaten in Triest" auf S. 230.

Panoramareiche Fahrt durch das pittoreske Tal der Drau (Kärnten)

Anreise mit dem eigenen Kraftfahrzeug

Mit dem eigenen Fahrzeug ist Friaul-Julisch Venetien von Süddeutschland aus leicht in einem Tag zu erreichen – von Österreich können es, je nach Wohnort, gar nur ein paar Stunden sein, bis man im Weingebiet von Cormòns zum genussvollen Degustieren einkehrt oder sich an den Stränden von Lignano und Grado im warmen Adriawasser tummeln kann.

Das Straßennetz in Friaul-Julisch Venetien ist hervorragend ausgebaut und die fast uneingeschränkte Mobilität lässt viel Raum für Unternehmungen aller Art. Einige Unannehmlichkeiten sollte man allerdings einkalkulieren. Alle Autobahnen sind kostenpflichtig, vielerorts sind die Altstadtzentren für den Verkehr gesperrt, Parken ist teuer, zudem ist das italienische Großstadtchaos – speziell in Triest – nicht jedermanns Sache.

AutoZüge: Wer sich die lange Tour durch deutsche Lande und über die Alpen nicht zumuten will, gleichzeitig einen aktiven Beitrag für den Umweltschutz leisten möchte, für den bieten die AutoZüge (früher: Autoreisezüge) eine Alternative. Züge aus verschiedenen Großstädten der Bundesrepublik starten mehrmals wöchentlich nach Bozen und Verona, von dort geht es in anregender Fahrt durch die Dolomiten oder auf der Autobahn A 4 weiter (→ S. 32). Vor allem für Familien mit Kindern sind die AutoZüge ein stressfreier, wenn auch nicht ganz billiger Einstieg, wobei die Kosten je nach Reisedatum sehr unterschiedlich sind. Achtung: max. Höhe des Fahrzeugs incl. Dachaufbauten 167 cm, Gepäckmitnahme auf dem Fahrzeug ist nicht erlaubt. Details in der Broschüre „AutoZug Katalog", unter DB AutoZug Servicetelefon 0180/5241224 (tägl. 9–21 Uhr) oder im Internet: www.autozug.de

Anfahrt von Süddeutschland

Wer aus bzw. über Süddeutschland anreist, wird in aller Regel zunächst die Autobahn A 8 nehmen. Vom Inntaldreieck bei Rosenheim gibt es dann im Wesentlichen vier Optionen:

- Man fährt auf der A 8 weiter in Richtung Salzburg und auf der *Tauernautobahn* A 10 bis Villach – diese Strecke bevorzugen meist diejenigen, die über Tarvisio auf der A 23 ins Friaul einreisen wollen.
- Man wechselt auf die A 93 in Richtung Innsbruck und fährt in *Kufstein Süd* ab, um auf die *Felbertauernstraße* zu gelangen, die zum Plöcken- oder Naßfeldpass führt. Vorteil: Diese Route führt nicht über Autobahnen, also ist keine kostenpflichtige Vignette nötig (→ S. 30).
- Staufreie Option ist die *Autoschleuse Tauernbahn* westlich der Tauernautobahn, zwischen Böckstein und Mallnitz werden die Fahrzeuge dabei per Bahn transportiert.
- Auf der *Großglockner Hochalpenstraße* durch die Tauern – die Erlebnisstraße Österreichs schlechthin, dementsprechend viel wird sie befahren. Wermutstropfen ist die hohe Mautgebühr – doch wegen der überwältigenden Panoramen ist das Geld gut angelegt.

Achtung: In den Sommermonaten kann das hohe Verkehrsaufkommen immer und überall einen Strich durch die Rechnung machen. Vor allem zu Beginn der Ferienzeiten sind Staus an der Tagesordnung. Kenner fahren deshalb gerne nachts und kommen so unter Umständen deutlich rascher voran. Hören Sie in jedem Fall Verkehrsfunk, um etwaigen Überraschungen rechtzeitig begegnen zu können.

▸ **Tauernautobahn**: Die A 10 durch die Radstädter Tauern führt durch zwei 6-km-Tunnels, den *Tauerntunnel* und den *Katschbergtunnel*, und ist zusätzlich zur Vignette mautpflichtig (ca. 9,50 €, ab 3,5 t teurer), die Mautstelle St. Michael im Lungau liegt vor dem Katschbergtunnel. Mit der Videomautkarte (www.videomaut.at) kann man bei der Abfertigung eine spezielle Spur benutzen und spart Zeit. Die Tauernautobahn ist sehr stauanfällig, es gibt immer wieder lange Baustellen, auch in den Tunnels, die dann z. T. einspurig befahren werden müssen, wobei man sich oft in endlosen LKW-Karawanen wieder findet (aktuelle Übersicht der Baustellen unter www.oeamtc.at).
Ab *Villach* wechselt man auf die A 23, die über *Tarvisio* (→ S. 100) rasch ins Friaul führt. Wer stattdessen über Plöckenpass oder Naßfeldpass fahren will, kann schon bei Spittal von der Autobahn auf die Bundesstraße 100 abfahren. Zum *Plöckenpass* geht es über Oberdrauburg und auf der B 110 nach Kötschach-Mauthen, dort beginnt die Auffahrt zum Pass. Zum *Naßfeldspass* kann man die Landstraße 87 über den Kreuzbergsattel nach Hermagor nehmen und auf der Landstraße 90 zum Pass hinauffahren.

▸ **Felbertauernstraße**: Reizvolle Alpenstrecke durch den Nationalpark Hohe Tauern, von München fast Luftlinie zur Adria. In Kufstein Süd geht es zunächst auf B 173 und 312 am Wilden Kaiser vorbei (2344 m), dann auf der B 161 über Kitzbühel bis Mittersill. Dort beginnt die eigentliche Felbertauernstraße (B 108), auf der der 5286 m lange *Felbertauerntunnel* durchquert wird (mautpflichtig, PKW/Wohn-

Schon in Kärnten erreicht man Karnien

mobil ca. 10 €, Motorrad 8 €), Raststätten liegen am Tunneleingang und -ausgang. Weiter fährt man über Matrei (Osttirol) nach *Lienz* ins schöne Tal der Drau hinunter. Bei Dölsach, einige Kilometer weiter östlich, wurde die große Römerstadt *Aguntum* ausgegraben. Die beeindruckenden Ausgrabungen mit Museum können besichtigt werden.

Auf der B 100 geht es weiter bis Oberdrauburg, wo man nach Kötschach-Mauthen im Gailtal abzweigt. Von dort sind es noch 12 kurvige und steile Kilometer zur italienischen Grenze am *Plöckenpass* (→ S. 75), dann geht es auf der SS 52bis nach Karnien hinein. Alternative ist der weiter östlich gelegene *Naßfeldpass* (→ S. 100), von wo man nach Pontebba im wichtigen Durchgangstal *Val Canale* auf die Autobahn A 23 und die SS 13 trifft.

Öffnungszeiten **Aguntum**, Museum und Grabungsgelände 10. April bis Ende Mai & Mitte Sept. bis Ende Okt. tägl. 9.30–16 Uhr, Juni bis Mitte Sept. tägl. 9.30–18 Uhr. Führungen auch außerhalb der Öffnungszeiten nach Vereinbarung, ✆ 04852/61550.

- **Autoschleuse Tauernbahn**: Die Shuttle-Züge zwischen Böckstein und Mallnitz verbinden das Gasteinertal in Salzburg mit dem Mölltal in Kärnten. Von Mallnitz ist man rasch in Spittal, weiter fährt man entweder auf die Autobahn nach Villach oder zum Plöcken- bzw. Naßfeldpass (→ Tauernautobahn). Die Züge verkehren ganzjährig im Stundentakt, etwa von 6 Uhr morgens bis 22.45 Uhr, Preis für PKW und Wohnmobil bis 3,5 t einfach ca. 17 €, hin/zurück 28 €, Motorrad 10/20 €, Wohnmobil über 3,5 t 60/110 €. Achtung: Es werden nur PKW bis zu einer Breite von 2,10 m verladen. Verladebeginn ist 15 Min. vor Abfahrt, Verladeende 5 Min. vor Abfahrt. Aktuelle Informationen unter www.boeckstein.at/tauernschleuse.htm
- **Großglockner Hochalpenstraße**: Bei Auto-, Motorrad- und Fahrradfahrern gleichermaßen beliebt ist diese grandiose Passstraße durch den Nationalpark Hohe Tauern mit dem *Großglockner*, dem höchsten Berg Österreichs (3798 m). Sie ist

eine der bekanntesten Bergstraßen der Welt und nach Schloss Schönbrunn mit über einer Million Besucher pro Jahr die meistbesuchte Sehenswürdigkeit Österreichs. Die Straße ist etwa 35 km lang, der Höhenunterschied beträgt 1700 m, ihre durchschnittliche Steigung 9 %, befahrbar ist sie etwa von Mai bis November. Entlang der Straße gibt es zwei Informationszentren, mehrere Lehrwege und zahlreiche Schautafeln, mit dem Mautticket hat man überall freien Eintritt. Die Tagesmaut beträgt für PKW 28 €, für Motorrad 18 € (15-Tageskarte 35 bzw. 25 €, 30-Tageskarte 45 bzw. 35 €).
Man erreicht die Großglockner Hochalpenstraße wie oben unter „Felbertauernstraße" beschrieben, zweigt aber nicht auf die B 161 nach Kitzbühel ab, sondern bleibt auf der B 312 und fährt auf die B 311 ab, die über Zell am See nach Bruck am Großglockner führt, wo die Hochalpenstraße beginnt. Vom *Fuscher Tal* (805 m) geht es hinauf zu *Fuscher Törl* (2428 m) und *Hochtor* (2505 m) und wieder hinunter nach *Heiligenblut* (1300 m), von dort weiter ins Mölltal, von wo man über Lienz rasch zum Plöckenpass kommt (→ Felbertauernstraße). Abzweige führen zu den Aussichtspunkten *Edelweißspitze* (2571 m) und *Kaiser-Franz-Josefs-Höhe* (2369 m) mit Blick auf den Großglockner und die gewaltige Pasterze, den größten Gletscher der gesamten Ostalpen. Viele weitere Informationen unter www.großglockner.at

- **Autobahngebühren Österreich**: Alle österreichischen Autobahnen und Schnellstraßen sind gebührenpflichtig. Die Zehntages-Vignette für PKW kostet ca. 7,60 €, Zweimonatsvignette 21,80 €, Jahres-Vignette 72,60 € (Motorrad 4,30, 10,90, 29 €). Tipp: Für einen Aufenthalt, der länger als 10 Tage dauert, nicht die Zweimonatsvignette nehmen, sondern für Hin- und Rückreise je eine Zehntages-Vignette. Vignetten – in Österreich „Pickerl" genannt – sind bei den Automobilclubs, an grenznahen Raststätten und an der Grenze erhältlich (für die Rückreise auch auf italienischer Seite).
  Fahrzeuge ab 3,5 t müssen statt der Vignette für 5 € eine so genannte „Go-Box„ erwerben, die die Gebühren elektronisch erhebt – Wohnmobile müssen so in Österreich eine streckenabhängige LKW-Maut bezahlen. Die Verrechnung erfolgt entweder von einem in der Box gespeicherten Guthaben (Pre-Pay) oder der Betrag wird einfach und bequem im Nachhinein von einer Debit-, Kredit- oder Tankkarte abgebucht (Post-Pay). Erhältlich ist sie an denselben Verkaufsstellen wie die Vignetten. Weitere Informationen unter www.go-maut.at oder ✆ 0800-40011400.
- Neben den Autobahnen kosten auch eine Reihe von österreichischen Alpenstraßen **Mautgebühren**. Aktuelle Daten findet man unter www.oeamtc.at/reise/laender („Österreich" eingeben und „Maut" anklicken).
- In Österreich sind die **Benzinpreise** deutlich günstiger als in Deutschland, Italien und der Schweiz. Unter www.oeamtc.at/sprit gibt es detaillierte Hinweise, bei welchen Tankstellen der Kraftstoff am preiswertesten ist.
- In Österreich muss ebenso wie in Italien tagsüber mit **Abblendlicht** gefahren werden. Seit Anfang 2006 drohen zudem drastisch erhöhte Strafen für Verkehrsdelikte. Ab einer Höhe von 25 € werden die Strafgebühren auch in Deutschland eingetrieben.

Alternativen

Wenn man nicht durch die Tauern, sondern über Innsbruck auf der *Brenner-Autobahn* anreist, bieten sich vom Etschtal auf italienischer Seite mehrere interessante Varianten, die alle durch Venetien führen, die Nachbarregion Friaul-Julisch Vene-

Abfahrt vom Plöckenpass an der italienisch-österreichischen Grenze

tiens. Achtung: Die Autobahnauffahrt zum Brenner mit der eindrucksvollen Europa-Brücke muss zusätzlich zur Vignette separat gezahlt werden – Kostenpunkt für PKW, Kleinbusse und Motorräder ca. 8 €, Gespanne 13 €.

Besichtigungstipp auf dieser Route ist *„Swarowski Kristallwelten“* in Wattens, kurz vor Innsbruck. Die millionenfach besuchte Glitzerwelt wurde unter Leitung von André Heller spektakulär umgebaut und erweitert, u. a. kann das weltgrößte Kristallkaleidoskop bewundert werden (tägl. 9–18 Uhr, Eintritt 8 €, Kinder bis 12 J. frei. ✆ 05224/51080, 📠 51080-3831, www.swarovski.com/kristallwelten).

> Zahlreiche Informationen zu **Venetien** finden Sie in unserem Reiseführer zu dieser Region.

• Spartipp Um die österreichische Autobahnmaut zu umgehen, kann man den **Zirler Berg** und die **Alte Brennerstraße** nehmen. Allerdings wird man dafür in der Regel einiges mehr an Zeit benötigen. Von München fährt man auf der Starnberger Autobahn nach **Garmisch-Partenkirchen** (Autobahnende 17 km vor Garmisch) und auf der Landstraße weiter zum Grenzübergang **Mittenwald/Scharnitz**. Abenteuerlich ist dann die Fahrt den Zirlerberg hinab ins Inntal (15 % Gefälle, in umgekehrter Richtung für Gespanne verboten!), alle paar hundert Meter steile Auslaufspuren, beeindruckender Blick aufs Tal und Innsbruck. Zum Ende des Bergs hin Vorsicht: wenn man auf dieser Straße bleibt, gerät man unweigerlich auf die Inntal-Autobahn! Man muss deshalb vorher nach **Zirl** abbiegen und auf der B 171 nach Innsbruck fahren.
Dort nimmt man die **alte Brennerstraße (B 182)** durchs reizvolle Wipptal hinauf zum Brenner (Achtung: nur für Fahrzeuge bis 3,5 t, keine Anhänger!).

▸ **Von Brixen**: Kurz vor *Brixen (Bressanone)* die SS 49 Richtung Osten nehmen und das *Pustertal (Val Pusteria)* entlang. Über das freundliche Städtchen *Bruneck (Brunico)* – Tipp: gemütliche Kaffeepause in der Altstadt – geht es parallel zum Fluss

Rienz. Kurz nach dem See von *Welsberg (Monguelfo)* lohnt ein Abstecher zum *Pragser Wildsee.* Mit seinem tiefgrünen Wasser zwischen mächtigen Berghängen gilt er neben dem Karer See an der Großen Dolomitenstraße (→ unten) als schönster See der Dolomiten. In *Toblach (Dobbiaco)* biegt man nach Süden ins enge und fast völlig unbesiedelte *Höhlensteintal (Val di Landro)* ab und überquert kurz nach dem *Dürrensee (Lago di Landro),* der direkt an der Straße liegt, die Grenze zum Veneto. In den berühmten Wintersportort *Cortina d'Ampezzo,* 1956 Austragungsort der Olympischen Winterspiele, sind es von hier noch knapp 20 km. Südlich von Cortina geht es durch das *Valle d'Ampezzo* am Fluss Boite entlang zum lang gestreckten, gut 10 km langen Stausee *Lago di Pieve di Cadore.* Nach dem See muss man in *Pélos di Cadore* rechts abbiegen und fährt auf der SS 52 ins Friaul, erster größerer Ort ist *Forni di Sopra* im oberen Tagliamento-Tal (→ S. 92).
Alternative: Kurz nach dem Dürrensee zum herrlich gelegenen *Lago di Misurina* abzweigen und das Tal des an mehreren Stellen gestauten Flusses Ansiei entlang bis *Auronzo di Cadore* am Nordufer des Stausees *Lago di Santa Caterina*: Der 2 km lange, oft türkis schimmernde See mit dem prächtigen Panorama des *Monte Aiarnola* (2456 m) im Hintergrund entstand 1930, damals wurde die 55 m hohe, an ihrer Basis bis zu 35 m breite Staumauer erbaut. Über Pélos di Cadore geht es weiter ins Friaul wie oben beschrieben.

Museo nelle Nuvole: Das „Museum in den Wolken"

Südlich von Cortina hat der ehemalige Extrem-Bergsteiger und jetzige Europaparlaments-Abgeordnete Reinhold Messner am *Monte Rite* in 2181 m Höhe eine mächtige Befestigung aus dem Ersten Weltkrieg zum Dolomiten-Museum umgebaut. Das Fort wurde 1914 von den Italienern errichtet. 1917 besetzten die Österreicher den Monte Rite, mussten aber bereits 1918 wieder abziehen und sprengten einen Großteil der Mauern. 1998 entdeckte Reinhold Messner die vergessene Ruine und bereits 2002 konnte hier das höchstgelegene Museum Europas eröffnet werden.
Man erreicht das „Museum in den Wolken" auf der SS 51, indem man nach dem Lago di Vodo auf die SS 347 abzweigt und über Cibiana di Cadore mit seinen sehenswerten Murales bis zum Passo di Cibiana fährt. Von dort zu Fuß auf einer alten Schotterstraße in 1,5 Std. oder per Shuttlebus in 15 Min. (tägl. 8.30–18.30 Uhr, hin/zurück ca. 9 €) zum Gipfel mit umfassendem Dolomitenrundblick. Die Festung mit ihren 20 Räumen zeigt die Geschichte der Dolomiten und ihrer Entdecker, dazu eindrucksvolle Skulpturen und Gemälde. In den gesprengten Lafetten wurden gläserne Beobachtungspunkte ausgebaut.
Öffnungszeiten Ende Juni bis zum ersten Schneefall im Herbst tägl. 10–18 Uhr, Eintritt ca. 5 €, Kinder 3 €, Familien 12 €; ✆ 0435/890996, 890997, www.monterite.it, www.reinhold-messner.de

▸ **Von Bozen**: Herrliche Tour auf der „Großen Dolomitenstraße" ab *Bozen (Bolzano)* quer durch die Dolomiten: Bozen – Karer Pass – Canazei – Pordoi-Joch – Falzarego-Pass – Cortina d'Ampezzo.
Zunächst nimmt man von Bozen/Kardaun die SS 241, die schmal und kurvig dem Wildbach in der extrem steilwandigen Schlucht des *Eggentals (Valle d'Ega)* folgt. Um *Welschnofen (Nova Levante)* weitet sich die Schlucht, bald hat man linker

Hand einen herrlichen Blick auf den *Rosengarten*. Obligater Stopp ist der winzige *Karersee (Lago di Carezza)* inmitten von sattem Nadelwald, in dessen tiefgrünem Wasser sich die schroffen Zinnen des Látemar-Gebirgszugs spiegeln. Der frühere Lieblingsplatz von Kaiserin Sissis ist heute von Urlaubermassen überlaufen – ein Zaun verhindert den direkten Zugang, es gibt aber einen Rundweg um den See, von dem man zu mehreren schönen Aussichtspunkten absteigen kann (ca. 45 Min.). Jetzt überquert man den *Karer-Pass* (1745 m) und kurvt hinunter ins *Fassa-Tal*. Im viel besuchten Fremdenverkehrsort *Vigo di Fassa* trifft man auf die SS 48. Schnelle Fahrt das *Val di Fassa* entlang mit einer Reihe von Urlaubsorten, dann beginnt bei *Canazei* eine steile Serpentinenstrecke mit herrlichen Panoramen hinauf zum 2239 m hohen *Pordoi-Joch (Passo Pordoi)*, das die Grenze zur Region Venetien bildet. Auf der Passhöhe kann man die Gelegenheit nutzen und mit der eindrucksvoll konstruierten Seilbahn auf den *Sass Pordoi* hinaufgondeln, die Fahrt auf 2950 m dauert nur wenige Minuten (hin und zurück ca. 11 €, nur hinauf ca. 7,50 €, Fahrten alle 10 Min.), unterwegs genießt man fantastische Ausblicke auf die steilen Felswände und die Dreitausender im Umkreis: Marmolada, Rosengarten und Langkofel. Die Bergstation oben steht auf einem Plateau mit ewigem Schnee. Wer etwas Zeit zur Verfügung hat, kann auf einem gut sichtbaren Weg in einer Dreiviertelstunde wieder zum Pass hinunterlaufen.

Auf dem Sass Pordoi

In zahllosen Serpentinen kreist man nun vom Pass wieder hinunter, dann zügige Fahrt bis zum Abzweig nach Belluno (SS 203) und hinauf zum *Passo di Falzarego* (2117 m), wo wieder eine Seilbahn auf den mächtigen *Lagazuoi* lockt (2752 m), der Sage nach ein zu Stein erstarrter König. Der Berg wurde im oberen Bereich zum Freilichtmuseum ausgebaut – dort verlief im Ersten Weltkrieg die Frontlinie, tausende von Soldaten lagen sich hier gegenüber, die Bauten und Geschützstellungen wurden restauriert. Ein Stollen von etwa 1 km Länge ist sogar begehbar und man kann hier zum Wanderweg 402 absteigen, der in ca. 90 Min. wieder zur Talstation führt.

Im Anschluss geht es in langen Kurven hinunter in die Ebene von Cortina d'Ampezzo und weiter wie im Abschnitt „Von Brixen" beschrieben.

▸ **Von Trento**: Über die beiden Badeseen *Lago di Caldonazzo* und *Lago di Lévico* auf der SS 47 das lang gezogene *Valsugana* entlang, immer wieder bieten sich reizvolle Panoramen.

Ein lohnender Stopp im Veneto ist die Grappastadt *Bassano del Grappa* mit der berühmten überdachten Holzbrücke über die Brenta, genannt „Ponte degli Alpini". Ursprünglich bereits Anfang des 13. Jh. erbaut, musste sie infolge von Kriegen und Überschwemmungen mehrfach neu konstruiert werden, u. a. 1569 vom berühmten

Architekten Palladio. Das letzte Mal wurde der Ponte Vecchio im Zweiten Weltkrieg zerstört und danach von den italienischen Gebirgsjägern (Alpini) wiederaufgebaut, woher sein jetziger Name stammt. Im Umkreis haben sich zahlreiche Osterie und Grapperie etabliert. Noch vor der Brücke lädt die Destillerie von Jacopo Poli (seit 1898) ein, ihr liebevoll aufgemachtes *Museo della Grappa* zu besuchen. In mehreren Räumen sind kupferglänzende Destillierapparate und eine historische Bibliothek zur Grappaproduktion zu besichtigen, danach gibt es eine Grappa auf Kosten des Hauses. Im Brückenkopf links findet sich die Verkaufs- und Probierstube des führenden Grappahersteller *Nardini* (seit 1779): Sein „Acquavit di puro graspa“ wird alljährlich in Millionen von Flaschen abgefüllt und in alle Welt exportiert. Am jenseitigen Brückenkopf trifft man rechter Hand auf die Bar „Al Ponte Vecchio“ mit Holzbalkon hoch über der Brenta. Im Untergeschoss bewahrt das *Museo degli Alpini* Memorabilien zur Brücke, erinnert aber auch an die heftigen Schlachten des Ersten Weltkriegs am nahe gelegenen Monte Grappa.
Von Bassano fährt man weiter nach *Padua* und auf der A 4 ins Friaul (→ nächster Abschnitt). Oder man nimmt die Strecke über die Benettonstadt *Treviso*, wo man ebenfalls auf die Autobahn wechseln kann oder auf der SS 53 nach Oderzo und *Portogruaro* (→ S. 121) fährt.

Öffnungszeiten/Preise **Museo della Grappa**, tägl. 9–19.30 Uhr, Eintritt frei; **Museo degli Alpini**, Di–So 9–20 Uhr.

- **Von Verona**: Vom Brenner bis *Verona* auf der Autobahn A 22 oder Staatsstraße SS 12, dort gegebenenfalls Besichtigungsstopp mit Besuch der römischen Arena auf der Piazza Bra, der Altstadt um Piazza delle Erbe (Markt) und Piazza dei Signori sowie der Casa di Giulietta (Romeo und Julia). Weiter auf der A 4 über *Padua* – berühmte Basilika mit dem Grab des heiligen Antonius, in der nahe gelegene Kirche

Autobahngebühren Italien: Auch die italienischen „Autostrade“ (www.autostrade.it) sind kostenpflichtig. Die Gebühren werden nach gefahrenen Kilometern berechnet; pro 100 km sind für einen PKW knapp 6 € fällig, Gespanne mit drei bzw. vier Achsen zahlen höhere Preise. Für PKW kostet die Fahrt von der friulanischen Grenze bei Tarvisio bis zur Küstenautobahn A 4, auf die man bei Palmanova trifft, ca. 7 €, vom Brenner bis Triest ca. 25 €. Kontrollstellen (Alt stazione!) gibt es am Beginn jedes neuen Autobahnabschnitts und an jeder Einfahrt, hier wird ein Ticket ausgegeben (am Automat entweder bereits griffbereit oder gelben bzw. roten Knopf drücken), beim Verlassen oder Wechseln der Autobahn wird zur Kasse gebeten. Mautkarte nicht verlieren, sonst muss die mögliche Gesamtstrecke gezahlt werden. Den Zahlungsverkehr erleichtert die magnetische *Viacard*, erhältlich im Wert von 25 und 50 € bei den Automobilclubs, an Grenzübergängen und großen Raststätten. Für Karteninhaber gibt es an den Zahlstellen Extraspuren, dort werden die Beträge automatisch abgebucht (Autobahnticket einführen, Betrag erscheint auf der elektronischen Anzeigetafel, dann Viacard einführen). Vorteil: kein Hantieren mit Geld bzw. Wechselgeld und kürzere Abfertigungszeiten. Jedoch Vorsicht: immer auf ausreichende Deckung achten bzw. eine zweite Karte mitführen, denn Aufzahlen in Bargeld ist nicht möglich. Auch mit den gängigen Kreditkarten kann mittlerweile gezahlt werden, man benutzt dafür dieselben Spuren wie mit der Viacard. Falls Sie sich falsch eingeordnet haben, stoßen Sie keinesfalls zurück (kann als Rückwärtsfahren auf der Autobahn geahndet werden – hohe Bußgelder, sogar Fahrverbot!), sondern drücken Sie die Hilfstaste („assistenza“ o. Ä.). Sie erhalten dann einen Quittungsstreifen, mit dem Sie die Maut bei einer anderen Mautstelle bezahlen bzw. nachträglich überweisen können.

Santa Giustina ein Sarkophag mit den sterblichen Überresten des Evangelisten Lukas, Verfasser des Weihnachtsevangeliums – und an *Venedig* vorbei ins Friaul. Achtung: Im Bereich um das Nadelöhr Venedig kommt es immer wieder zu Staus auf der Autobahn.

Anreise aus Österreich

Aus dem Westen Österreichs nimmt man die *Brennerroute* (→ S. 30) oder fährt über *Lienz* und den *Plöckenpass* nach Friaul-Julisch Venetien. Schnellster Einstieg für alle, die aus dem Osten der Alpenrepublik kommen, ist die Autobahn A 2 von Wien über Graz nach Klagenfurt und Villach, dann weiter auf der *Alpen-Adria-Autobahn A 23* über *Tarvisio* (Grenzübergang), *Tolmezzo* und *Udine*. Bei *Palmanova* trifft man auf die A 4, von wo es nach Triest weitergeht. Die Fahrtzeit ab Villach bis zur Adriaküste beträgt so kaum mehr als ca. 2 Std. Wer mehr von den Alpen sehen will, kann auch die schöne Bergstrecke über den *Semmering*, Bruck an der Mur und Leoben nach Klagenfurt wählen. Unterwegs sind nur wenige Kilometer zwischen Semmering und Mürz Bundesstraße, ansonsten Autobahn bis Judenburg, danach verschiedene Möglichkeiten bis Klagenfurt, von dort weiter auf der A 23 zur Adria.

Eine interessante Alternative ist die Anreise über *Slowenien*, dafür nimmt man die A 9 ab Graz bis Maribor und weiter die A 1 über *Ljubljana* – schon in k.u.k.-Zeiten war diese „Strada per Vienna" genannte Verbindung die gängige Route von Wien zum Freihafen Triest und umgekehrt. Falls man über Tarvisio anreist und nach Gorizia und Triest weiter will, kann man über den *Passo del Predil* (→ S. 108) nach Slowenien abzweigen. Bei *Bovec* erreicht man den Isonzo, fährt immer dem Fluss nach und gelangt bei *Gorizia* wieder über die Grenze ins Friaul.

Die **Benzinpreise** in Slowenien sind die günstigsten in Mitteleuropa.

Anreise aus der Schweiz

Die Autobahn N 2 führt durch den gebührenfreien *St.-Gotthard-Tunnel*, mit 16,3 km längster Straßentunnel durch die Alpen, und weiter auf malerischer Strecke mit bereits prächtiger mediterraner Vegetation auf einem Damm über den Luganer See zum schweiz./ital. Grenzübergang *Chiasso*. Achtung: Wegen Steinschlags war die Gotthard-Strecke 2006 mehrfach gesperrt, Ausweichroute ist die N 13 durch den San-Bernardino-Tunnel, auf dieser überlasteten Route besteht allerdings erhöhte Staugefahr. Unmittelbar nach der Grenze geht es an *Como* vorbei, nach *Milano* zügige Fahrt auf der A 9, weiter auf der A 4 durch die flache Poebene über *Verona* ins Friaul.

Autobahngebühren Schweiz: Alle Schweizer Autobahnen (Nationalstraßen) und autobahnähnlichen Straßen sind gebührenpflichtig. Pauschal wird der Preis von 40 Sfr (ca. 26,50 €) für eine Vignette (Plakette) erhoben. Die Vignette ist nicht übertragbar und jeweils für ein Jahr gültig. Für Anhänger wird eine zusätzliche Vignette benötigt. Die Plaketten sind an den Grenzen und auf jeder Schweizer Poststelle erhältlich, man kann sie aber bereits vor der Fahrt bei einem Automobilclub erstehen.

Rund um den italienischen Verkehr

Fahrzeugpapiere/Versicherung: Mitzuführen sind selbstverständlich der nationale Führerschein *(patente di guida)* und der Fahrzeugschein *(libretto di circolazione)*, bei Schadensfällen wird außerdem die grüne Versicherungskarte verlangt. Auch einen Auslandsschutzbrief sollte man abschließen (Hilfsleistungen bei Panne, Unfall oder Diebstahl), alle Automobilclubs und Versicherer bieten ihn an, Jahrespreis zwischen 30 und 50 €. Bei neuen Fahrzeugen ist außerdem eine vorübergehende Vollkaskoversicherung anzuraten, da die Deckungssummen italienischer Haftpflichtversicherer sehr niedrig sind. Bei Diebstahl springen Voll- und Teilkasko ebenfalls ein.

Tankstellen Angeboten werden *benzina senza piombo* (Bleifrei), *super senza piombo* (Super) sowie *gasolio* (Diesel). Die Preise liegen ein wenig höher als in Deutschland und deutlich höher als in Österreich. Tankstellen sind an den Autobahnen 24 Std. durchgehend geöffnet, in Ortschaften meist 7–12.30 Uhr und 15–19.30 Uhr. Manche Tankstellen haben einen Ruhetag, meist ist es der Sonntag. An vielen Zapfautomaten können Sie aber im „Self-Service"-Verfahren mit unzerknitterten Euroscheinen tanken. Kreditkarten werden häufig, aber nicht immer akzeptiert.

Italienische Verkehrsschilder: *rallentare* = langsam fahren, z. B. wegen *lavori in corso* (Bauarbeiten) oder wegen *pericolo* (Gefahr, oft vor Steigungen und Kreuzungen); *accendere i fari* = Licht einschalten; *attenzione uscita veicoli* = Vorsicht Ausfahrt; *deviazione* = Umleitung; *divieto di accesso* = Zufahrt verboten; *temporaneamente limitato al percorso* = Durchfahrt vorübergehend verboten; *strada interrotta* = Straße gesperrt; *inizio zona tutelata* = Beginn der Parkverbotszone; *parcheggio* = Parkplatz; *senso unico* = Einbahnstraße; *strada senza uscita* = Sackgasse; *tutti direzioni* = alle Richtungen; *zona disco* = Parken mit Parkscheibe; *zona a traffico limitato* = Bereich mit eingeschränktem Verkehr; *zona pedonale* = Fußgängerzone; *zona rimorchio* = Abschleppzone.

Höchstgeschwindigkeit: **innerorts** 50 km/h; **außerorts**, PKW, Motorräder und Wohnmobile bis 3,5 t 90 km/h, Wohnmobile über 3,5 t 80 km/h, PKW mit Anhänger 70 km/h; **Schnellstraßen** (zwei Spuren in jeder Fahrtrichtung), PKW, Motorräder und Wohnmobile bis 3,5 t 110 km/h, Wohnmobile über 3,5 t 80 km/h, PKW mit Anhänger 70 km/h; **Autobahnen**, PKW und Wohnmobile bis 3,5 t 130 km/h (falls ausdrücklich per Schild erlaubt, auch darüber), für Motorräder bis 149 ccm verboten, darüber 130 km/h, Wohnmobile über 3,5 t 100 km/h, PKW mit Anhänger 80 km/h.

Pannenhilfe/Notrufe: Notrufsäulen stehen in Abständen von 2 km an den Autobahnen. Der Straßenhilfsdienst des italienischen Automobilclubs **ACI** (www.aci.it) ist in ganz Italien rund um die Uhr unter ✆ 803-116 zu erreichen (aus den Mobilfunknetzen mit 800116800). Die Pannenhilfe ist kostenpflichtig, auch für Mitglieder von Automobilclubs. Im Rahmen der „ADAC PlusMitgliedschaft" werden die Kosten für Pannenhilfe bis zu ca. 100 € und für das Abschleppen bis zur nächsten ACI-Werkstatt bis zu ca. 150 € übernommen.

Polizeinotruf ✆ 112, **Straßenpolizei** ✆ 113, **Unfallrettung** ✆ 118, **deutschsprachiger**

Notrufdienst des ADAC (in Mailand) ✆ 02-661591.

Stadtverkehr und Parken: Die historisch gewachsenen Stadtzentren Italiens mit ihren engen und verwinkelten Gassen sind dem hohen Verkehrsaufkommen in keiner Weise gewachsen. Fast überall hat man inzwischen drastische Maßnahmen ergriffen: Ganze Altstadtzentren sind zeitweise oder ständig für den Autoverkehr gesperrt (*zona a traffico limitato*), nur autorisierte Fahrer und Anwohner dürfen dort parken. Ärger und Kosten vermeidet man, indem man sich eine Parklücke außerhalb des „Centro storico" sucht und zu Fuß hineinläuft bzw. einen Bus nimmt. In Fußentfernung zu den Sehenswürdigkeiten gibt es in vielen Städten auch oft **gebührenpflichtige** (und meist bewachte) **Parkplätze** (ca. 1–2 €/Std., bei längerem Aufenthalt wird es billiger). Im Zentrum kann man entweder an Gebührenautomaten oder gratis mit Parkscheibe in der **zona disco** parken. Während der Siestazeit ist das Parken an Stellplätzen mit Parkuhren meistens gratis. **Parkverbot** besteht an schwarz-gelb gekennzeichneten Bordsteinen sowie auf gelb markierten Parkflächen. Urlaubern ist es gestattet, mit dem PKW vor Altstadthotels vorzufahren und auszuladen. Manchmal bekommt man dann vom Hotel einen **Anwohner-Parkausweis** ausgehändigt. Über eigene Garagen verfügen nur Hotels ab der teuren Drei-Sterne-Kategorie aufwärts.

Unfälle: An der Windschutzscheibe eines in Italien zugelassenen Wagens ist ein Aufkleber mit der Adresse der Versicherungsgesellschaft und der Versicherungsnummer angebracht. Diese unbedingt notieren und Zeugen ermitteln.

Wichtige Verkehrsvorschriften: **Abblendlicht** ist auch tagsüber auf allen Autobahnen und Landstraßen vorgeschrieben, für Zweiräder gilt generell „Licht an";

privates Abschleppen auf Autobahnen ist verboten;

Straßenbahnen haben grundsätzlich Vorfahrt;

die **Promillegrenze** liegt bei 0,5. Achtung, die Strafen bei Alkohol am Steuer sind sehr hoch, neben Bußgeldern bis 2500 € (!) droht auch der sofortige Einzug des Führerscheins;

das Telefonieren während der Fahrt ist nur mit einer **Freisprechanlage** gestattet;

im **Kreisverkehr** gilt grundsätzlich rechts vor links;

Motorräder unter 150 ccm sind auf italienischen Autobahnen verboten;

Parkverbot besteht an schwarz-gelb markierten Bordsteinen und gelb markierten Flächen;

Dachlasten und Ladungen, die über das Wagenende hinausragen, müssen mit einem reflektierenden, 50 x 50 cm großen, rot-weiß gestreiften **Aluminiumschild** (kein Kunststoff!) abgesichert werden (erhältlich im deutschen Fachhandel, in Italien an Tankstellen). Fahrrad- oder Lastenträger mit Heckleuchten und Nummernschild, die im Kfz-Schein eingetragen sind, sind von dieser Regelung ausgenommen.

Für den Fall, dass man z. B. wegen Unfall oder Panne auf einer Autobahn das Auto verlässt, muss im Auto eine reflektierende **Sicherheitsweste** (DIN EN 471) zur Hand sein. Erhältlich ist sie bei uns in Tankstellen, Baumärkten etc.

Gut zu wissen

Die italienischen Bußgelder gehören zu den höchsten in Europa. Parkverstöße, Alkohol am Steuer und Geschwindigkeitsüberschreitungen werden deutlich strenger geahndet als in Deutschland. Die Mindestgebühr für einfaches Falschparken beträgt derzeit 35 €, tagsüber ohne Licht fahren 71 €, Geschwindigkeitsüberschreitungen 140 € aufwärts (Übertretungen ab 71 € werden ins Heimatland zurückverfolgt). Seit 2004 gibt es auch in Italien Radarkontrollen und es wird eifrig davon Gebrauch gemacht. Bei stark überhöhter Geschwindigkeit und Überschreiten der Promillegrenze können sogar Fahrverbote ausgesprochen werden. Die drakonischen Strafen haben Wirkung gezeigt, die italienischen Autofahren sind disziplinierter geworden und die Unfälle deutlich zurückgegangen.

Bahnfahren in Italien: häufig verkehrende Züge und erfreulich preiswert

Anreise mit der Bahn

Zug zu fahren ist eine umweltverträgliche Art des Reisens und lohnt wegen der vergleichsweise günstigen Tarife in Italien. Das Streckennetz in Friaul-Julisch Venetien ist allerdings relativ grob gestrickt, vor allem in den Alpenregionen und im Bereich der Adria muss man häufig in den Bus umsteigen. Eine Küstenlinie gibt es nur nördlich von Triest, die bekannten Badeorte Lignano und Grado haben keine Bahnverbindung.

Aus Deutschland fährt man am besten über Villach in Österreich, von *München* gibt es auf dieser Strecke mehrmals täglich Verbindungen nach *Triest*, die kürzeste Fahrt dauert 7,5 Std., umsteigen muss man in der Regel in Villach und Udine bzw. Gorizia. Mehr Zeit benötigt man auf der Brenner-Linie über Innsbruck nach Verona und von dort über Mestre (Venedig) nach Triest bzw. über Treviso nach Udine, dabei ist man etwa 10 Std. unterwegs und muss ebenfalls zwei Mal umsteigen (Verona und Venezia Mestre bzw. Padua). Von *Wien* gibt es bis zu 6-mal täglich Verbindungen nach Udine (Fahrtzeit ca. 6 Std.), dort steigt man nach Triest um (ca. 7,5 Std.).

Da das Passagieraufkommen über die Alpen, nicht zuletzt wegen der wachsenden Billigflugangebote, seit einigen Jahren nachlässt, haben die Bahnverwaltungen von Deutschland, Österreich und Italien eine Reihe günstiger Tarife eingeführt. Unschlagbar ist dabei das Angebot „SparNight“ der Deutschen Bahn: Frühbucher erhalten in bestimmten Nachtzügen nach Italien Preise ab 29 € pro Person im Sitzwagen, ab 39 € im Liegewagen und ab 59 € im Schlafwagen. Allerdings ist das Angebot kontingentiert (Informationen/Buchungen über ✆ 01805/141514, www.nachtzugreise.de, alle Reisezentren der Deutschen Bahn und Reisebüros mit DB-Lizenz). Wer nicht auf diesen supergünstigen Tarif zurückgreifen kann, muss tiefer in die Tasche greifen: Der Normaltarif von München bis Verona liegt z. B. bei etwa 73 €. Reduzieren kann man diesen Preis durch die beiden BahnCard-Varianten 25 bzw. 50 und durch die beiden Frühbuchertarife, den „Sparpreis 25" und der „Sparpreis 50", mit jeweils 25 bzw. 50 % Rabatt auf den Normaltarif.

Unterwegs in Italien sollte man sich aus den Fahrplänen der italienischen Eisenbahn *Ferrovie dello Stato* (abgekürzt FS) immer den geeigneten Zug heraussuchen: Die Nahverkehrszüge *Locale* (L) bzw. *Regionale* (R) sind langsam und halten an jeder Station. Etwas flotter bewegen sich *Diretto* (D) und *Interregionale* (IR), die aber ebenfalls häufig halten. Der *Espresso* (E) ist dagegen durchweg schnell. Am schnellsten fahren die komfortablen *Inter/Eurocity-Züge* (IC/EC), allerdings mit teils erheblichen Zuschlägen.

Tipps und Tricks für Bahnreisende

- Am Fahrkartenschalter sagt man: **„Un biglietto (due biglietti) per Trieste (Udine, Gorizia ...), solo andata (andata/ritorno)"** – „einen Fahrschein (zwei Fahrscheine) nach Triest (Udine, Gorizia ...), einfache Fahrt (hin und zurück)"
- **Wichtig**: bevor man den Bahnsteig betritt, muss man sein Zugticket an einem der Automaten **entwerten**, die an den Zugängen aufgestellt sind. Andernfalls gilt man als potenzieller „Schwarzfahrer" – und das kann einiges kosten!
- **Zuschlagspflichtige IC-Züge** sind auf den aushängenden Fahrplänen mit gestrichelter Linie gekennzeichnet (Zuschlag = supplemento).
- Auf den Fahrplänen immer die Spalte „Servizi diretti e annotazioni" beachten, dort ist vermerkt, ob der betreffende Zug nur **werktags** („si effetua nei giorni lavorativi") oder nur **feiertags** („si effetua nei festivi") fährt.
- Wenn der Fahrkartenschalter geschlossen ist, gibt es die Zugtickets in der Regel in der **Bahnhofsbar** oder im **Zeitschriften-** bzw. **Tabacchi-Laden**, immer häufiger auch ausschließlich in **Automaten**.
- Auf kleineren Bahnhöfen hängen oft zusätzlich die Abfahrts-/Ankunftszeiten der **nächstgrößeren Bahnhöfe** bzw. Städte aus – nicht verwechseln!
- Oft werden noch in letzter Minute die **Gleise gewechselt**. Bis zuletzt auf Durchsagen und Mitwartende achten, außerdem immer noch einmal fragen, bevor man einen Zug besteigt.
- Gut zu wissen: **partenza** = Abfahrt, **arrivo** = Ankunft, **binario** = Gleis, **coinzidenza** = Anschluss, **orario** = Fahrplan, **prezzo del biglietto** = Fahrpreis.

• *Information* **Deutsche Bahn AG** (DB): www.bahn.de (Informationen auch unter ✆ 11861).

Österreichische Bundesbahnen (ÖBB): www.oebb.at;

Schweizerische Bundesbahnen (SBB): www.sbb.ch;

Italienische Staaatsbahnen (Ferrovie dello Sta to: www.trenitalia.com, www.trenitalia.de

• *Sondertarife in Italien* Ab einem Mindestpreis von 30 € pro Ticket (2. Klasse) können auch in Italien nach einem ähnlichen System wie dem deutschen „Plan & Spar" Kosten reduziert werden.

Euro Domino, Netzfahrschein für Italien, innerhalb eines Monats an 3–8 Tagen auf dem gesamten italienischen Bahnnetz zuschlagsfrei gültig, im Wohnsitzland bekommt man einen Rabatt von 25 %, das Gleiche gilt für Transitländer (also Österreich, Schweiz). Das günstigste Euro-Domino-Ticket (3 Tage gültig, 2. Klasse) kostet 173 € (Jugendliche 130 €, Senioren 147 €), ein Zusatztag kostet ca. 20 € (Jugendliche 15 €, Senioren 17 €).

TrenItalia Pass, nur für nichtitalienische Reisende, unbeschränktes Reisen an 3–10 Tagen innerhalb von zwei Monaten. Ebenfalls angeboten werden der **TrenItalia Pass Jugend** für Jugendliche von 12 bis zu 26 Jahren und der **TrenItalia Pass Saver** für Gruppen von 2 bis zu 5 Personen. Informationen auf Deutsch unter www.trenitalia.de

Verde Railplus card, mit dieser ein Jahr lang gültigen Karte bekommen Reisende unter 26 Jahren 10 % Ermäßigung auf alle Bahnfahrkarten in Italien sowie 25 % auf internationale Tickets in die Länder, die dem Railplus-Verband angehören. Sie ist gegen Vorlage eines Ausweisdokuments an allen größeren italienischen Bahnhöfen zum Preis von ca. 40 € erhältlich.

Argento Railcard, das Pendant zur „Grünen Karte", kostet ca. 30 € und gewährt Reisenden über 60 Jahren Ermäßigungen von 15 % auf allen nationalen Bahnstrecken sowie 10 % in Schlaf- und Liegewagen.

Anreise mit dem Flugzeug

Die neuen Billigflugangebote nach Norditalien haben so manchen Urlauber vom Auto auf den Flieger umsteigen lassen, auch Kurztrips von wenigen Tagen sind jetzt populär geworden, weil finanziell erschwinglich. Wichtig ist jedoch eine frühzeitige Buchung – je näher der Abflugstag rückt, desto teurer wird das vermeintliche Schnäppchen. Falls man nicht mit öffentlichen Verkehrsmitteln unterwegs sein will, muss außerdem die Anmietung eines Leihwagens in die Kosten einbezogen werden (→ Kasten).

Die führenden Low Cost Carrier bieten derzeit folgende Flugrouten in den Nordosten Italiens (Stand Frühjahr 2007, häufige Änderungen), wobei Ryan Air als einzige ca. 5 x wöch. direkt nach Triest fliegt: *Ryan Air* fliegt von Frankfurt-Hahn nach Verona, Treviso und Triest sowie von Bremen nach Verona, *German Wings* von Köln/Bonn und Stuttgart nach Verona, *Hapag Lloyd Express* von Hannover, Köln/Bonn und Stuttgart nach Venedig. Die Flüge können ausschließlich online gebucht werden (www.ryanair.com, www.germanwings.com, www.hlx.com). Viele weitere Gesellschaften bieten ebenfalls Verbindungen nach Venedig und Verona, allerdings muss dabei meistens in Mailand umgestiegen werden (Flughafen Malpensa oder Linate). Dauer der Flüge je nach Entfernung ca. 1–2 Std.

Internationale Flughäfen in Venetien und Friaul-Julisch Venetien

• *Triest* (Friaul-Julisch Venetien) Der Flughafen **Aeroporto Friuli Venezia Giulia** liegt in Ronchi dei Legionari, etwas außerhalb von Monfalcone (→ S. 224), am Beginn des triestinischen Karstes, etwa 30 km von Triest. APT-Bus 10 pendelt tagsüber alle 20–25 Min. von und zum Bahnhof von Monfalcone, Bus 1 u. 51 fährt von und nach Gorizia, Bus 51 von und nach Udine und Triest (aktuelle Infos unter www.aptgorizia.it oder ✆ 0481/593511). ✆ 0481/773224, www.aeroporto.fvg.it

• *Treviso* (Veneto) Der Flughafen **San Giuseppe** liegt etwa 2 km westlich vom Zentrum. Alle 30 Minuten fährt Bus 6 zum Bahnhof in der Stadt, von dort weiter per Zug. ✆ 0422/315111, www.trevisoairport.it

• *Venedig* (Veneto) Der Flughafen **Marco Polo** liegt etwa 8 km östlich von Mestre, direkt am Rand der Lagune. ATVO- und ACTV-Busse fahren zum Bahnhof Mestre-Venezia, von dort gibt es häufige Zugverbindungen ins Friaul. ✆ 041/2606111, www.veniceairport.it

• *Verona* (Veneto) Der Flughafen **Valerio Catullo di Villafranca/Verona** liegt wenige Kilometer südwestlich von Verona. APTV-

Mietwagen online: Mit einer Vorab-Buchung fährt man oft günstiger als mit einer Anmietung vor Ort. Und auch der juristische Aspekt ist zu bedenken, denn der Gerichtsstand ist immer in dem Land, in dem das Auto gemietet wurde. Einer der derzeit preiswertesten Anbieter ist www.autoeurope.de – auf seiner Website bietet er unter FAQ sogar an, etwaige günstigere Offerten von anderen Firmen nach Möglichkeit zu unterbieten. Andere Adressen sind z. B. www.rentacar-europe.com, www.autovermietung.de, www.sungo.de, www.economycarrentals.com und www.billiger-mietwagen.de.

Busse fahren alle 20 Min. zur Busstation Porta Nuova beim Hauptbahnhof in Verona, von dort gibt es stündliche Verbindungen über Padua und weiter ins Friaul. ✆ 045/8095666, www.aeroportoverona.it

Weitere Anreisemöglichkeiten

- **Bus**: Die Deutsche Touring GmbH veranstaltet keine Fahrten direkt ins Friaul, man kann mit ihren „Europabussen" lediglich nach *Padua*, *Verona* oder *Venedig* fahren und dann in Zug oder Überlandbus umsteigen. Preisbeispiel Frankfurt/M. – Padua ca. 118 € (hin und zurück 188 €). Auskünfte und Buchung in allen DER-Reisebüros sowie bei Deutsche Touring GmbH (Am Römerhof 17, D-60486 Frankfurt/M., ✆ 069/7903501, www.deutsche-touring.com).
- **Mitfahrzentralen**: Preisgünstige Lösung für Fahrer und Mitfahrer – Ersterer spart Benzinkosten, Letzterer kommt ein ganzes Stück billiger als mit der Bahn über die Alpen. Rund hundert Mitfahrzentralen (MFZ) gibt es inzwischen in fast allen bundesdeutschen Großstädten, zu finden im Telefonbuch (zum Großteil unter ✆ 19444) oder im Internet unter www.mitfahrzentralen.de, www.mitfahrzentralen.org oder www.citynet-mitfahrzentrale.de.
- **Fahrrad**: Für sportliche Naturen bietet sich die Tour nach Venetien und ins benachbarte Friaul geradezu an – wenn man einmal den Alpenkamm überwunden hat (große Herausforderung und absolutes Highlight ist die Großglockner Hochalpenstraße!), geht es bis zur Adria ständig bergab. Um die großen Lagunen entlang der brettflachen Adriaküste gibt es zahllose Radwege.

  Wer nicht über die Alpen strampeln will, kann den Drahtesel auch in vielen *intenationalen Zügen* mitnehmen, vom Bummelzug bis zum IC. In durchgehenden Zügen mit Fahrradmitnahme nach Italien (ca. 3 x tägl.) muss für ca. 12,30 € eine internationale Fahrradkarte erworben werden, verbunden ist damit eine Reservierung für einen Radstellplatz. Eine frühzeitige Buchung ist anzuraten. In Italien ist eine Reservierung nicht möglich. Die Bundesbahn bietet auf ihrer Internetseite (www.bahn.de) Fahrradinformationen unter „Mobilität und Service". In Stoßzeiten sind die Zustände in den Fahrradabteilen nicht selten chaotisch, oft werden die Räder bis an die Waggondecke gestapelt. Empfehlung für die Fahrt: Das Rad möglichst an feste Gegenstände anschließen und keine Helme, Fahrradcomputer etc. daran belassen, Diebstähle kommen immer wieder vor. Ein Fahrrad als *Gepäckstück* aufzugeben und es dann einige Tage später am Zielbahnhof abzuholen ist nur nach Südtirol möglich (ca. 24,10 €, ab dem dritten Rad Rabatt, Verpackung nötig). Problemlos ist der Transport in speziellen *Fahrradtaschen* (110 x 80 x 40 cm), die in Italien in allen Zügen (Ausnahme: Hochgeschwindigkeitszug „Pendolino") mitgenommen werden dürfen, allerdings ist auch dafür eine Fahrradkarte notwendig.

  Eine weitere komfortable Alternative bietet die Fahrradmitnahme im *Flugzeug*. Die Billigflieger berechnen dafür ca. 25 € pro Flug, rechtzeitige Anmeldung ist obligatorisch. Das Rad muss gut verpackt sein: Lenker nach innen drehen, Pedale entfernen, etwas Luft aus den Reifen lassen und das Rad in Plastikfolie, Pappe etc. einwickeln. Man muss außerdem unterschreiben, dass die Fluggesellschaft für keinerlei Schäden aufkommt.

Infos zum Radtransport in europäischen Zügen erhält man über die **Radfahrer-Hotline** der DB (tägl. 8–20 Uhr, ✆ 01805/31514159).

Wissenswertes von A bis Z

Ärztliche Versorgung

In den Badeorten Lignano und Grado werden in den Sommermonaten Erste-Hilfe-Stationen betrieben, genannt *Guardia Medica Turistica*. Urlauber mit der „European Health Insurance Card", EHIC genannt (früher Auslandskrankenschein „E 111", erhältlich bei Ihrer Krankenkasse), werden dort in kleineren Notfällen kostenfrei ärztlich behandelt. Ohne EHIC kostet eine Behandlung ca. 21 €, ein Hausbesuch 31 €, ein Rezept 5 €.

Die meisten niedergelassenen Ärzte behandeln nur gegen Barzahlung, Ihre heimische Krankenkasse erstattet die Kosten jedoch gegen eine ordnungsgemäße Quittung (ricevuta) des behandelnden Arztes, die Diagnose sowie Art und Kosten der Behandlung beinhalten sollte, ganz oder anteilig zurück (je nach Kasse und Höhe der Summe verschieden). Falls Ihnen ein Rezept verschrieben wurde, werden auch die Apothekenkosten verrechnet. Wissen sollte man allerdings, dass die ärztlichen Honorare in Urlaubsgebieten oft unverhältnismäßig hoch ausfallen – unter Umständen muss man also größere Beträge vorschießen.

Staatliche Krankenhäuser behandeln bei Vorlage der EHIC kostenfrei. Einige niedergelassene Vertragsärzte, die dem staatlichen Gesundheitssystem angeschlossen sind, tun dies auch – allerdings müssen Sie dafür vorher die EHIC bei einer Niederlassung (Azienda) des staatlichen Gesundheitsamtes Unità Sanitaria Locale (USL) vorlegen und erhalten ein italienisches Gutscheinheft (Modulario per l'assistenza sanitaria) für ärztliche Behandlungen und Arzneien. In *Lignano* und *Grado* übernehmen den Umtausch auch die Fremdenverkehrsämter.

Sinnvoll ist der Abschluss einer zusätzlichen *Auslandskrankenversicherung*, die die meisten privaten Krankenversicherer (auch für Mitglieder gesetzlicher Kassen) und manche Automobilclubs preiswert anbieten (unter 0,60 € pro Tag). Darin enthalten ist auch ein aus medizinischen Gründen notwendig gewordener Rücktransport nach Hause (auch Überführung), den die gesetzlichen Krankenkassen nicht übernehmen.

- *Notruf (pronto soccorso)*: Notarzt und Krankenwagen erreicht man kostenlos von allen öffentlichen Apparaten in ganz Italien unter ✆ **118**. Alternativ kann man unter ✆ **113** die Unfallrettung der Straßenpolizei anrufen (*polizia*), diese schickt dann die Ambulanz.
- *Apotheken (farmacia)*: können bei kleineren Wehwehchen den Arzt ersetzen. Viele

Badezone am Lago di Cavazzo im nördlichen Friaul

Medikamente sind rezeptfrei erhältlich. Ungefähre Öffnungszeiten Mo–Sa 8.30–13 und 16.15–19.45 Uhr, Not- und Wochenenddienste sind an jeder Apotheke angeschlagen.

• *Privatversicherung:* Falls Sie privat versichert sind, müssen Sie anfallende Rechnungen selbst bezahlen. Gegen genau ausgefüllte, quittierte Rechnungen erstattet Ihre Kasse nach der Rückkehr die aufgewendeten Beträge – allerdings nur soweit, wie sie der italienische Gesundheitsdienst ebenfalls getragen hätte. Prüfen Sie, ob Ihre Kasse auch etwaige Rücktransportkosten übernimmt.

Baden

Die Strände der friulanischen Adria zwischen den Flüssen Tagliamento und Isonzo sind durchweg feinsandig, kilometerlang und völlig schattenlos. Fast immer fallen sie extrem flach ins Wasser ab und sind so ideal für Kinder.

Da große Teile der Küste von den weit verzweigten Lagunen von Marano und Grado eingenommen werden, gibt es nur zwei Badeorte: *Lignano* und *Grado*, doch diese gehören zweifellos zu den populärsten Badeorten der Adria. Von Juni bis August tummeln sich hier halb Italien und Österreich, dazu noch zahllose deutsche Urlauber. Weite Strandbereiche sind mit gebührenpflichtigen Badeanstalten belegt, den so genannten „Stabilimenti“ oder „Bagni“. Diese bestehen – je nach Strandbreite und Andrang – aus zehn bis zwanzig Liegestuhl-/Sonnenschirmreihen hintereinander, besitzen Sanitäranlagen und Umkleidekabinen, oft auch eine Strandbar sowie Sport- und Spieleinrichtungen. Pro Tag zahlt man im Schnitt ca. 7–15 € für die Benutzung aller Serviceeinrichtungen inkl. der Miete von zwei Liegestühlen und einem Sonnenschirm, auch Wochen- und Monatsabonnements sind möglich. Bademeister überwachen überall den Betrieb und während der Saison werden diese Strände täglich intensiv sauber gehalten. Kostenfreie Strandabschnitte, die „Spiagge libere“, gibt es ebenfalls in jedem Badeort, allerdings nicht immer in zentraler Lage. Gänzlich unorganisierte Strände findet man kaum. Im Mai und September hat man jedoch so manchen Strand fast für sich allein, sieht dann aber auch mit Erschrecken, was so alles an Strandgut angeschwemmt wird.

Östlich des Isonzo beginnt die felsige *Triestiner Riviera* mit vereinzelten eingelagerten Stränden bei *Duino* und *Sistiana*. Südlich vom Schloss Miramare zieht sich entlang der Straße eine kilometerlange, befestigte Küstenpromenade bis nach *Bárcola*, das bereits zu Triest gehört. Die Triester stellen hier ihre mitgebrachten Liegestühle aufs Pflaster und springen über die Mauer ins Meer, im Hochsommer ist jeder Platz belegt.

Im friulanischen Binnenland kann man vor allem im kalten *Lago di Cavazzo* angenehm baden (→ S. 133), die Badezonen bestehen dort aus Kies oder Grasflächen und sind z. T. durch Bäume beschattet.

Wichtig zu wissen: Im Sommer ist die gesamte obere Adria mit ihren flachen Lagunengewässern ein riesiges Brutgebiet für Mücken. Wer diese Region als Ziel hat, sollte sich darauf einstellen und geeignete Mittel mitnehmen, z. B. ätherische Öle, Autan, Zedan oder Zanzarin. In Italien werden u. a. Citronella-Öl und Ultraschallgeräte angeboten, die die Biester vertreiben sollen. Leider ist nicht gesagt, dass all diese Mittel wirklich helfen, die tägliche Dosis Fenistil-Tropfen und -Gel gehört deshalb einfach dazu. In Ferienanlagen und auf Campingplätzen wird oft mit dem Aussprühen von Chemikalien versucht, die Plage einzudämmen, was so schön nicht ist und meist nur kurzfristig Linderung verschafft.

Diplomatische Vertretungen

Deutschland, Schweiz und Österreich besitzen jeweils ein Honorarkonsulat bzw. Konsulat in Triest. Übergeordnet sind die Generalkonsulate in Mailand. In Notfällen – z. B. beim Verlust sämtlicher Reisefinanzen – kann man sich an diese Vertretungen des Heimatlandes wenden. In erster Linie erhält man Hilfe zur Selbsthilfe, z. B. die Vermittlung von Kontaktmöglichkeiten zu Verwandten oder Freunden und Informationen über schnelle Überweisungswege. Nur wenn keine andere Hilfe möglich ist, bekommen Sie Geld für die Heimreise per Schiff und Zug vorgestreckt, allerdings werden keine Schulden übernommen (z. B. Hotelkosten) oder Mittel für die Fortsetzung des Urlaubs gegeben.

• *Deutschland* **Generalkonsulat der Bundesrepublik Deutschland** (Consolato Generale della Repubblica Federale di Germania), Via Solferino 40, I-20121 Milano. ✆ 02/6231101, 📠 6554213, www.mailand.diplo.de

Honorarkonsulat Triest (Console Onorario della Repubblica Federale di Germania), Via Beccaria 8 (3. Stock), I-34133 Trieste. ✆ 040/369071, 📠 364396, E-Mail: hk.brd-ts@libero.it

• *Österreich* **Generalkonsulat der Republik Österreich** (Consolato Generale di Austria), Piazza del Liberty 8/4, I-20121 Milano. ✆ 02/783743, 📠 783625, www.bmaa.gv.at

Honorarkonsulat Triest (Console Onorario di Austria), Via della Geppa 4, I-34132 Triest. ✆ 040/3791249, 37 📠 91229, www.bmaa.gv.at, E-Mail: consolato.austria@billitztrieste.com

• *Schweiz* **Generalkonsulat** (Consolato Generale di Svizzera), Via Palestro 2, I-20121 Milano, ✆ 02/7779161, 📠 76014296, www.eda.admin.ch/milano

Konsulat Triest (Consolato di Svizzera), Via Battisti 18, I-34125 Triest, ✆ 040/7600400.

Einkaufen

Für Feinschmecker ist das Friaul eine wahre Fundgrube. Prall gefüllt und farbig präsentieren sich die Theken der Feinkostläden mit frischem Obst und vielfältigem Gemüse, dazu gibt es Wein en masse, Olivenöle diverser Produzenten, Grappa und Liköre in ansprechenden Flaschen, fantasievolle Nudelsorten, Schinken in ganzen

Schinken aus San Daniele

Keulen aus San Daniele, Wurstwaren wie die typische in Rinderdarm gefüllte „Soppressa", frischen Fisch und Meeresgetier aus der Adria, den berühmten Montasio-Käse und andere naturreine Sorten, wertvollen Essig, verschiedene Sorten Reis aus dem benachbarten Veneto, getrocknete und frische Pilze, eingelegte Früchte, Honig verschiedener Blüten, Gewürze und so manches mehr. In jedem Fall lohnt die Mitnahme eines leckeren Tropfens, entweder aus einer gut sortierten *Enoteca* (Weinhandlung mit Verkostung), z. B. in Udine, Córmons oder Gradisca d'Isonzo, oder von einem der Weingüter, die Direktkauf anbieten. Auch Olivenöl kann man direkt bei den Produzenten einkaufen, weitere Hinweise dazu finden im Kapitel „Essen & Trinken" auf S. 51 und unter den jeweiligen Orten.

▸ **Antiquitäten**: Interessant und vielseitig sind die Antiquitäten- und Flohmärkte namens *Mercatino Antiquariato, Mercatino delle pulci* etc., die ein bis mehrmals monatlich in vielen Orten abgehalten werden. Vor allem in Triest und Gorizia gibt es außerdem zahlreiche Antiquitätenläden, die aus dem reichen Erbe des österreichisch-ungarischen Kaiserreichs schöpfen.

- Tipp für Mode- und Preisbewusste: Der **Schlussverkauf** (*saldi*) im Juli/August und Februar bringt radikale Preisnachlässe von 50 % und mehr!
- Auch der Einkauf direkt bei der **Fabrik** kann deutlich Geld sparen helfen. Viele renommierte Firmen bieten ihre Produkte auch direkt an. Schilder „Punto vendita diretto" weisen den Weg.

Eintrittspreise

Museen und sonstige Sehenswürdigkeiten kosten fast immer Eintritt (meist zwischen 1 und 6 €). Wer EU-Bürger ist und nachweislich unter 18 oder über 65 Jahren, erhält in staatlichen Museen freien Eintritt, Schülern und Studenten wird oft Ermäßigung gewährt. Der Besuch von Kirchen ist im Friaul – im Gegensatz zur Nachbarregion Veneto – in der Regel noch frei, eine Ausnahme bildet der Dom von Aquileia.

Die Qual der Wahl

Essen & Trinken

Friaul liegt an der Nahtstelle zwischen Italien, Österreich und Slowenien, aber auch auf engstem Raum zwischen Hochalpen und Meer. Kein Wunder also, dass es sich als eine kulinarisch höchst multikulturelle Region zeigt, in deren Küche sich auf kreative Weise alpenländisch-österreichische mit venezianischen und slowenischen Einflüssen mischen. Höhepunkt im Mix der Kulturen ist die alte Hafenstadt Triest, wo die Traditionen der österreichisch-ungarischen k.u.k.-Monarchie mit griechischen, ungarischen, jüdischen und slawischen Essensgewohnheiten einen anregenden Cocktail bilden. Aber natürlich werden im Sommer vor allem in den großen Badeorten an der Adria die friulanischen Traditionen durch die gesamtitalienische Küche zurückgedrängt – Pizza und Pasta heißt dann auch hier die Losung.

Nicht verleugnen lässt sich die ursprüngliche, sehr schlichte genuine Küche des Friaul. Sie resultiert aus der schwierigen Situation der Landwirtschaft in der bergigen Region am Rande Italiens. Kartoffeln, Rüben, Gerste und Mais sind die wichtigsten Rohstoffe, dazu kommt die Zucht von Schweinen und Kühen – aus ersteren macht man Schinken und Würste, letztere sind für Milch und Kuhkäse zuständig, Schafskäse gibt es kaum. Auf dieser Basis sind eine Fülle von Gerichten entstanden, die sich bis heute resistent gegenüber äußeren Strömungen zeigen. Gemeinsam ist ihnen, dass als Beilage sehr häufig *polenta* gereicht wird. Der weiße oder gelbliche Maiskuchen bzw. -brei ersetzte jahrhundertelang das Brot, war oft das Hauptgericht und ist eine nicht wegzudenkende Grundlage der friulanischen Küche. Bis heute gibt es nur wenige Gerichte auf der Basis von Fleisch, das Schweinefleisch wird hauptsächlich für Schinken und Wurstwaren verwendet, die noch viele Metzger in Eigenproduktion herstellen, z. B. die große, unregelmäßig geformte soppressa in Rinderdarm und die dicke Schlackwurst muset. Geflügel wie Gans, Ente, Huhn oder *faraona* (Perhuhn) nehmen dagegen im Küchenalltag einen großen Platz ein. Die venezianische Tradition des *Risotto* ist nicht ganz so stark ausgeprägt, auf der friulanischen Speisekarte erscheinen die Reisgerichte oft in lokal-ländlichen Varianten, z. B. mit Spargel, Kürbis, Sellerie oder Wurst. Oft präsent sind dagegen die *gnocchi* (gesprochen: njocki), in Österreich Nockerln genannt, die in vielen Varianten zubereitet werden. Sie bestehen aus gekochten Kartoffeln, Mehl, Topfen (Quark), Gries (Mais oder Weizen), Polenta oder Kürbis, werden aber auch als große Semmelknödel aus geschnittenem altbackenem Brot serviert, genannt *gnocchi de pan*. Der Geschmack Habsburger Zeiten findet sich darin wieder, ebenso in dem wesentlichen Merkmal der friulanischen Küche, der gemeinsamen Verwendung von süß und sauer, herb und salzig, am besten zu schmecken in den so genannten *cjarsòns* (→ unten).

Coperto e Servizio: Gedeck und Bedienung

Vorsicht bei der Preiskalkulation anhand aushängender Speisekarten: Bei jeder Mahlzeit werden pro Person noch zwischen 1,50 und 3 € für *Coperto* (Gedeck) aufgeschlagen. *Servizio* (Bedienung) ist dagegen meist im Preis enthalten – jedoch nicht immer, vor allem in gehobeneren Lokalen muss man dafür noch oft 10–15 % Aufpreis in Kauf nehmen. Erfreulicherweise ist verstärkt der Trend zu bemerken, dass diese Extras aus Gründen verschärfter Konkurrenz nicht mehr überall berechnet werden.

Die Küche der Berge und des Hügellands

Grundsätzlich sieht die Speisekarte in den Bergen erheblich anders aus als in den küstennahen Gebieten: Mit Gemüse, Kartoffeln, Ricotta und Kräutern gefüllte Teigtaschen, viel Käse, Polenta und einfache Pfannengerichte prägen die Bergregionen Karnien und Tarvisien, Fleisch ist kein tragender Bestandteil.

Eine typisch friulanische Spezialität des Inlands ist die Gerstensuppe mit Bohnen namens *mignestròn di uardi e fasui* (minestra di orzo e fagioli). Aus den karnischen Alpen stammen die *cjarsòns* (auch: cjalsòns), Teigtaschen mit deftig-süßer, salziger oder süßsaurer Wurstfüllung, von denen es mehr als vierzig Varianten gibt. *Frico* ist ein Käsegericht aus der Pfanne, oft wird dafür der typische Montasio-Käse verwendet, dazu werden Polenta und/oder Rohsalami serviert und Merlot oder Refosco gereicht. Dieses typische Gericht entstammt der alten, genügsamen Bauernkultur: Bevor die Frauen die Herden auf die Weide führten, ließen sie auf der Herdstelle eine kleine Pfanne mit Käseresten stehen. Bei ihrer Rückkehr waren diese geschmolzen und bildeten eine Art Omelett, das mit Kartoffeln angereichert wurde. Heute steht der Frico überall auf der Speisekarte, doch die Qualität schwankt – stets hervorragend ist er bei Giulietta in ihrer Trattoria „Chiosco al Ponte" (→ S. 162). Die Käsesorten des Friaul sind zahlreich, der Montasio ist der bekannteste (→ unten), es gibt aber auch noch den zarten und delikaten *Latteria* aus dem Tagliamento-Gebiet, ein mittelfester Käse mit regelmäßigen Löchern, der bekannteste ist der Latteria von Fagagna. Der *Asìno* (hat nichts mit dem „Esel" zu tun = àsino) ist ein cremiger streichfähiger Käse mit langer Tradition aus dem Westen Friauls, ein wirklicher Spezialist in seiner Herstellung ist „Tosoni" mit Niederlassungen in Udine, Tolmezzo und Spilimbergo (Anmerkung: Der Asíno wird in einer Lake aus Milch, Rahm und Salz gebadet. Die in Holzbottichen, den sog. Salmúeries aufbewahrte Mischung regeneriert sich bei der Käserherstellung immer wieder neu und ist bei Tosoni fast 200 Jahre alt!).

Im hügligen Voralpengebiet um die gleichnamige Stadt nordwestlich von Udine reift der zarte, luftgetrocknete *prosciutto San Daniele*. Nach dem Parmaschinken gilt er als die Nr. 2 der norditalienischen Schinkenproduktion. San Daniele ist aber auch für seine Forellen bekannt, die hier in mehren Zuchten gezogen werden. *Muset con brovade* (musetto con brovada) ist ein Gericht aus Kochwurst (cotechino) und sauren weißen Rüben, die bis zu zwei Monaten in Trester oder Wein mariniert werden. Unter *frittata* versteht man eine Art Omelett, das mit Spinat und diversen Kräutern (con le erbe) zubereitet wird. Häufig als Dessert serviert wird die *gubana*, ein opulenter grappagetränkter Nusskuchen mit Rosinen, der aus den Valli Natisone nördlich von Cividale del Friuli stammt (→ unten).

> Ein typisches Utensil der friulanischen Gastronomie ist der *fogher* oder *fogolar*, ein großer Grillofen, der mitten in der Küche steht und gleichzeitig wärmt. Sich um das Feuer in der Küche zu versammeln, ist eine Jahrhunderte alte Tradition in den bergigen Regionen des Friaul. Man sieht die Fogolare noch in vielen Restaurants und Wohnhäusern.

Die Küche am Meer

An der Küste sind natürlich die Fischgerichte tonangebend – frittierten oder gegrillten Fisch findet man überall, stark in der Tradition verankert ist *fritto misto*, in Olivenöl gebackene Fische und Scampi, serviert mit Polenta. Sehr lecker, allerdings auch teuer, ist Fisch in Salzkruste, wobei die Frische des Fischs für dem Geschmack entscheidend ist. Die typische Fischsuppe in Grado heißt *boreto* und wird aus mehreren Fischsorten zubereitet, wobei traditionell nur Öl, Pfeffer und Essig verwendet werden dürfen – ihre genaue Zusammensetzung wird von Generation zu Generation weitergegeben und ist ein streng gehütetes Geheimnis. Ein sehr spezielles Gericht sind auch die *sardoni* oder *sardelle in saor*, frittierte Sardinen/Sardellen, eingelegt in Zwiebeln und Essigsud und verfeinert mit Pinienkernen und Rosinen – diese Zubereitung ermöglicht die Aufbewahrung des fertigen Fischs für mehrere Tage, es ist deshalb bis heute ein Gericht der Volksküche und wird gerne für große Gesellschaften zubereitet. Weiterhin gibt es Muscheltiere namens *granzevola* (Meeresspinne) und *seppie in nero* (Tintenfisch in seiner „Tinte").

Triestiner Küche

In der großen Hafenstadt treffen seit Jahrhunderten die verschiedensten Einflüsse aufeinander, wodurch die Triester Küche ihre ganz typische Eigenheit erhalten hat. In den so genannten „Buffets" (→ S. 226) ist *porcina con senape e kren* ein Favorit – geräuchertes Schweinefleisch (Kaiserfleisch) mit Senf und Kren, das gerne mit reichlich Sauerkraut serviert wird. Dazu kommen der *riso alla greca* (Reis auf griechische Art), das ungarische *Gulasch*, Prager Schinken sowie Leberknödel- und Grießnockerlsuppe, aber auch das *costoletta viennese* (Wiener Schnitzel) ist anzu-

Auf dem Fischmarkt von Udine

treffen. *Jota*, die schwere Suppe aus Bohnen, Sauerkraut und Speck, stammt ursprünglich aus Slowenien, wird nun aber bevorzugt in Triest und Gorizia gegessen. Erwähnenswert ist auch die Käsecreme *Liptauer*, eine typische Spezialität österreichisch-ungarischen Ursprungs aus Ricotta, Anchovis und Kapern, die die meisten Wurstwaren- und Käsegeschäfte selber zubereiten und die man aufs Brot streicht.

Eine maritime Triestiner Spezialität sind die *canocie a la busara*, das sind in einer Soße aus Semmelbröseln, Weißwein und geschälten Tomaten geschmorte Heuschreckenkrebse. Unter *Anchovis* versteht man kleine Sardellenfilets, sie werden auf vielerlei Art zubereitet, sehr wohlschmeckend sind sie z. B. roh und in Zitronensaft mariniert.

Die Süßspeisen sind großteils von der „österreichisch-mitteleuropäischen" Tradition beeinflusst. So gibt es in den altehrwürdigen Konditoreien und Cafés warme *struccoli* (Strudel) mit Äpfeln, Pinienkernen und Rosinen, *cuguluf* (Gugelhupf), Krapfen und Wiener Sacher- und Dobostorte. Und auch die beliebten *palacinche* (Palatschinken) sind kein Fremdwort in Triest. James Joyce war Stammkunde in der Konditorei Pirona, die sich auf die typischen Triester Torten spezialisiert hat, von der *putizza* bis zum *pressnitz* (ungarisch). Die Putizza besteht aus Hefeteig und einer Füllung, die der der friulanischen Gubana ähnelt. Auch im Aussehen ist sie ihr verwandt, denn die gefüllte Teigrolle wird in eine spiralförmige Form gelegt und im Ofen gebacken. Pressnitz wird ähnlich hergestellt, jedoch ohne Hefe, und besitzt eine Füllung, die mit Rum und Wein sowie Zimt, Muskatnuss und Gewürznelken angereichert ist.

Typische Produkte des Friaul

Die idealen klimatischen Gegebenheiten zwischen Bergen und Meer, die hier an der nördlichsten Stelle des Mittelmeers besonders nahe zusammenrücken, sind zum

Gutteil dafür verantwortlich, dass sich das Friaul in den letzten Jahrzehnten fast zu einer Art Schlaraffenland entwickelt hat, wo es von Wein über Grappa, Wurstwaren, Schinken und Käse bis zu Olivenöl eine erstaunliche Fülle von hochwertigen Produkten gibt – tatsächlich findet man wohl in kaum einer anderen Region Italiens so viele verschiedenartige kulinarische Erzeugnisse, die mit dem Siegel „DOP“ (Denominazione Origine Protteta) bzw. „DOC“ (bei Weinen) ausgezeichnet wurden, d. h. deren Ursprungsregion und Herstellung als besonders schützenswert erachtet werden.

- **Prosciutto di San Daniele**: Der weltberühmte San-Daniele-Schinken gehört zu den bedeutendsten kulinarischen Produkten Italiens und hat 1996 die geschützte Ursprungsbezeichnung DOP (Denominazione di Origine Protetta) erhalten. 27 Schinkenfabriken, die alle Mitglieder der Schutzgenossenschaft „Consorzio del Prosciutto di San Daniele“ sind, produzieren im Jahr gut zwei Millionen Keulen, für deren Herstellung strenge Regeln gelten (→ S. 138). Sein Geschmack aus Walnuss- und Haselnussnuancen wird hervorragend ergänzt durch einen klassisch-friulanischen (Tocai) Friulano oder einen süßen Verduzzo.
- **Prosciutto di Sàuris**: Im Gegensatz zum San-Daniele-Schinken wird der Schinken aus den Bergen von Sàuris mit Buchenholz aus den umliegenden Wäldern geräuchert. Die Keulen werden mehrmals mit Salz eingerieben und anschließend einige Tage in den Rauch gehängt, schließlich gebeizt und zwölf Monate getrocknet. (→ S. 96).
- **Montasio**: Das Ursprungsgebiet des Montasio-Käse waren traditionell die Weiden am Fuß des *Monte Montasio* (→ S. 109), die ersten Aufzeichnungen dazu stammen aus dem 18. Jh. Heute hat sich die Herstellung in die friulanische Ebene, ins östliche Venetien um Belluno und Treviso sowie in die venetische Tiefebene zwischen den Flüssen Piave und Brenta verlegt, wobei jedoch seine Charakteristik strikt beibehalten wurde. Der berühmteste Käse des Friaul entsteht in einem perfekten Zusammenspiel aus dem Mikroklima der Bergregion, dem speziellen Heu der Weidegebiete, der Qualität der Frischmilch und den überlieferten Kenntnissen der „Latterie Friulano“. Er ist einer der wenigen Käse mit DOP-Siegel, d. h. er ist ein Produkt mit geschütztem Herkunftsort, der nach genau festgelegten Bestimmungen hergestellt wird. Die Hersteller haben sich zur Schutzgemeinschaft „Consorzio per la Tutela del Formaggio Montasio“ zusammengeschlossen (www.formaggiomontasio.net). Richtig gelagert (zwischen 12 und 14 Grad, Luftfeuchtigkeit von gut 80 %) entfaltet der Montasio-Käse sein Aroma nach etwa 80 Tagen: Der frische Käse ist 60 bis 100 Tage alt, der mittlere 120 bis 300 und der reife Käse über 300 Tage. Zu bekommen ist er überall im Friaul.

Käse gehört zu den wichtigsten kulinarischen Produkten ...

Gubana: Dieser leichte traditionelle Kuchen stammt aus den Natisone-Tälern zwischen Cividale del Friuli und Slowenien. Hergestellt wird die Gubana aus Hefeteig, der kunstvoll gewickelt wird, um die typische Schneckenform zu erhalten (das slowenische Wort „gubat" bedeutet soviel wie „umwickelt"), und der eine Füllung aus Rosinen, Haselnüssen, Amaretto, Grappa, Nüssen und Pinienkernen umschließt – bis zu achtzehn Zutaten sind es, die dafür verwendet werden.

... und schmeckt!

Der Legende nach entstand die Gubana, als eine arme Mutter ihren Kindern zur Weihnachtszeit einen Kuchen backen wollte und dazu alles verwendete, was sie gerade im Haus hatte. Da früher noch nicht in jedem Haushalt ein Backofen zu finden war, bereitete jede Familie die Füllung mit allem, was an Köstlichem im Haus zu finden war, und brachte sie danach zum Bäcker. Dieser stellte den Teig her und backte die Gubana, die dann bei allen wichtigen Familienereignissen wie Ostern, Weihnachten, Hochzeit, Taufe etc. dabei sein musste – alle Gäste bekamen etwas von der Gubana geschenkt. Aus diesen Anfängen hat sich die Gubana heute zu einer alltäglichen Süßspeise gewandelt, die zum Frühstück gegessen wird, als Zwischenmahlzeit, zum Tee oder als Abschluss einer Mahlzeit. Der größte Hersteller von Gubana ist das Familienunternehmen „Vogrig" bei Cividale del Friuli, S. 160 (www.gubana.it).

Olivenöl: Von allen Regionen Italiens produziert Friaul-Julisch Venetien die geringste Menge an Olivenöl – gerade mal 0,01 % bzw. 70 Tonnen der italienischen Gesamtproduktion sind es, die hier hergestellt werden. Es handelt sich also um deutlich begrenzte Quantitäten, doch die Qualität ist durchaus interessant und seit wenigen Jahren hat die Region sogar ein eigenes DOP-Siegel, nämlich das begehrte Attribut „Tergeste DOP". Früher ging fast die gesamte Produktion an die Restaurants der Region, so dass Endverbraucher kaum etwas erwerben konnten. Das hat sich mittlerweile geändert (→ S. 249). Der Preis des friulanischen Öls liegt allerdings – vor allem wegen des niedrigen Ertrags – etwas höher als im gesamtitalienischen Vergleich. Insgesamt werden Olivenbäume auf etwa 175 ha kultiviert, und zwar in den Hügeln zwischen Udine und der slowenischen Grenze, im Weinbaugebiet *Collio* und vor allem im Gebiet von *San Dorligo della Valle* an der slowenischen Grenze südlich von Triest. Wichtigste lokale Sorte ist die hier heimische „Belica" (ital. Bianchera), die sich als besonders witterungsbeständig erwiesen hat. Dazu kommen noch die aus der Toskana eingeführten Sorten Leccino, Pendolino und Maurino. Viele weitere Hinweise zum friulanischen Olivenöl gibt es auf der Website http://tergestedop.it.

Blick von Ramandolo auf die Weinebene

Die Weine des Friaul

Seit den 1970er Jahren hat sich im Friaul ein wahres „Weinwunder" ereignet. Die Namen der Winzer, die dazu beigetragen haben, sind schon beinahe legendär: Silvio Jermann, Livio Felluga, Joško Gravner, Mario Schiopetto, Girolamo Dorigo u. a. Sie alle machten aus dem rückständigen Friaul eins der innovativsten Anbaugebiete Italiens, in dem nun die körperreichsten Weißweine des Landes produziert werden.

Tatsächlich sind die Bedingungen für den Weinbau vor allem im östlichen Friaul optimal, denn die dortigen Moränenhügel besitzen wertvolle mineralreiche Böden, es regnet wenig und die Durchschnittstemperaturen sind hoch, da die nahe Adria ausgleichend wirkt. Schon die Römer hatten das erkannt und kultivierten vor über 2000 Jahren hier Reben, wahrscheinlich hatten aber schon die Kelten lange vorher damit begonnen. Heute sind insgesamt acht DOC-Zonen in der kleinen Region ausgewiesen (→ unten) – mit Abstand am wertvollsten ist jedoch die Erde in den *Colli Orientali del Friuli* südöstlich von Udine und im *Collio*, dem Hügelland an der slowenischen Grenze. Sie wird hier „Ponca" genannt. Es handelt sich dabei um „Flysch", eine Mischung aus Mergel- und Sandsteinschichten, die im Eozän durch Meeresablagerungen entstanden sind (man findet auch Fossilien) und Kalk, Kaliumkarbonat und Phosphor enthalten. Die charaktervollsten und komplexesten Weine des Friaul entstehen hier aus den Rebsorten *(Tocai) Friulano*, *Ribolla gialla*, *Picolit*, *Refosco*, *Verduzzo* und *Ramandolo*, fast ausschließlich sind sie weiß.

Doch das war nicht immer so. Noch in den ersten Jahrzehnten nach dem Zweiten Weltkrieg wurden in der armen und stark von Auswanderung betroffenen Region fast ausschließlich rote Massenweine ohne besondere Charakteristik hergestellt. Initialzündung für die Entwicklung zur Hochburg hochwertiger Weißweine waren paradoxerweise die zerstörerischen Erdbeben von 1976 – damals flossen Fördermittel in die schwer getroffene Region, neue Infrastrukturen wurden aufgebaut und so manche innovative Idee konnte jetzt umgesetzt werden. Viele Quereinsteiger begaben sich damals in die Weinwirtschaft (nur wenige der heutigen Produzenten entstammen alten Winzerfamilien), bauten hochmoderne Produktions- und Kellereitechniken auf (z. B. übernahmen sie die Technik der gekühlten Gärung aus Deutschland) und kümmerten sich liebevoll und leidenschaftlich um die zahlreichen importierten, aber auch um die viel interessanteren autochthonen (= heimischen) Rebsorten. So mancher Winzer kam damals zur Erkenntnis, dass die Erzeugung von Weinen aus internationalen Rebsorten wie Chardonnay, Cabernet und Merlot zu einem Wettkampf mit der Konkurrenz auf dem Weltmarkt führte, während man bei der Erzeugung aus autochthonen Reben auf ein einmaliges Produkt bauen könne, das durch Rebsorte, Geschichte und „Terroir“ (von franz. „terre“ = Boden, Kleinklima, regionale Eigenheiten etc.) geprägt ist. Mittlerweile sind in den international hoch angesehenen Gütern von Colli Orientali und Collio oft schon die Kinder der Weinpioniere am Ruder und produzieren Tropfen, die von Kennern zu den besten Italiens gezählt werden und auch die entsprechenden Preise erzielen. Doch wenn das Salär für eine Flasche Wein in einer Trattoria mittlerweile den einer gesamten Abendmahlzeit übersteigt, ist auch Platz für kleine, unbekannte Winzer. Fast schon inflationär ist mittlerweile die Zahl der Weingüter, die jährlich neu entstehen, um von der Entwicklung zu profitieren. In den Weinbaugebieten wird nichts anderes mehr produziert, ein Feld liegt am anderen, denn jeder kleine Bauer stellt auf Weinwirtschaft um.

Bodenmosaik im Weingut Schiopetto (Capriva del Friuli)

Mit Abstand am häufigsten wird heute die einheimische Rebe (Tokai) Friulano angebaut, gefolgt von den internationalen Gewächsen Sauvignon Blanc, Chardonnay, Pinot Bianco, Riesling Italico, Riesling Renano, Traminer und Müller-Thurgau, danach kommen die autochthonen Sorten Verduzzo Trevigiano, Ribolla und Malvasia. Bei den roten Rebsorten dominiert Merlot, gefolgt von Cabernet Sauvignon, Pinot Nero, Ribolla Nera, Pignolo und Refosco. Die Qualität ist insgesamt hoch, denn rund 45 % der Produktion entfallen auf DOC-Weine. Trotzdem sind noch immer zu viele Produzenten zu stark nach globalen Moden ausgerichtet, anstatt die Stärken der einheimischen Sorten engagiert zu fördern.

Weinverkostung im Friaul

Jeder größere Ort im Weingebiet besitzt mindestens eine Weinstube, meist „Osteria„ oder „Enoteca“ genannt. Dort können Sie in angenehmer Atmosphäre die Weine der Region kennen lernen, dazu oft auch die jeweiligen kulinarischen Eigenheiten genießen, wobei nicht selten traditionelle Rezepte sorgfältig gepflegt und fantasievoll aufbereitet werden. Speziell in den gut sortierten Enoteche von *Cormòns* und *Gradisca d'Isonzo* finden Sie eine große und repräsentative Auswahl an friulanischen Weinen.

Für den wahren Weinliebhaber unverzichtbar ist jedoch natürlich die Verkostung in den Weingütern selber. Leider sind die großen, renommierten Adressen in der Regel gar nicht mehr an privater Verkostung interessiert, da sie ihre Produkte längst in alle Welt exportieren. Doch im Bereich der vielen kleinen Anbieter wird man immer wieder sehr erfreuliche Entdeckungen machen können. Anregungen dazu finden Sie im praktischen Reiseteil, doch bei der Vielzahl der Weingüter sind der eigenen Recherche selbstverständlich keine Grenzen gesetzt. Hinweis dazu: Ab etwa Mitte September bis in den Oktober hinein, sind die Weinbauern ganztägig mit der Ernte beschäftigt, in dieser Zeit kann es also Probleme bei Besuchen der Weingüter geben.

Und wer sich gern den lokalen Gewohnheiten anpassen möchte – der *Tajut*, das Gläschen Wein, in Österreich gern „Stehachterl" genannt, ansonsten als Aperitif bekannt, ist für viele Friulaner zwischen elf und ein Uhr Mittag und am späten Nachmittag ab 17 Uhr ein festes Alltagsritual.

Haben Sie Geschmack an den Weinen des Friauls gefunden? Eine gute Adresse in Deutschland, die exklusiv friulanische Weine vertreibt, ist **Collio & Co**. Sigfrid Backer und Thomas Schierer sind langjährige und leidenschaftliche Friaul-Liebhaber. Bei ihnen sind Sie in guten Händen, ihre kleine, aber feine Auswahl ist sorgfältig getroffen und sie freuen sich darauf, ihre Überzeugung mit Ihnen teilen zu können.

Collio & Co, Adelhardsgasse 6, 91325 Adelsdorf, ✆ 09195/998314,
E-Mail: collio-co@arcor.de

Die acht DOC-Zonen des Friaul

Wegen der deutlich unterschiedlichen Bodenstruktur gibt es im Friaul sehr eigenständige Anbaugebiete, die entsprechend auch deutlich unterschiedliche Weine generieren. Generell gilt überall die Faustregel, dass die Weine der Hügel denen der Ebenen überlegen sind.

- **Friuli Grave**: Das große DOC-Gebiet Friuli Grave liegt im zentralen und westlichen Teil von Friaul-Julisch Venetien zwischen dem Fluss Tagliamento und der Grenze zur Region Veneto. Die „alluvialen" Böden sind durch die Ablagerungen der Flüsse Meduna, Cellina und Tagliamento entstanden, die im Lauf von Jahrtausenden riesige Materialmengen angeschwemmt haben. Sie sind vorwiegend kiesig, z. T. allerdings auch lehmhaltig, so dass hier aus den Reben *Merlot*, *Pinot Grigio* und *Tocai friulano* eher einfache Weine entstehen. Höher ist die Qualität in den Hügelgebieten.
- **Friuli Annia, Friuli Aquileia und Friuli Latisana**: Diese drei DOC-Zonen liegen im südlichen küstennahen Friaul und um die Lagunen. Die Böden sind hauptsächlich sand- und lehmhaltig sowie reich an Mineralsalzen, das Klima ist konstant mild. Die leichten Weine trinkt man meist jung, sie passen gut zu Fischgerichten.
- **Colli Orientali di Friuli**: Das Gebiet der Colli Orientali erstreckt sich östlich von Udine entlang der grünen Hügel an der Grenze zu Slowenien. Die terrassenförmig angelegten Böden sind geprägt durch den Wechsel von Mergel und Sandstein (Flysch), was für die Herausbildung kostbarer Weine besonders förderlich ist. Und auch die klimatischen Voraussetzungen sind hervorragend: Die Julischen Voralpen schützen die Reben vor den kalten Nordwinden, während der Einfluss der nahen Adria die Temperaturunterschiede abmildert.

In den Colli Orientali werden neben den internationalen Sorten wie *Cabernet, Chardonnay* und *Sauvignon* die traditionellen autochthonen Rebsorten *Schioppettino, Pignolo* und *Refosco* angebaut, die nur in kleinen Mengen gekeltert werden, es aber zu großer Reputation gebracht haben. In diesem DOC-Gebiet gibt es drei besonders wertvolle Unterzonen, „Cru“ genannt: *Rosazzo, Cialla* und *Ramandolo*. Vor allem das Gebiet um Ramandolo bei Nimis ist durch die Produktion der Süßweine *Ramandolo* und *Verduzzo* berühmt geworden.

- **Collio**: So heißt das Hügelland im Norden der Provinz Gorizia an der Grenze zu Slowenien. Die Julischen Voralpen schützen es vor den kalten Winden und durch die Nähe zum Mittelmeer entfaltet sich ein besonders mildes und gemäßigtes Klima. Da es viele nach Süden ausgerichtete Anbauflächen besitzt, ist es für den Weinanbau wie geschaffen. Der Boden besteht auch hier aus Schichten von Mergel und Sandstein. Grundsätzlich sind die Winzer des Collio mehr nach Osten, also nach Slowenien hin orientiert, denn an seiner Westgrenze verlief jahrhundertelang die Grenze zwischen dem österreichischen und dem venezianischen Herrschaftsgebiet. Kultiviert werden hier besonders fruchtige und komplexe Weißweine, Joško Gravner ist der berühmteste Pionier (→ S. 181).
- **Friuli Isonzo**: Der Landstrich in der Provinz von Gorizia wird vom Fluss Isonzo durchzogen, im Nordwesten ist er von den Hügeln des Collio, im Osten vom Karst begrenzt. Die charakteristischen Sand- und Schwemmlandböden und das durch die Nähe zum Meer günstige Mikroklima bilden eine gute Grundlage für den Weinanbau, besonders fur die weißen Trauben. In letzter Zeit hat die Reputation dieses Gebiets zugenommen und man beginnt mit dem Collio zu konkurrieren.
- **Carso**: Der Triestiner Karst ist eine aus Kalkfelsen bestehende Hochebene, die sich vor 30 Millionen Jahren aus dem Meer emporhob. Sie ist trocken und schwierig zu bebauen, die starken Windböen der Bora fegen oft hindurch. Der lokale Rotwein *Terrano* zeichnet sich durch seinen ausgeprägten, stark tanninhaltigen Charakter und einen sehr herben, bestimmenden Geschmack aus, der meist nur erfahrenen Trinkern Genuss bereitet.

Die Osmizze: Buschenschenken des Triestiner Karst

Die Weinschenken im Karstgebiet hinter Triest werden „Osmizze“ (*osmica* = acht, slowenisch) genannt, weil den Bauern seit 1784 von den Grundbesitzern auf Grund eines Dekrets von Kaiser Joseph II. für eine Zeitspanne von acht Tagen der direkte Verkauf von Eigenbauwein und Eigenprodukten zugestanden wurde. Wenn heute in den Osmizze der neue Wein kredenzt wird (Dezember bis Mai), erkennt man die Weinstuben an einem draußen aufgehängten frischen Efeuzweig (frasca) oder einem kleinen Licht (→ S. 242).

Die autochthonen friulanischen Weine

- **Malvasia**: Diese Traube kam im Mittelalter aus Griechenland ins Friaul (der Name stammt von der Hafenstadt Monevasia am Peloponnes). Sie wird hauptsächlich in den Hügeln angebaut, hat sich dort den Böden ausgezeichnet angepasst und bringt in diversen Varianten gute Erträge sowie beste Qualität.
- **Picolit**: Ein edler weißer Süßwein, der schon in römischer Zeit bekannt war, wegen seiner Anfälligkeit (viele Blüten sind beschädigt und können nicht befruchtet wer-

Wissenswertes von A bis Z

den) aber nur niedrige Erträge bringt. Er wird spät und mit der Hand gelesen und muss dann noch lange in Holzfässern gären – und kann deshalb nur zu hohen Preisen verkauft werden. Ein Wein für Spezialisten und Liebhaber (→ S. 166).

- **Pignolo**: Die rote Pignolo-Rebe wurde im Friaul schon seit Jahrhunderten angebaut, war aber im 20. Jh. beinahe ausgestorben. In der Abtei von Rosazzo hat man sie vor einigen Jahrzehnten wieder neu entdeckt (→ S. 166). Durch den Ausbau in Barrique-Fässern gewinnt der Wein deutlich an Qualität, sein Geschmack ist fruchtig und leicht tanninhaltig, er erinnert ein wenig an Himbeeren.
- **Ramandolo**: Eine sehr alte Rebsorte, die bereits in der Antike existierte und die heute in den Hügeln von Nimis und Ramandolo angebaut wird. Der süße, goldgelbe Wein mit kräftigem Charakter schmeckt voll und weit und ist der einzige DOCG-Wein der Colli Orientali.
- **Refosco**: Ebenfalls eine antike Rebsorte, sie ist im Friaul stark verbreitet und gilt als eine der besten friulanischen blauen Trauben. Der Wein ist intensiv rot, schmeckt nach Beeren und ist leicht bitter im Hintergrund. Er passt hervorragend zur regionalen Küche und zu Fleisch und Wild.
- **Ribolla Gialla**: Einer der ältesten friulanischen Weißweine und früher geradezu ein Symbol für die Weine des Friaul. Vor allem im Collio und in den Collio Orientali wird die Rebe angebaut. Der Geschmack ist trocken und oft ausgeprägt zitronig.
- **Schioppettino**: Seinen Ursprung hat dieser rubinrote Wein in Prepotto in der Grenzregion zu Slowenien (→ S. 165). Wie der Pignolo wäre er beinahe ausgestorben. Er gilt als besonders edler und interessanter Wein.
- **Tazzelenghe**: Ein rustikaler und herber Rotwein mit hohem Tanningehalt, die Traube hat einen stark „zungenbeißenden“ Geschmack (ital.: „tazzalingua“). Er reift vor allem um Manzano, Bùttrio und Ipplis. Passt gut zu Wild und Schweinefleisch.

In den Colli Orientali del Friuli

Weinkeller im Castello di Spessa

- **Terrano**: Der Rotwein vom triestinischen Karst gedeiht in den Dolinen in roter Erde, daher sein Beiname „Karstblut". Er ist herb, säuerlich und tanninhaltig, kann jung kaum getrunken werden und passt hervorragend zur deftigen lokalen Küche.
- **(Tocai) Friulano**: Der (Tocai) Friulano ist die meist angebaute Rebsorte im Friaul und wird hier seit jeher kultiviert, davon sind die Weinproduzenten des Friaul fest überzeugt. Mit dem Tokaji aus Ungarn hat er nichts zu tun – dessen Name bezeichnet eine geografische Region und keine Rebsorte (der ungarische „Tokaji" wird vornehmlich aus Furmint-Trauben gekeltert). Nichtsdestotrotz führten die Ungarn wegen der Namensgleichheit einen heftigen Prozess, denn sie wollten den Namen exklusiv für sich. Dieser Kampf ist seit kurzem entschieden (→ Kasten). Der (Tocai) Friulano ist auf Grund seiner hohen Erträge sowie seines freundlich-fruchtigen Geschmacks der Hauswein des Friaul schlechthin, ein Tropfen für zwischendurch, zum Aperitif – ein „Tajut" (Gläschen Wein) für jede Gelegenheit. Er ist fruchtig, aber auch delikat und besitzt einen niedrigen Säuregehalt mit Bittermandelgeschmack.

„Wir sind eines Teils unserer Kultur beraubt worden": (Tocai) Friulano

Die Winzer des Friaul trauern um ihren „Tocai". Nach 13-jährigem Kampf mussten sie nun resignieren: Ab April 2007 genießen die Ungarn uneingeschränkten Markenschutz für ihren Tokajer. Der Kampf um den Namen ging bis zum höchsten europäischen Gericht, Rechtsmittel sind keine mehr möglich. Der italienische Tocai wird deshalb künftig nur noch „Friulano" heißen. Hintergrund: Bereits 1993 hatten die Ungarn mit der EU ein Abkommen geschlossen, das ihnen den alleinigen Gebrauch des Namens Tocai garantierte, in einer 13-jährigen Übergangsfrist hätten die italienischen Winzer eine alternative Bezeichnung einführen sollen, was sie nicht getan hatten und auch nicht wollten. Dazu O-Ton Marco Felluga: „Es ist, als dürften wir unsere Pizza nicht mehr 'Pizza' nennen".

- **Verduzzo friulano**: Die alte Rebsorte wird als „Verduzzo verde" in der Ebene angebaut und erzeugt einen trockenen Wein, während der „Verduzzo giallo" in den Hügeln der Colli Orientali angebaut wird und ein lieblicher Dessertwein ist.
- **Vitovska**: Die Vitovska ist eine weiße Traube, die seit langem in der Provinz Triest angebaut wird, im Karst und entlang des Küstenstreifens bis nach Istrien. Trocken, fruchtig und säuerlich-würzig passt der Wein gut zu Fleisch und Meeresfrüchten.

- **Cuvées**: Die vorstehenden Weine werden in vielen Weingütern ergänzt durch Mischungen verschiedener Rebsorten, die so genannten Cuvées – so werden z. B. im Weingut „Le Due Terre" in Prepotto die Spitzenweine *Sacrisassi Rosso* aus Refosco und Schioppettino und *Sacrisassi Bianco* aus (Tocai) Friulano und Ribolla Gialla kreiert. Der fassvergorene *Col Disore* vom Weingut Russiz Superiore besteht aus (Tocai) Friulano, Ribolla Gialla, Pinot Bianco und Sauvignon.

Degustazione di Grappa

Nicht nur Weine können degustiert werden, auch Schnäpse lassen sich geschmacklich durchaus unterscheiden. *Grappa* (Mehrzahl: Grappe) nennt man den hochprozentigen Destillierschnaps, der durch Verdampfung aus „Trester", den Trauben- und Stängelresten, die nach der Weinproduktion übrig bleiben, hergestellt wird. Im Friaul wurde er wahrscheinlich im 6. Jh. heimisch, als die aus Österreich kommenden Burgunder bei den Trauben dieselbe Verarbeitung anwandten, die sie für ihre Äpfel hatten. Im 8. Jh. belohnte dann bereits ein Edikt von Maria Theresia von Österreich die Treue der Soldaten, indem sie diese autorisierte, Grappa zu destillieren, ohne Steuern zu zahlen.

Für eine Degustation ist folgende Unterscheidung in Kategorien hilfreich: junge Grappe, abgelagerte Grappe, aromatische Grappe und aromatisierte Grappe. In dieser Reihenfolge sollte degustiert werden, wobei man, falls mehrere Grappe einer Kategorie verkostet werden, die Sorte mit dem niedrigsten Alkoholgehalt als erste wählt und zum Schluss jene mit dem höchsten. Um die Geschmacksnerven zu neutralisieren, sollte man zwischen den Verkostungsgängen ein halbes Glas pasteurisierte Frischmilch trinken und dabei die Mundhöhle gut durchspülen. Ebenfalls hilfreich sind gesalzene Pistazien, geröstete Weißbrotschnitten mit Akazienhonig und Käsestückchen, z. B. Montasio.

Einer der renommiertesten Grappa-Hersteller Italiens ist „Nonino" im Örtchen Percoto, 4 km westlich von Manzano (→ S. 168). Er hat als erster damit begonnen, die Produktionskriterien zu verfeinern und Grappa aus den ganzen Trauben einer einzigen Rebsorte (Picolit) und nicht nur aus dem Trester herzustellen – dadurch wurde die Grappa ein international angesehenes Produkt.

Feste, Festspiele & Feiertage

So gut wie jeder Ort feiert alljährlich ein oder mehrere Feste, die oft historische Ursprünge haben. In den Weinbaugebieten Colli Orientali und Collio dreht sich natürlich alles um den Wein, in San Daniele um den Schinken, am Meer gibt es Prozessionen übers Wasser, in den Bergen Trachtenfeste, dazu kommen Bikertreff, Jazz und Folk, Marathon, Bootsregatten und vieles mehr.

Tipp: Lassen Sie sich in jedem Fall vor Ort die aktuellen **Veranstaltungskalender** geben, denn während der warmen Jahreszeit ist eigentlich immer irgendwo etwas geboten. Informationen im Internet finden Sie z. B. unter www.turismo.fvg.it (Stichwort „Veranstaltungen") und bei www.friulalberghi.it/de/veranstaltungen.asp

Degustieren macht Spaß

• *Feste und Veranstaltungen* **Trieste Film Festival**, alljährlich im Januar findet dieses Filmfestival statt, bei dem hauptsächlich Werke aus Mittel- und Osteuropa gezeigt werden (www.triestefilmfestival.it).

Carnevale di Sàuris, zum großen Faschingsumzug werden hier geschnitzte Holzmasken oder Schleier getragen oder man schwärzt sich das Gesicht mit rues (Ruß). Der Zug folgt dem „Kheirar", der mit einem Besen bewaffnet in die Lokale geht und zum Tanzen einlädt. Der Besen steht für das Verjagen des Winters und der negativen Kräfte.

Carnevale Muggesano, größtes Fest in Muggia ist der farbenfrohe Karneval, der mit Umzügen und Veranstaltungen sieben Tage lang gefeiert wird. Höhepunkt ist der Umzug mit aufwändigen Wagen und Kostümen am Faschingssonntag.

Mostra Degustazione dello Schioppettino, Ende April/Anfang Mai großes Fest mit Verkostung aller Schioppettinoweine in Prepotto (Colli Orientali del Friuli).

Maratona d'Europa (La Bavisela), großer Marathon am ersten Sonntag im Mai an der Triestiner Riviera auf einer exakt 42,195 km langen Strecke vom Castello di Duino zum Castello di Miramare, deswegen auch „Zwei-Schlösser-Marathon" genannt (www.bavisela.it).

Cantine Aperte, immer am letzten Sonntag im Mai. Fast zweihundert Weinkellereien, die Mitglieder des „Movimento Turismo del Vino" sind, öffnen ihre Tore für Besucher. Den ganzen Tag über finden Verkostungen und Führungen statt. Einige Winzer öffnen nach Voranmeldung bereits am Samstag. Die teilnehmenden Kellereien im ganzen Friaul und viele weitere Hinweise kann man im Internet abrufen (www.mtvfriulivg.it). Ein zusätzliches Event ist **Cantine Aperte Bike**, ein internationales Mountainbike-Rennen, an dem jeder teilnehmen kann, Start ist in Cormòns.

Bikerfest, eins der größten Bikerfeste weltweit (jährlich seit 1986), die Internationale der Motorradfahrer trifft sich jeweils am vierten Juniwochenende am Monte Zoncolàn bei Sutrio (Karnien). Über hunderttausend Teilnehmer werden zu dem viertägigen Event erwartet (www.bikerfest.com).

Aria di Festa, das größte Schinkenfest der Welt findet alljährlich am letzten Juniwochenende (Fr–Mo) in San Daniele del Friuli statt: Verkostung in den Straßen, zahllose Besucher, Volksfeststimmung (www.prosciuttosandaniele.it).

No borders, im Juli in Tarvisio, großes Jazzfestival mit internationalen Künstler (www.nobordersmusicfestival.com).

Perdón de Barbana, eindrucksvolle Schiffsprozession am ersten Julisonntag durch die

Lagune von Grado zur Insel Barbana mit ihrer bekannten Wallfahrtskirche.

Contesa della Rotella, am zweiten Sonntag im Juli historischer Umzug in Palmanova zur Erinnerung an einen alten Kampf der drei Stadtviertel.

Schinkenfest in Sàuris, der bekannte Räucherschinken von Sàuris wird am zweiten und dritten Wochenende im Juli gefeiert.

Folkest, das große Folkfestival gibt es seit fast dreißig Jahren. Drei Wochen lang treten im Juli in wechselnden Orten Gruppen aus verschiedenen Ländern auf, die große Abschlussveranstaltung Ende Juli in Spilimbergo dauert vier Tage, u. a. war dabei schon Joan Baez zu Gast (www.folkest.com).

Fiesta tas corts, in der zweiten Augusthälfte in Ravascletto (Karnien), großes gastronomisches Fest, in dessen Rahmen die Frauen des Dorfes traditionelle Gerichte vorstellen, dazu folkloristische Darbietungen und Verkostungen.

Sagra dei Osei, in Sacile (Pordenone) am Sonntag nach Maria Himmelfahrt, großer Vogelmarkt, dazu in der Morgendämmerung ein Gesangswettbewerb der Singvögel. Italien ist ungekrönter Weltmeister in der Jagd auf Singvögel (Komitee gegen den Vogelmord e.V., www.komitee.de)

Nozze carsiche, die traditionelle Karsthochzeit findet alle zwei Jahre am letzten Augustsonntag im Karstdorf Rupingrande statt, die nächsten Male 2007 und 2009. Bereits am Mittwoch wird mit dem Feiern begonnen, am Sonntag Morgen folgt dann eine Trachtenprozession vom nahe gelegen Zola zur Kirche, wo die Messe stattfindet. Bis abends wird dann getanzt und gefeiert. Alle Zeremonien finden in Slowenisch statt.

Festa Provinciale dell'uva, im September in Cormòns (Collio), Umzug und Überreichung des „Friedensweins" an die Staatsoberhäupter der Welt.

Barcolana, seit fast 40 Jahren große Segelregatta am zweiten Sonntag im Oktober, mit zweitausend teilnehmenden Booten eine der größten der Welt. Gestartet wird in Bárcola vor Triest (www.barcolana.it).

• *Gesetzliche Feiertage* An folgenden Tagen sind alle Läden geschlossen:

Capodanno (Neujahrstag), **Epifania** (Dreikönigstag), **Pasqua/Lunedì dell'Angelo** (Ostersonntag/Ostermontag), **Festa della Liberazione** (Tag der Befreiung vom Faschismus) am 25. April, **Festa dei Lavoratori** (Tag der Arbeit) am 1. Mai, **Festa della Repubblica** (Tag der Gründung der Republik) am 2. Juni, **La Solennità dei Santi Pietro e Paolo** (Peter und Paul) am 29. Juni, **Assunzione di Maria Vergine/Ferragosto** (Mariä Himmelfahrt) am 15. August, **Ognissanti** (Allerheiligen) am 1. November, **Immacolata** (Mariä Empfängnis) am 8. Dezember, **Natale** (Weihnachten) am 25. Dezember und **Santo Stefano** (Tag des heiligen Stephanus) am 26. Dezember.

Geld

Seit 2002 ist auch in Italien der Euro (€) gültig, seit 2007 auch im benachbarten Slowenien. Nur Schweizer müssen ihre Franken in Euro umtauschen, wobei der Kurs je nach Marktlage schwankt (1 € entspricht etwa 1,60 SFr).

Die Geldbeschaffung ist denkbar einfach, denn in allen größeren Orten sind *Geldautomaten* installiert, wo man mit Bankkarte und Geheimnummer rund um die Uhr problemlos bis zu 250 € erhält (Bedienungshinweise in deutsch). Man sollte allerdings auf die Aufkleber achten, nicht alle Automaten können mit ec-Karte bedient werden. Falls ein Automat gelegentlich außer Betrieb ist („fuori servizio"), findet man sicher schnell einen anderen. Eine Abhebung kostet in der Regel ca. 4,50 € – leider gibt es auch schwarze Schafe, die mehr verlangen, da die entsprechende EU-Gebührenordnung nicht verbindlich ist. Tipp: mit der „Postbank SparCard 3000 plus" sind die ersten vier Abhebungen im Jahr gratis.

Für das Einlösen von *Reiseschecks* müssen Sie am Bankschalter vorstellig werden. Wartezeiten sind hier aber die Regel, eine kleine Gebühr wird ebenfalls meist fällig. Italienische Banken haben im Wesentlichen einheitlich geregelte Öffnungszeiten, nämlich Mo–Fr 8.30–13.20 Uhr, regional können die Zeiten leicht schwanken (z. B. 8.30–14 Uhr oder 9–14 Uhr).

Wer nicht allzu viel Bargeld mit sich herumtragen will, kann auch problemlos auf die *Bankkarte* und alle gängigen *Kreditkarten* zurückgreifen, die als Zahlungsmittel weithin akzeptiert werden (z. B. Hotels, Restaurants, Tankstellen, Läden, Fahrzeugvermietungen, Bahn- und Flugtickets). Seit Einführung des Euro ist dabei das bisherige Auslandsentgelt von 1 % entfallen. Mit Kreditkarten kann man auch bei Banken Geld abheben, allerdings sind die Gebühren recht hoch (bis 4 % vom Betrag), deswegen besser nur im Notfall darauf zurückgreifen.

Die Lebenshaltungskosten liegen im Friaul leicht über deutschem Niveau. Günstiger sind öffentliche Verkehrsmittel, Essen im Restaurant ist dagegen teurer, auch Hotels und Campingplätze sind nicht billig, Supermärkte ebenso.

Im Notfall

Bei Verlust von Geldkarte, Kreditkarte, Reiseschecks etc. diese sofort telefonisch sperren lassen. Erfragen Sie die aktuellen Nummern vor der Reise bei Ihrer Bank. Im Fall eines Totalverlustes an Geld kann man sich über „Western Union Money Transfer“ von einer Kontaktperson zu Hause innerhalb weniger Stunden Geld überweisen lassen. Einzahlung u. a. bei allen Filialen der Postbank, die Gebühr für eine Überweisung von 250 € beträgt beispielsweise ca. 26 €. Dieses Verfahren funktioniert auch ohne einen eventuell abhanden gekommenen Ausweis. Auszahlung bei Postfilialen, bestimmten Banken und Reisebüros. Günstiger ist die Überweisung über „Money Gram“ (www.moneygram.com), 250 € kosten dort nur 14 €, aber die Annahme- und Ausgabestellen sind deutlich dünner gesät.

Informationen

Italien betreibt in Deutschland drei Fremdenverkehrsämter, in Österreich und Schweiz je eines. Vor der Reise können Sie dort oder über unten stehende Webadresse Prospekte bestellen.

Jede Provinz in Friaul-Julisch Venetien besitzt ein Verkehrsamt, das für die gesamte Provinz zuständig ist und in allen Städten und touristisch bedeutsamen Orten Informationsstellen betreibt, genannt *AIAT (Agenzia di Informazione e Accoglienza Turistica)* oder *IAT (Informazione e Accoglienza Turistica)* – fragen Sie einfach nach dem „Ufficio informazioni“, das versteht jeder. Diese Büros sind in der Regel sehr gut bestückt mit Prospekten, Broschüren und Infos jeglicher Art. Erhältlich sind meist Stadtpläne und Umgebungskarten, Hinweise zu Sehenswürdigkeiten, Tipps für Sport und Freizeit, Veranstaltungskalender sowie Unterkunftslisten. Fragen Sie bei Interesse auch nach Wander- und/oder Radwegkarten zur Umgebung. Oft sprechen die Mitarbeiter Deutsch (Details in den jeweiligen Texten).

• *Italienische Fremdenverkehrsbüros*
Deutschland, Kaiserstr. 65, D-60329 Frankfurt/M. ✆ 069/237434, 📠 232894, E-Mail: enit.ffm@t-online.de; Mo–Fr 10–17 Uhr, Sa/So geschl.
Friedrichstr. 187, D-10117 Berlin. ✆ 030/2478398, 📠 2478399, E-Mail: enit-berlin@t-online.de; Mo–Fr 10–17 Uhr, Sa/So geschl.
Lenbachplatz 2, D-80333 München. ✆ 089/531317, 📠 534527, E-Mail: enit-muenchen@t-online.de; Mo–Fr 10–17 Uhr, Sa/So geschl.

Österreich, Kärtnerring 4, A-1010 Wien. ✆ 0043/1/505163012, 📠 5050248, E-Mail: delegation.wien@enit.at; Mo–Do 9–17, Fr 9–15.30 Uhr, Sa/So geschl.

Schweiz, Uraniastr. 32, CH-8001 Zürich. ✆ 0041/43/4664040, 📠 4664041, E-Mail: enit@bluewin.ch; Mo–Fr 9–17 Uhr, Sa/So geschl.

Internet: www.enit-italia.de

Internet

Neben den erwähnten Websites der Tourismusämter gibt es eine Vielzahl weiterer Seiten, die Informationen über das Veneto bieten. Eine kleine Auswahl im Folgenden, viele weitere Seiten im praktischen Reiseteil unter den jeweiligen Orten und auf der Website www.michael-mueller-verlag.de unter „Reiselinks".

www.regione.fvg.it: Offizielle Seite der Region Friuli Venezia Giulia.

www.turismo.fvg.it: Touristische Website der Region. Umfassende Informationen zu vielen Aspekten, z. B. Gastronomie, Sport, Kultur etc.

www.mtvfriulivg.it: Die Seite des „Movimento Turismo del Vino Friuli Venezia Giulia" bietet zahlreiche Hinweise zu Weinanbau und -gütern, zu Veranstaltungen, Verkostung u. v. m.

www.friuliveneziagiulia.info: Sehr umfangreiche Site mit zahllosen Tipps zu Unterkünften, Agriturismo, Camping, Restaurants, Museen, Schlössern u. a. Mit Buchungsmöglichkeit.

www.friuliturismo.org: Infos zu Orten, Schlössern, Essen und Trinken, Wein, Natur und Sport, dazu ein Buchungsservice für eine reihe von Hotels.

www.madeinfriuli.com: umfangreiche Seite der Wirtschafts- und Handelskammer Udine mit vielen Informationen zu Gastronomie, Wein, Agriturismo, Kultur, Tourismus, Wirtschaft u.v.m., allerdings nur auf Italienisch.

www.tourism.friulicollinare.it: Natur, Kultur, Freizeit und Önogastronomie im friulanischen Hügelland zwischen Gemona, Udine und San Daniele del Friuli.

www.consorziocastelli.it: Die Gesellschaft zur Bewahrung der historischen Schlösser im Friaul (Il Consorzio per la Salvaguardia dei Castelli Storici del Friuli Venezia Giulia) stellt ausführlich ihre Objekte vor.

www.friulalberghi.it: Seite des Consorzio Friulalberghi, ein Zusammenschluss von Hotels, die über die Seite auch zu buchen sind. Dazu allerlei touristische Informationen und Veranstaltungskalender.

www.regionefvg.com: vielerlei Informationen zu touristischen Aspekten, z. B. Hotels, Restaurants, Museen, Archäologie, Fahrradtouren u. v. m., allerdings nur auf Italienisch.

www.wwf.it/FriuliVeneziaGiulia: Die Seite des World Wide Fund For Nature berichtet über Naturgefährdungen und Projekte im Friaul. Auch auf Englisch.

Kartenmaterial

Die besten Landkarten zu Friaul Julisch Venetien produziert der lokale Verlag *Tabacco* aus der Nähe von Udine. Es gibt sowohl große Übersichtskarten, z.B. eine Karte zur gesamten Region (1:150.000) wie auch mehr als 40 regionale Einzelkarten zu den Alpen- und Voralpengebieten mit Wanderwegen. Sie sind alle hervorragend detailgenau und auf gutem Papier gedruckt. Die reiche Farbpalette sorgt zudem dafür, dass die Übergänge zwischen den verschiedenen Höhenregionen und Landschaftsformen deutlich zu erkennen sind. Höhenlinien und Schattierungen vermitteln eine gute Vorstellung vom dreidimensionalen Aufbau der Landschaft.

Tabacco, Tavagnacco (DU), Via E. Fermi 78, ✆ 0432/573822.

Öffnungszeiten

Das Grundprinzip bildet die mediterrane Siesta, d. h. von etwa 13 bis 16 oder 17 Uhr schließen die meisten Geschäfte und sonstigen Einrichtungen. Dafür ist abends, wenn die Tageshitze nachlässt, immer lange offen: in der Regel mindestens bis 20 Uhr, oft deutlich länger, vor allem in touristischen Gebieten und Badeorten, auch an Wochenenden. Abgesehen von den Urlaubszonen sind viele Geschäfte einen Nachmittag in der Woche geschlossen. Im Folgenden ein paar Hinweise zu spezifischen Öffnungszeiten.

Holzkunst in den karnischen Alpen

Geschäfte: in der Regel Mo–Fr vorm. ca. 8/8.30–12.30/13 Uhr, nachm. ca. 16/17–19.30/20 Uhr, Sa 9–13 Uhr. Vor allem Souvenirläden und andere Geschäfte mit touristischem Bedarf schließen ihre Pforten erst sehr spät abends, haben oft auch sonntags geöffnet.

Kirchen: Von 7 Uhr früh bis 12 Uhr mittags sind sie offen. Dann wird unbarmherzig geschlossen und frühestens gegen 15, oft erst 16 Uhr wieder aufgemacht, um bis 19 oder 20 Uhr geöffnet zu bleiben. Sonntags während der Messen ist keine Besichtigung möglich. Manche Kirchen sind durchgängig geschlossen.

Museen und Sehenswürdigkeiten: Hier herrschen nicht selten verwirrende Verhältnisse. Meist sind die Zeiten je nach Saison unterschiedlich und werden mehrmals jährlich geändert. Einzige Konstante ist, dass staatliche Museen montags fast immer geschlossen haben und ansonsten meist Di–Fr (oder Sa) Vormittag 9–14 Uhr und So 9–13 Uhr geöffnet sind. Detaillierte Hinweise unter den einzelnen Orten.

Banken und **Post** siehe im entsprechenden Abschnitt, **Apotheken** → Ärztliche Versorgung.

Papiere

Für den Aufenthalt in Italien genügt der Personalausweis (carta d'identità). Wer auf Nummer Sicher gehen will, nimmt außerdem seinen Reisepass (passaporto) mit, zusätzlich Kopien beider Papiere.

Vorteil eines zweiten Ausweises: während ein Papier bei der Hotel- oder Campingplatzrezeption liegt (offiziell nur für 24 Std. erlaubt), kann man mit dem zweiten jederzeit Schecks einlösen, Fahrzeug mieten etc. Bei Diebstahl oder Verlust eines Ausweises kann man zudem mit dem anderen problemlos weiterreisen. Kinder unter 16 Jahren benötigen einen *Kinderausweis* (ab 10 Jahren mit Lichtbild) oder müssen im Pass der Eltern eingetragen sein. Kinder und Jugendliche, die ohne Erwachsene reisen, benötigen außer ihrem Ausweis eine schriftliche *Vollmacht* der Erziehungsberechtigten, die in Englisch oder Französisch abgefasst sein muss.

- **Diebstahl oder Verlust**: Bei der Polizei bekommt man kurzfristig ein Ersatzpapier. Kopien des verloren gegangenen Papiers sind nützlich und helfen der Polizei bei der Identitätsüberprüfung (Nummer des Passes, ausstellende Behörde etc.).
- **Einreise mit Motorfahrzeug** → „Anreise mit dem eigenen Fahrzeug“.

Beim Transit von Deutschland über Österreich nach Italien gibt es keine Grenzkontrollen mehr, die entsprechenden Einrichtungen stehen leer oder wurden abgebaut. Bei der Anreise über die Schweiz muss man aber nach wie vor einen Ausweis vorzeigen.

Post

Die italienische Post genießt nicht den besten Ruf, die Karte an die Lieben daheim dauert ihre Zeit. Deshalb besser in einem Umschlag abschicken – Briefe laufen schneller. Der Vermerk „Per Luftpost“ (*posta aera*) bringt allerdings nichts, da sie generell mit Luftpost verschickt werden. Trotzdem dauert die Beförderung nach Deutschland etwa sechs bis sieben Tage. Innerhalb von maximal drei Tagen erreicht ein Brief angeblich sein Ziel, wenn man eine Briefmarke für „Posta Prioritaria“ benutzt, die etwa 50 % teurer ist als eine Normalmarke. Auch Postkarten kann man so verschicken, indem man sie in einen Umschlag steckt.

Öffnungszeiten: regional verschieden, meist Mo–Fr 8.15–14, Sa 8–13 Uhr. In Städten oft auch nachmittags offen, meist 16–20 Uhr.

Briefmarken: „Francobolli“ kann man nicht nur bei der Post erstehen, sondern auch in vielen Tabacchi-Läden und Souvenirshops, die Postkarten verkaufen.

Die letzte Zigarette

Poste restante (Fermo in Posta): Jedes Postamt nimmt postlagernde Sendungen an. Diese können mit Personalausweis und gegen eine kleine Gebühr abgeholt werden. Ein Brief wird normalerweise bis zu zwei Monate aufbewahrt. Als Absender in so einem Fall immer den Empfängernamen (Nachnamen unterstreichen!), das Zielpostamt und „Fermo in Posta“ auf den Umschlag schreiben.

Telegrafische Postanweisung: Über „Western Union Money Transfer“ oder „Money Gram“ kann man sich von einer Kontaktperson zu Hause innerhalb weniger Stunden Geld überweisen lassen (→ S. 61).

Rauchen

Seit Januar 2005 ist in Italien das Unvorstellbare Realität geworden: Rauchen in öffentlichen Räumen ist strikt verboten. Noch unfassbarer: Nach zwei Jahren rauchfreier Kneipen läßt sich feststellen, dass die Umstellung hervorragend angenommen wurde – kaum ein Wirt hat sich quergestellt, die Raucher gehen vor die Tür (was bei den mediterranen Temperaturen ja relativ leicht fällt), die Nichtraucher freuen sich.

Zu öffentlichen Räumen zählen: Restaurants, Bars, Züge, Krankenhäuser, Post, Museen, Wartehallen aller Art (also auch Flughäfen und Bahnhöfe), der Arbeitsplatz an sich und Büros mit Publikumsverkehr. Die Zigarette zur falschen Zeit am falschen Ort kann zwischen 27,50 und 275 € Strafe kosten, wer neben einer Schwangeren oder Kindern raucht, muss sogar mit dem doppelten Bußgeld rechnen. Wird ein Wirt mit rauchenden Gästen erwischt, zahlt er selbst ebenfalls ein Bußgeld, das zwischen 220 und 2200 € liegt.

Wanderer am Plöckenpass

Sport

Aktivurlauber haben gute Karten, denn Friaul-Julisch Venetien verfügt wegen seines abwechslungsreichen Terrains über eine riesige Palette von Sportmöglichkeiten.

Im Sommer sind die Julischen und Karnischen Alpen sowie die Naturparks *Parco Naturale Dolomiti Friulane* und *Parco Naturale Prealpe Giulie* ein Dorado für Wanderer, Kletterer und Mountainbiker. In den Bergseen kann man Schwimmen, Angeln, Windsurfen und Kanu fahren und auch Paraglidern bieten sich interessante Möglichkeiten. In den bislang durchweg schneesicheren Wintermonaten sind zahlreiche Skilifte in Betrieb. Zentrum des Wintersports ist *Tarvisio,* aber auch das hoch gelegene Gebiet von *Sàuris, Forni di Sopra* im oberen Tal des Tagliamento und der *Monte Zoncolàn* bei Ravascletto sind sehr beliebt und verfügen über einschlägige Einrichtungen. Als reizvollste Piste gilt die 3,5 km lange Abfahrt „Prampero“, die vom Monte Lussari bei Tarvisio mit 1000 m Höhenunterschied bis Camporosso im Val Canale führt.

Am Meer findet man keinen Badestrand ohne provisorisches Beachvolleyball- oder Fußballfeld. In Lignano wird sogar alljährlich der Beach Volley-Weltcup abgehalten und im Fußball sind die Italiener bekanntermaßen Weltmeister und absolut ballvernarrt, überall wird gekickt. Aber auch sonst gibt es in den touristisch hoch entwickelten Küstenorten der Adria zahlreiche Möglichkeiten, sich sportlich zu betätigen. Vom Bootsverleih über Windsurfschulen bis Wasserski und Fallschirmsegeln ist meist alles geboten. Tennisplätze gibt es häufig auf Campinggeländen und bei größeren Hotels bzw. in Feriendörfern. Auch für Radler gibt es im Bereich der Küste zahllose Wege, die durch die flache Lagunenlandschaft führen – kilometerweit kann man hier radeln und ist oft völlig allein.

• *Golf* Von den Bergen des Tarvisianer Gebiets bis zur Küste wurden bisher acht Golfplätze im Friaul angelegt:
Golf Club Castel d'Aviano (PN), 9-Loch-Platz, ganzjährig, www.golfpordenone.it
Tarvisio Golf & Country Club (UD), 9-Loch-Platz, April bis Okt., www.golftarvisio.it
Udine Golf Club Fagagna (UD), 18-Loch-Platz, ganzjährig, www.golfudine.it
Golf Club Friuli-Mortegliano (UD), 6-Loch-Platz, ganzjährig
Golf Club Lignano (UD), 18-Loch-Championship Anlage, ganzjährig geöffnet, www.golflignano.it
Golf & Country Club Gorizia (GO), 18-Loch-Championship Anlage, ganzjährig, www.golfgorizia.it
Grado Golf Club (GO), 18-Loch-Championship Anlage, ganzjährig geöffnet, www.tenuta-primero.com
Trieste Golf Club (TR), 9-Loch-Platz, ganzjährig geöffnet, www.golfclubtrieste.net

• *Reiten* Reiterhöfe gibt es im Friaul häufig, Informationen in diesem Buch z.B. bei **Arta Terme** (Karnien) und **Basovizza** (Karst).

• *Wandern* Neben den unerschöpflichen **Alpenregionen** mit ihren ausgeschilderten Alm- und Höhenwegen sind vor allem der **triestinische Karst**, das **Val di Rosandra** nahe der slowenischen Grenze, die **Valli Natisone** nördlich von Cividale del Friuli und die geschützten Naturparks der **Lagunen** reizvolle Wanderterrains.

• *Windsurfen* Windsurfer sind nicht nur am Meer anzutreffen, sondern auch an den Seen im Alpenvorland, wo die Fallwinde von den Bergen gute Bedingungen schaffen. Beliebt ist vor allem der **Lago di Cavazzo**, aber auch am **Lago del Predil** und am **Lago di Sàuris** wird gesurft. Windigste Monate der warmen Jahreshälfte sind April und Oktober, gefolgt von Mai und September. Im Hochsommer ist der Wind dagegen eher flügellahm.

Am Lago di Cavazzo

Sprache

Leider sprechen die meisten deutschen Urlauber, die Italien besuchen, kein Italienisch – mit *Grazie*, *Buongiorno*, *Pizza* und *Pasta* ist oft der Wortschatz erschöpft. Dagegen verstehen und sprechen zahlreiche Italiener, die im Tourismusgeschäft tätig sind, sehr gut Deutsch, vor allem an der Adria. Im nördlichen und südöstlichen Friaul kommt die lange Zugehörigkeit zur österreichischen k.u.k.-Monarchie hinzu, so dass vielen Einwohnern Deutsch vertraut ist. Zudem gibt es zwei (alt)deutsche

Sprachinseln, nämlich *Timau* unterhalb von Plöckenpass und *Sàuris* oberhalb vom oberen Tagliamento-Tal. Zum Friulanischen siehe S. 21.

Wer etwas Italienisch üben will, findet unser Sprachlexikon am Ende des Buchs Unterricht bietet z. B. „La Scuola", die Schule für Italienisch, Diemelstr. 2–4, D-60486 Frankfurt am Main, ✆ 069/706900, 📠 333332, www.la-scuola.com. Im Friaul kann man Sprachkurse buchen über „Discover Friuli", Via Manzoni 28, I-33043 Cividale del Friuli (UD), ✆ 339-7245055, 📠 0432/734386, www.discoverfriuli.com

Strom

Landeseinheitlich 220 Volt, unsere Schukostecker passen meistens. Falls nicht, kann man überall Adapter *(spina di adattamento)* kaufen bzw. im Hotel ausleihen. Auch bei uns sind sie im Fachhandel erhältlich.

Telefon

Alle öffentlichen Apparate funktionieren mit *magnetischen Telefonkarten* (carta telefonica) der Telecom, erhältlich für ca. 5 oder 10 € in Tabak- und Zeitschriftenläden, manchmal auch an Rezeptionen von Hotels und Campingplätzen. Vor dem Gebrauch muss die vorgestanzte Ecke abgebrochen werden. Wenn die Karte leer ist, kann man eine zweite nachschieben, ohne dass das Gespräch unterbrochen wird. Die Gültigkeitsdauer der Karten ist meist auf ein oder zwei Jahre begrenzt. Als interessante Alternative dazu gibt es *internationale Telefonkarten* (scheda telefonica internazionale), die etwa 10 € kosten. Damit kann man deutlich länger als mit den Telecom-Karten telefonieren. Man führt sie jedoch nicht ins Telefon ein, sondern wählt eine kostenlose Nummer (numero verde), die auf der Karte vermerkt ist – sowohl fürs Festnetz (rete fissa) wie fürs Handy (cellulare). Nach der elektronischen Freigabe rubbelt man die Geheimnummer frei, die ebenfalls auf der Karte vermerkt ist, und kann erst dann die Teilnehmernummer wählen. Die Karte kann im Prinzip von jedem Telefon und Handy benutzt werden, allerdings ist die „numero verde" oft besetzt oder funktioniert nicht von älteren öffentlichen Apparaten.

R-Gespräch nach Deutschland: Es besteht die Möglichkeit, von jedem privaten Telefon (nicht öffentlich) in Italien die Nummer 0800-172-0049 der Telekom in Frankfurt anzurufen. Von dort können Sie sich mit dem gewünschten Teilnehmer – sein Einverständnis vorausgesetzt – auf dessen Kosten verbinden lassen.

▸ **Mobiltelefon**: Sobald sich das Handy in eines der vier italienischen Handynetze (TIM = Telecom Italia, Omnitel-Vodafone und Wind) eingebucht hat, kann man fast überall problemlos telefonieren und Anrufe entgegennehmen, Funklöcher treten nur vereinzelt in den Bergen auf. Man zahlt dann die jeweiligen Tarife des italienischen Netzbetreibers, zusätzlich werden für jeden Anruf so genannte Roaming-Gebühren Ihres Mobilfunk-Providers fällig. Spartipp: Die Tarife sind in den vier Netzen unterschiedlich, das Handy bucht sich aber immer automatisch im jeweils stärksten Netz ein. Wenn man sich vor der Reise beim eigenen Betreiber informiert, welches ausländische Netz das Günstigste ist, kann man dieses vorab im Menü des Mobiltelefons einstellen. Auslandsgespräche mit Handy sind immer recht teuer, Vorsicht ist aber besonders geboten, wenn Sie in Italien angerufen werden, denn Sie zahlen dann immer die Weiterleitungsgebühren aus Deutschland – selbst wenn der Anrufer in Italien ist, wird das Gespräch über Deutschland umgeleitet. Auch für Anrufe auf Ihre Mailbox zahlen Sie doppelt: den Anruf aus Deutschland und die Umleitung auf die Mailbox in Deutschland (Tipp: absolute Rufumleitung Ihres Handys deaktivieren). Auf Bestreben der EU sollen die Roaminggebühren ab Sommer 2007 deutlich reduziert werden. Für den, der viel telefoniert oder längere Zeit in Italien bleibt, lohnt sich eventuell der Kauf einer italienischen SIM-Karte von einer der vier italienischen Mobiltelefongesellschaften. Sie kostet ca. 50 €, hat allerdings auch ein Gesprächsguthaben in derselben Höhe. Man bekommt damit eine italienische Nummer und muss die Gespräche, die aus dem Ausland kommen, nicht mitfinanzieren. Beim Kauf muss man den Personalausweis vorzeigen und eine Adresse (auch Hotel o. Ä.) in Italien haben.

- Wenn Sie **aus Italien** ins Ausland anrufen: Bundesrepublik Deutschland = 0049, Österreich = 0043, Schweiz = 0041 und jeweils die Null der Ortsvorwahl weglassen.
- Wenn Sie aus dem Ausland **nach Italien** anrufen: aus der BRD = 0039, aus Österreich = 04, aus der Schweiz = 0039. Wichtig: Die **Null der Ortsvorwahl** muss immer mitgewählt werden!
- Wenn Sie in Italien **innerhalb eines Fernsprechbereichs** (Provinz, Großstadt etc.) telefonieren, müssen Sie ebenfalls die Ortskennziffern mitwählen – also innerhalb der Provinz Firenze 055, in der Provinz Siena 0577 etc. Dies gilt auch für Gespräche innerhalb eines Ortsbereichs!
- Werktags zwischen 22 und 8 Uhr und an Sonntagen von 0 bis 24 Uhr telefoniert man billiger.
- Wenn Sie eine italienische **Mobiltelefonnummer** anwählen, muss die 0 weggelassen werden (bei den in diesem Buch erwähnten Nummern bereits geschehen).

Übernachten

Gemütliche Bergchalets, rustikale Ferienwohnungen in umgebauten Bauernhöfen, komfortable Apartments in historischen Villen, stilvolle Landhotels, Luxusetablissements in edlen Weingütern, einfache Stadtpensionen in Triest oder Udine, Ferienwohnungen am Meer, private Bed & Breakfast-Angebote, Campingplätze in den Bergen und an der Adria – die Palette der Unterkunftsmöglichkeiten im Friaul ist kaum zu überblicken.

Lassen Sie sich vom italienischen Fremdenverkehrsamt in Deutschland, Österreich oder der Schweiz die alljährlich aktualisierten Unterkunftsverzeichnisse *(Annuario degli Alberghi)* der Region Friaul bzw. der Provinz oder Stadt schicken, die Sie bereisen wollen. Darin sind alle registrierten Hotels, Pensionen und *locande* (Gasthöfe), oft auch Campingplätze, Ferienwohnungen und Bed & Breakfast-Adressen mit genauen Preisangaben, Öffnungszeiten und Hinweisen zur Ausstattung verzeichnet. Die angegebenen Preise können allerdings ab 1. Juni des jeweiligen Jahres erhöht werden. Sie erhalten diese Prospekte auch kostenlos bei den lokalen Informationsämtern. **In unseren Texten im praktischen Reiseteil finden Sie zahlreiche Unterkunftsempfehlungen, für die nächste Auflage freuen wir uns auch auf Ihre persönlichen Erfahrungen und Tipps.**

Problemmonate für individuell Reisende sind *Juli* und *August*. Vor allem im August, dem traditionellen Reisemonat für italienische Familienferien, sind in den Badeorten 90 % der verfügbaren Betten und Stellplätze ausgebucht! Vorbestellung ist dann ratsam, sollte jedoch am besten noch im Vorjahr erfolgen, um Erfolg zu haben. In den Badeorten am Meer besteht in der Hochsaison in praktisch jeder Unterkunft Pensionspflicht, d. h. Übernachtung mit Frühstück und mindestens einer Mahlzeit (Halbpension = HP) wird berechnet, außerdem muss man mindestens drei Nächte bleiben. Auch Übernachtung mit Frühstückszwang (offiziell verboten) treibt die Preise oft spürbar in die Höhe, wobei das Frühstück dann nicht selten dürftig ausfällt. Anders in der Nebensaison, denn dann sind die Hoteliers froh ihre Zimmer voll zu bekommen und man kann noch hier und dort ein Schnäppchen machen.

> Die Preise im praktischen Reiseteil dieses Buches sind Circa-Preise und beziehen sich auf ein **Doppelzimmer (DZ) mit Bad** und ggf. mit Frühstück. **Zimmer ohne eigenes Bad** sind als solche kenntlich gemacht und verfügen nur über eine Etagendusche. Wenn eine Preisspanne angegeben ist (z. B. 50–80 € fürs DZ), meint die erste Zahl den Zimmerpreis in der **Nebensaison**, die zweite bezieht sich auf die **Hauptsaison** (Juli/August).

• *Agriturismo* Im ländlich strukturierten Friaul findet man praktisch überall die Möglichkeit, „Urlaub auf dem Bauernhof“ zu machen. Die Zimmer sind in der Regel ordentlich und sauber, mit etwas Glück bekommt man authentische und reichhaltige Küche (für Nichthausgäste nur nach Voranmeldung), oft stehen Fahrräder zur Verfügung oder es werden verschiedene Aktivitäten angeboten, in einigen Fällen darf man auch sein Zelt oder sein Wohnmobil auf dem Grundstück aufstellen („Agricampeggio“). Eine Übernachtung mit Frühstück kostet je nach Saison pro Tag ca. 25–35 € pro Person, mit Halbpension (oft obligatorisch) ca. 40–60 €. Mittlerweile gibt es aber – vor allem in den Weinbaugebieten – auch schon Luxus-Agriturismohöfe, wo die Preise deutlich höher liegen. Im Sommer wird meist ein Mindestaufenthalt von drei Tagen oder einer Woche verlangt. Sehr hilfreich ist die Website www.agriturismofvg.com mit zahlreichen Angeboten, ebenso die Seite www.madeinfriuli.com (nur Italienisch). Viele Agriturismi verfügen auch über

Hier wird Ihnen gerne geholfen: „Albergo diffuso" in Sutrio

eigene Websites, über die man online buchen kann.

• *Bed & Breakfast* Privatzimmer gibt es mittlerweile sehr häufig, Tipps dazu finden Sie unter den jeweiligen Orten. Die Informationsbüros haben einschlägige Listen vorrätig, hilfreich sind die Websites www.friuliveneziagiulia.info, www.bbfriuli.it, www.casefriulane.it und www.bed-and-breakfast.it

• *Camping* Am Meer findet man große und gut ausgestattete Zeltplätze bei **Lignano** und **Grado**, wobei die Vier-Sterne-Plätze östlich von Grado besonders komfortabel sind. Weitere Plätze liegen um **Triest**, bei **Sistiana** und **Muggia**.

Im Inland dünnt das Netz stark aus. Mehrere Plätze gibt es in **Karnien**, zwei am **Lago di Caldonazzo**, weitere liegen bei **Gemona**, in **Forni di Sopra**, im einsamen **Val Tramontina** sowie in den Naturschutzgebieten **Parco Naturale Dolomiti Friulane** und **Parco Naturale Prealpe Giulie**.

• *Ferienwohnungen* werden sehr zahlreich angeboten. In der Hochsaison muss man sich in der Regel für mindestens eine Woche einquartieren, in der Nebensaison für drei Tage. Buchen kann man im Internet oder bei Vermittlungsbüros in den Badeorten. Spezialisiert auf Ferienwohnungen haben sich z. B. **Inter Chalet** (www.interchalet.com) und **Interhome** (www.interhome.de), weitere Angebote gibt es unter www.ferienwohnungen-online.de und www.fewo-direkt.de

Albergo diffuso ist ein Sammelbegriff für mehrere in einer Ortschaft „verteilte" Ferienwohnungen. Es gibt sie hauptsächlich in den bergigen Regionen, z. B. in **Sutrio** im Flusstal des Bût, in **Comeglians** im Valcalda, in **Erto** (Val de Vajont) im Naturpark Parco Naturale Dolomiti Friulane und im Gebiet des **Monte Prat**, nördlich von Forgaria nel Friuli. Eine zentral gelegene Rezeption vermittelt die Wohnungen.

• *Jugendherbergen* gibt es im Friaul nur drei, nämlich in **Aquileia**, beim **Schloss Miramare** in der Nähe von Triest und in **Campo Sacro** bei Villa Opicina, oberhalb von Triest. Detaillierte Informationen unter den jeweiligen Orten, im Web unter www.ostellionline.com

• *Rifugi* (Berghütten): Für Wanderer und Kletterer bieten von Juni bis September Dutzende von Berghütten Unterkunft, die dem **Club Alpino Italiano (CAI)** angeschlossen sind. Eine Übernachtung in einem „Rifugio" kostet etwa 10–15 € pro Pers. Die Einrichtung ist meist aufs Notwendigste beschränkt (Stockbetten, Matratzenlager), jedoch entschädigt die oft herrliche Lage der Hütten dafür reichlich. Wenn genügend

Platz vorhanden ist, haben die Hüttenwirte die Verpflichtung, vorbeikommende Wanderer aufzunehmen. Sinnvoll ist es jedoch, vorher anzurufen oder eine Buchung über CAI vorzunehmen (Via San Pellico 6, I-201221 Milano, ✆ 02/6141378, www.cai.it).

• *Stellplätze für Wohnmobile* Zahlreiche Stellplätze sind auf der Website www.camperweb.it unter „Sosta Camper" aufgelistet.

Die meisten Unterkünfte – Hotels, Privatzimmer, Agriturismo, Jugendherbergen und Camping – besitzen mittlerweile eigene Websites, über die man sich informieren und online buchen kann. Bitte beachten Sie dafür die Webadressen der Unterkünfte unter den jeweiligen Orten. Folgende Portale bieten die Online-Buchung für zahlreiche Unterkünfte: **www.friuliveneziagiulia.info, www.friulalberghi.it, www.booking.com, www.triest-unterkunft.inn26.de, www.in-italy.de**, **www.italy-hotels.it**, **www.initalia.it/de**

Urlaub mit Kindern

Die obere Adria ist dank ihrer kilometerlangen und mehrere hundert Meter breiten Sandstrände, die extrem flach ins Wasser abfallen, seit Jahrzehnten ein beliebtes Familienurlaubsziel.

Vor allem die Badestadt *Lignano* bietet eine hervorragende Infrastruktur für Familien: Vom Spaßbad über den fantasievollen Themenpark Gulliverlandia und den Parco Junior (Tret-Carts, Kanufahren) bis zu einem schön angelegten Zoo und dem großen Luna Park gibt es hier alles, was das Herz der Kids begehrt – falls das Strandleben wirklich einmal langweilig werden sollte. Zur Abwechslung kann man in der Umgebung endlos Fahrrad fahren und dabei die Pineta und Lagune erforschen oder Schiffsausflüge in die Lagune machen. Minigolf-, Tennis- und Fußball-

Junge Strandkünstler finden ein reiches Betätigungsfeld

plätze gibt es ebenso wie Rollerskate-Bahnen und ein Thermalhallenbad für Schlechtwettertage. Für das Umweltbewusstsein kann man ebenfalls etwas tun, denn in den großen Lagunen liegen mehrere geschützte Naturparks, die man auf Lehrpfaden durchwandern kann.
Natürlich lassen sich im Friaul auch reichlich Burgen und Stadtbefestigungen besichtigen, z. B. die prächtige Anlage von *Venzone* am Tagliamento, die *Fortezza di Osoppo* südwestlich von Gemona, die „Ritterburg" von *Gorizia*, das malerisch über der Küste thronende *Castello di Duino* und das märchenhaft ausgestattete *Castello di Miramare* bei Triest. Im Örtchen Bordano beim schönen *Lago di Cavazzo* steht die *Casa delle Farfalle*, ein großes Schmetterlingshaus, in dem über 400 Arten aus aller Welt beobachtet werden können. Auf dem unteren der beiden *Laghi di Fusine* bei Tarvisio kann man entspannt Boot fahren, ein wunderbares Erlebnis sind auch Kajakfahrten auf den Stauseen *Lago di Barcis* und *Lago di Sàuris*. Im karnischen Bergdorf Forni di Sopra kann man in einem Sessellift mit viersitzigen Gondeln auf den *Monte Tiarfin* hinauf schweben, weitere Sessellifte und Seilbahnen gibt es bei Ravascletto auf den Monte Zoncolàn und auf den Monte Lussari bei Tarvisio. Das Innere der Erde erforscht man schließlich in den herrlichen Tropfsteinhöhlen *Grotta Nuova di Villanova* und *Grotta Gigante* bei Triest. Letztere ist die größte Einraumhöhle der Welt, man erreicht sie von Triest mit der hübschen Schienenbahn „Tranvia", die seit 1902 in Betrieb ist, und anschließender kurzer Busfahrt. Angenehmer Nebeneffekt – beide Höhlen liegen in bekannten Weinbaugebieten, so dass die zahlreichen Verkostungsmöglichkeiten auch den Eltern die nötige Kurzweil verschaffen. Und schließlich ist die einzigartige Lagunenstadt *Venedig* nirgends unüberwindlich weit entfernt, so dass auch der obligate Familienurlaub gerettet ist.

Zoll

Innerhalb der EU dürfen Waren zum eigenen Verbrauch unbegrenzt ein- und ausgeführt werden. Es existiert allerdings ein Katalog über Richtmengen von Waren (→ Kasten). Überschreitet man diese, muss man im Fall einer Stichprobenkontrolle glaubhaft machen, dass diese Mengen nicht gewerblich genutzt werden, sondern nur für den persönlichen Verbrauch bestimmt sind. Haben Sie also mehr als 90 Liter Wein dabei, kommen Sie in Beweisnot ...
Achtung: bei der Rückreise über die *Schweiz* gelten deutlich niedrigere Quoten. Es dürfen nur 200 Zigaretten, 1 Ltr. Spirituosen und 2 Ltr. Wein sowie sonstige Waren im Wert von 300 € zollfrei eingeführt werden. Beim Transfer durch die Schweiz kann man aber für seine Weinkisten bei der Einreise Kaution zahlen, die man bei der Ausreise wieder zurückerhält.

Richtmengenkatalog (Warenmenge pro Person ab 17 Jahre): 800 Zigaretten, 400 Zigarillos, 200 Zigarren, 1 kg Rauchtabak, 10 Ltr. Spirituosen, 20 Ltr. Zwischenerzeugnisse (z. B. Campari, Cinzano etc.), 90 Ltr. Wein (davon höchstens 60 Ltr. Schaumwein) und 110 Ltr. Bier. Weitere Hinweise in der Broschüre „Urlaub", erhältlich bei vielen öffentlichen Stellen, in Reisebüros und beim Zollamt.

Am Plöckenpass

Der Norden des Friaul

Carnia (Karnien) wird der Westen der friulanischen Alpen genannt, das Tarvisiano (Tarvisien) bildet den Nordosten des Friaul. In diesen dünn besiedelten und stark von der Landflucht heingesuchten Regionen erstrecken sich die größten zusammenhängenden Waldgebiete Italiens, durchzogen von markanten Tälern, viele Gipfel liegen jenseits der Zweitausendergrenze. Im Sommer locken vor allem die vielfältigen Wandermöglichkeiten und die verschiedenen smaragdgrünen Seen, die Winter gelten als äußerst schneesicher.

Es gibt kaum größere Städte, die Dörfer sind durch ihre traditionelle alpine Architektur in Stein und Holz geprägt. Geruhsam und unberührt scheinen die Landschaften, die stillen, weiten Wälder wirken oft märchenhaft verschlafen. Orientierungslinien bilden die in Ost-West- und Nord-Süd-Richtung verlaufenden Flusstäler, durch die sich die Hauptverkehrsadern ziehen. Man findet römische Ruinen und freskenverzierte mittelalterliche Kapellen, abwechslungsreiche Seilbahnen und Sessellifte, abenteuerliche Panoramastraßen, die vor allem Biker anziehen, viele Wanderwege und überall viel, viel Grün. Kulturell stehen die beiden Regionen dem nördlich benachbarten Kärnten sichtlich näher als der mediterranen Adria und ihrem Badetrubel. Das Wetter in den Bergen ist rau und die Touristensaison im Sommer entsprechend kurz, vor Juni und nach September findet man Campingplätze, Berghütten und Hotels oft geschlossen vor.

Wer über den Plöckenpass anreist, erreicht Karnien, wo es auf der SS 52bis im Tal des Bût nach Süden weitergeht. Das Tarvisiano wird auf der Alpen-Adria-Autobahn A 23 oder der annähernd parallel verlaufenden SS 13 über Tarvisio durchquert. Beide Routen treffen sich südlich von Tolmezzo im breiten Tal des Tagliamento (→ S. 128).

Carnia (Karnien)

Der Nordwesten des Friaul wird von Kärnten über den Plöckenpass erreicht, eine Alternative bildet die Anfahrt über das Cadore-Gebiet im Veneto, das man von Cortina d'Ampezzo aus durchquert.

Vom Plöckenpass abwärts geht es im Tal des Bût nach Tolmezzo entlang der römischen „Via Julia Augusta", die ursprünglich als Militär- und Handelsstraße Aquileia an der Adria mit der Provinz Noricum (in etwa die heutigen österreichischen Bundesländer Kärnten, Salzburg, Oberösterreich und Steiermark) verband und darüber hinaus ihre Fortsetzung bis Norddeutschland fand. Wichtigster Ort an der römischen Straße war *Zuglio*, wo man ein Forum und eine Terme ausgegraben hat, der benachbarte beschauliche Kurort *Arta Terme* nutzt die heilkräftigen Quellen bis heute. Im Ersten Weltkrieg lag das italienisch-österreichische Grenzgebiet im Zentrum der Kämpfe, zahlreiche Relikte und Museen verweisen auf diese Zeit, z. B. im Umkreis der Sprachinsel *Timau*, wo sich ein mittelalterlicher deutscher Dialekt erhalten hat. *Monte Zoncolàn, Monte Cróstis* und *Monte Paularo* bieten Herausforderungen und Genuss für Biker und Montainbiker. *Tolmezzo* besitzt ein hochkarätiges Museum und von *Forni di Sopra* im oberen Tal des Tagliamento kann man mit einem originellen, viersitzigen Sessellift in 1750 m Höhe hinaufgondeln. Zu den

interessantesten Zielen in Karnien zählt aber sicherlich das hoch gelegene Gebiet von *Sàuris* mit seinem pittoresken Stausee, wo ebenfalls noch eine altertümliche deutsche Mundart gesprochen wird, „de zahrar sproche".

> Im südlichen Bereich Karniens liegt der **Parco Naturale Dolomiti Friulane**, der größte und mit seinen Naturschönheiten sicherlich attraktivste Naturpark des Friaul. Da sich die Zufahrt am besten von Süden aus über Maniago durchführen lässt, sind die Informationen dazu im Kapitel „Der Westen" zu finden, S. 124.

Plöckenpass (Passo di Monte Croce Carnico) und Umgebung

Von Kärnten geht es nach dem hübschen Ort Kötschach-Mauthen im Gailtal 12 km in steilen Kehren und durch einen langen Tunnel hinauf zur Grenze am Plöckenpass, der in 1360 m die Grenze zu Italien bildet. Geschützt durch Steinschlaggalerien zieht sich von dort die SS 52bis mit steilen Haarnadelkurven nach Timau (Tischlbong).

Um den Plöckenpass verlief im Ersten Weltkrieg zwei Jahre lang die Frontlinie zwischen Österreich-Ungarn und Italien, zahlreiche Laufgräben und Geschützstellungen sind bis heute erhalten. Im Rathaus von Kötschach-Mauthen kann man dazu

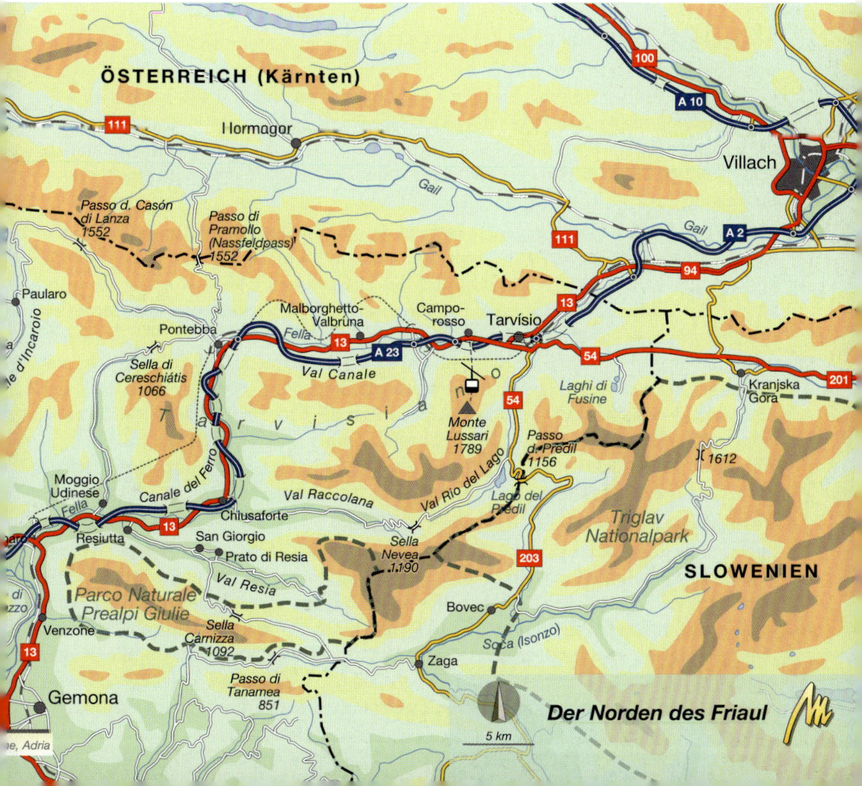

Claudio Unfer am Harmonium im Tempio Ossario von Timau

das *Museum 1915–18* besichtigen. Auf 600 qm sind hier mehr als 1500 Dokumente und Fotos zur Front vom Ortler bis zur Adria ausgestellt sowie alpine Stellungen nachgebaut. An der Auffahrt zum Pass kommt man an einem österreichischen *Soldatenfriedhof* vorbei. Am Pass selber sind Grenzanlagen und Kaserne verlassen, ein Gedenkstein erinnert an den Bau der Straße von 1907 bis 1910 durch österreichische Pioniere mit dem Hinweis: „Möge er dem friedlichen Verkehr der Nachbarländer dienen“.

- **Östlich des Passes**: Hier wurde vor kurzem das weitläufige Freilichtmuseum *Museo Storico all'aperto Guerra 1915–18* eröffnet, das in mehreren Sektoren die Stellungen des Ersten Weltkriegs rekonstruiert. 50 historische Objekte wurden allein im Gebiet des erbittert umkämpften *Pal Piccolo* (1866 m) wieder begehbar gemacht. Ein historischer Rundweg („Sentiero Storico“) führt zu den einzelnen Sektoren, gelbe Tafeln mit schwarzem Rand und schwarzer Schrift schildern den Weg aus und markieren die wichtigsten Besichtigungspunkte. Am schnellsten (ca. 90 Min. hin/zurück) erreicht man vom Parkplatz am Pass die österreichische Verteidigungsanlage *Maschinengewehr-Nase (MG-Nase)*, das einen Durchbruch der Italiener bis zum Raum des Plöckenhauses verhindern sollte. Es ist das einzige erhaltene Defensivfort in Österreich. Der Aufstieg zum Pal dauert deutlich länger.
- **Westlich des Passes**: Wenn man am Südende des Passparkplatzes ein paar Meter nach rechts geht (Beschilderung u. a. „Rif. Marinelli 2,30 Std.“.), findet man in einer Felswand die kaum noch kenntlichen Reste einer Inschrift der alten Römerstraße „Via Carnica“, die als Teilstück der „Via Julia Augusta“ aus Aquileia über den Pass nach Kärnten führte. Wenn man hier weitergeht, kommt man nach etwa 20 Min. zu einem Berghof, wo man einen prächtigen Rundblick über die umliegenden Almwiesen hat. Die weiter unten beschriebene Wanderung von Timau zum Plöckenpass (→ S. 79) mündet hier und man kann anhand dieser Wanderbeschrei-

bung vom Pass ausgehend in etwa 2½ Std. auf dem Sentiero 146 zum „Rifugio Marinelli“ am Hang des *Monte Coglians (Hohe Warte)* gelangen, mit 2780 m der höchste Berg des Friaul. Auf dem Sentiero 143 kann man vom Rifugio in ca. 2 Std. zum Gipfel aufsteigen.

Öffnungszeiten **Museum 1915–18**, Mitte Mai bis Mitte Okt. Mo–Fr 10–13, 15–18 Uhr, Sa/So 14–18 Uhr (www.dolomitenfreunde.at).

• *Übernachten/Essen & Trinken* **** **Landhof Lenzhofer**, hervorragende Adresse in Gundersheim, wenige Kilometer östlich von Kötschach-Mauthen (Kärnten). Von Familie Lenzhofer freundlich geführtes Landhotel, sehr schöne, moderne Zimmer, Sauna, abends mehrgängiges Gourmetmenü, alle Produkte aus biologischem Anbau. Pro Pers. ca. 67–79 € (incl. Menü). ✆ 0043(0)4718/3370, www.landhof-lenzhofer.at

Plöckenhaus, kurz vor dem Tunnel rechter Hand der Straße, noch auf Kärntner Seite. Bei Elfi Salcher kann man noch einmal gemütlich einkehren, ganztägig warme Küche, großer Gastgarten. Keine Übernachtungsmöglichkeit. Mitte Mai bis Anfang Okt. tägl. 9–18 Uhr. ✆ 0043(0)4715/24848.

Al Valico, das Gasthaus direkt am Pass bietet einfache Zimmer und solide Küche. ✆ 0433/779326.

Rifugio Marinelli, in 2122 m Höhe am Hang des Monte Cogliàns. Ristorante/Bar, Dusche und WC, 68 Betten. Nur Mitte Juni bis Ende Sept. (vorher anrufen). ✆ 0433/779177.

Wichtig: Das Freilichtmuseum oberhalb vom Plöckenpass ist ein teilweise schwer begehbares, alpines Gebiet, gute Ausrüstung wie Bergschuhe, Regen- und Kälteschutz sind unabdingbar! Betreten Sie keinesfalls Höhlen oder Stollen, die nicht durch Schilder ausgewiesen sind, viele sind einsturzgefährdet. Nehmen Sie unbedingt starke Lampen mit, auch Ersatzbatterien dazu. Im Gelände wie auch in den Stellungen befinden sich – auch noch nach 90 Jahren – scharfe Munition und Granaten. Berühren Sie keinesfalls Explosivkörper, Munition oder unbekannte Gegenstände. Melden Sie verdächtige Funde, Blindgänger werden entschärft oder gesprengt.

Timau (Tischlbong/Tischelwang) (ca. 450 Einwohner)

Eine deutsche Sprachinsel unter den hohen Felszinnen der Creta di Timau. Seit dem 13. Jh. hat sich in dem kleinen Ort ein eigener, für uns allerdings kaum verständlicher Dialekt herausgebildet, das „Tischlbongerische“. Die älteren Menschen sprechen ihn noch fast alle (und z. T. auch Deutsch), doch die Jugend verlernt die Sprache der Eltern allmählich.

Der Überlieferung nach kamen im frühen Mittelalter Bergmänner aus dem Gailtal und dem Weißenseegebiet in Kärnten in das Bûttal am Fuß der markanten Creta di Timau. Die ersten schriftlichen Zeugnisse, in denen der Ortsnamen als Teschilbang und Teschelwanch erwähnt wird, gehen auf 1342 und 1375 zurück. In späteren Jahrhunderten florierte der Bergbau – ein Silberbergwerk wird erstmals 1485 erwähnt – und weitere Einwanderer kamen. Im 18. Jh. wurde Tischlbong durch eine schwere Überschwemmung zerstört und neu aufgebaut.

Im Ersten Weltkrieg lag Timau im unmittelbaren Frontbereich. Am nördlichen Ortseingang biegt rechts eine Zufahrt zum *Tempio Ossario* ab. Die Kirche wurde 1937 auf den Überresten einer alten Wallfahrtskirche errichtet und beherbergt in ihren inneren und äußeren Seitenwänden die sterblichen Überreste von 1764 Soldaten des Ersten Weltkriegs, unter ihnen auch 73 Gefallene der österreichisch-ungarischen Armee. Die letzen Gebeine wurden erst vor wenigen Jahren in den Felswänden oberhalb des Ortes geborgen. Auch Maria Plozner Mentil liegt im Ossario begraben, sie war eine von über tausend Frauen, die als so genannte „Portartrici

Der Tempio Ossario in Timau

Carniche“ (Karnische Träger) Proviant und Munition zur Bergfront brachten, jede Trägerin trug 30–40 kg. Maria Plozner Mentil wurde am 15. Februar 1916 von einem österreichischen Heckenschützen getötet, sie hatte vier Kinder und war die erste Frau, die an dieser Frontlinie ihr Leben ließ. Die Kaserne der Alpini in Paluzza ist heute nach ihr benannt – die einzige Kaserne Italiens, die einer Frau gewidmet ist. Claudio Unfer, der Kustode des Ossario, zeigt Besuchern ihr Grab, spielt auch gerne ein paar Takte auf dem von Mussolini gestifteten Harmonium und kann viel über die Entstehung der Kirche und das Bildnis der Madonna della Neve erzählen.

Die monumentale Pfarrkirche *Chiesa di Cristo Re* steht in der Ortsmitte, ein riesenhafter Hallenbau aus Beton, der seit 1975 eins der größten Holzkreuze Europas beherbergt, 12 m hoch und 330 kg schwer. Ein paar Meter weiter liegt links an der Durchgangsstraße das sehenswerte *Museo Storico della Grande Guerra*, das in mehreren Räumen zahlreiche Relikte, Fotos und Dokumente der Schlachten des Ersten Weltkriegs zeigt.

Die wundertätige Madonna della Neve

Im Ossario wird ein Bild der Schneemadonna verwahrt, gemalt vom Venezianer Fragiacomo. Es war ursprünglich für die kleine Chiesetta di Pal Grande gedacht, die 1916 unmittelbar an der Front errichtet wurde. Zur Einweihung am 2. November veranstalteten die Österreicher ein infernalisches Bombardement, um die Kapelle dem Erdboden gleichzumachen, doch das Kirchlein – wie auch die Teilnehmer der Zeremonie – blieb wie durch ein Wunder völlig verschont. Dies schrieb man dem göttlichen Schutz der Madonna zu. Tatsächlich blieben Kapelle und Bild bis Kriegsende unversehrt.

• *Internet* www.taicinvriaul.org, www.timau.com

• *Öffnungszeiten* **Museo Storico della Grande Guerra** (Timau), Juni und Okt. Sa/So 9–12, 14–18, Juli bis Sept. Di–So 9–12, 14.30–18.30, Mo geschl., August tägl. 9–12, 15–19 Uhr. Spende erbeten. ✆ 0433/779168.

Tempio Ossario, Juni bis Sept. tägl. 9–12, 14–17, März bis Mai, Oktober und erste Novemberwoche Sa/So 9–12, 14–17 Uhr.

• *Übernachten/Essen & Trinken* **Laghetti**, Trattoria/Bar an der SS 52bis nördlich von Timau, dazu gehört ein großes, freies Gelände mit Stellplätzen für Womos und Zelte um einen kleinen Teich, Sanitäranlagen vorhanden.

Matiz da ‚Otto', am südlichen Ortsausgang von Timau, der gemütliche Gasthof wird seit dem 19. Jh. von Familie Matiz geführt. Diego und Antonietta servieren zahlreiche friulanisch-kärtnerische Spezialitäten, z. B. *Chneidli* (Knödel), die Pasta ist hausgemacht. Man kann auch hübsch auf der Balkonterrasse sitzen. Di geschl. (außer im Sommer). Mit Zimmervermietung. ✆ 0433/779002, 📠 779358, E-Mail: crismatiz@libero.it

• *Shopping* **Panificio Silverio**, Via Nazionale 88, an der Hauptstraße, Nähe Kriegsmuseum. Bäckerei mit über fünfzigjähriger Tradition, u. a. gibt es hier die karnische Spezialität namens „Esse" (kleine Mürbeteigkekse).

Via delle Malghe carniche (Karnischer Almweg)

Zwölf Wanderwege, zusammengefasst „Karnischer Almweg" genannt, stellen im italienisch-österreichischen Grenzgebiet eine Verbindung zwischen der Carnia und Kärnten her. Im Rahmen eines europäischen Projekts saniert, sollen die früher hauptsächlich von Hirten und Schmugglern genutzten Wege mit so stimmungsvollen Namen wie „Keltenweg", Museumsweg", „Sennerweg", „Schmugglerweg" etc. nun die Verbindung der beiden Nachbarregionen stärken. Ein Teil des „Römerwegs" (Sentiero Via Romana) wird im Rahmen nachstehender Wanderung beschrieben. Prospekte zum gesamten Wegbereich erhält man in den Informationsbüros auf beiden Seiten der Grenze.

Wanderung von Timau zum Plöckenpass

Weitgehend leichte Bergaufwanderung, jedoch mit einem sehr steilen Wegabschnitt, wo Trittsicherheit und Kondition erforderlich sind. Im Anfangsteil schöne Blicke auf das Tal von Timau, am Ende der Wanderung wunderbare Panoramen des Plöckenpass mit Umgebung. Je nach persönlicher Vorliebe kann man den Weg auch in umgekehrter Richtung laufen. So oder so muss man sich zum Anfangs-/Endpunkt bringen oder dort abholen lassen, wenn man den Weg nicht wieder zurückwandern will. Höhenunterschied ca. 540 m.

GPS-Wanderung **Dauer:** ca. 2 Std.; mit „Exkurs" gut 45 Min. länger.

Wegbeschreibung: Wir beginnen die Wanderung auf dem Parkplatz der **Trattoria Laghetti**, nördlich von Timau **(WP 1)**. Wir steigen hinauf zur **Straße** **(WP 2)** und gehen ein kleines Stück in Richtung Plöckenpass. Etwa 5 Min. ab Parkplatz markieren Schilder auf der rechten Straßenseite den Wegbeginn **(WP 3)**. Der breite Weg steigt zwischen Brombeerbüschen leicht an, man hat

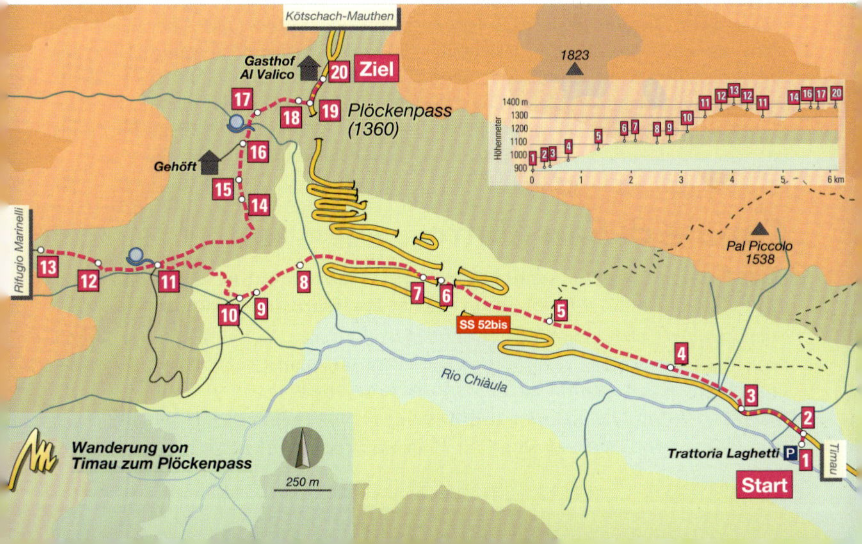

schöne Rückblicke aufs Tal, auf der anderen Talseite sieht man einen großen **Marmorbruch**. Nach 10 Min. passiert man einen abzweigenden Weg zum 1866 m hohen **Pal Piccolo (WP 4)** oberhalb vom Plöckenpass (→ S. 76). Am Waldrand entlang kommt man nach weiteren 10 Min. zu einem Bildstock **(WP 5)**, wo ein zweiter Weg zum Pal Piccolo abgeht. 30 Min. ab Beginn der Wanderung treffen wir an einer Galerie auf die **SS 52bis (WP 6)** und überqueren sie. Der Weg geht ein kleines Stück nach links versetzt auf der anderen Seite weiter **(WP 7)**. 5 Min. später treffen wir auf einen **Fahrweg (WP 8)**, wieder 5 Min. weiter halten wir uns an einer **Gabelung** rechts **(WP 9)**. Nur 2 Min. darauf verlassen wir den Fahrweg nach rechts **(WP 10)** und kürzen auf einem **Pfad** durch den Wald ab (Hinweis: Wem das zu anstrengend erscheint, der kann einfach auf dem Fahrweg bleiben). Wir müssen durch den Wald steil bergauf steigen und treffen nach etwa 20 Min. wieder auf den **Fahrweg (WP 11)**. Hier ist der geeignete Platz, um eine längere Pause einzulegen. Wir sind nun etwas über eine Stunde unterwegs.

Exkurs: Wenn man nun den Fahrweg weiter geht, kommt man nach etwa 20 m an einer **Quelle** mit eiskaltem Wasser vorbei. Kurz darauf führt der Weg mit gut erhaltener Pflasterung aus dem Wald heraus **(WP 12)**, wir befinden uns hier auf einem erhaltenen Teilstück der römischen **Via Julia Augusta**. Wenige Minuten später prächtiger **Rückblick** auf Timau **(WP 13)**. Vor uns türmt sich eine Felswand auf, in die ein Weg hineinführt. Hier im Umkreis leben viele Murmeltiere. Der Hauptweg führt weiter zum **Rifugio Marinelli** (→ S. 77) in 2122 m Höhe am Hang des Monte Coglians, mit 2780 m der höchste Berg des Friaul.

Zurück am Platz, wo wir Pause gemacht haben **(WP 11)**, führt der Weg zum Plöckenpass jetzt scharf abknickend wieder in den **Wald** zurück. Zunächst geht es eine Weile bergab und bergauf, dann auf schmalem Steig zwischen Felsblöcken sehr steil nach oben. Vorsicht: bei nasser Witterung ist es hier glitschig! Wir steigen hinauf, kommen aus dem Wald heraus und gehen durch Wiesen weiter. Hier hören wir schon die Autos von der nun schon recht nahen Passstraße und haben bald sogar Sicht darauf **(WP 14)**. Kurz darauf erreichen wir einen kleinen **Teich** mit Absperrung **(WP 15)**. Wir gehen daran entlang, passieren einen Abzweig nach rechts, gehen aber weiter geradeaus zum vor uns sichtbaren **Fahrweg (WP 16)**, der zu einem **Gehöft** führt. Diesen gehen wir nach rechts, vorbei an einer **Quelle (WP 17)** und den Resten einer **Inschrift** zur alten Römerstraße **(WP 18)**, siehe S. 76. Nun sind es nur noch wenige Meter bis zum Pass **(WP 19)**, wo wir uns im **Gasthof Al Valico (WP 20)** stärken können. Für das Wegstück vom Pausenplatz bis zum Pass benötigt man ca. 45 Min.

Canale di San Pietro (von Paluzza nach Tolmezzo)

Über Paluzza und den kleinen Kurort Arta Terme geht es auf der SS 52bis das Flusstal des Bût entlang bis in die Provinzhauptstadt Tolmezzo.

Wenn man in Paluzza nach Westen abbiegt, kommt man ins Valcalda (→ S. 88) mit dem Monte Zoncolàn. In Richtung Osten kann man eine Rundtour über Paularo und das gut ausgebaute Tal *Canale d'Incaroio* machen.

▸ **Paluzza**: Die *Chiesa di Santa Maria Annunziata*, ein harmonischer Baukörper aus dem 16. Jh., steht auf einem Hügel im Zentrum. Eine schöne Rosette dominiert ihre

Fassade, im Inneren sind Fresken erhalten. Auf einem Hügel am nördlichen Ortsausgang ist die wehrhafte *Torre Moscarda* aus dem 13./14. Jh. beschildert, eingebettet in einen botanischen Alpengarten. In römischer Zeit stand hier das Castrum Muscardum und überwachte das Tal.

• *Öffnungszeiten* **Torre Moscarda**, Juli/August Sa/So 10–12, 15–18 Uhr (in den letzten Jahren auch an den übrigen Wochentagen, ausprobieren), Eintritt frei.

• *Information* **Ufficio Turistico**, Piazza XXI e XXII Luglio, ✆ 0433/775344, 📠 771898.

▸ **Sutrio**: Das hübsche Dorf besitzt noch viel gut erhaltene, alte Bausubstanz, die Hauptgasse lädt zum Bummeln ein. Über Treppen steigt man zur mächtigen *Chiesa di Sant'Ulderico* aus dem 18. Jh. hinauf, von deren beiden Türmen nur einer fertig gestellt wurde. Der Innenraum ist mit Fresken des Venezianers Pietro Antonio Novelli geschmückt, an der Innenwand der Fassade hat sein Sohn Francesco die „Schlacht am Lechfeld" thematisiert, in der 955 die Schwaben, Bayern, Franken und Böhmen den ungarischen Herren, die ganz Europa in Angst versetzt hatten, eine vernichtende Niederlage beibrachten.

Südlich außerhalb steht die Kirche *Ognissanti*, der Weg hinauf ist gesäumt von Gefallenendenkmälern. Der schlichte Innenraum besitzt ein großes Deckenfresko.

• *Übernachten/Essen & Trinken* **Osteria da Alvise**, in Sutrio, schmucke, kleine Trattoria mit guter lokaler Küche, fünf Gästezimmer in einem separaten Haus gegenüber. DZ ca. 52 €. ✆/📠 0433/778692, www.osteriadaalvise.it

Alle Trote, am Westufer des Flusses Bût, zu erreichen über Sùtrio oder Noiàris di Sùtrio. Die angeschlossene Forellenzucht sorgt für Forellen in diversen Variationen: geräuchert, vom Grill, in Alufolie mit Gemüse etc. Moderne, aber heimelige Wirtsstube, draußen kann man im Laubengang sitzen. ✆ 0433/778329.

TIPP! **Borgo Soandri**, im Rahmen dieses so genannten „Albergo Diffuso" liegen eine Reihe von Ferienwohnungen in authentischen Häusern verstreut über den Ort, Preis ca. 16–25 € pro Pers. Die beschilderte Rezeption liegt in einem Innenhof an der Hauptstraße, Via Roma 56. Dort wird morgens Frühstück und nachmittags eine Jause serviert. Die freundlichen Damen helfen gerne bei der Wahl einer Unterkunft, es wird auch Englisch gesprochen. Große Auswahl an Prospekten. 8.30–12.30, 13–19 Uhr. ✆ 0433/778921, 📠 776977, E-Mail: soandri@carnia.org

• *Shopping* **La Bottega dell'Arte**, Via Roma 47, hier werden u. a. die Holzschnitzereien von Isaia Moro verkauft, der seine Werkstatt in der Via Annio Schiava hat (✆ 0433/778710).

Blick auf Sutrio

Auf dem Gipfelplateau des Monte Zoncolàn

Monte Zoncolàn

Der 1750 m hohe Aussichtsberg zwischen Sutrio und Ravascletto ist ein erstklassiges Skirevier. Im Sommer kann man stattdessen die kilometerweite Aussicht genießen.

Von Sutrio geht es zunächst auf bestens ausgebauter Panoramastraße mit einigen Kehren zum Großparkplatz für Wintersportler in 1320 m Höhe. Hier startet der Skilift zur Spitze und es gibt mehrere Rifugi, Restaurants und Bars. Nun hält man sich links und fährt auf deutlich schmalerer Straße weiter, die teilweise sehr steil ist und 2006 noch nicht überall vollständig asphaltiert war. Auf dem Gipfelplateau *Sella Monte Zoncolàn* angekommen, kann man den herrlichen Rundblick genießen. Eine Seilbahn kommt von Ravascletto herauf.

Die Abfahrt nach Westen in Richtung Ovaro ist schwieriger als die Auffahrt. Auf einer Länge von 9 km muss ein Höhenunterschied von über 1000 m bewältigt werden. Mit 13 % Gefälle geht es auf Schotter in Serpentinen hinab, drei unbeleuchtete kleine Tunnel (120, 50 und 100 m) werden durchquert. Nach einem Waldgebiet trifft man auf *Liariis*, wo es entweder nach Ovaro oder Comeglians weiter geht.

• *Übernachten* Übernachtungsplätze am Großparkplatz/Skilift bieten die Rifugi **Enzo Moro** (✆ 0433/775568) und **Da Rico** (✆ 0433/775150).

• *Essen & Trinken* **Alla Baita**, urgemütliche, von Raffaella Ferrari familiär geführte Trattoria/Osteria im Grünen, am Beginn der Auffahrt vom Parkplatz/Skilift zum Gipfel. Sehr schmackhaftes *frico di patate e la polenta*, außerdem z. B. *gnocchi ai funghi* und *grigliate miste*. Mai bis Sept. tägl., sonst nur an Wochenenden. Da nur wenig Platz ist, wird um Reservierung gebeten, ✆ 329-9620904.

Alternativen sind die Restaurants **Al Pignau** (✆ 333-2468044) und **Ai tre abeti** (✆ 333-3287417).

Bikertreffen im Friaul

Eins der größten Bikerfeste weltweit findet am vierten Juniwochenende in Sutrio und am Monte Zoncolàn statt. Bereits seit 1986 trifft sich die Internationale der Motorradfahrer in wechselnden Orten im Norden des Friaul. Zu dem viertägigen Event werden über hunderttausend Teilnehmer erwartet (www.bikerfest.com).

Arta Terme

(ca. 2.300 Einwohner)

Der kleine Kurort liegt seitlich der Durchgangsstraße. Einige herrschaftlich anmutende Bauten zeigen, dass das venezianische Bürgertum und der friulanische Adel hier schon im 19. Jh. kurten. Doch auch die Römer der Antike kannten bereits die heilkräftigen Quellen (→ Zuglio).

Das Zentrum gruppiert sich um einen großzügigen Platz. An der Oberfront steht das aus zwei Gebäuden mit Hof bestehende Municipio, weiter oben die Pfarrkirche im neoklassischen barockisierenden Stil, erbaut im 19. Jh. Die seitlich abzweigende Via Umberto I lädt zum Bummeln ein. Lang gestreckt an der Durchgangsstraße wird das palastähnliche ehemalige Albergo Savoia (erbaut 1831–1846) derzeit renoviert. Der ruhige Ortsteil *Piano d'Arta* liegt weiter nördlich etwas höher und hat die typische Atmosphäre eines in die Jahre gekommenen Kurorts.

Am Flussufer auf der anderen Seite der Durchgangsstraße steht das moderne, pagodenförmige Gebäude der *Terme di Arta*, in dessen Nähe die schwefel-, sulfat-, kalzium- und magnesiumhaltigen Quellen namens „Fonte Pudia" in etwa 11 m Tiefe entspringen. Ihre Wirkung entfalten sie mittels Fangotherapie für die Behandlung des Knochen- bzw. Gliederapparates, mit Heilbädern wird das Haut- bzw. Gefäßsystem behandelt, mit Inhalationstherapien das Atmungssystem. Daneben gibt es auch noch Wellness-Anwendungen, z. B. wöchentliche Intensivprogramme für Kurzaufenthalte. Ein Hallenbad kann benutzt werden, für Kinder gibt es eine speziell eingerichtete Baby-Ecke, draußen im Park kann man Minigolf spielen. Über „Artatur" (→ Information) kann man Paketaufenthalte „Relax e Benessere" (Unterkunft mit Kur) buchen.

Öffnungszeiten **Terme di Arta**, Mitte April bis Anfang Nov. Mo–Sa 8–18.30 Uhr, Juni bis Sept. auch So 10–12, 15–20 Uhr, Dez. bis April 14.30–20 Uhr, Di & So geschl. ✆ 0433/929320, 📠 929322, www.termediarta.it

• *Information* **AIAT**, Via Umberto I 15, zentral hinter dem ehemaligen Albergo Savoia. Mo–Sa 9–12, 16–19, So 9.30–13 Uhr. ✆ 0433/929290, 📠 92104, www.carnia.it

Unter derselben Adresse firmiert auch **Artatur**, ✆ 0433/929411, 📠 929714, www.artatur.it

• *Übernachten/Essen & Trinken* *** **Park Oasi**, Ortsteil Piano d'Arta (nördlich vom Zentrum), Viale delle Terme 15. Größeres Haus mit 26 Zimmern (auf Wunsch mit TV), gemütlicher Speisesaal mit Kamin, Musikzimmer, großer Garten. Hotelier Mauro Lowental ist Naturliebhaber und erzählt seinen Gästen gerne alles über die Vegetation der Umgebung. ✆ 0433/92048, 📠 928930, www.albergoparkoasi.it

*** **Gran Hotel Gortani**, Via Umberto I 47, ganz zentral in der Hauptgasse, gut ausgestattetes Haus mit großem Garten und überdachtem Pool mit Hydromassage. Shuttlebus zur Terme. DZ mit Frühstück ca. 70–80 €. ✆ 0433/928754, 📠 929132, www.gortani.it

*** **Gardel**, Via Marconi 6/8, im ruhigen Ortsteil Piano d'Arta, Familie Gardel führt das große Haus aufmerksam, ein modernes Wellness-Zentrum mit Sauna, Hydromassage, türkischem Bad, Solarium und Hallenbad wurde kürzlich eingerichtet. Ein ausgezeichnetes Restaurant, wo die traditionelle

Das römische Forum in Zuglio

karnische Küche gepflegt wird, gehört ebenfalls zum Hotel. DZ mit Frühstück 65–75 €. ✆ 0433/92588, 📠 92153, www.gardel.it

* **Al Comune Rustico**, Via Fontana 14, altes Gutshaus mit rustikalem Restaurant bei der Kirche, familiär geführt, im gemütlichen Hof kann man unter einem großen Kastanienbaum essen. 18 Zimmer mit Bad, DZ mit Frühstück 45–50 €. ✆ 0433/92218, 📠 929714, E-Mail: alcomunerustico@libero.it

Edelweiss, Viale delle Terme 1, Ortsteil Piano d'Arta (nördlich vom Zentrum). Nettes Terrassenrestaurant unter Weinranken, bodenständige karnische Küche, z. B. *cjarsòns*, aber auch Pizza. ✆ 0433/92002.

Randis Ranch, hübsch aufgemachter Reiterhof im Grünen nördlich von Arta Terme, gleich beim Rio Randice, zu erreichen über Piano d'Arta. Reitkurse und Exkursionen, im Restaurant karnische Hausmannskost (Mo geschl.), Unterkunft in vier Zimmern. DZ ca. 50 €, Halbpension ca. 38 €/Pers. ✆ 0433/929208, ✆ 329-2316254, www.artatur.it/agriturismo.html, E-Mail: agriturismorandis@libero.it

Zuglio (ca. 650 Einwohner)

Das ehemalige Forum Julium Carnicum, seinerzeit der wichtigste römische Standort im Tal, erreicht man, wenn man südlich von Arta Terme den Fluss überquert. Die Römer leiteten damals das Wasser der Quellen beim heutigen Arta Terme in ihre Thermengebäude.

Die ausgedehnten Ausgrabungen des ehemaligen Forums mit einer zweischiffigen Basilica Civile und einem Tempel liegen am Ortseingang rechts, ummauert war das Forum mit einem Säulengang. Über den ganzen Ort verstreut liegen noch Reste von Wohnhäusern (Plan an der Oberkante des Forums), außerdem gibt es nördlich vom Forum Ruinen der antiken Terme, im Süden Reste einer frühchristlichen Basilika. Das *Civico Museo Archeologico Iulium Carnicum* ist in einem Palazzo im Ortskern untergebracht und zeigt in zehn Räumen die umfangreichen Funde aus römischer und (vorrömischer) keltischer Zeit.

Auf einem steilen Hügel nördlich von Zuglio hatten sich bereits vor den Römern die karnischen Kelten niedergelassen, Überreste ihrer Siedlung und einer Straße hat man gefunden. Hier oben steht auch die Kirche *San Pietro di Carnia* aus dem 14. Jh., weithin sichtbar ragt ihr Turm empor. Vom frühchristlichen Vorgängerbau aus dem 6. Jh. sind Reste im Inneren erhalten. Das gesamte Ensemble wurde beim Erdbeben von 1976 schwer beschädigt und umfassend restauriert. Prunkstück ist der Schnitzaltar von Domenico da Tolmezzo aus dem 14. Jh., dessen 18 Holzfiguren allerdings 1981 gestohlen wurden.

• *Öffnungszeiten* **Civico Museo Archeologico Julium Carnicum**, Juli bis Sept. Mi–So 9–12, 15–18 Uhr, im Juni nur Fr–So. **San Pietro di Carnia**, Ende Mai bis Anfang Sept. Di–So 10–12, 14.30–18 Uhr, Mo geschl. Information für beide unter ✆ 0433/92562.

Tolmezzo

(ca. 10.500 Einwohner)

Das karnische Zentrum am Zusammenfluss von Tagliamento und Bût besitzt einen hübschen Altstadtkern um die Piazza XX Settembre mit dem Dom San Martino. Vor allem die Via Roma mit ihren niedrigen Laubengängen ist zum Bummeln geeignet.

San Martino ist eine mächtige Kirche mit klassizistischer Fassade und Kuppel im Stil der Renaissance, zahlreiche Ölgemälde schmücken die Seitenaltären, an den Wänden hängen Bildtafeln von Nicola Grassi aus Zuglio, die die zwölf Apostel darstellen. Am zweiten Altar rechts ist die „Enthauptung des heiligen Hilarius" dargestellt, ein römischer Soldat, der in Karnien Dienst tat und 362 hingerichtet wurde. Seine Reliquien wurden jahrhundertelang in den Katakomben Roms verwahrt und liegen jetzt unter dem Altar.

Die *Via Roma* verbindet den Domplatz mit der weiter südwärts liegenden Piazza Mazzini. Unter den Säulengängen des Borgàt findet man zahlreiche Geschäfte aller Art. Die im schlichten alpenländischen Stil gehaltene Kirche *Santa Caterina* ist in der Nähe der Piazza Mazzini nahtlos in die Hausfronten eingefügt. Sie besitzt ein Altarbild von Pomponio Amalteo aus Pordenone, die „Mystische Hochzeit der heiligen Katharina", gemalt 1537. Auf den beiden Predellaszenen darunter ist dargestellt, wie der Henker vergeblich versucht, Katharina auf dem Rad zu töten und diese schließlich unter dem Schwert den Märtyrertod findet.

Im Stadtzentrum von Tolmezzo

Danach lohnt sich unbedingt ein Besuch des *Museo Carnico delle Arti Popolari „Michele Gortani"* an der Piazza Garibaldi im nördlichen Altstadtbereich. Auf drei Stockwerken wurde hier im gediegenen Rahmen des Palazzo Campeis aus dem 18. Jh. eine umfangreiche Ausstellung karnischen Brauchtums vom 14. bis zum 19. Jh. eingerichtet, zusammengetragen seit den zwanziger Jahren von Professor Michele Gortani (1883–1966): in dreißig Räumen Mobiliar, Gemälde (viele Porträts), Keramik, Geräte aus Landwirtschaft und Handwerk, Spinnerei und Weberei, traditionelle

Holzmasken u. v. m., außerdem eine traditionelle karnische Küche mit großem Fogher (Grillkamin) sowie ein vollständig eingerichtetes Schlaf- und Wohn-/Speisezimmer.

Öffnungszeiten **Museo Carnico delle Arti Popolari**, Di–So 9–13, 15–18 Uhr, Mo geschl. Eintritt ca. 3,60 €, unter 14 2,60 €.

Legende der heiligen Katharina

Die achtzehnjährige Katharina von Alexandrien wirft Anfang des 4. Jh. dem oströmischen Kaiser Maximinus (oder dem weströmischen Kaiser Maxentius) vor, Götzen statt dem lebendigen Gott zu dienen. Der Kaiser beauftragt 50 Gelehrte unter Androhung des Feuertodes, die Jungfrau in einem Streitgespräch von ihrer Meinung abzubringen. Doch stattdessen bekehrt sie die Gelehrten zum Christentum, die sich taufen lassen, bevor sie in den Tod gehen. Die Kaiserin hat Mitleid mit der todgeweihten Gefangenen, besucht sie und wird ebenfalls Christin. Mit ihr nehmen noch 200 getreue Ritter den Christenglauben an. Der Kaiser lässt sie alle grausam martern und enthaupten. Katharina spricht allen vor ihrer Hinrichtung Trost zu. Der Kaiser lässt sie deshalb geißeln und wochenlang ohne Nahrung einkerkern, aber eine weiße Taube ernährt sie und Engel salben ihre Wunden. Der Kaiser ist nun tief beeindruckt und bittet sie um ihre Hand, Katharina lehnt ab mit dem Hinweis, sie sei bereits mit Jesus verheiratet. Daraufhin soll sie durch mit Messern und Nägeln besetzte Räder getötet werden. Doch ein Blitz zerstört die Räder und erschlägt die Henker. Nun befiehlt der Kaiser, Katharina zu enthaupten. Doch aus der tödlichen Wunde fließt Milch statt Blut. Engel tragen den Leichnam auf den Berg Sinai und bestatten ihn dort. Im 6. Jh. wird an dieser Stelle ein Kloster erbaut.

• *Information* **AIAT**, Piazza XX Settembre 9. ✆ 0433/44898, ✆ 467873.

• *Übernachten* *** **Roma**, zentral an der Piazza XX Settembre. Historischer, innen vollständig renovierter Stadtpalast. Moderne Zimmer, gehobenes Restaurant. DZ ca. 82–100 €. ✆ 0433/468031.

* **La Rosa**, Via Paluzza 62, günstige Lage direkt an der nördlichen Einfallstraße (SS 52bis), allerdings viel Verkehr. Mit Parkplatz. DZ mit Frühstück ca. 52–75 €. ✆/✆ 0433/468025.

* **Miramonti**, Via Superiore 9, günstige Herberge im hoch gelegenen Ortsteil Illegio, nordwestlich von Tolmezzo. DZ ca. 40–50 €. ✆ 0433/43563.

• *Essen & Trinken* **Roma**, Piazza XX Settembre, eins der absoluten Highlights in Karnien, mit Holz modern eingerichtet, großzügig und viel Platz. Küchenchef Gianni Cosetti kommt der Ruhm zu, die „Cucina carnica" wiederentdeckt und ihr zu neuem Ansehen verholfen zu haben. Die Karte ist in karnischem Dialekt gehalten, aber Sie werden gerne beraten. Gehobene Preise. Mo geschl. Reservierung obligatorisch. ✆ 0433/468031.

Antica Trattoria Cooperativa, Via Matteotti 5, nördlich der Piazza XX Settembre, seit 1906, nostalgisch-bürgerliche Einrichtung, karnische Küche, z. B. *frico di Montasio e patate* und *Spek di Sauris*. Keine Plätze im Freien. So abends geschl. ✆ 0433/44720.

Antica Osteria Valle, Via Marchi 13/15, im Südwesten des Zentrums, Nähe Bhf. 1909 gegründet und seitdem von Familie De Marchi geführt. Freundlicher Service, karnische Küche, auch Vegetarisches, gute Weinkarte. Di abends geschl., außerdem Mi (jedoch außer August) ✆ 0433/41685.

TIPP! **Al Borgat**, altes Gemäuer an der Piazza Mazzini, am Südende der Via Roma. Schummrig-gemütliche Gaststube mit musealem Touch, davor eine pflanzenüberwucherte Pergola, hinten ein hübscher, grasbewachsener Hof. Diverse Risotti, z. B. mit Trüffel oder Spargel, dazu friulanische Weine. Di geschl. ✆ 0433/40372.

▸ **Lago di Verzegnis**: Das verzweigte, fast etwas fjordartig wirkende Gewässer unterhalb des recht weitläufigen Dorfs *Verzegnis* ist von dichtem Mischwald umgeben.

Eine schmale Autobrücke führt quer hinüber, doch nur an wenigen Stellen kann man ans Ufer gelangen.

Von Paluzzo um den Monte Tersadia

Von Paluzzo kann man auf der SP 42 in Richtung Osten eine schöne Rundtour über Paularo und das Canale d'Incaroio (Tal des Chiarso) machen, dabei umrundet man das Massiv des Monte Tersadia (1959 m). Die lange Schotterpiste auf den 2043 m hohen Monte Paularo ist bei abenteuerlustigen Bikern beliebt.

Zunächst geht es von Paluzzo sehr steil (bis zu 18 %!) ins ruhige Örtchen *Treppo Carnico* und weiter nach *Ligosullo* – eine reizvolle, wenn auch anstrengende Fahrt auf schmalen Straßen durch üppiges Grün. Kurz nach Ligosullo passiert man den Abzweig zum Monte Paularo (→ Kasten). Der hübsche, alte Hauptort *Paularo* im Chiarso-Tal bietet sich für eine Pause an, er wird vom Torrente Chiarso malerisch durchquert. Im nächsten Ort namens *Dierico* steht die Kirche *Santa Maria Maggiore*, die beim Erdbeben von 1976 schwer beschädigt wurde. Der Renaissancealtar mit seinen geschnitzten Holzfiguren stammt von Antonio Tironi aus Bergamo und gehört zu den schönsten seiner Art. Ganz oben steht der auferstandene Christus, darunter kämpft der heilige Georg mit dem Drachen, unten sieht man die Madonna mit Kind, umgeben von Apostel Petrus, dem Erzengel Michael, Johannes dem Täufer und dem heiligen Leonhard. Auf gut ausgebauter Straße folgt man dann dem Lauf des Chiarso durch das *Canale d'Incaroio*, bis man bei Cedarchis (südlich von Zuglio) wieder auf die SS 52bis trifft.

• *Übernachten/Essen & Trinken* ** **Christofoli**, Treppo Carnico, Via G. Matteotti 12, das seit 1965 von Familie Craighero geführte Albergo/Ristorante besitzt einen Speisesaal mit charakteristischem Fogolar und ruhiger Atmosphäre und serviert typisch karnische Küche (So abends und Mo geschl.). DZ mit Frühstück ca. 45–55 €. ✆ 0433/777018, 📠 777408, www.abergocristofoli.it

** **Castel Valdajer**, das Kastell aus dem 17. Jh. thront in wunderschöner Lage mit herrlicher Aussicht hoch über Ligosullo. Im Ersten Weltkrieg diente es als Militärspital. Auf ihrem Rückzug brannten es die italienischen Truppen nieder. Heute ist das restaurierte Schloss ein erholsames Refugium in der Stille der Berge. DZ mit Frühstück ca. 45 €. Geöffnet Juni bis Sept. und von Mitte Dez. bis Mitte Jan. ✆ 0433/777057.

Bikers Traum: Auffahrt zum Monte Paularo

Ein braun-weißer Wegweiser „Valdajer" bzw. „Monte Paularo/Lago Dimon" markiert den anfangs noch asphaltierten Beginn der Piste auf den Zweitausender. Es handelt sich dabei um eine ehemalige Militärstraße, die in vielen Kurven und Kehren bis kurz unterhalb des Gipfels führt. Die 10 km lange Strecke ist in gutem Zustand, sie hat Steigungen bis zu 18 %, über 900 m Höhendifferenz müssen überwunden werden. Nach einigen Kehren erreicht man zunächst in 1340 m Höhe das *Castel Valdajer* aus dem 17. Jh., das zum Albergo/Restaurant umgebaut wurde. Hier hält man sich an der Gabelung links. Wenig später geht die Straße in einen schmalen Schotterweg über. Kurz vor Ende der befahrbaren Strecke umrundet man auf weitem Bogen den Bergsee *Lago Dimon*. Endpunkt der Tour ist ein großer Parkplatz, von dort kann man in einer halben Stunde zum 100 m höher liegenden Gipfel aufsteigen.

Die Malga Chiadinis auf dem Monte Cróstis

Valcalda

Das Seitental von Paluzza über Ravascletto nach Comeglians wird von der SS 465 durchzogen, nördlich flankiert vom Monte Cróstis (2250 m), südlich vom Massiv des Monte Zoncolàn (1750 m).

Ravascletto (ca. 700 Einwohner)

Der kleine Ort liegt am Nordhang des Tals, etwas oberhalb der Durchgangsstraße (Abzweig nicht verpassen). Er ist ein guter Standort für Fahrten in die friulanische Bergwelt, allerdings sind in der Nebensaison (Frühjahr und Herbst) nur wenige Unterkünfte geöffnet. Im Winter ist Ravascletto dagegen das Zentrum des karnischen Skisports. Eine Funivia (Seilbahn) führt unten von der Straße aus zum gegenüber aufragenden Hausberg *Monte Zoncolàn* (→ S. 82), eine Seggiovia (Sessellift) zum *Cuel Picciul* auf halber Höhe.

Am dritten Augustwochenende findet die *Fiesta tas corts* statt, ein großes gastronomisches Fest mit folkloristischen Darbietungen und Verkostungen.

Öffnungszeiten/Preise **Funivia Monte Zoncolàn**, erstes Juliwochenende und ab Mitte Juli tägl. bis Anfang Sept., außerdem im Winter. Tägl. 9–17 Uhr, hin und zurück ca. 7,50 €; **Seggiovia Cuel Picciul**, zwei Wochen im August und im Winter, tägl. 9.30–12, 14–18.15 Uhr, hin und zurück ca. 6 €.

• *Information* **AIAT**, Piazza Divisione Julia, kleiner Platz am Ortsende. Mo–Sa 9–12, 16–19 Uhr, So 9.30–13 Uhr. ✆ 0433/66477, ℻ 616921.

• *Übernachten/Essen & Trinken* *** **Bellavista**, Via Roma 22, an der Hauptstraße, solides und gemütlich eingerichtetes Albergo mit schweren Mauern, schöner Blick aufs Tal, Dina und Pietro bieten gute Küche im großen hauseigenen Restaurant (Do geschl.), gelobt wird der *frico con polenta e cipolla*. Mit Bikergarage. DZ mit Frühstück ca. 40–70 €. Okt./Nov. geschl. ✆ 0433/66089, ℻ 66391, www.bellavistaravascletto.it

*** **La Perla**, Via Santo Spirito 43, im Tal unten, ein Stück zurück von der Durchgangsstraße. Familie Polo betreibt das Haus seit drei Generationen. Sehr gut ist das Restaurant, in dem nach alten Rezepten zweier Tanten gekocht wird, empfohlen werden *cjarsons di Povolar* und *toc in braide* (Käse-/Polentagericht). DZ mit Frühstück ca. 60–90 €. Okt./Nov. und Mai geschl. ✆ 0433/66039, ℻ 66351, www.hotellaperla.com

** **Pace Alpina**, direkt an der Taldurchgangsstraße. Einfache, aber sehr saubere Unterkunft in einem umgebauten Bauerngehöft. Frühstück wird im gemütlich-rustikalen Restaurant serviert. DZ mit Frühstück ca. 40–60 €. Mit Campingplatz. ✆ 0433/66018, ℻ 66303.

Camping Zoncolan, angeschlossen ans Albergo „Pace Alpina". In Terrassen angelegter Rasenplatz, Blick über das Tal, pieksaubere Sanitäranlagen, selbst im Hochsommer nur wenig belegt. ✆ 0433/66018, ℻ 66303.

• *Bars* **Da Bepi**, gemütliche Abendkneipe an der Durchgangsstraße.

Panoramica della Vette: Auffahrt zum Monte Cróstis

Auf der Panoramica delle Vette („Panoramastraße der Gipfel") kann man von Ravascletto eine reizvolle, allerdings anstrengende Tour (für Fahrer und Fahrzeug) in die Einsamkeit der Berge unternehmen. Man fährt dafür westlich aus dem Ort hinaus bis Tualis. Dort zweigt eine handtuchschmale Asphaltstraße ab (Vorsicht wegen Gegenverkehr!), die bis unterhalb des Gipfels des *Monte Cróstis* (2250 m) führt und sich als Piste im Bogen wieder hinunter nach Sella Valcalda/Ravascletto zieht.

Zunächst geht es durch dichten Nadelwald mit prächtigen, hoch gewachsenen Bäumen, dann über die Baumgrenze hinaus, wo sich wunderbare Panoramablicke über die Bergketten eröffnen. Nach etwa 8 km endet der Asphalt kurz nach dem höchsten Punkt der Strecke. Auf guter Schotterpiste geht es noch ein Stück weiter bis zur *Malga Chiadinis*, einem weiten Kessel in 1900 m Höhe unterhalb des Gipfels zwischen Hochalmen. Eine Schäferei hat beim Bergtümpel *Laghetto di Taront* eine kleine Jausenstation eröffnet (nur im Hochsommer geöffnet).

Achtung: Die weitere Piste (Ostrampe) sollte man nur mit geländegängigem Fahrzeug oder Enduro befahren, es gibt einige kritische Passagen mit bis zu 14 % Gefälle auf Schotter. Bei Valsecca beginnt wieder Asphalt, es geht auf Serpentinen durch den Wald und nach ca. 7 km kommt man in Sella Valcalda heraus und stößt auf die SS 465.

▸ **Canale di Gorto**: Von Ravascletto kommend, trifft man in *Comeglians* auf dieses von Nord nach Süd verlaufende Tal. Wenn man hier nach Süden abzweigt, passiert man *Ovaro* – dort gibt es einen der raren Campingplätze in Karnien – und erreicht bei Villa Santina das Obere Tagliamento-Tal mit der SS 52.

• *Übernachten* **Albergo Diffuso**, in Comeglians kann man in verschiedenen Ferienwohnungen unterkommen, die in traditionellen Bauernhäusern eingerichtet sind, preislich zwischen 40 und 160 €. Die Rezeption findet man in der Frazione Povolaro-Maranzanis. ✆ 0433/619002, ℻ 619621, www.albergodiffuso.it

Camping Spin, hübsches Wiesengelände oberhalb von Ovaro. ✆ 0433/677700.

▸ **Val Pesarina**: Das Tal schlängelt sich von Comeglians westwärts entlang der Pesariner Dolomiten ins venezianische Cadore östlich und südöstlich vom bekannten Wintersportort Cortina d'Ampezzo. In der Pfarrkirche von *Prato Carnico* hat Michael Parth aus Bruneck (Südtirol) einen beeindruckenden Holzaltar geschaffen.

Karte S. 74/75

In der Chiesetta di San Floriano (Forni de Sopra)

Oberes Tagliamento-Tal

Neben der Einfallschneise vom Plöckenpass nach Tolmezzo die Hauptachse Karniens. Die SS 52, „Carnica" genannt, führt durch Waldgebiete zu den Skiorten Forni di Sopra und Forno di Sotto, von wo Wanderwege in das große Naturschutzgebiet „Parco Naturale Dolomiti Friulane" hineinführen (→ S. 124).

Von Ampezzo kann man außerdem einen Abstecher hinauf in das deutschsprachige Gebiet von Sàuris (= Zahre) machen, neben Timau die zweite Sprachinsel des Friaul, mit einem – vor allem an Sonnentagen – fast märchenhaft schönen Stausee. Doch nicht nur Naturschönheiten sind auf dieser Strecke zu finden, sondern mit den Fresken von Gianfrancesco da Tolmezzo auch kulturelle Highlights. Der erste Renaissancemaler des Friaul malte in dieser Region mehrere Kirchen aus, seine Werke sind bis heute bestens erhalten.

Esse di Raveo: Kekse aus Karnien

Wenn man von Enemonzo (518 m) nach *Raveo* abbiegt, findet man die Bäckerei von Emilio Bonanni (seit 1920). Die Mürbeteigkekse namens „Esse", die Emilio hier herstellt, sind fast weltberühmt, denn sie werden in vielen Flughäfen der Welt angeboten. Sie schmecken als Dessert, zum Tee und oder Wein, zum Kaffee werden sie nicht gereicht.

▸ **Socchieve**: Hier wurde Gianfrancesco da Tolmezzo um das Jahr 1450 geboren. 1493 stattete er die kleine Pfarrkirche *San Martino* mit seinen Fresken aus: In der Apsis sind u. a. die zwölf Apostel mit dem segnenden Christus dargestellt, am Triumphbogen eine Verkündigung und die Heiligen Sebastian und Rochus. Linker Hand hat der Künstler seinen Namen und das Entstehungsjahr der Fresken hinterlassen. Im Gewölbe erkennt man die vier Kirchenväter, im Hauptraum den heiligen Martin mit Armen.

▸ **Ampezzo**: Der kleine Ort liegt mit seinen engen Gassen auf einer bewaldeten Hochebene. In der Pfarrkirche kann man die Gemälde des karnischen Malers Nicola Grassi betrachten (→ Tolmezzo), außerdem das *Museo Geologico della Carnia* an der Piazza Roma besuchen, in dem Fossilien und andere prähistorische Funde der Region ausgestellt sind.

Öffnungszeiten **Museo Geologico della Carnia**, Juni bis Sept. tägl. 9–12, 15-18 Uhr. ✆ 0433/80758.

San Lorenzo: ein Schatzkästlein voller Fresken

Die kleine, im 15. Jh. erbaute Kirche steht kurz nach dem „Passo della Morte" (so genannt nach Ereignissen im Jahr 1848, als eine Gruppe Friulaner hier den Österreichern erbitterten Widerstand leistete) direkt rechts oberhalb der Straße. Nach Forni di Sotto sind es von hier noch ca. 2 km. Die Fresken im Inneren stammen von Gianfrancesco da Tolmezzo, der das Kirchlein 1492 ausmalte – ihr Entstehungsdatum wurde vom Künstler selbst unter dem Apsisfenster auf einem Schriftband dokumentiert, das ein Kind hält. Linker Hand ist in der Apsis das „Martyrium des heiligen Laurenz" dargestellt, dem die Kirche gewidmet ist, im Bogen eine „Verkündigung" sowie das „Martyrium des heiligen Sebastian", im Hauptraum u. a. eine „Thronende Madonna mit Kind". Derzeit werden die Fresken restauriert, so dass sie bald wieder in voller Farbenpracht leuchten werden.

Der **heilige Laurenz** war im Rom des 3. Jh. für die Pflege der Armen zuständig. Dem Kaiser Valerian war jedoch zu Ohren gekommen, dass Laurenz auch die Schätze der Kirche verwaltete, die er dringend benötigte und deshalb von ihm einforderte. Laurenz bat den Kaiser um drei Tage Zeit, dann würde er ihm die Schätze bringen. Dieser gewährte die Frist. Laurenz aber trommelte die Armen der ganzen Stadt zusammen und sprach zum Kaiser: „Diese Armen sind die wahren Reichtümer der Kirche." Laurenz wurde daraufhin zum Tod auf dem Rost verurteilt und bei lebendigem Leib verbrannt. Noch auf dem Feuer soll er dem Kaiser zugerufen haben: „Deine Kohlen sind mir zu kühl!"

Forni di Sopra

Die lang gestreckte Ortschaft in typisch alpenländischer Architektur liegt auf 900 m Höhe und besteht aus mehreren Teilen.

Am Ortseingang (von Ampezzo kommend) passiert man den Campingplatz, am Ortsende liegt die Talstation des Sessellifts, der in zwei Etappen auf den *Monte Tiarfin* hinauf gondelt – die erste Etappe führt bis zum Rifugio Som Picol (1400 m), die zweite zur Malga Varmost mit dem gleichnamigen Restaurant (1750 m). Die viersitzigen Gondeln machen Jung und Alt sichtlich Vergnügen.

Im letzten (westlichsten) Ortsteil Vico findet man die Kirche *San Giacomo* mit einer vorgebauten Loggia, darunter sind Reste von Außenfresken erhalten. Die große Pfarrkirche *Santa Maria di Assunta* mit freistehendem Campanile erhebt sich direkt an der Durchgangsstraße. Größte Sehenswürdigkeit ist aber auf der anderen Straßenseite die kleine *Chiesetta di San Floriano* mit gut erhaltenen und wunderschön ausgeleuchteten Fresken, die wie in San Lorenzo (→ Kasten) von Gianfrancesco da Tolmezzo stammen. Der Zyklus vom Anfang des 15. Jh. zeigt den heiligen Florian und die zwölf Apostel, außerdem Märtyrer, Heilige, Kirchenväter und Propheten. Der prachtvoll vergoldete Altar stammt von Andrea Bellunello.

Vom Hotel Davost (→ Übernachten) führt ein Weg zum Rifugio Pacherini (✆ 0433/88555) in 1587 m Höhe.

Öffnungszeiten/Preise **Seggiovie Varmost**, 9–17 Uhr, ab Mitte Juni nur Sa/So, im Juli jeweils Fr/Sa/So, August tägl., bis Mitte Sept. Sa/So, Preis hin u. zurück ca. 7,50 €, nur erster Teil ca. 6,50 €; **Chiesetta di San Floriano**, im Sommer Mo–Fr 17–19 Uhr.

• *Information* **AIAT**, Via Cadore 1, an der Durchgangsstraße. Mo–Sa 9–12, 16–19 Uhr, So 9.30–19 Uhr. ✆ 0433/886767, 886686, www.carnia.it

• *Übernachten* *** **Davost**, Via Tagliamento 12, auf der anderen Flussseite, sehr ruhige Lage, gut geführtes Haus mit Restaurant, Hallenbad und Sauna, daneben großes

Blick auf den Stausee Lago di Sàuris

Sportzentrum mit Tennis-, Basketball- und Fußballplatz, Eislauf-/Rollerskaterbahn und Verleih von Mountainbikes. DZ mit Frühstück 60–85 €. ☏ 0433/88103, ℻ 886775, www.hoteldavost.it

*** **La Stube**, Via Trieste 4, an der Durchgangsstraße (Ortsteil Cella), alteingesessenes Haus in zentraler Lage, gutes Restaurant, Bikegarage. DZ mit Frühstück 60–85 €. ☏ 0433/88158, ℻ 886684, www.lastube.it

Camping Tornerai, eingezäuntes Wiesengelände am östlichen Ortseingang direkt an der Straße, gemütliche Bar im Hauptgebäude. ☏/℻ 0433/88035.

• *Essen & Trinken* **Dal Gris**, Via Dante 1, gepflegte „Osteria con cucina" an der Durchgangsstraße im Ortsteil Cella, hausgemachte Pasta und Wildspezialitäten. ☏ 0433/88091.

Al Tulat, Ortsteil Vico, Via Vittorio Veneto 22, Straße beim Touristinfo hinein, urige und kommunikative Osteria, ebenfalls mit warmer Küche, geführt von Angelo. Mo und im Nov. geschl. ☏ 347-2291466.

Informationen zum **Parco Naturale Dolomiti Friulane** erhält man im Besucherzentrum des Parks im Ortsteil Vico, Via Vittorio Veneto 1. Dort kann man auch eine Ausstellung zur Pflanzenwelt des Parks besuchen und Informationen zum so genannten „Kinderwanderweg" bekommen. Okt. bis Mai Sa/So 10–12, 17–19.30 Uhr. ☏ 0433/88080, ℻ 877900, www.parcodolomitifriulane.it

Sàuris (ca. 500 Einwohner)

Die eigenwillig anmutende Sommerfrische mit zahllosen Wandermöglichkeiten und drei Skipisten liegt versteckt in den Bergen des oberen Lumiei-Tals, einige hundert Meter oberhalb vom Tagliamento-Tal. Bekannt ist sie für ihren Stausee, aber auch, weil sich hier seit Jahrhunderten eine frühe deutsche Mundart erhalten hat.

Wenn man die vielen Kurven vom Tagliamento-Tal herauffährt, erwecken die unbeleuchteten Tunnels bei der Auffahrt von Ampezzo vielleicht zunächst gemischte Gefühle – und die zweite Zufahrt ist unten so schlecht beschildert, dass man sie leicht übersehen kann. Doch dann öffnet sich der Blick unvermittelt auf den im Wald wunderbar türkis schimmernden *Lago di Sàuris* in tausend Meter Höhe, der mit seiner mächtigen Mauer – der größten im Friaul – den Fluss Lumiei staut. Am Seeufer stehen nur die wenigen Häuser von *La Maina*, die nach dem Bau des Staudamms im Jahr 1948 errichtet wurden – wenn der Wasserspiegel im Hochsommer sinkt, kann man manchmal die Häuser der ehemaligen Ortschaft erkennen, die damals dem Stausee zum Opfer fiel. Erst ein ganzes Stück höher liegt inmitten grüner Almen und Wälder die Ortschaft *Sàuris di Sotto* (1212 m), wiederum fast 200 m darüber *Sàuris di Sopra* (1400 m). Außerdem gibt es noch das abgelegene *Lateis* (1225 m), zu dem vom See eine steile Serpentinenstraße hinaufführt.

Aber nicht nur seine idyllische Lage ist es, die Sàuris so anziehend macht. Auch das Ortsbild selbst bietet viel fürs Auge: Die großen, stabilen Häuser bestehen weitgehend aus Holz und sind wahre Baukunstwerke (z. B. das Hotel Plùeme, siehe unten). Um das Gesamtbild nicht zu stören, wurden sämtliche Stromleitungen unterirdisch verlegt. Und auch Kunstliebhaber kommen zu ihrem Recht: Die Kirche *Sant'Osvaldo* in Sàuris di Sotto besitzt einen geschnitzten Flügelaltar von Michael Parth, ebenso die exponiert stehende Kirche *San Lorenzo* in Sàuris di Sopra. Kulinarisch ist Sàuris vor allem für seine geräucherten Schinken bekannt, seit 1999 gibt es aber auch ein eigenes Bier, das „Zahre Beer". Die Freizeit verbringt man nicht nur mit Wandern und Spazierengehen, im Sommer kann man auf dem Stausee auch bestens Windsurfen, Kajak fahren und (mit Angelschein) fischen.

De Zahrar Sproche: Sprachlnsel im Friaul

Die ersten Menschen, die in der unberührten Wildnis um das Lumiei-Tal siedelten, kamen Mitte des 13. Jh. aus einigen Grenztälern zwischen Kärnten und Tirol. Urkunden vom Ende des 13. und Anfang des 14. Jh. belegen, dass sie sich in *Dörf* (Sàuris di Sotto) und *Plotsn* (Sàuris di Sopra) niedergelassen hatten, später kamen noch die Fraktionen von *Latais* (Lateis) und *Ame Lataise* (La Maina) dazu. Bis heute hat sich das Saurische („de zahrar sproche") als eigene Sprache erhalten, es handelt sich dabei um einen frühen südbayerischen Dialekt – verstehen kann man ihn als Deutscher allerdings kaum, es sei denn, man hat Kenntnisse in Althochdeutsch. Jahrhundertelang wurde das Saurische nur mündlich überliefert. Erst seit der zweiten Hälfte des 19. Jh. gibt es eine schriftliche Tradition, damals verfasste der Pfarrer Giorgio Plozzer eine deutsche Übersetzung des lateinischen Katechismus für die einheimischen Kinder, die sich ausschließlich in der Zahrar Sprache verständigten. Später kamen auch immer wieder poetische Veröffentlichungen in der Zahrar Sprache dazu, so dass Zahre heute auf eine erhebliche Zahl von lyrischen Werken stolz sein kann. Seit über 30 Jahren wird außerdem das Pfarrblatt „De Zahre reidet" (Die Zahre spricht/redet) mit Artikeln in der Zahrar Sprache veröffentlich und bis heute werden zu Weihnachten die *Sternliedlan* („Sterngesänge") gesungen, von denen einige bis ins 16. Jh. zurückreichen. Gemeinde und örtliche Vereine pflegen heute intensiv die kulturellen und sprachlichen Eigenheiten, da sie wegen der geringen Zahl der Einwohner auszusterben drohen. So ist die Sauraner Sprache mittlerweile Unterrichtsfach im Kindergarten und in der Grundschule. Erhebungen sprechen davon, dass die Zahrar Sprache derzeit noch von 70 % der Einwohner gesprochen wird.

Anfahrt/Verbindungen/Information

• *Anfahrt/Verbindungen* Zwei steile Straßen führen von der **SS 52** im Tagliamento-Tal hinauf in die abgelegene Idylle, eine beginnt direkt in Ampezzo, die andere wenige Kilometer weiter westlich.

Öffentliche **Busse** fahren ab **Tolmezzo** (35 km) und vom Bahnhof in **Carnia** (47 km) an der Strecke von Tarvisio nach Udine.

• *Information* **Ufficio Turistico della Carnia**, am Ortseingang von Sàuris di Sotto rechts, neben dem Restaurant „Kurhaus". Mitte Juni bis Mitte Sept. Mo–Sa 9–12, 16–19, So 9.30–13 Uhr, übrige Zeit 9–12, 15–18 Uhr. ✆ 0433/86076, 📠 866900, www.sauris.com

Übernachten

TIPP! *** **Garni Plùeme**, Sàuris di Sotto 26/a, ein ganz neues Haus, vollständig aus Holz erbaut und tadellos gepflegt, originell-behagliche Zimmer verschiedener Zuschnitte. Der junge Luca Schneider führt sein Reich mit Hingabe und viel guter Laune. DZ mit Frühstück ca. 65–75 €. ✆ 0433/866347, www.sauris.com

*** **Morgenleit**, Piazzale Morgenleit 59, großes, solides Albergo in Sàuris di Sotto, 22 Zimmer mit Panoramablick, gute Küche, Sauna. DZ mit Frühstück ca. 60–75 €. ✆ 0433/86166, 📠 86167, http://alberghi.carnia.org/morgenleit

*** **Il Borgo di San Lorenzo**, am Ortseingang von Sàuris di Sopra, kleiner Komplex von Holzhäusern mit Ferienwohnungen, beliebt bei Familien, gut eingerichtet mit Küche, TV etc. Wochenpreis für 4 Pers. ab ca. 510 €. ✆ 0433/86221, 📠 86242, http://albergodiffuso.carnia.org/slorenzo

** **Pame Cinto**, Via Velt 78, allein stehendes Haus in ruhiger Lage zwischen Sàuris di Sotto und Sàuris di Sopra, von der Zufahrtsstraße nach Sàuris di Sopra beschildert. Schöne Terrasse mit weitem Blick, zehn Zimmer, bodenständige Küche. DZ mit Frühstück ca. 50–70 €. ✆/℻ 0433 86251, ✆ 333-7974922 (Handy), www.sauris.com/pame_cinto.html

** **Riglarhaus**, im ruhigen Ort Lateis, vom See auf kurviger Straße zu erreichen. Freundlich geführt, Paola Schneider hat bayerische Vorfahren und spricht Deutsch. Ganz moderne Zimmer mit TV und guten neuen Bädern, Balkone laufen rundum. Gutes Restaurant (→ Essen & Trinken). DZ ca. 60–75 €. ✆ 0433/86013, ℻ 86049, http://alberghi.carnia.org/riglar

* **Neider**, Sàuris di Sopra, acht wohnliche Zimmer mit viel Holz, jeweils TV, Restaurant mit netter Außenterrasse. DZ mit Frühstück ca. 50–90 €. ✆ 0433/866313, ℻ 866984, www.hotelneider.com

Pa' Mairlan, Sàuris di Sopra 42, typisches Haus aus Tannenholz, eine Handvoll Zimmer, sehr einfach, Matratzen bei unserem Check gar nicht gut. ✆ 0433/86009, 328-6551216 (Handy), E-Mail: mairlan@libero.it

Rifugio Eimblat de Ribn (auch: Emblateribn), von Sàuris di Sotto nimmt man den Weg 2 H nach St. Straitarn (ca. 1 Std.) und geht dann auf Weg 2 A in ca. 1 ½–2 Std. weiter zum Rifugio. Von Lateis erreicht man die Hütte auf asphaltierter Straße (Weg 2B), zu Fuß braucht man etwa 1½ Std. Das rustikale Haus aus Steinmauerwerk und Holz besitzt vier Gästezimmer und 10 Schlafmöglichkeiten, im Inneren können 32 Gäste bewirtet werden, im Außenbereich 70. Mitte Juni bis Mitte Sept. tägl., am Wochenende das ganze Jahr. ✆ 339-6166143 o. 5723559.

Hinweis: Das schöne **Rikhelanhaus (****)** mit Pool in Sàuris di Sopra, Via Rikhelan 39, wird derzeit renoviert.

Das Zahre Beer: Naturbier aus Sàuris

Das gute Wasser von Zahre soll 1999 den Anstoß dazu gegeben haben, eine Brauerei hier oben in den Bergen zu gründen. *Chiara Pils* (helles Pilsner) und *rossa Vienna* (dunkles Bier), *Canapah* (Hanfbier), dazu noch *Affumicata* (Räucherbier), um die berühmten Wurstwaren von Sáuris zu begleiten – alles weitab von Industrieverschmutzung und Smog produziert, weder pasteurisiert noch gefiltert. Eine kleine Erfolgsgeschichte, jährlich werden mittlerweile über 3400 Hektoliter produziert und man findet das Bier schon häufig in der friulanischen Ebene. Viel Glück an Dario und Sandro – und „Salute“!

Sàuris AgriBeer, Frazione Sàuris di Sopra 50, ✆/℻ 0433/866314, www.zahrebeer.com

Essen & Trinken/Shopping/Feste/Sport

• *Essen & Trinken* **Agriturismo Monte Ruke**, schönes traditionelles Haus in 1400 m Höhe, etwa 1,2 km von Sàuris di Sopra, ideales Ziel für einen nicht zu weiten Spaziergang (→ S. 97). Familie Petris bietet die typische lokale Küche mit Frico, Pilzen, Kräutern, Polenta und Aufschnitt. Juni bis Sept. tägl., ganzjährig Sa/So. ✆ 0433/86060, ✆ 339-6166143.

Riglarhaus, ruhig gelegen im kleinen Ort Lateis (→ Übernachten). Traditionelle karnische Küche, z. B. frischer Molkenkäse, grüne Gnocchi mit Brennnesselsoße und die Spezialität des Hauses namens *dunkatle* (Schweinefleisch mit Polenta). Zum Abschluss wird eine Vielzahl friaulischer Schnäpse angeboten, aromatisiert mit Bergkräutern und Blumen. Im Sommer kann man draußen sitzen. Di geschl. (nicht im Sommer). ✆ 0433/86013.

TIPP! **Alla Pace**, behagliches Steinhaus von 1804, mitten in Sàuris di Sotto, sehr schön

Die Sennereien von Sàuris

Vor dem Einsetzen des Tourismus waren die Almhütten im Umkreis von Sàuris ein bedeutendes Standbein der Dorfwirtschaft. Seitdem haben viele von ihnen geschlossen, denn mit den Urlaubern lässt sich schneller und bequemer Geld verdienen. Die verbliebenen Hütten sind beliebte Anlaufpunkte für Ausflügler und Wanderer geworden. Sie sind nur in den Sommermonaten aktiv (Juni bis Sept.), die hergestellten Produkte, wie Milch, Butter Käse und frischen oder geräucherten Ricotta (Molkekäse), kann man vor Ort verkosten und erwerben.

Rifugio Malga Losa: Die Hütte mit Sennerei liegt in 1765 m Höhe am höchsten Punkt des Tals des Torrente Novarza und ist erreichbar von Lateis und Sàuris di Sotto. Sie hat 22 Übernachtungsplätze (ca. 15 €/Pers.), bietet Essen an und verkauft die eigenen Almprodukte. ✆ 0433/86223.

Malga Novarzutta: in 1625 m Höhe im Tal des gleichnamigen Baches zwischen Monte Torondon und Monte Novarza. Die Malga ist eine reine Sennerei, wo man die traditionellen Produkte verkosten und kaufen kann. Sie wird von Loredana und Bernardino sehr freundlich bewirtschaftet (→ Wanderung S. 98). Erreichbar ist sie von Lateis und Sàuris di Sotto.

Malga Pieltinis: Die kürzlich renovierte Almhütte liegt unterhalb des Berges Pieltinis in 1739 m Höhe und ist erreichbar von Sàuris di Sotto. Auch hier finden Verkostung und Verkauf von Produkten statt. ✆ 348-3050308.

Malga Malins: Diese Almhütten liegen auf einem Plateau auf den nördlichen Hängen des Monte Pieltinis, auf einer Höhe von 1672 m. Verkostung und Verkauf von Produkten. Erreichbar von Sàuris di Sopra.

Malga Vinadia Grande: Die Almhütte liegt auf einer Höhe von 1734 m im Norden des Monte Pieltinis, erreichbar ist sie von Sàuris di Sopra.

zum Essen und Preise durchaus im Rahmen. Das alteingeführte Restaurant bereitet seine interessanten Gerichte weitgehend mit lokalen Produkten zu, z. B. Gersten- und Bohnensuppe, Hirschbraten mit Polenta und Gulasch. Mal versuchen – *radic dei mont* (Radicchio aus den Bergen) ist eine rare Köstlichkeit und wächst nur im Hochgebirge entlang von Flüssen zwischen 1000 und 1800 m. Mi geschl. (nicht im Sommer). ✆ 0433/86010.

• *Shopping* **Prosciuttificio Wolf**, am oberen Ortsrand von Sàuris di Sotto, nicht zu verfehlen. Seit 1862 wird in dieser Großmetzgerei der berühmte *prosciutto di Sàuris* hergestellt, traditionell geräuchert mit Buchenholz aus den umliegenden Wäldern. Die Keulen werden dabei mehrmals mit Salz eingerieben und anschließend einige Tage in den Rauch gehängt, schließlich gebeizt und für zwölf Monate getrocknet. Den richtigen Geschmack erhält das Schinkenfleisch dann durch das gekonnte Öffnen oder Schließen der zahlreichen Fensterchen im Trocknungsraum. Die große Produktion (ca. 50.000 Keulen) wird nicht nur vor Ort verkauft, sondern in alle Welt exportiert. Außerdem gibt es bei Wolf noch Speck, Salami, Culatello (zarter luftgetrockneter Schinken) und zahlreiche weitere Wurstwaren. Gut 50 Mitarbeiter sind hier mittlerweile beschäftigt. ✆ 0433/86054, www.wolfsauris.it

Tessitura artigianata di Sàuris, Sàuris di Sotto. Sandra und Adriana Schneider stellen an traditionellen Handwebstühlen Teppiche, Wandteppiche, Kissenbezüge, Tücher u. Ä. her. ✆ 0433/86208, www.tessiturasauris.com

Laboratorio Artistico Legnostile, Sàuris di Sopra. Danilo und Ermanno Plozzer fertigen aus Holz Skulpturen, Einrichtungsgegenstände, Kunstwerke und Karnevalsmasken. ✆ 0433/86252, www.legnostileplozzer.com

Petris & Polentarutti, Via Razzo 66, Sàuris di Sopra. Hier wird neben Schinken auch der typische geräucherte und luftgetrocknete Speck

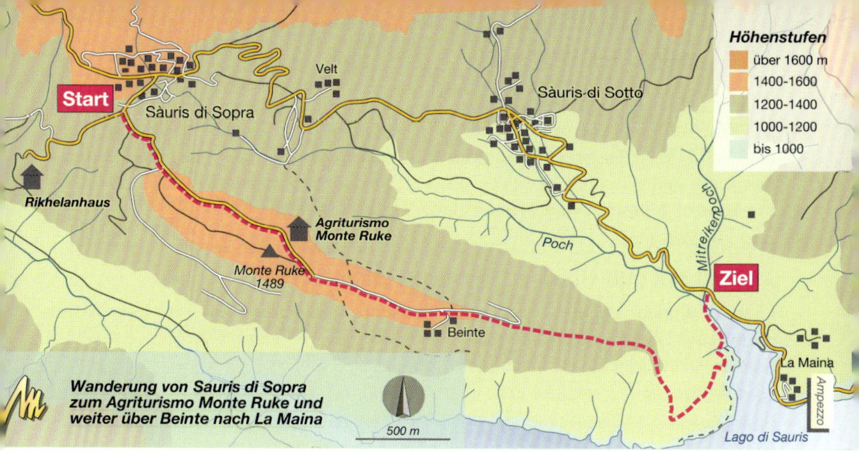

Wanderung von Sauris di Sopra zum Agriturismo Monte Ruke und weiter über Beinte nach La Maina

hergestellt und mit einer Mischung aus Rosmarin und Zimt gewürzt. ✆ 0433/86035.

- *Feste* **Schinkenfest** am zweiten und dritten Wochenende im Juli, **Käsefest** Mitte August. Im **Karneval** werden geschnitzte Holzmasken getragen.
- *Sport* Es gibt ein überdachtes **Sportzentrum** in der Località Velt (zwischen Sàuris di Sotto und Sàuris di Sopra), u. a. mit Basketball-, Handball- und Volleyballfeld, Tennisplatz, Tischtennis, Reitsport, Turnhalle und Mountainbikes. Im Winter ist eine Eisbahn geöffnet, auch Sauna und Massagen kann man reservieren. ✆ 0433/86265.

Wanderung von Sàuris di Sopra zum Agriturismo Monte Ruke und weiter über Beinte nach La Maina

Bis zum Ort Beinte wandert man auf bequemer Waldstraße (Weg 1 A), die den Rücken des Monte Ruke überquert. Bei Beinte öffnet sich ein herrlicher Panoramablick über den See. Weiter bis La Maina (1020 m) geht es dann teilweise sehr steil hinunter, dieses Wegstück erfordert Trittsicherheit und festes Schuhwerk. Zurück kann man mit dem Bus fahren, wobei es ratsam ist, sich im Vorfeld über die Abfahrtszeiten zu informieren.

Dauer: bis Beinte ca. 1 Std., bis La Maina ca. 3 Std.

Wegbeschreibung: Der Weg beginnt in **Sàuris di Sopra** (1312 m) in der Nähe des Hotels „Rikhelanhaus", beim letzten Parkplatz links. Im ersten Stück schlängelt er sich den Wiesenkamm entlang, der im Süden des Dorfes liegt. Wir gehen den Weg 1 A immer geradeaus bis zum Wald. Dort betreten wir den Wald und kommen nach einigem leichten Auf und Ab in etwa 20 Min. zum **Agriturismo Monte Ruke**, siehe S. 95. Anschließend geht die Straße in der Nähe des waldreichen Gebirgskamms des Monte Ruke weiter. Es führt ein kleiner Weg zum Gipfel, der aber nicht sehr lohnend ist, der **Monte Ruke** besteht eigentlich nur aus einer Lichtung, wobei der Ausblick wegen des dichten Baumbestandes begrenzt ist. Die Straße führt uns weiter bis zur großen Lichtung der Häuser von **Beinte** (1424 m), von wo man ein wunderbares Panorama über den See und die Berggipfel des Tals genießen kann. Hier kann man die Wanderung beenden und auf demselben Weg zurückgehen.

Wer über gute Kondition verfügt, kann oberhalb von Beinte kurz vor einer Scheune über einen gekennzeichneten Steig (immer noch 1 A) bis La Maina hinuntergehen. Der Weg ist ziemlich steil und führt durch den Wald teilweise auf dem Bergrücken entlang, immer begleitet von herrlichen Blicken nach links auf den See und nach rechts auf Sàuris. Unten angekommen treffen wir auf das Flussbett des **Mitreikenpoch**, gehen rechts den Weg unter der Brücke hindurch und steigen nach oben zur Straße hinauf. Von dort können wir links die Straße nach Sàuris nehmen oder rechts nach **La Maina** zur Bushaltestelle gehen.

Wanderung von Lateis über die Malga Novarzutta zum Rifugio Malga Losa (mit Übernachtungsmöglichkeit)

Längere Wanderung mit Besichtigung der sehr interessanten Käserei Malga Novarzutta und Übernachtungsmöglichkeit im Rifugio. Höhenunterschied ca. 600 m, Schwierigkeitsgrad leicht bis mittel.

GPS-Wanderung **Dauer**: Hinweg 3 Std., Rückweg 2½ Std.

Wegbeschreibung: Start ist oberhalb von **Lateis** an einem Parkplatz mit Rastplatz **(WP 1)**. Von hier aus gehen wir durch den Wald die Asphalt- und später Schotterstraße entlang (Wanderweg 2 B), ein gemütlicher Beginn. Nach etwa 45 Min. kommen wir zur **Kapelle des St. Antonius (WP 2)**, dem Schutzheiligen der Tiere. Wer möchte, kann zum Erhalt der Kapelle einen kleinen Obolus entrichten. Wir wandern weiter und halten uns nach ca. 10 Min. rechts in Richtung Malga Losa **(WP 3)** und gehen auf dem Wanderweg 3 A bis zu einem Bach, den wir nach rechts auf der normalen Straße überqueren. Hier lädt uns ein schön gelegener **Rastplatz (WP 4)** mit Tisch und Bänken zu einer kleinen Verschnaufpause ein. Wieder zu Kräften gekommen, geht es die Straße (Wanderweg 3 A) in leichten Serpentinen weiter. Nach einigen Höhenmetern durch den Wald treffen wir auf eine Abzweigung **(WP 5)** und gehen den Wanderweg 220 (rot/weiß) geradeaus in Richtung Rifugio Malga Losa weiter. Nach etwa 10 Min. verlassen wir ihn **(WP 6**) und nehmen links die Straße zur **Alm Novrazutta**, die wir nach 20 Min. in einer Höhe von 1625 m erreichen **(WP 7)**. In den Sommermonaten leben dort Loredana und Bernardino und stellen leckeren Käse her, den man verkosten und kaufen kann. Die Gastfreundschaft und der herzliche Empfang machen ebenso wie der köstliche, aus 70 % Kuhmilch und 30 % Ziegenmilch hergestellte Käse den Aufenthalt zu einem unvergesslichen Erlebnis. Loredana und Bernardino zeigen ihre Käseherstellung und tischen auf Wunsch zu Käse und Salami Wasser, Wein und Limo auf, wofür man gerne ein paar Euros dort lässt.

Nach diesem kulinarischen Erlebnis kehren wir zurück zur Weggabelung **(WP 6)** und setzen unsere Wanderung nach links auf dem Weg 220 fort, vorbei an Kuhherden. Nach etwa 45 Min. sind wir schon beinahe beim Rifugio Malga Losa, das wir schon erkennen können. Doch kann man hier nach rechts gehen, wo man nach wenigen Metern zu einem Platz mit Tisch und Bänken stößt, der einen herrlichen Ausblick ins Tal gewährt **(WP 8)**. Nach ein paar genussvollen Augenblicken geht es weiter, das Ziel immer vor Augen. 10 Min. später Ankunft beim **Rifugio Malga Losa** auf 1765 m **(WP 9)**. Hier kann man, umringt von Bergen, die Nacht verbringen. Auch hier besteht die Möglichkeit, die Käserei zu besichtigen, viele Einheimische kaufen hier ein. Am nächsten Morgen kehren wir der Alm den Rücken und gehen zum Ausgangspunkt zurück **(WP 1)**.

In der Alm Novrazutta

Weitere Wanderrouten im Umkreis von Sàuris findet man auf der lokalen Website www.sauris.com

Tarvisiano (Tarvisien)

Die waldreiche Bergregion zwischen Karnischen und Julischen Alpen im Nordosten von Friaul-Julisch Venetien ist wegen der in den achtziger Jahren angelegten Alpen-Adria-Autobahn A 23 für viele sonnenhungrige Urlauber nur Durchgangsgebiet. Die hübschen, kleinen Seen und die vielen Wandermöglichkeiten können einen Aufenthalt aber durchaus kurzweilig werden lassen. Eine interessante und wenig befahrene Alternative zur Autobahn ist der Naßfeldpass (1530 m) vom Gailtal nach Pontebba.

Hauptdurchgangstal ist das *Val Canale*, das in das Tal *Canale del Ferro* übergeht und schließlich in der breiten Flussebene des Tagliamento mündet. Im Umkreis erstreckt sich auf 24.000 Hektar die *Foresta di Tarvisio*, der größte Staatsforst Italiens (ausgenommen Naturparks). Das Gebiet umfasst außer dem Haupttal auch zahlreiche Täler im Süden und im Norden und ist eines der naturkundlich wertvollsten Gebiete Italiens. U. a. sollen hier noch Bären leben und das Schlagen von Holz ist streng reglementiert, damit stets eine kontinuierliche Walddecke bestehen bleibt.
Reizvolle Ziele im Tarvisiano sind die *Laghi di Fusine* und der *Lago del Predil* nahe der slowenischen Grenze. Der *Monte Lussari* mit seinem idyllisch gelegenen Marienheiligtum kann per Seilbahn oder zu Fuß bezwungen werden, das ethnografische Museum in *Malborghetto-Valbruna* gibt Aufschluss über die Region, genussvoll wandern lässt es sich im *Parco Naturale Prealpe Giulie*.

Bahnerlebnis Pontebbana

Die erst im Jahr 2000 eröffnete „Pontebbana" ist eine Hochleistungseisenbahn, die von Udine bis zur Staatsgrenze fährt. Auf der 94 km langen Trasse durchquert man 13 lange Tunnels, die fast die Hälfte der Strecke einnehmen.

Naßfeldpass (Passo di Pramollo)

Etwa 30 km östlich von Mauthen, von wo es steil zum Plöckenpass hinaufgeht (→ S. 75), führt eine zweite Passstraße aus dem Gailtal ins Friaul. Nördlich der Grenze ist die Auffahrt mit zwölf weiten Kehren hervorragend ausgebaut, denn dort liegt ein großes Skigebiet. Auf italienischer Seite hingegen ist die Straße eng, besitzt schlechten Straßenbelag und zieht sich mit langen Galerien, zahlreichen Kurven und Kehren bis Pontebba (→ S. 106). Der obere Teil der Strecke führt dabei durch ein stark eingeschnittenes Tal.

• *Übernachten* Auf dem Pass liegt das topmoderne Hotel ***** **Sonnenalpe**, u. a. mit Hallenbad, Terrassenpool, Meerwasserfreibad und Saunalandschaft. ✆ 0043(0)4285/8211, ℻ 8128, www.sonnenalpe.at

*** **Al Gallo Forcello**, großes wohnliches Haus 300 m nach dem Pass, direkt am Naßfeld-See, auch bei Bikern und Mountainbikern beliebt, durchgehende Küche von 11.30–20 Uhr. DZ mit Frühstück ca. 60–76 €, Ende Mai bis Mitte Sept. ✆ 0428 9001443, ℻ 23188, www.forcello.com

Tarvisio

(ca. 5100 Einwohner)

Der Hauptort Tarvisio (friul. : Tre viis = drei Straßen bzw. Täler) liegt nur wenige Kilometer von der österreichischen Grenze entfernt und ist Mittelpunkt eines großen Skisportgebiets. Das Stadtbild ist allerdings nur bedingt sehenswert und vermittelt dank der Lage im Dreiländereck eher den Charakter eines großen Shoppingcenters.

Zum Bummeln bietet sich die zentrale Einkaufsstraße *Via Roma* an. An der südlichen Parallelstraße dazu liegt ein basarähnlicher *Markt* mit fest installierten Kiosken, die alle dasselbe bieten: Lederwaren, Kleidung, Schuhe und Spielzeug. Die zentral gelegene Pfarrkirche *Santi Pietro e Paolo* aus dem 15. Jh. besitzt einen Glockenturm mit Zwiebeldach. Im Inneren sind Fresken des 16. Jh. erhalten, an den Seiten stehen römische Grabstelen. Auf der Piazza davor gibt es noch Reste der früheren Stadtbefestigung und einen alten Wachturm.

In der näheren Umgebung sind vor allem die beiden hübschen *Laghi di Fusine* nahe der slowenischen Grenze einen Abstecher wert.

Öffnungszeiten **Markt**, So geschl., Mitte Januar bis Ende April auch Mo geschl.

Die **Holiday Card** (Sommer bzw. Winter) bietet Ermäßigungen für viele touristische Angebote, Hotels und Restaurants im ganzen Tarvisiano, z. B. für die Museen in Malborghetto und Cave del Predil.

• *Information* **IAT**, Via Roma 10, im Sommer Mo–Sa 9–12.30, 15.30–19 Uhr, So 10–12.30, 16–19 Uhr. ✆ 0428/2135, ℻ 2972, www.tarvisiano.org

• *Übernachten* *** **Haberl**, Via Roma 16/Via Kugy 1, gutbürgerliches Haus in zentraler Lage. Gemütliche Atmosphäre, gut eingerichtete Zimmer mit viel Holz und TV, Sauna, Restaurant und große Caféterrasse zur Via Roma. DZ mit Frühstück ca. 65–70 €. ✆ 0428/2312, ℻ 644442, www.hotelhaberl.com

*** **Valle Verde**, Via Priesnig 12, großes Chalet oberhalb der Stadt in der Nähe von

Skipisten und -lift, Tennis- und Golfplatz, schöne, waldreiche Umgebung. Mit viel hellem Holz eingerichtet, die gepflegten Zimmer alle verschieden eingerichtet, jeweils TV, herrlicher Blick auf die Stadt. Fitnesszentrum mit Solarium, Saunabad und Unterwassermassage, sehr gutes Restaurant (Mo geschl.), Weinstube/Bar. DZ mit Frühstück ca. 80–90 €. ✆ 0428/2342, 📠 40764, www.hotelvalleverde.com

• *Essen & Trinken* **Tschurwald**, Via Roma 8, gegenüber vom Rathaus. Die alteingesessene Gaststätte wird seit Ende des 19. Jh. von Familie Tschurwald geführt, heute von Emanuela und Fabio als „Osteria con cucina". Man trifft sich zum kommunikativen Aperitif und danach zur leckeren friulanisch-kärtnerischen Küche mit guter Weinauswahl. Mi/Do geschl. ✆ 0428/2119.

Kirchenwirt, große Bar mit vielen Freiluftplätzen auf der Piazza Unità neben der Pfarrkirche.

Al Vecchio Skilift, Piana dell'Angelo, gemütliches Gasthaus auf halbem Weg zwischen Tarvisio und Camporosso. Hübsche Plätze vor dem Haus, gereicht werden z. B. Tagliatelle mit Wildragout, geräucherte Keule mit Sauerkraut, Gnocchi und Polenta. In der Hauptsaison tägl. geöffnet, sonst Mi geschl. ✆ 347-3918598.

• *Shopping* **Doni di Bacco**, Via Roma 95, Weine in großer Auswahl, in der Nr. 97 daneben Delikatessen – Olivenöl, Balsamicoessig, Gemüse in Öl, Pasta etc.

Arte e Dimora, Via Roma 24, ein hübsches Gutshaus, umgebaut zu einem Andenkenladen mit Kunsthandwerk, Porzellan, Antiquitäten, Puppen u. Ä.

Dawit, Via Alpi Giulie 20, hübsche Weinstube im hellen, modernen Stil, Wein, Grappa und Bohnenkaffe nach Triestiner Tradition. 10–20 Uhr; So geschl.

Julius Kugy: Alpinist aus Leidenschaft

„Ich erinnere mich ganz genau des Augenblicks, da ich den Namen ‚Julische Alpen' zum ersten Mal horte. Wenn sie mir auf den Höhen des Karstes erschienen, im farbigen Abglanz des nahen Meeres, vom Licht der südlichen Sonne überflutet, so feierlich ruhig, so unerreichbar weit, umfasste ich sie mit aller Kraft und mit allen Träumen meiner jungen Seele. Und wie es damals war, so ist es bis heute geblieben. So viel ich an Bergen gesehen habe, nichts kommt in meinem Herzen den Julischen gleich." (Julius Kugy, Aus dem Leben einers Bergsteigers). Dem Andenken an Julius Kugy sind die sommerlichen Wanderungen gewidmet, die man über das Informationsbüro buchen kann, genannt" Sulle Orme di Julius Kugy" (Auf den Spuren von Julius Kugy). Der Bergsteiger, Dichter und Botaniker lebte von 1858 bis 1944 im Friaul, machte in den Julischen Alpen in über drei Jahrzehnten fünfzig Erstbesteigungen, entdeckte viele neue Wege und fertigte Landkarten an. Ab dem sechzigsten Lebensjahr verfasste er mehrere Bücher über die Berge und den Alpinismus.

Laghi di Fusine (Weißenfelser Seen)

Zwei glasklare Seen in einer von Gletschern geformten Mulde, umgeben von dichten Nadelwäldern, in Richtung Süden ragt eindrucksvoll der 2677 m hohe Monte Mangart auf. Zweifellos ein besonders schönes und idyllisches Fleckchen Erde – kein Wunder also, im Sommer ist der „Parco Naturale di Fusine", der 1971 als erster Naturpark des Friaul eingerichtet wurde, ein beliebtes Naherholungsziel für Tarvisio, die Zufahrt ist dann kostenpflichtig.

Der nördliche der beiden unterirdisch miteinander verbundenen Seen heißt *Lago Inferiore* (Unterer See), ist 13,5 ha groß und liegt in 924 m Höhe. Hier kann man in der Osteria „Belvedere" gemütlich am Ufer sitzen und Boote leihen. Ein Weg führt in etwa 30 Min. einmal rundum.

Der *Lago Superiore* (Oberer See) liegt 800 m weiter südlich und etwa 5 m höher. Er ist etwa 9 ha groß, besitzt sumpfige Ufer und ist als Vogelschutzgebiet ausgewiesen. Hier dürfen Wohnmobile stehen, es gibt eine Wiese mit Picknickbänken und die Bar „7 Nani" unter hohen Fichten. Ein hübscher Aussichtspunkt aus Holz liegt am Nordufer. Die beiden Seen sind durch einen Waldweg verbunden. Dort trifft man auf einige riesige Findlinge, so genannte „erratische Blöcke", die zu den größten ihrer Art in den Alpen gehören. Die Tannen, die hier stehen, gehören zur Familie der Rottannen und heißen auf italienisch „Abete di risonanza", ihr Holz wird für den Bau von Saiteninstrumenten verwendet.

Der Wanderweg 512 zieht sich in knapp 2 Std. zum „Rifugio Luigi Zacchi" in 1380 m Höhe an den Hängen des Monte Mangart. Sogar bis in etwa 2000 m Höhe führt eine Militärstraße, die auf slowenischer Seite kurz nach dem Passo del Predil (→ S. 108) von der Straße nach Bovec abzweigt.

• *Öffnungszeiten* **Laghi di Fusine**, Zufahrt an Wochenenden von Mitte Juli bis Anfang Sept. kostenpflichtig, Auto 3 €, Motorrad 1,30 €, Wohnmobil 5,20 €. An einigen Wochenenden wird die Straße ganz gesperrt, dann verkehren Busse.

• *Übernachten* **Rifugio Luigi Zacchi**, 22 Betten, derzeit in Restaurierung, Wiedereröffnung geplant für 2007 (vorher anrufen). 20. Juni bis 20. Sept. ✆ 0428/61195, www.rifugi.it

TIPP! **Edelweiss**, Laghi di Fusine, Holzhaus mit Restaurant direkt am Ufer des nördlichen Sees, durchaus romantisch. Frau Laura Pio spricht hervorragend Deutsch und vermietet drei Zimmer, zwei davon mit Balkon. DZ mit Frühstück ca. 70 €. Reservierung dringend erforderlich. ✆ 0428/61050.

• *Essen & Trinken* **Osteria Belvedere**, gemütliche Terrasse am nördlichen See, kräftige ländliche Küche, z. B. *gulasch con polenta*, *spaghetti ai funghi* und *grigliata mista*, aber auch *strudel di mele* (Apfelstrudel). Mit Bootsverleih (30 Min. ca. 4,50 €).

Val Canale und Canal del Ferro

Von Tarvisio aus ziehen sich Autobahn und SS 13 in reizvoller Streckenführung das Tal des Flusses Fella entlang, zunächst Val Canale dann Canale del Ferro genannt.

Das bis dahin österreichische Kanaltal fiel 1919 an Italien. 1939 wurden die bis dahin gut 80 % deutschstämmigen Bewohner vor die Option gestellt, die italienische Staatsbürgerschaft anzunehmen oder nach Kärnten bzw. Steiermark auszuwandern (→ Geschichte, S. 19). Die meisten verließen daraufhin das Tal, italienische Siedler rückten nach und eigneten sich die zurückgelassenen Besitztümer an.

Ein Stopp lohnt zunächst in Camporosso, von wo eine moderne „Telecabina" (geschlossener Sessellift) zum Marienheiligtum auf den Monte Lussari hinauffährt. In Malborghetto kann man das ethnografische Museum des Tarvisiano besuchen, kurz danach das Waldmuseum des Staatsforstes.

Santuario del Monte Lussari

Das beschauliche Marienwallfahrtsörtchen liegt auf 1789 m Höhe und besteht nur aus einer Marienkirche und einer Hand voll Häuser. Pilger aus Österreich, Italien und Slowenien kommen gleichermaßen herauf, doch auch viele Touristen schätzen die himmlische Ruhe, da es hier oben so gut wie keine Autos gibt.

Die Ursprünge des Marienkults gehen ins 14. Jh. zurück, damals fand ein Hirte auf dem Monte Lussari eine kleine Statue der Madonna mit Kind, der zu Ehren bald eine

Idyllische Szenerie: Lago Inferiore (Laghi di Fusine) und Monte Mangart

erste Kapelle gebaut wurde. Im 16. Jh. wurde dann eine Kirche errichtet, von der das Presbyterium erhalten geblieben ist. Im Ersten Weltkrieg lag die kleine Siedlung auf dem Monte Lussari mitten im Kampfgebiet und wurde völlig zerstört. 1925 wurde das Santuario wieder originalgetreu aufgebaut, heute wird es von Franziskanern unterhalten. Die schöne Spitzgewölbedecke aus Holz ist der Decke der Basilika von Aquileia nachempfunden. Um den Altar befinden sich zahlreiche Votivgaben für die verehrte Madonnenstatue aus Lindenholz, von der man annimmt, dass es sich dabei noch um das vom Hirten gefundene Original handelt. Die Wandmalereien zeigen Szenen aus der Vita Marias und stammen vom slowenischen Maler Tone Kralj.

Wandern kann man auf der „Via Crucis" von und nach Camporosso (ca. 2 Std.), nach Tarvisio läuft man ca. 3 Std., nach Valbruna 2,5 Std. Zum Gipfelkreuz der 2071 m hohen *Cima del Cacciatore* steigt man in etwa 1,5 Std. hinauf.

Öffnungszeiten **Santuario del Monte Lussari**, tägl. durchgehend geöffnet, Messe in Italienisch, Slowenisch und Deutsch werktags 11 und 12 Uhr, an Sonn- und Feiertagen 9.15, 10, 11, 12 und 15 Uhr. ✆ 0428/63006, www.santuariodelmontelussari.it

• *Anfahrt/Verbindungen* **Telecabina del Monte Lussari**, von Camporosso dauert die Auffahrt ca. 15 Min. Mitte Juni bis Mitte Sept. Mo–Sa 9–17.15, So 8.30–18.15 Uhr, außerdem an den Wochenenden in der ersten Juni- und der zweiten Septemberhälfte. Dez. bis März wieder täglich geöffnet. Hin u. zurück ca. 11 € (mit Holiday Card 8 €). ✆ 0428/653915.

Via Crucis, viele Pilger und Wanderer nehmen den beschwerlichen Fußweg mit Kreuzwegstationen, etwa 2 Std. muss man für den Aufstieg veranschlagen.

Ansonsten kann man über Valbruna eine schmale Serpentinenpiste erreichen, die aber nur die Einheimischen mit ihren Fahrzeugen benutzen.

• *Übernachten/Essen & Trinken* *** **Al Rododendro**, gemütliches Berghotel bei der Kirche, erst 2002 von Familie Baron eröffnet. Rustikale DZ und einige Familienzimmer (bis 5 Pers.), jeweils mit TV. Im Restaurant wird die typisch friulanische Küche serviert. Geöffnet Juni bis Sept. u. Dez. bis März. ✆ 0428/653923.

Rifugio Al Convento, ebenfalls oben beim Santuario, 30 Betten in 11 Zimmern, jeweils mit Bad. Juni bis Sept. u. Dez. bis März. ✆ 0428/63184, 📠 40003.

Tipp für Skifahrer: Im Winter lockt die berühmte, 3,5 km lange Abfahrt „Prampero", die vom Monte Lussari mit 1000 m Höhenunterschied bis Camporosso im Tal führt, Scharen von Könnern an – sie gilt als die schönste Piste im ganzen Friaul.

Malborghetto-Valbruna (ca. 1000 Einwohner)

Der hübsche, kleine Ort besteht im Kern aus einigen malerischen alten Palazzi und der architektonisch verspielten Dorfkirche.

Im Palazzo Veneziano, 1591 im Auftrag eines begüterten Venezianers erbaut, ist das *Museo Etnografico* untergebracht, das sich den geologischen, paläontologischen und vorgeschichtlichen Aspekten des Valcanale und Canal del Ferro widmet. In der „Sala della Foresta" wird die lokale Tier- und Pflanzenwelt dargestellt, aber auch die Geschichte des Palastes wird thematisiert. Besonders anschaulich ist die Rekonstruktion eines Bergwerksschachts der Miniera di Raibl (heute: Cave del Predil) im nahen Val Rio del Lago (→ S. 107). Im Hof des Palastes steht eine prächtige, 400 Jahre alte Linde.

Öffnungszeiten **Museo Etnografico**, Di–So 10.30–12.30, 15–18 Uhr, Mo geschl., Eintritt ca. 5 €. ✆ 0428/64970.

TIPP! **Casa Oberrichter**, ganz zentral in Malborghetto, in jahrelanger Arbeit haben der Holzkünstler Silvano Nicolavcich und seine Frau Marina Gioitti den 600 Jahren alten, seit 70 Jahren leer stehenden und völlig heruntergekommenen Palazzo (früher war er Rathaus und Gericht, dann Gefängnis und schließlich Armenhaus) höchst originell wieder hergerichtet, alle Möbel in der hauseigenen Schreinerei gezimmert und die Wandmalereien gestaltet. Es gibt fünf ganz individuelle Zimmer, einen großen Salon, eine Sauna und das hauseigene Restaurant, in dem der gesangsbegabte Sohn Alessio kocht (Mi geschl.). In der hauseigenen Kunsthandwerksstätte restauriert Marina Gioitti Mobiliar, stellt aber auch Figuren, Masken und Spielzeug her. DZ ca. 80 €. ✆ 0428/41888, ✆ 60177.

• *Essen & Trinken* **Antica Trattoria da Giusi** (bis 2005: Antica Trattoria Schönberg), die historische Gaststätte in Malborghetto wurde umbenannt und ist in die Via Bamberga 19 umgezogen. Hier wird die „cucina storica" des Valcanale mit seinen stark österreichisch geprägten Gerichten zelebriert, die Menüs sind nach bekannten Generälen benannt, u. a. wird *carne di maiale affumicata* (geräuchertes Schweinefleisch) serviert. Es gibt aber auch ein „Pizzaeck", wo Pizzakoch Bruno dreißig Variationen zubereitet. Mo/Di geschl. ✆ 0428/60014, www.dagiusi.it

Agriturismo Ristoro Rosic, Località Val Uque, zu erreichen von Ugovizza (östlich von Malborghetto), die Bergstraße ca. 7 km nach Norden, dann links. Man kann mittags und abends hier essen, muss aber vorher anrufen. Bei Wirtin Anna wird alles frisch zubereitet, z. B. leckere *gnocchi di spinaci, Gulasch, grigliate, frico* und *polenta*. Ganzjährig geöffnet, es wird auch Deutsch gesprochen. ✆ 368-3023019.

In der Casa Oberrichter

Museo della Foresta: Der Wald als Museum

Der nicht ganz so eilige Autobahnfahrer sollte in Bagni di Lusnizza (kurz nach der Raststätte „Fella Est") Halt machen und das *Museo della Foresta (Waldmuseum)* besuchen. Anschaulich wird hier die Vielfalt der riesigen Wälder um das Val Canale präsentiert. Zunächst kann man eine Ausstellung zur Ökologie des Waldes mit Fotos, Reliefs und Dioramen betrachten. Außerhalb des Gebäudes ist die Komplexität der Waldlandschaft dargestellt, im Rahmen eines botanischen Gartens wurden hier die typische Vegetationstypen jeder Höhenlage angepflanzt, z. B. Feuchtwiesen, Mischwald, Latschenwald, Almwiesen, Felsenregion etc. Die verschiedenen Baum-, Strauch- und Kräuterarten sind mit Schildern gekennzeichnet. Schließlich kann der umgebende Wald noch auf einer Reihe von naturkundlichen Wegen erkundet werden. Picknickplätze laden zur Rast ein.

Öffnungszeiten tägl. 8–18 Uhr. ✆ 0428-60415. Ein Infostand des Staatsforstes gibt Auskunft.

Pontebba

(ca. 1700 Einwohner)

Der kleine Ort wurde im Ersten Weltkrieg vollkommen zerstört, denn hier verlief bis 1919 die Grenze zwischen Italien und Österreich. Zum Naßfeldpass an der österreichischen Grenze (→ S. 100) führt eine steile Straße mit vielen Kurven hinauf.

Größte Sehenswürdigkeit ist die Pfarrkirche *Santa Maria Maggiore,* die 1504 erbaut und später erweitert wurde. Der dreischiffige Gewölberaum wird dominiert von einem wunderbar filigran konstruierten gotischen Flügelaltar im Chor, gebaut 1517, wahrscheinlich von Heinrich aus Villach. In geöffnetem Zustand steht eine große Krönung Mariens im Mittelpunkt, umgeben von Szenen der Evangelien: Weihnachten, Die Heiligen Drei Könige, Auferstehung Christi und Tod Mariens. Die Bildtafeln der Außenfront (nur im Advent und in der Fastenzeit ist der Altar geschlossen) zeigen „Verkündigung", „Heimsuchung", „Flucht nach Ägypten" und „Pfingsten". In der Kapelle des linken Seitenschiffs sieht man das „Martyrium des heiligen Sebastian" von Palma il Giovane, rechts eine „Madonna auf den Wolken" von Antonio Morocutti.

Hübsch ist auch die in Rasenflächen eingebettete Kirche *San Giovanni* oberhalb der Hauptstraße, zu erreichen gegenüber vom Informationsbüro.

Moggio Udinese

(ca. 2100 Einwohner)

Über dem Flusstal, in dem Tag und Nacht eine große, geräuschvolle Papierfabrik arbeitet, thronen weithin sichtbar die Überreste einer frühmittelalterlichen Festung, die bereits 1119 in das Benediktinerkloster Abbazia di San Gallo umgewandelt wurde.

Vor der Anlage steht die massive *Torre delle Prigioni* (zu deutsch „Kerkerturm"), ein Überbleibsel des alten Kastells, von hier genießt man einen wunderbaren Blick auf das Tal unterhalb. Die barocke Klosterkirche *Santa Maria degli Angeli* besitzt einen großen Christus am Kreuz aus dem Jahr 1466, gearbeitet in Nussbaum (in einer Kapelle vor dem Altarraum rechts). Im Kloster selber leben seit 1987 Klarissinnen in strenger Klausur. Besonders malerisch ist der Kreuzgang um einen begrünten Innenhof.

• *Übernachten/Essen & Trinken* **Leon Bianco**, Piazza Uffici 4, ordentliches Albergo am gepflasterten Hauptplatz. 10 Zimmer mit Bad, 10 weitere mit Etagendusche. Restaurant mit friulanischer und Südtiroler Küche, Parkplatz und Motorrad/Fahrradgarage. DZ mit Bad ca. 50 €, mit Etagendusche ca. 33 €, Frühstück ca. 7 €/Pers. Es wird Deutsch gesprochen. ☎ 0433/51114, 📠 51990, www.leonbianco.info

Locanda San Gallo, Piazzetta San Pertini 2, gepflegtes Ristorante mit hübschem, kleinem Garten (Mo geschl.), alle Gerichte sind frisch und hausgemacht. Auch einige Zimmer werden vermietet. DZ ca. 50–65 €, Frühstück ca. 5 €/Pers. ☎/📠 0433/550318, www.locandasangallo.it

▸ **Resiutta**: Gegenüber von Moggio Udinese hat sich an der SS 13 ein großer Bikertreff etabliert, wo ein gutes halbes Dutzend Rosticcerie auf motorisierte Kundschaft aus Österreich wartet. Hier zweigt das Val Resia in den einsamen Naturpark der Julischen Voralpen ab (→ S. 110).

Wanderung durch das Tal des Torrente Glagno bis Stavoli

Schöne Flusswanderung von *Campiola,* westlich von Moggio Udinese, ins kleine Bergdorf *Stavoli,* das nur in den Sommermonaten bewohnt und gerade Stück für Stück restauriert wird. Ein Unikum: Es gibt keine Straße in den Ort, alles muss zu

Fuß heraufgeschafft werden. Hin und zurück sind es etwa 10 km, Höhenunterschied etwa 500 m (steil).

GPS-Wanderung **Dauer**: Hin und zurück ca. 4 Std., keine Einkehrmöglichkeit.

Wegbeschreibung: Wir starten in **Campiola di Sopra**. Dafür gibt es zwei Varianten:

1) Wir nehmen die Straße rechts hinauf und dann den **Wanderweg 417** (rotweiß). Rechts zwischen den Häusern geht es über eine Wiese oberhalb des Flusstals in etwa 30 Min. zu einem Tunnel unter der **„Pontebbana"-Eisenbahn** (→ S. 100), den wir durchqueren. Danach steigen wir eine **Eisentreppe** an einem wunderschönen Wasserfall hinunter, wo wir auf die im Folgenden beschriebene zweite Variante ab Campiola treffen.

2) Man wandert in Campiola di Sopra **(WP 1)** links hinunter bis zu einem kleinen **Bach (WP 2)**, der rotweißen Markierung nach und unter der **Autobahnbrücke** hindurch bis zum **Torrente Glagno (WP 3)**. Von hier aus geht es rechts ins Tal den Fluss entlang. Vorsicht, wer diesen Weg wählt, bekommt nasse Füße, da man mehrmals durch den Fluss waten muss – macht aber riesig Spaß! Nach etwa 40 Min. kommen wir unterhalb des unter Variante 1 beschriebenen Eisenbahntunnels und Wasserfalls an. Hier treffen wir rechts oben auf den **Wanderweg 417 (WP 4)**.

Von hier geht es weiter über eine **Brücke** und danach etwa 500 m in Serpentinen steil bergauf, bis man aus dem Wald auf eine **Hochebene (WP 5)** kommt. Hier sieht man schon Stavoli vor sich.

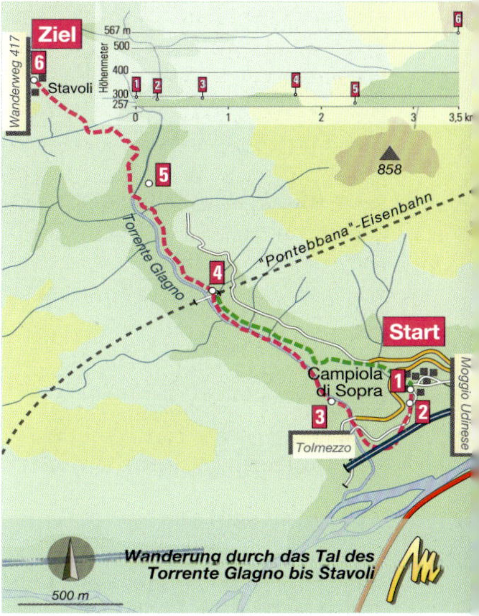

Im weiteren Verlauf gehen wir über zwei **Eisenbrücken**, wo man einen wunderschönen Blick in die verschiedenen Täler und Schluchten hat. In **Stavoli (WP 6)** angekommen, kann man sich an einem Brunnen erfrischen und in den Gassen etwas umherstreifen oder eine alte Felsenstraße hinunter noch ein Stück weiter gehen.

Der Weg 417 führt hier noch lange weiter in die Berge. Doch wie weit man auch geht, in jedem Fall muss man zurück den gleichen Weg nehmen.

Val Rio del Lago und Val Raccolana

Das dünn besiedelte Tal zieht sich von Tarvisio schier endlos durch die dicht bewaldeten Berge, bis die SS 54 bei Chiusaforte auf das breite Tal Canal del Ferro trifft. Reizvollstes Ziel ist im Sommer der Lago del Predil. Vom Nevea-Sattel fließt die *Slizza* (Gailitz) durch den Lago del Predil und an Tarvisio vorbei bis nach Österreich.

▶ **Cave del Predil** (früher: Miniera di Raibl): Die Bergwerkssiedlung nördlich des Lago di Predil besaß im Mittelalter die größten Blei- und Zinklager der nördöstlichen Alpen.

Ruinen der alten Bergwerksanlagen von Raibl

Seit 1991 sind die Bergwerksanlagen stillgelegt und zeigen sich als imposantes Industriedenkmal am Hang jenseits des Fiume Slizza. Seitdem hat sich die Einwohnerzahl von über zweitausend auf wenig mehr als vierhundert reduziert. Man sieht im Dorf viele triste Wohnblöcke, von denen der Putz blättert, aber neben der alten Kapelle steht auch eine ultramoderne Betonkirche. Das *Museo della Tradizione Mineraria* vermittelt die Geschichte der Bergwerke, zeigt die alten Maschinen und Gewinnungstechniken.

Öffnungszeiten/Preise **Museo della Tradizione Mineraria**, Di–Sa 10–18.30, So 10–13, 14–18.30 Uhr, Mo geschl. Eintritt ca. 2,60 €, Kinder 1,60 €. ✆ 0428/68257.

▸ **Über den Passo del Predil nach Slowenien**: Nördlich vom Lago del Predil zweigt eine Straße über den *Passo del Predil* (1156 m) ins nahe Slowenien ab und führt durch den malerischen Triglav-Nationalpark, einen der ältesten Naturparks Europas, ins Touristenzentrum Bovec. Mit *Gorni Log* jenseits der Grenze war Raibl früher durch einen 5 km langen Stollen verbunden, der unter dem Pass verlief und durch den die Bergleute früher zur Schicht ins Raibler Bergwerk fuhren.

In *Bovec* trifft man auf die Soča, die aus dem Nationalpark kommend parallel zur Grenze nach Süden verläuft und als *Isonzo* zwischen Monfalcone und Grado ins Meer mündet. Der Ort und seine Umgebung haben sich zu einem international bekannten Freizeitparadies für Aktivurlauber und Naturliebhaber entwickelt: Von Wildwassersport in der Soča über Bergwandern, Extremklettern, Karsthöhlenbesichtigung und Gleitschirmfliegen in unberührter Natur bis zur Besichtigung von Almen und Museen ist alles machbar. Vielfältig ist auch das Angebot an Unterkünften: Zahlreiche Hotels, Pensionen und schön gelegene Campingplätze stehen zur Wahl.

Tipp: Viele Information zum Triglav-Nationalpark, zu Bovec und zum Tal der Soča finden Sie in unserem Reiseführer **Slowenien** von Lore Marr-Bieger.

Lago del Predil (Raibler See)

Der tiefgrüne See ist knapp 1,5 km lang, etwa 500 m breit und bis zu 35 m tief. Er ist fast völlig von Wald umgeben und unbesiedelt. Ein fichtenbestandenes Inselchen, Teil eines zerstörten Moränenbogens, liegt pittoresk im Wasser.

In den Sommermonaten ist der See bei Windsurfern und Bootsfahrern beliebt, Schwimmer müssen dagegen abgehärtet sein, denn der Raibler See gehört zu den kältesten Gewässern der Alpen. Am Ufer findet man viele malerische Fleckchen, oft mit Sitzbänken, herrlich ist der Blick nordwärts auf die pittoresken *Cinque Punte* bzw. *Raibler Fünfspitz* (1900 m).

• *Essen & Trinken* **Chalet al Lago**, gemütliches Plätzchen mit Terrasse am Südende des Sees, hier dürfen auch Wohnmobile stehen.

• *Sport* **Pit Stop**, VDWS-Schule mit Bar, Kurse von Mitte Juni bis Mitte Sept. ✆ 339-5282532, ✆ 0428-40980.

Centro Nauti-Cave, kleines Wassersportzentrum, Verleih von Tretbooten, Kajaks, „Surfbikes" und Mountainbikes. ✆ 335-7886927.

Das Dorf der habgierigen Bewohner

Eine Legende erzählt von der Entstehung des Lago del Predil. In alten Zeiten lag an der Stelle, wo sich heute der See ausbreitet, ein großes und wohlhabendes Dorf. Seine Bewohner waren geizig und misstrauisch gegenüber Fremden. In einer eiskalten Winternacht, als alle in ihren Häusern um die Feuerstelle saßen, kam eine arme Frau mit einem kleinen Kind auf dem Arm ins Dorf. Verzweifelt und halb erfroren klopfte sie an alle Türen, doch niemand gewährte ihr Einlass. Schließlich sah sie ein kleines, ärmliches Haus, aus dem ein schwaches Licht leuchtete. Hier wurde ihr sofort geöffnet, die Familie empfing sie und ihr Kind wie alte Freunde und bot ihnen einen Platz am Feuer an. Da begann draußen unvermittelt ein heftiger Sturm, die Erde erbebte und große Wassermassen strömten in wilden Bächen von den Bergen herunter. Am nächsten Morgen war das ganze Dorf mitsamt seinen Bewohnern verschwunden, ein tiefer See hatte sich an der Stelle ausgebreitet. Nur das kleine, ärmliche Haus war auf einer Insel unversehrt geblieben. Die arme Frau und das Kind aber waren verschwunden – man erzählt seitdem, dass es die Muttergottes und das Jesuskind gewesen seien.

▸ **Sella Nevea**: einsam gelegenes Wintersportzentrum auf einer Passhöhe von 1162 m, es gibt mehrere große Hotelbauten und eine Seilbahn führt zum *Monte Canin* mit dem Rifugio Gilberti in 1850 m Höhe.

Nach Norden zweigt eine 5 km lange Straße zum *Altopiano di Montasio* unterhalb vom Massiv des Montasio ab, wo früher der berühmte „Montasio"-Käse erzeugt wurde (→ S. 50). Nur für wenige Wochen im Sommer bringen die Bauern ihr Vieh hinauf, ab Oktober wird die Alm nicht mehr bewirtschaftet.

In Richtung Chiusaforte schraubt sich die Straße in Serpentinen zum Canal del Ferro hinunter.

• *Anfahrt/Verbindungen* **Funivia del Monte Canin**, Mitte Juli bis Anfang Sept. und im Winter Mo–Sa 9–12.30, 13.30–16.45 Uhr, sonntags bis 18 Uhr. Hin u. zurück ca. 7,50 €, mit Holiday Card 6,50 €.

• *Übernachten* *** **Hotel Club Nevea**, Via Pesamosca 5, großes Wintersporthotel, DZ mit Frühstück ca. 70–100 € ✆ 0433/54140, ✆ 54115, www.hotelnevea.it

Rifugio Celso Gilberti, 40 Betten, zwei DZ und ein Vierbettzimmer. Pro Pers. ca. 12–22 €. Geöffnet, wenn die Funivia fährt. ✆ 0433/54015.

Der Norden des Friaul
Karte S. 74/75

Blick vom Gästehaus des Besucherzentrums

Parco Naturale Prealpi Giulie

Der Naturpark der Julischen Voralpen ist das zweitgrößte Schutzgebiet der Region Friaul-Julisch Venetien. Er erstreckt sich über die von Ost nach West verlaufenden Bergketten südlich des Val Resia. Besiedelt ist ausschließlich das Tal, so kann man hier lange Wanderungen in unberührter Natur unternehmen. Die frühere jahrhundertelange Isolation hat die Konservierung der alten Mundart slawischer Herkunft ermöglicht, die nun unter gesetzlichem Schutz steht.

Man erreicht den Naturpark durch das *Val Resia*, das bei Resiutta (→ S. 106) vom großen Haupttal Canal del Ferro abzweigt. Die etwa 1300 Bewohner leben in fünf Fraktionen: Prato, San Giorgio, Gniva, Oseacco und Stolvizza, dazu gibt es noch mehrere kleinere Ortschaften.

Hauptort ist *Prato di Resia*. Dort steht das Besucherzentrum des Naturparks, ein ehemaliges Hotel auf einem Aussichtspunkt über dem Wildbach Torrente Resia. Hier kann man herrliche Ausblicke auf die *Cime del Musi* im Süden und den *Monte Canin* (2587 m) im Osten genießen, letzterer schließt das Tal nach Slowenien hin ab. Schautafeln, Fotografien, Tiermodelle und geologische Funde informieren über das Schutzgebiet. Man kann einen Lehrpfad begehen, der das Zentrum mit dem darunter liegenden Fluss verbindet. Nach Voranmeldung ist es außerdem möglich, geführte Ausflüge im Park zu unternehmen.

Sehenswert ist weiterhin das *Museo degli Arrotini* in Stolvizza, das den alten Wanderberuf des Scherenschleifers darstellt. Die Schleifer waren auf Fahrrädern unterwegs, die gleichzeitig mobile Schleifmaschinen waren. Einige der alten Maschinen sind noch erhalten.

• *Information* **Pro Loco Resia**, ☏/℻ 0433/5335, www.resianet.org

• *Übernachten/Essen & Trinken* **Ente Parco Naturale Prealpi Giulie**, Piazza del

Tiglio 3, Prato di Resia. Das Gästehaus des Besucherzentrums besitzt 21 Betten, aufgeteilt in vier Zimmer (2/4/6/8 Betten), die den Tieren der Märchen aus Resia (Fuchs, Dachs und Eichhörnchen) gewidmet sind. Preis pro Tag/Pers. ca. 12 €, Kinder unter 10 Jahren und Schulen 6 €, inbegriffen ist Bettzeug. Wer in der Herberge wohnt, bekommt eine Karte, mit der er vergünstigt Frühstücken und Essen kann, jedoch sind die Möglichkeiten recht begrenzt. Ganzjährig geöffnet, im Sommer tägl. 9–13 Uhr und 14–17 Uhr. Anmeldung 48 Std. vor Ankunft erwünscht. ✆ 0433/53534, ℻ 53129, www.parcoprealpigiulie.org

Osteria alla Speranza, in San Giorgio (3 km von Prato di Resia), die einzige Osteria, die wir in der näheren Umgebung ausmachen konnten, dort ist man aber gut aufgehoben. ✆ 0433/53057.

Pugnetti Renzo, gute Bäckerei/Konditorei in San Giorgio.

Rundwanderung bei Prato di Resia

Schöner Panoramaweg rund um Prato di Resia, wobei man immer wieder auf den *Torrente Resia* trifft und dort auch genussvoll baden kann.

GPS-Wanderung **Dauer**: 2 Std.

Wegbeschreibung: Wir starten in Prato di Resia dort, wo der Fußpfad **Ponte Rop** auf die Straße trifft **(WP 1)** und gehen am Haus **Parco Naturale** vorbei in Richtung Crisaze. Am Ortsschild Origne **(WP 2)** nehmen wir rechts die kleine Panoramastraße, die uns einen wunderschönen Blick ins Resia-Tal gewährt. Bei der Abzweigung Martignilas halten wir uns wieder rechts **(WP 3)** und gehen immer die Straße entlang, die uns direkt in eine Art **Bauernhof** führt. Hier keine Bedenken wegen der Schilder, der Weg führt genau hindurch. Am Ende treffen wir auf eine **Gabelung (WP 4)**, an der ein kleiner **Waldpfad** abgeht (Markierung: Pfeile an einem Baum), der uns nach wenigen Metern in Richtung zum Fluss **Torrente Resia** führt **(WP 5)**. Bei der dortigen Abzweigung geht es wieder links **(WP 6)**. Wir treffen nun auf ein Schild (Nr. 9 Vivi Stolvizza), wo es zwei Möglichkeiten gibt: Links die große Runde „Ta Lipa Pot“ über Stol-

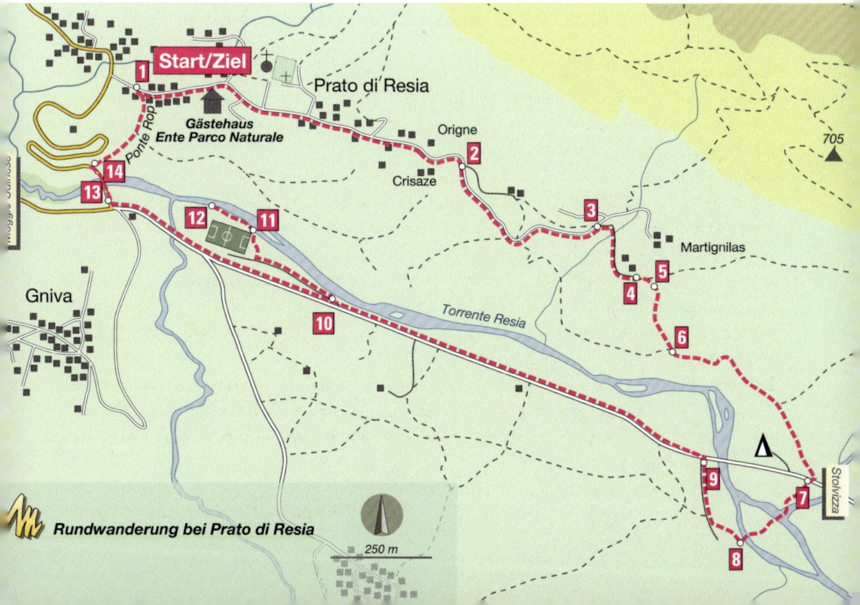

Rundwanderung bei Prato di Resia

vizza die Hauptstraße hinunter Richtung Zamlin (ca. 1,5 Std. länger als unsere Wanderung) oder rechts nach unten den **Percorso Circulare** über eine Wiese an Bienenstöcken vorbei zur Hauptstraße. Diesen Weg nehmen wir im Folgenden. An der Straße angekommen **(WP 7)**, halten wir uns rechts, um gleich wieder – kurz vor einem Campingplatz – links in einen Weg zu biegen, der uns einen Abstecher und eine Rast am Fluss ermöglicht. Danach überqueren wir das Wasser zwei Mal (Achtung, evtl. nasse Füße) und gehen am anderen Ufer rechts weiter auf einem Waldpfad, der von Zamlin kommt **(WP 8)**. Er führt uns über eine **Brücke (WP 9)** wieder zur Straße. Hinweis: Wer nasse Füße scheut oder gemütlich weiter wandern möchte, geht zurück zur Straße und läuft links bis zur Brücke, hier treffen beide Wege wieder aufeinander.

Im Folgenden gehen wir die Straße entlang, vorbei an einigen verlassenen Häusern und mit Blick rechts oben auf unseren Ausgangspunkt **Prato di Resia**. Wenn noch genügend Zeit zur Verfügung steht, kann man noch einen Badeaufenthalt am Torrente machen – vor allem mit Kindern sehr zu empfehlen. Wir zweigen von der Straße ab **(WP 10)**, gehen zum Sportgelände des **AS Resia (WP 11)** und dort rechts hinunter zum Fluss, dort gibt es reichliche Badeplätze **(WP 12)**.

Nach dem Spaß geht es zurück zur Straße und rechts oberhalb des Sportgeländes zur Abzweigung nach San Giorgio über die Brücke **(WP 13)**. Nochmals ein genussvoller Blick auf den Fluss, dann nach der Brücke rechts über Treppen den Pfad **Ponte Rop (WP 14)** hinauf nach **Prato di Resia**. Oben angekommen geht es rechts **(WP 1)** zum Ausgangspunkt zurück.

Wanderung zum Wasserfall Fontanone di Barman und über die Scharte „La Forchia" (1192 m) zum Rifugio Casera di Rio Nero (865 m)

Zunächst kleine Wanderung zum schönen Wasserfall Fontanone di Barman (mit Bademöglichkeit), dann steiler Aufstieg zum unbewirtschafteten Rifugio. Der

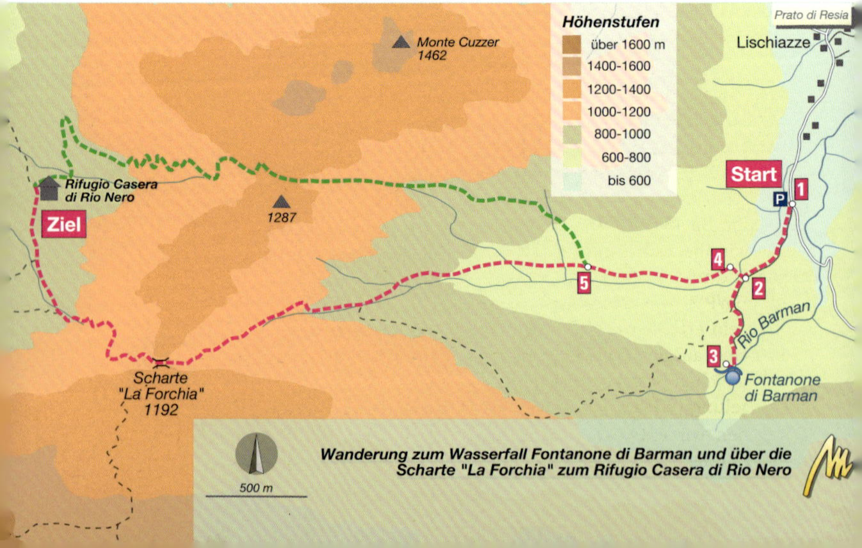

Höhenunterschied beträgt etwa 1000 m, Kondition ist dafür nötig. Der Zugang ist nur von Frühjahr bis Herbst möglich.

GPS-Wanderung **Dauer**: bis zum Wasserfall und zurück ca. 1 Std., bis zum Rifugio und zurück 3,5 Std., insgesamt ca. 4,5 Std.

Wegbeschreibung: Beginn der Wanderung ist ein **Parkplatz (WP 1)**, 500 m nach **Lischiazze**. Dort starten wir rechts in einen Waldweg, beschildert mit **CAI 703**. Er führt uns sehr angenehm durch den Wald bis zu einer **Weggabelung (WP 2)**. Wer zum Fontanone di Barman will, geht hier geradeaus weiter. Der ideale Tageszeitpunkt dafür ist die Mittagszeit, da die Sonneneinstrahlung im August den ganzen Wasserfall einnimmt. Der Weg führt weiter durch den Wald, bis er auf einen kleinen **Steinpfad** trifft. Der kleine Pfad, der durch einen Tunnel aus Sträuchern, Pflanzen führt, erinnert ein wenig an eine Dschungelwanderung, ist aber ohne Schwierigkeiten zu gehen. Nach etwa 30 Min. sind wir fast am Ziel, wir stoßen direkt auf den Wildbach **Rio Barman**. Wenn wir nun auf die andere Seite des Bachs blicken, sehen wir einen Felsen mit der Markierung 57/58 in Rot, hinter diesem Felsen müssen wir vorbei. Das heißt Bachüberquerung! Aber keine Angst, das geht relativ problemlos. Hinter dem Felsen vorbei ein Stück den Bach hinauf und nochmals eine Überquerung, links hinauf über die Felsen (natürlich immer an einer geeigneten Stelle) und wir sind fast da. Um den besten Blickwinkel zu haben, überqueren wir abermals den Bach und stehen dann direkt vor dem **Fontanone di Barman (WP 3)** – ein traumhafter Platz, wo man ein erfrischendes Bad nehmen kann. Nach ausgiebiger Pause geht es auf der gleichen Strecke zurück bis zur **Weggabelung (WP 2)**.

Hier gehen wir entweder zurück zum Parkplatz oder wir schließen noch die

Hübsches Plätzchen: der Fontanone di Barman

Wanderung zum Rifugio an. Zum Rifugio führt der **Wanderweg 703** rechts (vom Fontanone di Barman kommend natürlich links) über ein ausgetrocknetes „Flussbett" **(WP 4)** und dann links hinauf mitten durch einen Laubwald, bis wir nach ca. 30 Min. an eine **Gabelung (WP 5)** kommen. Wir können nun die schwierigere und anstrengendere Möglichkeit wählen, d. h. rechts den Wanderweg 707 über den Monte Cuzzer (1287 m). Oder wir nehmen geradeaus den **Wanderweg 703** über die Scharte La Forchia. Der letzte Teil des Wegs bis zur **Scharte** in 1192 m Höhe ist sehr steil, Kondition ist hier Voraussetzung. Oben angekommen, gelangt man in etwa einer halben Stunde zum immer geöffneten und unbewirtschafteten **Rifugio Casera di Rio Nero** (865 m).

Am Corso Vittorio Emanuele II in Pordenone

Die Mitte des Friaul

Südlich der hohen Gipfel und tiefen Täler von Karnien und Tarvisien läuft das Gebirge im üppig grünen Hügelland der Voralpen aus, bevor man unvermittelt die große friulanische Tiefebene erreicht, die sich bis zur Küste erstreckt.

Der breite Lauf des Flusses *Tagliamento* teilt die Region Friaul gleichsam in zwei Hälften. In seinem Einzugsgebiet liegen die berühmte Schinkenstadt *San Daniele del Friuli* und das malerische *Spilimbergo*, aber auch der Bade- und Windsurfersee *Lago di Cavazzo* und die sehenswerten Orte *Venzone* und *Gemona*, die durch die Erdbeben von 1976 schwer beschädigt, mittlerweile aber in vorbildlicher Weise wiederaufgebaut wurden.

Im östlichen Bereich um die schöne alte Stadt *Cividale del Friuli* sind die friulanischen Hügel wegen ihrer exzellenten Böden und der ausgezeichneten klimatischen Verhältnisse eine Domäne des Weinbaus – kaum ein Quadratmeter, der hier nicht für den Anbau von Reben verwendet wird. Einige der besten Weißweine Italiens werden in den *Colli Orientali del Friuli* und im sich östlich anschließenden *Collio* produziert, die Weinbaugebiete setzten sich auch noch weit nach Slowenien fort. Größte Stadt des Voralpengebiets ist *Udine*, das seit dem Mittelalter von den Patriarchen aus Aquileia als Residenzstadt auserkoren und später von den Venezianern prachtvoll ausgebaut wurde.

Westlich des Tagliamento zieht sich der große *Parco Naturale Dolomiti Friulane* mit seinen Zweitausendern weit nach Süden. Diese größte Naturpark des Friaul besticht durch seine herrlichen Panoramen und die große Einsamkeit abseits der gängigen Touristenrouten.

Der Westen

Die friulanische Westprovinz Pordenone, deren Ostgrenze das breite Bett des Flusses Tagliamento bildet, ist für viele Urlauber nur Durchgangsland, zumal sie keinen Zugang zum Meer besitzt. Mit dem Parco Naturale Dolomiti Friulane, den sie sich mit der Provinz Udine aufteilt, nennt sie allerdings eine Naturlandschaft höchster Qualität ihr Eigen.

Im Tiefland ist die autobahnnahe Provinzhauptstadt *Pordenone* mit ihren schönen venezianischen Palazzi einen Abstecher allemal wert. Idyllisch ist das historische Zentrum von *Sacile* und auch die in Sesto al Reghena gelegene Abtei *Santa Maria in Sylvis* könnte man besuchen. Von dort ist es dann nur noch ein Katzensprung über die Regionalgrenze ins venezianische *Portogruaro* und vielleicht über den Tagliamento weiter zur Küste mit der großen Ferienstadt Lignano.

Pordenone

(ca. 50.000 Einwohner)

Die Industriestadt am Noncello ist Stammsitz des bekannten Haushaltsgeräteherstellers Zanussi, dessen Elektroherde und Kühlschränke in vielen Einbauküchen zu finden sind. Die Altstadt ist sehenswert und besitzt einige ansehnliche Baudenkmäler, die venezianischen Einfluss verraten.

Schönster Straßenzug ist der gepflasterte und beiderseits von Arkaden gesäumte *Corso Vittorio Emanuele II*, genannt „Contrada Maggiore". Flankiert von zahlreichen Palästen aus Mittelalter und Renaissance führt er von der geschäftigen Piazza Cavour zu Palazzo Comunale und Dom. Viele Fassaden besitzen schöne Freskenmalereien, z. B. Nr. 21, 32 und 36. Eins der markantesten Gebäude ist der große *Palazzo Gregoris*, unweit vom Informationsbüro. Das Südende des Corso markiert der elegante gotische *Palazzo Comunale* mit spitzbogiger Loggia, zwei kleinen seitlichen Campanilen und vorgebautem Uhrturm, auf dessen Dach wie am Markusplatz in Venedig zwei Mohren die Glocke schlagen. Das 2005 restaurierte *Museo Civico d'Arte* im Palazzo Ricchieri gegenüber besitzt eine große Sammlung von Gemälden lokaler Künstler, darunter viele Werke von „Il Pordenone„ (→ Dom) und des Porträtmalers Michelangelo Grigoletti, außerdem Skulpturen und Holzschnitzarbeiten.

Architektonischer Blickfang: die Fassade des Palazzo Comunale

Benachbart steht der spätgotische, innen klassizistisch restaurierte Dom *San Marco* mit einem freistehenden, 79 m

Die Mitte des Friaul
Karte S. 116/117

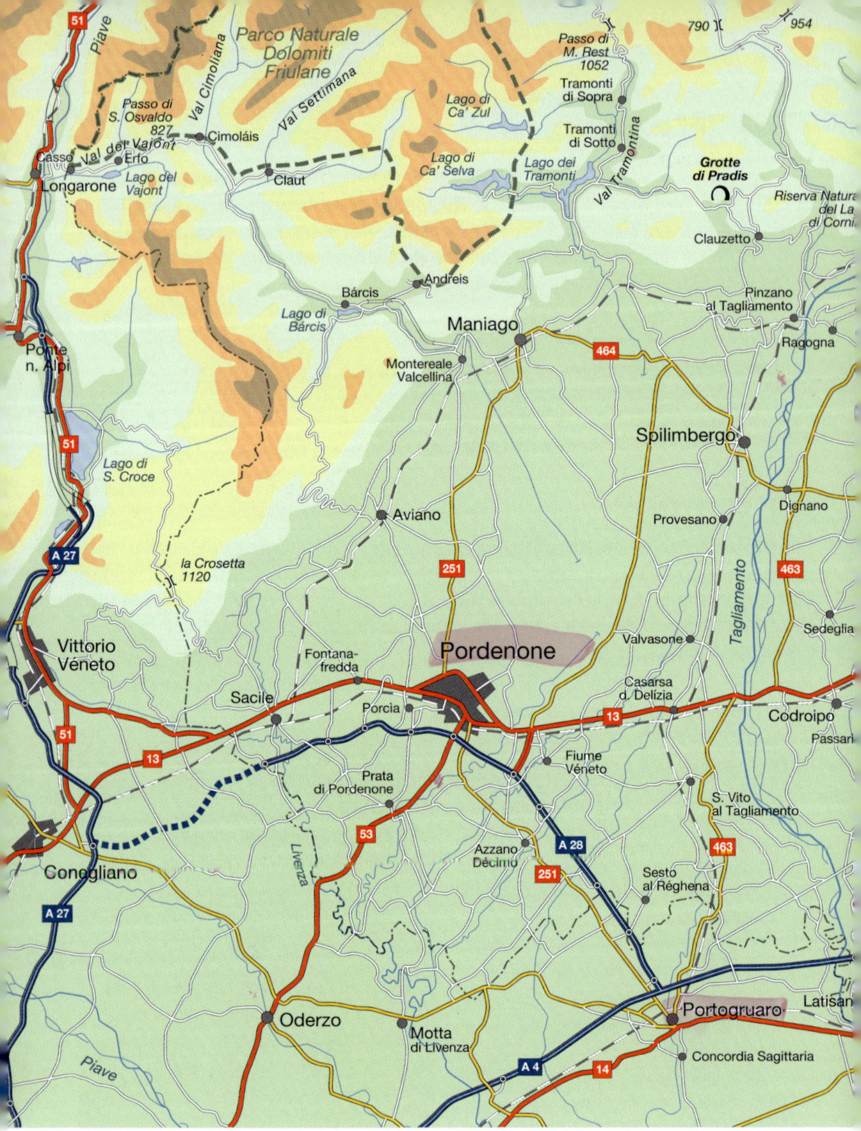

hohen, romanisch-gotischen Campanile, der zu den schönsten Italiens zählt. Die helle, einschiffige Kirche besitzt zahlreiche Kunstwerke, darunter am ersten Seitenaltar rechts das Gemälde „Madonna della Misericordia“ des einheimischen Malers Giovanni Antonio de'Sacchis (1483–1539), genannt „Il Pordenone“. Auch das unvollendete Bild hinter dem Altar stammt von ihm, ebenso einige der Fresken an den Vierungspfeilern, von denen das Porträt des Heiligen mit der Lanze ein Selbstbildnis des Malers sein soll. Am zweiten Altar links sieht man die „Pala di San

Die Mitte des Friaul

Girolamo" von Tintoretto, die Cappella Mantica wurde von Giovanni Maria Zaffoni ausgemalt, Taufbecken und Portal stammen von Pilacorte.

Über die Via Motta kann man zur nahen *Piazza della Motta* gehen, dort findet man das ehemalige Kloster *San Francesco* mit Kreuzgang und Fresken des 15. Jh., das unterhaltsame *Museo delle Scienze* mit zoologischen und ornithologischen Exponaten, Fossilien, Mineralien und allerlei mehr sowie das alte Schloss, das heute als Gefängnis dient.

Information/Öffnungszeiten

• *Information* **AIAT** am Corso Vittorio Emanuele II 38. Mai bis Sept. Mo–Fr 9–13, 15–18 Uhr, Okt. bis April 9–13, 15–17 Uhr. ✆ 0434/21912, ✆ 523814, www.turismo.fvg.it

• *Öffnungszeiten/Preise* **Museo Civico d'Arte**, Di–Sa 15–19, So 10–12.30, 15–19 Uhr, Mo geschl., Eintritt ca. 2 €.

Museo delle Scienze, Di–Sa 15.30–19.30, So 10–13, 15.30–19.30 Uhr (Juli/August auch 20.30–22.30 Uhr), Mo geschl., Eintritt ca. 1 €.

Übernachten

**** **Villa Ottoboni (2)**, Piazzetta Ottoboni 2, historische Villa aus dem 15. Jh. mit elegantem Salon, daneben ein großes Haus mit Garage und geräumigen, modern eingerichteten Zimmern. DZ mit Frühstück ca. 90–120 €. ✆ 0434/21967, ✆ 208148, www.villaottoboni.com

*** **Park Hotel (3)**, Via Mazzini 43, zwischen Bahnhof und Corso Vittorio Emanuele. Gut ausgestattete Zimmer, Parkplatz, Internetzugang. DZ mit Frühstück ca. 90–130 €. ✆ 0434/27901, ✆ 522353, www.bwparkhotel-pn.it

*** **Montereale (1)**, Via Montereale 18, renoviertes Haus ein wenig nördlich vom Zentrum, eigener Parkplatz, 23 Zimmer und 11 Miniapartments. DZ ca. 50–70 €. ✆/✆ 0434/551011.

• *Außerhalb* **** **Villa Luppis**, Rivarotte, 15 km südlich von Pordenone. Ehemaliges Kloster mit großem Park, gehobene Ausstattung, stilvolle Zimmer mit wertvollem Mobiliar und Antiquitäten, Gourmetrestaurant und Pool mit Fitnessstudio. Angeboten werden u. a. Weinverkostung, Kochkurse und Touren in die Umgebung. 29 Zimmer und 11 Suiten. DZ mit Frühstück ca. 170–220 €. ✆ 0434/626969, ✆ 626228, www.villaluppis.it

TIPP! **** **L'Ultimo Mulino**, Bannia di Fiume Veneto, 10 km südöstlich von Pordenone, romantische Oase in einer restaurierten Mühle am grünen Flüsschen, das Richtige für die Hochzeitsreise. DZ mit Frühstück ca. 130–160 €. ✆ 0434/626969, ✆ 958483, www.ultimomulino.com

Essen & Trinken/Sonstiges

La Vecia Osteria del Moro (5), Via Castello 2, Seitengasse des Corso Vittorio Emanuele. Schön restauriertes Lokal in einem ehemaligen Kloster, serviert werden hervorragende Weine und typische friulanische Gerichte mit Anleihen bei anderen Regionen. Menü um die 30 €. So und im August geschl. ✆ 0434/286558.

Morello alla ferrata (6), Viale Gorizia 5, gemütliche alte Osteria und Trattoria in einer überwölbten Gasse neben Caffè Municipio, Holzmobiliar, Kupfergeschirr und Keramik. Di geschl. ✆ 0434/20562.

Enoteca al Campanile (8), etwas versteckt beim Domplatz, nett zum draußen Sitzen, *frico con polenta, baccalà alla Vicentina* und Wein. Bis 1 Uhr nachts. Mo geschl. ✆ 0434/520628.

Da Zelina (9), Piazzetta San Marco 13, Pizzeria in einem der ältesten Häuser hinter dem Palazzo Comunale. Mo geschl. ✆ 0434/27290.

Dok dall'Ava (4), Piazza della Motta, große Prosciutteria der Gastronomiefamilie dall' Ava (→ San Daniele), Außen- und Innenplätze. ✆ 0434/20520, www.dallava.com

• *Cafés* **Caffè Municipio (7)**, Corso Vittorio Emanuele 56, seit 1870 das erste Café am Platz, gediegene Einrichtung mit Holztäfelung und Kronleuchtern, Straßenterrasse mit Blick auf den Palazzo Comunale.

Peratoner, Corso Vittorio Emanuele 22, üppig bestückte Pasticceria im Laubengang.

• *Sonstiges* Mittwoch und Samstag Vormittag **Markt** auf der Piazza della Motta.

Sacile

(ca. 18.000 Einwohner)

Die kleine Stadt westlich von Pordenone besitzt einen stimmungsvollen historischen Kern, der vom Fluss Livenza durchflossen wird.

Geht man vom halbrunden Hauptplatz ein Stück nach Westen, genießt man von einer Brücke (Tipp: Eisdiele „Il Gelato“) einen wahren Postkartenblick auf den Flusslauf

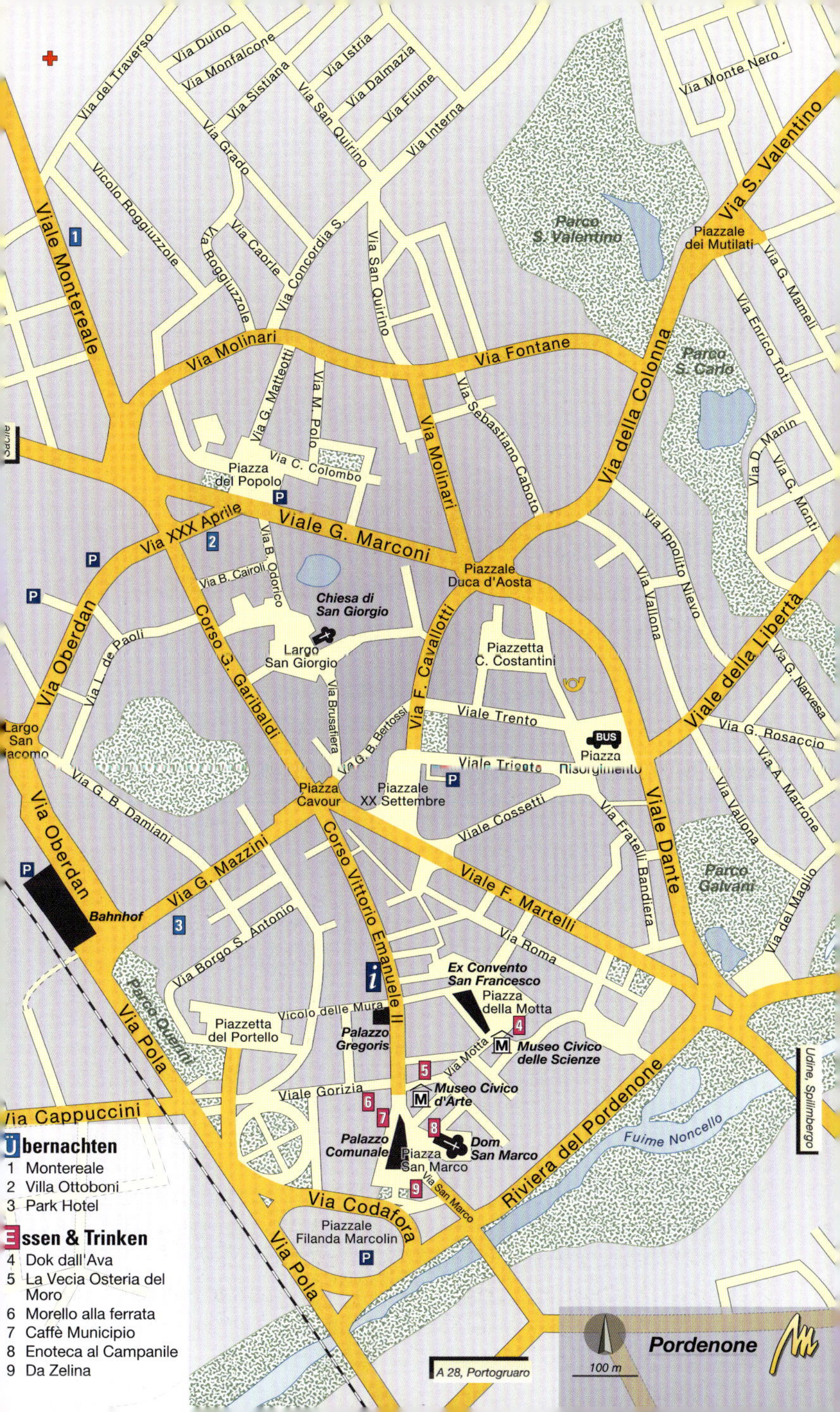
Via del Traverso
Via Duino
Via Monfalcone
Via Sistiana
Via Istria
Via Dalmazia
Via San Quirino
Via Fiume
Via Interna
Via Monte Nero
Via Grado
Vicolo Roggiuzzole
Viale Montereale
Via Roggiuzzole
Via Caorle
Via Concordia S.
Via San Quirino
Parco S. Valentino
Via S. Valentino
Piazzale dei Mutilati
Via G. Mameli
Via Enrico Toti
Parco S. Carlo
Via Molinari
Via Fontane
Via G. Matteotti
Via M. Polo
Via Sebastiano Caboto
Via Molinari
Via della Colonna
Via D. Manin
Via G. Monti
Via C. Colombo
Piazza del Popolo
Via XXX Aprile
Viale G. Marconi
Via B. Odorico
Via B. Cairoli
Piazzale Duca d'Aosta
Via Ippolito Nievo
Via Vallona
Chiesa di San Giorgio
Corso G. Garibaldi
Via Oberdan
Via L. de Paoli
Largo San Giorgio
Via F. Cavallotti
Piazzetta C. Costantini
Viale della Libertà
Via G. Narvesa
Via Brusafiera
Via G. B. Bertossi
Viale Trento
BUS
Piazza Risorgimento
Via G. Rosaccio
Largo San Giacomo
Via G. B. Damiani
Piazza Cavour
Piazzale XX Settembre
Viale Trieste
Via A. Marrone
Viale Cossetti
Via Fratelli Bandiera
Viale Dante
Via Vallona
Parco Galvani
Via del Maglio
Via Oberdan
Bahnhof
Via G. Mazzini
Corso Vittorio Emanuele II
Viale F. Martelli
Via Borgo S. Antonio
Via Roma
Ex Convento San Francesco
Parco Querini
Piazza della Motta
Piazzetta del Portello
Vicolo delle Mura
Palazzo Gregoris
Museo Civico delle Scienze
Via Motta
Via Pola
Udine, Spilimbergo
Viale Gorizia
Museo Civico d'Arte
Via Cappuccini
Riviera del Pordenone
Fiume Noncello
Palazzo Comunale
Piazza San Marco
Dom San Marco
Via San Marco
Via Codafora
Piazzale Filanda Marcolin
Via Pola
A 28, Portogruaro
100 m
Pordenone
Übernachten
1 Montereale
2 Villa Ottoboni
3 Park Hotel
Essen & Trinken
4 Dok dall'Ava
5 La Vecia Osteria del Moro
6 Morello alla ferrata
7 Caffè Municipio
8 Enoteca al Campanile
9 Da Zelina

Hübsches Fleckchen: das Oratorio della Pietà in Sacile

mit anmutigem Seegrasbewuchs und prächtigen Trauerweiden. Gleich dahinter erhebt sich der *Duomo di San Nicolò* aus dem 15. Jh. mit seinem schlanken Campanile. Die idyllische Kirchenpiazza ist umgeben von teilweise frisch restaurierten Palazzi, in der ruhigen Siestazeit der richtig Ort für ein zeitloses Viertelstündchen. Am Weg zwischen Hauptplatz und Dom steht außerdem das achteckige *Oratorio della Pietà* (18. Jh.) am Flussufer. Am letzten Sonntag im August findet in Sacile die *Sagra dei Osei* statt, einer der größten und ältesten Vogelmärkte im Land.

• *Übernachten* **** **Due Leoni**, Piazza del Popolo 24, elegantes Haus direkt am Hauptplatz. 60 komfortable Zimmer, z. T. mit schönem Blick auf den Fluss. DZ ca. 90–120 €. ✆ 0434/788111, ✆ 788112, www.hoteldueleoni.com

• *Essen & Trinken* **Cellini**, großes, überwachsenes Terrassenlokal in lauschiger Lage direkt am Fluss. Mo geschl. ✆ 0434/72868.

Sofi, Enoteca/Tavola Calda vis-à-vis vom Dom, Schinken, Wurst und Käse aus verschiedenen Regionen Italiens. ✆ 333-2555524.

In San Vito al Tagliamento, San Giovanni und Casarsa della Delizia am Fluss Tagliamento wuchs der Literat und Filmemacher **Pier Paolo Pasolini** auf, Näheres auf S. 149.

Südlich von Pordenone

▸ **Sesto al Reghena**: In diesem kleinen Örtchen südöstlich von Pordenone steht die eindrucksvolle ehemalige Benediktinerabtei *Santa Maria in Sylvis*, gegründet von den Langobarden im 8. Jh. Die wehrhafte Anlage mit ihrem weiten Hof und dem dahinter liegenden Park war einst von einer Mauer umgeben, erhalten ist davon nur noch der Torturm samt Graben. Bevor man die Kirche betritt, durchquert man eine ungewöhnlich tiefe Vorhalle. Die romanische Kirche selbst ist vollständig mit mittlerweile recht verblassten Fresken ausgemalt, bemerkenswert ist „Christus am Baum des Lebens" im südlichen Querschiff. In der Krypta unter dem erhöhten Chor steht der mit Reliefschnitzereien verzierte Marmorsarkophag der heiligen Anastasia.

Öffnungszeiten **Santa Maria in Sylvis**, tägl. 8–19 Uhr (im Sommer 12–14.30 Uhr geschl.), Eintritt frei.

Nur wenige Kilometer sind es von Sesto al Reghena ins schöne Portogruaro, das bereits in der Region Venetien liegt.

Auf der Piazza della Repubblica in Portogruaro

Portogruaro

(ca. 25.000 Einwohner)

Das ruhige historische Städtchen liegt nur etwa 30 km landeinwärts der Adria und bietet sich auch als Ziel für einen Ausflug aus der Badestadt Lignano (→ S. 188) an.

Ins Zentrum des ehemaligen Handelszentrums, das über Kanäle mit der Lagune von Venedig verbunden war, gelangt man durch eines der drei erhaltenen Tore der früheren Stadtbefestigung – *Porta San Gottardo, Porta San Giovanni* und *Porta Sant'Agnese*. Der sympathische Altstadtkern gruppiert sich um die beiden arkadengesäumten Hauptstraßen Via del Seminario und Corso Martiri della Libertà mit zahlreichen Palazzi aus Mittelalter und Renaissance. Zentrum des Corso Martiri della Libertà ist die palmenbestandene Piazza della Repubblica. Der gotische *Palazzo Municipale* bildet hier mit Schwalbenschwanz-Zinnen und Außentreppe einen malerischen Blickfang, daneben thront der mächtige *Dom* mit beachtlich schiefem Glockenturm. Wenige Schritte hinter dem Dom findet man ein besonders

Die Mitte des Friaul
Karte S. 116/117

malerisches Fleckchen am Flüsschen Lémene, das in mehreren Armen die Stadt durchzieht und nördlich von Cáorle in die Lagune mündet: eine Loggia mit dem hübschen, kleinen *Oratorio della Pescheria* – eine Kapelle, erbaut 1627 von Fischern aus Cáorle, die damit dem Fischreichtum von Fluss und Lagune Respekt zollten – und zwei alte Mühlen unter prächtigen Trauerweiden.

Einen Besuch wert ist schließlich das liebevoll gestaltete *Museo Archeologico Nazionale Concordiese* in einer dreischiffigen Basilika in der Via del Seminario 22. Hier sind hauptsächlich Funde aus der ehemaligen Römerstadt *Concordia Sagittaria* ausgestellt, die nur wenige Kilometer südlich liegt. Unter der dortigen Piazza liegen die großflächige Ausgrabung der frühchristlichen *Basilica Apostolorum* aus dem 4. Jh., als das Städtchen Bischofssitz war.

Öffnungszeiten/Preise **Museo Archeologico Nazionale Concordiese**, tägl. 9–20 Uhr, Eintritt ca. 2 €, unter 18 und über 65 J. frei; **Basilica Apostolorum**, tägl. 9–19 Uhr, Eintritt frei.

• *Information* Corso Martiri della Libertà 19, Mo–Fr 9–13, Sa 9–12 Uhr. ✆ 0421/73558, ℻ 72235.

• *Übernachten* *** **Antico Spessotto**, Via Roma 2/Ecke Via Garibaldi, zentrale Lage wenige Schritte vom Dom. Liebevoll gepflegtes Haus im venezianischen Jugendstil, bereits vor fast hundert Jahre eröffnet. Zimmer mit TV und Mini-Bar, gutes Restaurant (Mo geschl.) und Parkplatz. DZ mit Frühstück ca. 60–75 €. ✆ 0421/71040, ℻ 71053, www.hotelspessotto.com.

• *Essen & Trinken* **Tre Scalini**, neben der Fischerkapelle am Fluss (→ oben), Innenraum mit Kupfergeschirr hübsch dekoriert, anerkannt gute Küche. Etwas trinken kann man auch draußen unter einem Sonnenschirm, fast direkt am Flussufer. Di geschl. ✆ 0421/71318.

Antico Pozzo, schöne zentrale Lage am Hauptplatz, Pizzeria mit schattigen Außentischen, benannt nach dem benachbarten Brunnen. ✆ 0421/74953.

Osteria al Campanile, hübsche Osteria/Bar mit Holzbalkendecke hinter dem Dom, einige Plätze auch im Freien. Warme Küche nur mittags. Mo geschl. ✆ 0421/74997.

Enoteca ai Mulini, um die Ecke der „Osteria al Campanile", *cicchetti* (Appetithappen), *insalatone* und Pasta. So geschl. ✆ 0421/280161.

All'Ombra della Torre, kleine, mit viel Holz eingerichtete Trattoria „im Schatten" der Porta San Giovanni, hinten hinaus winzige Terrasse zu einem Kanal. Spezialisiert auf Nudelgerichte.

• *Shopping* Donnerstag ist **Markttag**.

▸ **Alvisopoli**: Östlich von Portogruaro verwandelte am Ende des 18. Jh. der venezianische Adlige Alvise Mocenigo ein malariaverseuchtes Sumpfgebiet in fruchtbares Ackerland. Im Park der *Villa Mocenigo*, die dem Architekten Baldassare Longhena zugeschrieben wird, hatte er exotische Pflanzen angesiedelt, Kanäle gezogen und Heckenwege angelegt. Heute ist der Park völlig verwildert und die typische Flora der Feuchtwälder hat sich verbreitet.

Über den Fluss und in die Wälder

In der Villa Mocenigo lebte die 19-jährige Adriana Ivancich, in die sich der 50-jährige Ernest Hemingway, der in vierter Ehe verheiratet war, Ende der vierziger Jahre verliebte. Sie inspirierte ihn zu dem autobiographischen Roman „Über den Fluss und in die Wälder" (Across the River and into the Trees), wo sie als Renata erscheint – eine zarte Liebesgeschichte zwischen einem todkranken Oberst und einer jungen Frau vor der morbiden Kulisse Venedigs.

Wenn man bei Latisana den Tagliamento überquert, kommt man wieder zurück ins Friaul und ist nach 15 km in der Badestadt Lignano (→ S. 188).

Nördlich von Pordenone

Maniago

(ca. 11.000 Einwohner)

„Città delle Coltellerie", Stadt der Messermacher, nennt sich stolz die geschäftige Kleinstadt am Fuß der Karnischen Voralpen. Mindestens seit dem 14. Jh., vielleicht aber schon seit der römischen Antike waren die nahen Eisenminen Voraussetzung für die intensive Entwicklung des Schmiedehandwerks, das die Zeiten überdauert hat. Noch heute produzieren hier zweihundert Betriebe und stellen den Großteil des landesweiten Bedarfs her, aber auch wertvolle handgefertigte Einzelstücke für Sammler, darunter Repliken historischer Stücke.

Touristisch ist Maniago dagegen eher Durchgangsstation. Attraktion ist sicherlich die zentrale *Piazza Italia*, einer der größten Plätze des Friaul und heute um ihren zentralen Brunnen weitgehend Fußgängerbereich, wo Kinder Frisbee spielen und Passanten entspannt bummeln können. Rundum reihen sich einige historische Palazzi, am auffallendsten sicherlich der *Palazzo d'Attimis-Maniago* mit seinem großen Löwenfresko von Pomponio Amalteo. In der dreiteiligen *Loggia Comunale* wurde einst Gericht gehalten. Versteckt steht in einer Passage an der rückwärtigen Platzseite der spätgotische *Duomo San Mauro* aus dem 15. Jh., der aber auf einen frühmittelalterlichen Bau zurückgeht. Er besitzt einen freistehenden Campanile und in der schlicht gehaltenen Fassade über dem spitzbogigen Eingangstorbereich dominiert eine filigrane Rosette. Der einschiffige Innenraum besitzt eine hölzerne Decke, mehrere Gemälde schmücken die Seitenfronten, darunter links ein Triptychon von de'Cramaris, in der Apsis sind Fresken von Pomponio Amalteo erhalten. Von der Piazza aus durch die Via Castello ist das 1511 bei einem Erdbeben zerstörte *Kastell* schnell zu erreichen.

Der Duomo San Mauro

Bis ins 18. Jh. stellten die Schmiedewerkstätten der Stadt den unerschöpflichen Bedarf an Waffen für die expansive venezianische Dogenrepublik sicher. Als dann 1796 Napoleon das Ende der Republik verkündete, verlegten sich die Schmiede auf die Fertigung von Haushalts- und Landwirtschaftwerkzeugen, wobei Messer und Scheren naturgemäß die wichtigste Rolle spielten. Die Schmiedewerkstätten lagen entlang des Flusses Colvera. Dort kann in einer ehemaligen Fabrik namens Coricama (= Coltellerie Riunite Caslino Maniago) an der Via dei Fabbri das *Museo dell'arte fabbrile e delle coltellerie* (Museum der Schmiedekunst und Messerfabriken) besichtigt werden, dass die Entwicklung der Messerherstellung von den Anfängen bis zur Fabrikkultur des 20. Jh. zeigt. Das *Museo Provinciale della Vita Contadina* thematisiert dagegen in einer ehemaligen Filanda (Seidenspinnerei) im nördlichen Stadtbereich (Via Colvera in Richtung Frisanco) die landwirtschaftliche Kultur der Region.

Öffnungszeiten **Museo dell'arte fabbrile e delle coltellerie**, Sa 16–18, So 10–12, 16–18 Uhr. Führungen unter ✆ 0427/707223. **Museo Provinciale della Vita Contadina**, Besichtigung nach Voranmeldung unter ✆ 0427/707223.

• *Information* **Pro Maniago Ufficio Turistico**, Via Umberto I 2, Anbau bei der städtischen Bibliothek in einer Passage an der Oberkante der Piazza Italia. 9–12, 15–19, So 9–12 Uhr, Mi geschl. ✆/📠 0427/730779, E-Mail: promaniago@libero.it

• *Übernachten* ** **Leon d'Oro**, Piazza Italia 2, solides Albergo direkt am Hauptplatz. ✆ 0427/71118.

TIPP! **Osteria Vecchia Maniago**, Via Castello 10, am Weg zum Kastell, wenige Meter von der Piazza Italia. Urige alte Schänke mit schwerer Holzbalkendecke, dahinter ein Kieshof, vorne ein Terrasse mit Weinfässern. Traditionelle Küche mit Schwergewicht auf Wildgerichten vom Grill, aber auch *risotto* und *frico*, dazu eine immense Auswahl von Weinen. Eine Osteria, die ihren historischen Ursprüngen treu geblieben ist. Di geschl. ✆ 0427/730583.

• *Shopping* Montags findet auf der Piazza Italia der große **Wochenmarkt** statt.

Consorzio Coltellinai, die ganze Palette der örtlichen Schmiedekunst findet man direkt an der Piazza Italia 9. ✆ 0427/71744, www.mkm.it

Südwestlich von Maniago liegt der kleine Ort **Aviano** mit einer großen Flugbasis der Nato. Von hier starteten während des Kosovo-Kriegs im Frühjahr 1999 die großen Kampfbomber nach Serbien, darunter auch deutsche Tornados. 80 Tage lang wurde die Republik Jugoslawien bombardiert.

Parco Naturale Dolomiti Friulane

Nördlich von Maniago liegt dieser größte friulanische Naturpark mit einer Reihe von majestätischen Zweitausendern und endlosen Waldgebieten, im Norden begrenzt vom oberen Tagliamento-Tal, im Westen vom Fluss Piave. Er ist 37.000 Hektar groß und völlig unbesiedelt, die wenigen Orte der Region liegen alle außerhalb der Parkgrenzen. So kann man kilometerweit wandern, ohne auf menschlichen Spuren zu stoßen. Die Hauptwege des Parks sind mit Holztafeln beschildert und auf den Broschüren des Parks gekennzeichnet. Gute Wanderkarten gibt es von Tabacco.

Von Maniago kann man das *Val Colvera* entlangfahren und kommt hinter Poffabro über eine schöne, aber langwierige Serpentinenstraße nach *Andrèis*. Schneller, aber dank dreier langer Tunnel ein wenig reizloser ist die Fahrt auf der SS 251 über Montereale. Über *Bárcis* am gleichnamigen Stausee folgt die Straße mit prächtigen Landschaftseindrücken dem *Val Cellina* mit dem gleichnamigen Wildbach (Torrente) am Südrand des Naturparks weiter nach *Claut* und *Cimolais*. Von dort ist es nicht mehr weit zum Staudamm von Vajont, der als Verursacher des „Vajont–Desasters" von 1963 in die Geschichte eingegangen ist (siehe unten).

▸ **Andrèis**: Das Dorf liegt auf einer grünen Terrasse im Schatten hoher Berge. Im ehemaligen Rathaus kann man das ethnografische *Museo della Civiltà Contadina* zur

Bauernkultur von Andreis besuchen. Das Besucherzentrum zeigt die ornithologische Ausstellung „L'Avifauna del Parco". Ein Vogelschutzgebiet mit so genannten „Vogelhäusern" liegt nordöstlich außerhalb um den Berg *San Daniele*, in den Volieren leben Wanderfalken, Turmfalken, Mäusebussarde, Waldkäuze, Sperber, Habichte und sogar Steinadler.

Besucherzentrum Okt. bis Mai So 15–18 Uhr, im August tägl. ✆ 0427/764416, 📠 877900.

▸ **Lago di Bárcis**: Der herrlich smaragdgrün schimmernde Stausee erstreckt sich wenige Kilometer westlich von Andrèis inmitten üppiger Waldzonen, dahinter ragt malerisch die Kette der Berge empor. Entstanden ist er in den fünfziger Jahren durch die Stauung des Wildbachs Cellina, der in einer pittoresken Felsklamm nach Montereale abfließt. Er kann zu Fuß oder mit dem Rad umrundet werden (Länge der Tour ca. 6 km), an der Seepromenade liegen Picknickzonen, im Sommer werden Kajaks verliehen.

• *Übernachten* *** **Celis**, in Bárcis direkt am See, Zimmer mit TV, wunderbarer Blick aufs Wasser, hübsche Speiseterrasse und Pool. In der Küche werden Produkte aus biologischem Anbau verwendet, Risotti, Wildgerichte und Forellen aus dem Fluss. ✆/📠 0427/76376, www.celis.it

▸ **Claut**: Das Wintersportzentrum liegt am Zusammenfluss der Cellina mit dem Wildbach Settimana vor der Kulisse mächtiger Zweitausender. Das *Museo Casa*

Clautana verwahrt alte Zeugnisse aus der Ortsgeschichte der lokalen Gemeinschaft und stellt das traditionelle Leben im Tal dar. 1994 wurden in der etwa 16 km entfernten *Località Casavento* über 200 Mio. Jahre alte Dinosaurierspuren entdeckt. Man erreicht sie im Rahmen einer mehrstündigen Wanderung ab *Lesis*, östlich von Claut. Das *Val Settimana* zieht sich entlang des gleichnamigen Wildbachs Richtung Norden tief in den Park hinein bis zum 26 km entfernten Rifugio Pussa. Die schöne Strecke führt über mehrere Brücken und kann mit dem Mountainbike befahren werden.

• *Übernachten* *** **Miramonti**, Via Bortolotto 21, Albergo mit Ristorante, geführte Radtouren werden veranstaltet. DZ mit Frühstück ca. 70 €. ✆ 0427/878029, 📠 878882, www.albergomiramonti.com

*** **Vittoria**, Piazza IV Novembre 5, DZ mit Frühstück ca. 55 €. ✆/📠 0427/878429.

Rifugio Pussa, ansprechendes Holzhaus mit Käserei in 930 m Höhe am Ende des Val Settimana, Mitte Juni bis Ende Sept. ✆ 0427/87050.

▸ **Cimolais**: Hier hat die Parkverwaltung ihren Sitz. Das Besucherzentrum hilft mit dem „Percorso didattico naturalistico", Fauna, Flora, Gesteine und Vegetation des Parks kennen zu lernen. Das gut 20 km lange *Val Cimoliana* kann mit dem Fahrzeug befahren werden, der letzte Parkplatz liegt in 1160 m Höhe. In 2173 m Höhe thront dort über dem Talschluss der *Campanile di Val Montanaia*, eine markante, 300 m hohe Felsnadel, entstanden durch alpine Erosion. 1902 wurde sie zum ersten Mal bestiegen, Freeclimber finden hier heute ein ideales Objekt. Der Zugang ist allerdings nur mit einer Klettertour zu erreichen und Alpinisten vorbehalten.

• *Parkverwaltung* Via Vittorio Emanuele 27, ✆ 0427/87333, 📠 877900, www.parcodolomitifriulane.it

• *Besucherzentrum* Sa/So 10.30–12.30, 15.30–18.30 Uhr, August tägl. ✆ 0427/87046, 📠 877900.

• *Übernachten/Essen & Trinken* ** **Margherita**, Via Roma 7, solides Stein-/Holzhaus mit 12 Zimmern und empfohlenem Restaurant (Mo geschl.). Seit fast 40 Jahren von Familie Protti geführt, gemütliche Atmosphäre. DZ mit Frühstück ca. 55–70 €. ✆/📠 0427/87060, E-Mail: francoprotti@libero.it

* **Duranno**, Largo Duranno 6, weiteres Albergo mit guter Küche im angeschlossenen Ristorante. ✆/📠 0427/87130.

Rifugio Pordenone, am Ende des Cimoliana-Tals in 1249 m Höhe, nur wenige Minuten vom letzten Parkplatz entfernt. Mitte Juni bis Ende Sept. ✆ 0427/87300.

Camping Bresin, hundert Stellplätze in der Località Bresin. Anfang Juni bis Ende Sept. ✆ 0434/565654, ✆ 335-5269762.

▸ **Val del Vajont**: Wenige Kilometer westlich von Cimolais kommt man zum *Passo di San Osvaldo* (827 m), kurz danach zum fast leeren Stausee *Lago del Vajont*. Nach längeren intensiven Regenfällen kam es hier am 9. Oktober 1963 zu einem spektakulären Erdrutsch von 270 Millionen Kubikmetern Erde und Gestein, über 1500 Menschen in Longarone und den umliegenden Ortschaften kamen dabei ums Leben. Verantwortlich für das schreckliche Desaster war die Errichtung eines Staudammes im instabilen Tal des Wildbachs Vajont – die Erdmassen stürzten in den Stausee, wodurch eine riesige Flutwelle entstand. Die Bogenstaumauer, damals mit 265 m eine der höchsten der Welt, hielt dem Wasserdruck nicht stand, die Flut ergoss sich über die Ufer und zerstörte die Dörfer am See völlig. Bis heute kann man die 2 km lange und 500 m hohe Abrisskante am *Monte Toc* (1921 m) im Gelände gut erkennen und das Vajont-Tal mit den Dörfern *Erto* und *Casso* ist noch immer von dem Ereignis gezeichnet. Erto wurde als Erto Vecchio wiederaufgebaut, das darüber liegende Erto Nuovo ist eine unschöne Ansammlung von Beton. Im Besucherzentrum kann man eine umfangreiche Dokumentation zur Katastrophe von Vajont besichtigen, darunter auch Filmmaterial.

Tipp: Man kann den See auf eindrucksvoller Strecke per Mountainbike umrunden: Zunächst fährt man von Erto auf der Staatsstraße in Richtung Longarone. 250 m nach der Abzweigung nach Casso (rechts) beginnt linker Hand eine Erdstraße, die südlich vom See nach *Pineda* führt. Am Ende des Tal zweigt man in *Marzana* zum See hinunter ab. Auf der anderen Seeseite führt eine Auffahrt dann wieder nach Erto zurück.

• *Besucherzentrum Erto* Via Pascoli 1, im ehemaligen Schulhaus des Dorfes. Sa/So 10–12, 14–18 Uhr, im August tägl. ✆ 0427/879246, ✆ 877900, www.erto.it

• *Übernachten/Essen & Trinken* **Ospitalità a Erto**, „Albergo diffuso" mit verstreut liegenden 4-Pers.-Apartments in Erto und Umgebung, je nach Saison ca. 40–100 €. ✆ 333-5237665, E-Mail: vacanze@erto.it

Gallo Cedrone, Via Roma 37, im restaurierten und vor wenigen Jahren wiedereröffneten Restaurant von Massimo Bernarda im alten Ortskern kann man leckere Gerichte im Wechsel der Jahreszeit versuchen, z. B. im Herbst Wildgerichte und gnocchi zucca di polenta. Auch Apartments werden vermietet. ✆ 339-5616728.

Mauro Corona: Künstler der Berge

Der Bildhauer, Bergsteiger und Schriftsteller Mauro Corona hat sein Atelier in der Via IX Ottobre, gegenüber der Pfarrkirche. Er ist einer der angesehensten Holzbildhauer Italiens, seine lebensgroßen Skulpturen sind höchst authentisch und lebensecht. Als Extrembergsteiger der Spitzenklasse entdeckte Corona außerdem 237 Routen, die einen Schwierigkeitsgrad von mindestens 6 aufweisen. In seinem Buch „Die Spur des Marders" (ISBN 3-570-50019-5) erzählt er aus dem Leben im Tal des Lago del Vajont vor der Katastrophe. Eine alte Frau hatte damals geweissagt, mit dem Bau des Staudamms würde Erto untergehen – und so kam es denn auch. In „Die Stimme des Waldes" (ISBN 3-570-50017-9) schildert Corona die Eigenschaften und Charakteristiken der Bäume seiner Heimat. Die Tiefenpsychologie deutet den Wald als Symbol für unser Unbewusstes. Corona versteht die Sprache der Bäume, er verwandelt sie – wie auch in seiner bildhauerischen Tätigkeit – literarisch in Figuren, die wie jeder Mensch ihren eigenen Charakter haben. Weitere Informationen unter www.dispersoneiboschi.it

Val Tramontina

Naturliebhabern sei neben dem Parco Naturale Dolomiti Friulane noch dieses lange und weitgehend einsame Tal nordwestlich von Maniago empfohlen. Die SS 552 verläuft entlang des Flusses Meduna mit dem Stausee *Lago dei Tramonti*, überquert den *Passo di Monte Rèst* (1060 m) und trifft bei Ampezzo auf das Obere Tagliamento-Tal (S. 90). Ein guter Standort im Tal ist der Campingplatz „Valtramontina" hinter *Tramonti di Sotto.*

• *Übernachten* **Camping Valtramontina**, das große, naturbelassene Gelände liegt direkt am Fluss, es gibt einen großen Picknickbereich, ein Restaurant mit Bar und einen Reitstall (nur Juli/August). Im Fluss kann gebadet und geangelt werden. Mai bis Sept. ✆ 0427/869004, www.camptramontina.it

Majestätische Weite: der Tagliamento südlich von Tolmezzo

Tal des Tagliamento und Umgebung

Der mächtige Flusslauf des Tagliamento ist die markanteste Landmarke von Friaul-Julisch Venetien. Er teilt die Region in eine West- und Osthälfte, bildet die Grenze zwischen den Provinzen Pordenone und Udine und stellt mit nur 170 km Länge eine Verbindung zwischen den Alpen und der Adria her, 2600 Höhenmeter werden dabei überwunden. „Re dei Fiumi Alpini", König der Alpenflüsse, wird der Tagliamento genannt.

Während die meisten europäischen Flüsse kanalisiert und begradigt wurden, sucht sich der Tagliamento wild und ungebändigt seinen Weg durchs Friaul. Bis zu 2 km ist sein Bett breit, das im Sommer nur von einzelnen Wasseradern durchflossen wird und aus großen Kiesbänken, Inseln, begrünten Ufern und Kleingewässern besteht. Ein Gefühl majestätischer Weite überkommt einen, wenn man den Fluss von einer der Brücken überblickt und die winzig-kleinen Badenden sieht, die es sich mit Sonnenschirmen auf den Schotter- und Sandflächen im Flussbett gemütlich machen. Ganz anders in Frühjahr und Herbst sowie nach lang andauernden, heftigen Regenfällen – dann kann der Pegel innerhalb weniger Stunden extrem ansteigen und die Wassermassen füllen das gesamte Bett aus.

Am schönsten ist der Tagliamento dort, wo er aus den Alpen heraustritt und sich in der Ebene ausbreitet. Gerade hier haben 1976 zwei verheerende Erdbeben schwerste Schäden verursacht (→ Kasten, S. 132). Die Städte *Venzone* und *Gemona* wurden dabei großteils zerstört, sind aber seitdem mustergültig wiederaufgebaut worden. Weitere interessante Ziele im Umkreis sind der malerische *Lago di Cavazzo* mit dem nahen „Schmetterlingsdorf" *Bordano*, die Schinkenstadt *San Daniele del Friuli* und das hübsche Städtchen *Spilimbergo*. Der Flusslauf selber bietet sich für erholsame Ruhepausen an, man kann stundenlang spazieren gehen, baden und sich dem eigenartigen Reiz seiner Landschaft hingeben.

Bedrohtes Naturparadies

Wissenschaftlern gilt der Tagliamento als wichtiges „Referenzökosystem" und als letzte große Wildfluss-Landschaft im ganzen Alpenraum. Seine Uferlandschaften blieben bisher – abgesehen vom südlichsten Abschnitt – von menschlichen Eingriffen nahezu verschont. Biologen sprechen z. B. von allein fünfzig verschiedenen Schmetterlingsarten, die hier den Uferauen leben – Indiz für eine unverbaute und ökologisch wertvolle Flusslandschaft. Am Beispiel des Tagliamento wird untersucht, wie sich ein natürlicher Flusslauf verhält, denn wegen der schweren Überschwemmungen der letzten Jahre in den Alpen und in Mitteldeutschland hat sich die Erkenntnis durchgesetzt, dass die eingesperrten Flüsse wieder mehr Platz brauchen und renaturiert werden müssen. Dem „betonierten" Schicksal seiner europäischen Flusskollegen ist der Tagliamento bisher wegen seiner Randlage im äußersten Nordosten Italiens nahe der früheren jugoslawischen Grenze entgangen. Hier wurde wenig investiert und vieles vernachlässigt. Doch die Osterweiterung der EU hat das Friaul näher an Westeuropa heranrücken lassen und manches in Bewegung gebracht – die Regionalregierung plant nun große Rückhaltebecken und andere Hochwasser-Schutzmassnahmen für den Tagliamento, die sein in Europa einzigartiges natürliches Gefüge zerstören würden. Der WWF und andere Umweltschutzorganisationen kämpfen gegen dieses Vorhaben und fordern die Einbeziehung der betroffenen Anwohner in die Planungen, diese sind zum großen Teil gegen das Regierungsprojekt.

Venzone

(ca. 2270 Einwohner)

Karte S. 116/117

Das malerische 3000-Einwohner-Städtchen am Tagliamento ist vollständig von einer imposanten mittelalterlichen Doppelmauer mit 14 Türmen und begrüntem Festungsgraben umgeben. Der weiße Kalkstein, aus dem das ganze Städtchen besteht, bietet einen eindrucksvollen und ungewöhnlichen Anblick.

Bereits 1965 war Venzone zum Nationaldenkmal ernannt worden, doch die Erdbeben von 1976 zerstörten die Altstadt völlig, kaum ein Haus blieb stehen. Auch die beiden großen Kirchen, die Brücken und fast alle Türme der Stadtmauer brachen in sich zusammen. Innerhalb von zehn Jahren wurde Venzone mit einer eigens dafür entwickelten Technik wieder detailgetreu aufgebaut, teilweise unter Verwendung des früheren Mauerwerks. 1995 konnte auch der 1338 geweihte gotische Dom *Sant'Andrea Apostolo* wieder zur Benutzung freigegeben werden. Im Inneren findet man Fresken des 14. Jh., eine Pietà der Salzburger Schule und ein großes, geschnitztes Holzkruzifix aus dem 15. Jh. Die Ruine der zweiten Hauptkirche *San Giovanni Battista* blieb dagegen als Mahnmal stehen.

Von den vier Stadttoren kommend, münden die gepflasterten Gassen auf die weite, offene Piazza Municipio mit dem gotischen *Palazzo Comunale* aus dem 14. Jh. und einigen Straßencafés, der Monte San Simeone auf der anderen Seite des Tagliamento bildet dazu eine reizvolle Kulisse. In der nach zwei Seiten offenen Loggia des Palazzo Comunale kann man eine Fotodokumentation zur Zerstörung und den Aufbauarbeiten betrachten, die schwere Holzdecke ist schön bemalt, im Hintergrund sind verblasste Fresken erhalten. Größte Sehenswürdigkeit am Ort ist das „Geheimnis der Mumifizierung“: In der Krypta der Rundkapelle *Sant'Michele* neben dem Dom sind fünf mumifizierte Leichname ausgestellt, deren Zersetzungsprozess durch parasitären Pilzbefall (wiss. Name: Hypha Bombicina Pers) verhindert wurde, die älteste ist „Il Gobbo“ (gestorben 1384), den 1807 bereits Napoleon höchstpersönlich begutachtete.

Das *Museo della Terra di Venzone* an der nördlichen Hauptgasse, Via Mistruzzi 4, zeigt anhand vieler Modelle, Vitrinen und Schautafeln die Entwicklung und Charakteristik des Waldes im nahen „Parco Naturale Prealpi Giulie“ (→ S. 110).

Öffnungszeiten **Le Mummie di Venzone**, Sommer 9–19, Winter 9–17 Uhr, Eintritt ca. 1,50 €. **Museo della Terra di Venzone**, Sa 14–18 Uhr, von Mai bis Okt. auch So 14–18 Uhr, sonst nach Vormerkung unter ✆ 0432/985865.

• *Anfahrt/Verbindungen* Parkplätze findet man an der östlichen Umgehungsstraße vor der Stadtmauer.

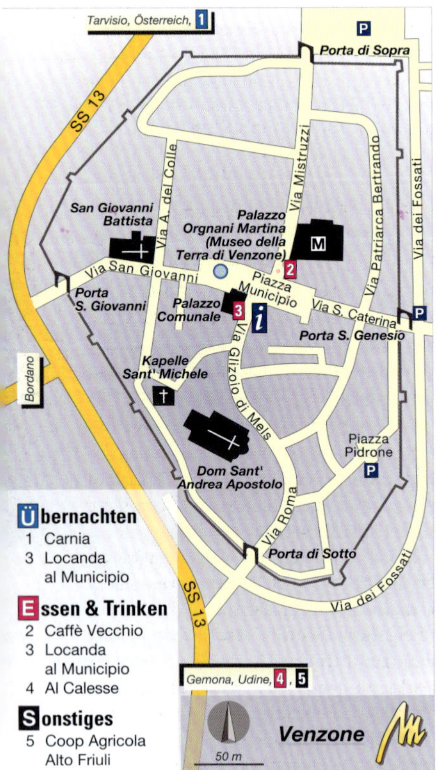

• *Information* **Pro Loco**, kleines Büro beim Hauptplatz, Via Glizoio di Mels 5/4, gegenüber der Locanda al Municipio. April bis Sept. Do 15–19, Fr–So 10–13, 15–19 Uhr. ✆/℻ 0432/985034, www.venzone.org

• *Übernachten/Essen & Trinken* *** **Carnia (1)**, Via Canal del Fero 28, direkt an der SS 13 nördlich von Venzone. Großes, modernes Haus mit bekannt guter Küche regionaler Prägung (Mo geschl.), beliebt bei Bikern. DZ mit Frühstück ca. 65–75 €. ✆ 0432/978013, ℻ 978187, www.hotelcarnia.it

Locanda al Municipio (3), Via Glizoi di Mels 4, bei der Piazza Municipio, gegenüber Infobüro. Das schlichte Gasthaus mit Innenhof bietet hervorragende lokale Küche, z. B. *frico di patate* und hausgemachte Pasta, dazu eine Reihe von Weinen aus dem Collio (Mo geschl). An den Wänden hängen Fotos von Filmen, die vor gut 40 Jahren gedreht wurden (ein guter Vergleich, wie das Bild von einst dem Venzone von heute wieder ähnelt). Einige Gästezimmer werden vermietet. ✆ 0432/985801.

Al Calesse (4), beliebte Rosticceria und Prosciutteria an der SS 13. Nett zum Sitzen und gute Auswahl an Fleischgerichten wie Roastbeef, *grigliata mista* u. Ä. Do geschl. ✆ 0432/985628.

TIPP! **Caffè Vecchio (2)**, Via Mistruzzi 2, Schmuckstück an der zentralen Piazza Municipio, vorne die Bar mit integrierter Lottoannahmestelle (!), herrlichem Kaffee und und prima Eis, hinten im Gewölbe der Speiseraum, dort gibt's z. B. leckere Nudelgerichte. Di geschl. ✆ 0432/985011.

• *Shopping* **Coop Agricola Alto Friuli (5)**, Via Pontebbana 5 (SS 13), wer Venzone

Hier lässt es sich aushalten: die große Piazza in Venzone

nach Süden verlässt, sollte auf der Straße nach Udine rechts bei der Käserei Halt machen. Dort kann man guten Montasio und einige andere Sorten kaufen und probieren, außerdem Wurstwaren und andere Köstlichkeiten der Region.

Gemona di Friuli

(ca. 11.000 Einwohner)

Der Hauptort im unteren Tagliamento-Tal liegt 30 km nördlich von Udine in steiler Hanglage am Fuß des Monte Cuarnan. Die beiden verheerenden Erdbeben von 1976 haben weite Teile der Stadt zerstört. In einer einzigartigen Gemeinschaftsleistung hat man sie wieder aufgebaut, darunter den berühmten Dom aus dem 14. Jh., dessen rechtes Schiff vollständig eingestürzt war.

Zentraler Platz der Oberstadt ist die Piazza del Municipio. Hier steht der *Palazzo Comunale* (auch: Palazzo Botòn) aus der Renaissance mit einer schönen Loggia und einem dreibogigen Fenster mit Balkon im ersten Stock. Von hier führt die schmale, mit glatten Quadern gepflasterte *Via Giuseppe Bini* hinüber zum Dom, unter den schattigen Arkadengängen findet man hübsche Antiquitätenläden. Vorbei am Palazzo Elti mit dem *Museo Civico* (Gemälde und Skulpturen des 15.–18. Jh.) kommt man am Aufgang zum Kastell vorbei, das seit dem Erdbeben noch nicht wieder aufgebaut ist. Freskenreste sind erkennbar an den Hausfassaden Nr. 32–38.

Am Ende der Straße erreicht man den Dom *Santa Maria Assunta* aus dem 14. Jh. mit seiner prachtvollen Fassade. Rechts steht eine 7 m hohe Christophorus-Statue mit Christuskind, über dem Portal sieht man eine gotische Galerie mit der Muttergottes und den Heiligen Drei Königen, darüber eine filigrane Rosette, die zu den schönsten ihrer Art zählt. Vis-à-vis erhebt sich der mächtige Campanile, der beim Erdbeben völlig eingestürzt war und mit altem und neuem Material Stein für Stein wieder aufgebaut wurde. Der mächtige dreischiffige Innenraum der Kirche hat seit dem Erdbeben eine leichte Schräglage, die in Erinnerung an das Beben beibehalten wurde. Rechts vom Eingang wird hinter Glas eine vergoldete Holzschnitzerei des

Karte S. 116/117

Erdbeben: Die Geißel des Friaul

Schon aus den Jahren 1390, 1511 und 1640 sind schwere Erdbeben aus dem Udiner Raum überliefert. Am Abend des 6. Mai 1976 war es wieder soweit: Nur eine einzige Minute bebte die Erde, doch die Schäden waren schrecklich. Das Epizentrum des Bebens mit Stärke 6,5 auf der Richter-Skala lag nördlich von Udine um die Städte Gemona und Venzone, die fast völlig dem Erdboden gleichgemacht wurden. Insgesamt wurden in 17 Gemeinden etwa 20.000 Wohnungen zerstört, mehr als 50.000 weitere schwer beschädigt, fast tausend Menschen starben, 110.000 wurden obdachlos. Am 15. September folgte ein heftiges Nachbeben und vollendete das Vernichtungswerk. Nach dem Erdbeben floss viel Geld in die Region, keine Ruine blieb stehen und kaum ein Haus ist hier heute älter als 30 Jahre. Wissenschaftler erklären die Erdstöße als Folge der Kontinentaldrift, d. h. des Zusammenstoßes der europäisch/asiatischen Kontinentalplatte mit der afrikanischen Scholle, die auf dem zähflüssigen Erdinneren schwimmen und im Mittelmeerraum aufeinandertreffen. Diese gewaltigen Kräfte waren einst auch verantwortlich für die Auffaltung der Alpen.

Venezianers Moranzone aus dem 14. Jh. mit Themen des Alten und Neuen Testaments verwahrt, einst schmückte sie den Hauptaltar. Die erste Seitenkapelle rechts zeigt ein Holzkreuz aus dem 15. Jh., das schwer beschädigt aus den Trümmern der Kirche gerettet werden konnte. Im Hauptschiff blieb die prächtige Orgel aus dem 18. Jh. erhalten. In der mit schönen Fresken verzierten *Cappella Feriale* im linken Schiff beschreiben Informationstafeln den Wiederaufbau des Doms.

Öffnungszeiten/Preise **Museo Civico**, nur So 11–12.30, 15.30–18.30 Uhr. Eintritt frei.

• *Anfahrt/Verbindungen* Die historische Oberstadt liegt mehr als 200 m über der Neustadt im Tal, kurvige Zufahrten führen hinauf, oben beschränkte Parkmöglichkeiten an der Piazza Garibaldi.

• *Information* **IAT**, Piazza del Municipio 5, zentrale Lage, schräg gegenüber vom Palazzo Comunale. Riesenauswahl an Prospekten zur ganzen Provinz Udine. Mo–Fr 9.30–12.30, 15.30–19, Sa 9.30–12, 16–19, So 16–19 Uhr. ✆ 0432/981441, www.gemona.fvg.it

• *Übernachten* *** **Willy**, Via Bariglaria 164, im Tal unten nördlich vom Bahnhof, an der Straße parallel zu den Gleisen. Gegründet vor über 30 Jahren von einem süditalienischen Gastarbeiter und seitdem von den Familienmitgliedern ausgebaut und erweitert. Heute ein großes, aufmerksam geführtes Hotel mit guter, bodenständiger Küche, man kann auch in der gemütlichen Bar essen. Zimmer großzügig und solide eingerichtet, viel Marmor und Granit, jeweils TV. Prächtiger Garten und Spielplatz, für die Größeren gibt es dort u. a. eine alte Dampflok, eine elektrische Lokomotive aus den 1930er Jahren und ein Flugzeug. DZ mit Frühstück ca. 75–85 €. ✆ 0432/981733, ℻ 980108, www.hotelwilly.com

** **Da Si-Si**, Via Piovega 15. im südlichen Ortsbereich. Kürzlich renoviertes Hotel mit modernen Zimmern, jeweils mit TV. Gutbürgerliches Restaurant mit hübscher Sommerterrasse, hinten Garten, eigener Parkplatz. DZ mit Frühstück ca. 55–60 €. ✆ 0432/981158, www.hotelsisi.it

Camping Ai Pioppi, seit 1958, schlauchförmiger Wiesenplatz, 1 km vom Zentrum entfernt (beschildert), keine Dauercamper. Am Eingang gemütliche Bar, wo sich abends die Männerwelt trifft. Mitte März bis Mitte Nov. ✆ 0432/981276, ℻ 980358, www.aipioppi.it

• *Essen & Trinken* **Al Falomo**, Via Cavour 13, an der Hauptgasse der Oberstadt zentral gelegene Trattoria/Pizzeria, normale Preise. Mi geschl. ✆ 0432/982995.

Al Fungo, Via Taboga 4, rustikales Gasthaus in der Unterstadt, große Bierauswahl, regionale Gerichte und Pizza. Mo geschl. ✆ 0432/980018.

▸ **Fortezza di Osoppo**: Osoppo liegt südwestlich von Gemona oberhalb vom breiten Bett des Tagliamento. Eine Fahrstraße führt auf den dicht bewaldeten Burgberg mit den Ruinen einer großen Festungsanlage, die in ihren Ursprüngen bis auf die Kelten zurückgeht. Ausgrabungen aus römischer Zeit sind in Form eines Tempels überdacht. Die heutige Fortezza wurde von den Venezianern erbaut und von Österreichern und Franzosen erweitert. Vor allem in den Risorgimento-Kriegen war sie heftig umkämpft, 1848 verteidigte sich hier eine Gruppe freiwilliger italienischer Kämpfer mehrere Monate lang gegen die österreichischen Truppen. 1923 wurde die Burg zum nationalen Denkmal ernannt. Erhalten sind weitläufige Mauern, Türme, Schützengräben und Kasematten, z. T. sind sie überwuchert und grasbewachsen. Nach Westen blickt man auf das ruhige Tagliamento-Tal hinab, von der anderen Seite dröhnt die Autobahn herauf.

• *Öffnungszeiten* tägl. 8–17, im Sommer 8–20 Uhr, Eintritt frei. Mehrmals im Sommer finden auf der Fortezza mittelalterliche Feste mit Bewirtung statt. Führungen (auch auf Deutsch) gibt es Mai bis Sept. jeweils sonntags. Auskünfte bei „Alla scoperta della fortezza", Via Divisione Julia 1, ✆/℻ 0432/974161.

Lago di Cavazzo

Der idyllische, von dichtem Grün umgebene See liegt nordwestlich von Gemona auf der anderen Seite des Tagliamento. Auf dem Weg zur Küste bietet er sich als Stop-Over an.

Der Lago di Cavazzo ist der größte See im Friaul, er besitzt eine Fläche von 1,2 qkm, ist 2,2 km lang und bis 36 m tief. Zwar wird der nördlichste Zipfel von der Autobahn auf malerisch anzusehenden Stelzen überquert, doch das stört am Südende des Sees nicht, wo der eigentliche Bade- und Erholungsbetrieb stattfindet. Es gibt dort einen Bootsverleih, mehrere Lokale, einen Kiesstrand mit glasklarem, aber eiskaltem Wasser und einen schönen Uferbereich zum Spazierengehen. An

Windsurfer am Lago di Cavazzo

Die Mitte des Friaul
Karte S. 116/117

windreichen Tagen treffen sich bereits frühmorgens die Windsurfprofis der Region. Zwei Campingplätze liegen am südlichen Westufer.

• *Übernachten/Essen & Trinken* **Al Lagho**, Hotel mit Restaurant auf der Landzunge am südlichen Seeende, genau beim Parkplatz am Seeufer. Im Restaurant ein schöner Fogolar (Feuerstelle), draußen geräumige Terrasse, Spezialität ist Meeresfisch. ✆ 0432/979233, ℻ 979388.

Alla Terrazza, Ristorante/Albergo direkt am Abzweig von der östlichen Uferstraße nach Bordano. Es duftet köstlich und auf der idyllischen Terrasse speist man wunderbar, wenn auch leicht vom Verkehr beeinträchtigt. Die Zimmer im Obergeschoss sind dagegen klein und schlicht, besitzen TV und Nasszelle. DZ mit kleinem Frühstück ca. 48 €. ✆/℻ 0432/979139.

La Darsena al Bunker 2, am südlichen Ostufer, leger-gemütliches Pizzalokal, vorne die Bar, in der sich abends die Jugend trifft. Am Wochenende bedient Monia, die hervorragend Deutsch spricht. ✆ 0432/979092.

Zwei Campingplätze liegen nebeneinander am Westufer des Sees (Ende April bis Ende Sept.):

Camping Lago Tre Comuni, größerer, sonniger Wiesenplatz mit wenigen Bäumen, an dem man wegen fast fehlender Beschilderung leicht vorbeifährt. Moderne, sehr saubere Sanitäranlagen, große Bar, Laden, freundliches Personal. ✆ 0432/979525, ℻ 486421, www.campinglagodeitrecomuni.com

Camping Val del Lago, kleinerer Platz mit reichlich Baumschatten. Geführt vom netten Ehepaar Stefanutti, ebenfalls sanitär sehr gut, wenn auch etwas wenig Duschmöglichkeiten. ✆ 0432/979164, ℻ 979455.

Bordano (ca. 800 Einwohner)

In dem kleinen Dorf zwischen Lago di Cavazzo und Venzone dreht sich alles um Schmetterlinge, denn mit der Casa delle Farfalle gibt es im südlichen Ortsbereich eine große Attraktion, die vor allem für Familien ein beliebtes Ausflugsziel darstellt. Der Standort des „Schmetterlingshauses" wurde nicht von ungefähr gewählt, denn die Region des Tagliamento ist bekannt für ihre zahlreichen Schmetterlingsarten. Zahlreiche Künstler haben das zum Anlass genommen, die Hausfassaden im Ort mit fantasievollen Motiven zu bemalen. Bei einem Bummel entdeckt man immer wieder neue Kreationen, nicht nur Schmetterlinge.

In der Casa delle Farfalle leben Tausende der exotischen Farbflügler in einer tropischen Pflanzenwelt, die man auf einem Rundgang durch drei Hallen bewundern kann. Auf 2000 qm können hier sämtliche Lebensphasen von über 400 Schmetterlingsarten aus aller Welt beobachtet werden. In den drei großen Glashäusern hat man das natürliche Habitat von Regenwäldern mit exotischen, bunt blühenden Pflanzen erzeugt. Vier Zonen werden so dargestellt: Afrika, Indien, Australien und das Amazonasbecken. Daneben gibt es noch weitere, frei lebende Tiere wie Vögel, Chamäleons, Fische und Insekten. Im Eingangsbereich ist die gut bestückte Touristinformation untergebracht, draußen lädt ein großer, überdachter Bereich mit Tischen und Bänken zum Picknick ein.

• *Öffnungszeiten/Preise* **Casa delle Farfalle**, März und Okt. tägl. 9.30–12.30, 14–16 Uhr, April bis Sept. tägl. 9.30–12, 14–17.30 Uhr, Eintritt ca. 6,50 €, 4,50 € für Kinder von 4–12 J. und Senioren über 65 J. ✆ 0432/988049, www.casaperlefarfalle.it

▶ **Monte San Simeone** (1505 m): An der Straße von Bordano nach Interneppo biegen wir ungefähr an der Hälfte der Strecke nach rechts in eine schmale Straße ein (zu erkennen an den drei Schautafeln). Sie führt uns in Serpentinen auf das Plateau unterhalb des *Monte San Simeone* mit der *Chiesa di San Simeone* in 1239 m Höhe. Das Sträßchen ist mit seinen Kehrtunneln ca. 11 km lang, bis zum Plateau kann man mit dem

Die Welt der Schmetterlinge: farbenprächtige Wandmalereien in Bordano

Un giorno Dio si chino' sul mondo e inizio' a tagliar via un pezzetto

Auto fahren (Vorsicht: In den Kehren und Tunnels Hupe benutzen, da sehr schmal!) oder mit dem Mountainbike. Man kann aber auch zu Fuß gehen, der rot-weiß gekennzeichnete Weg, der die einzelnen Spitzkehren miteinander verbindet, führt dabei steil nach oben. Bis zum Plateau muss man (je nach Parkmöglichkeit) etwa 800 Höhenmeter zurücklegen. Aber egal für welche Variante man sich entscheidet, oben öffnet sich ein atemberaubender Blick auf das Tagliamento-Tal und die friulanische Ebene. Auf dem Plateau führt links ein kleiner Pfad zur *Chiesa di San Simeone* (ein Schild weist den Weg). Man kann aber auch in 1,5 Std. auf dem Sentiero 839 auf den 300 m höher gelegenen Monte San Simeone wandern, der einen zusätzlichen Ausblick auf die Julischen und Karnischen Alpen ermöglicht, oder auf den *Monte Festa* (1065 m) mit Befestigungen aus dem Ersten Weltkrieg (1 Std. 15 Min., Sentiero 838). Wem dies alles zu steil und anstrengend erscheint, der hat die Möglichkeit, weiter unten (gekennzeichnet) den „Sentiero delle Farfalle" (Schmetterlingspfad) bzw. „Sentiero Entomologico" zu begehen. Zehn Schilder, die entlang des Weges stehen, ermöglichen einen Einblick in die Welt der zarten Insekten, denn über 100 Tagschmetterlingsarten und etwa 550 Nachtschmetterlingsarten leben hier (Wegverlauf siehe Website der Casa di Farfalle).

Wanderkarte **Tabacco** Blatt 020, Giulie del Gemonese (1:25000).

Gedenken in Avasinis: Kriegsverbrechen im Friaul

Wenige Kilometer westlich von Gemona liegt das kleine Dorf *Avasinis*, heute Ortsteil des benachbarten Städtchens Trasaghis, noch in den letzten Tages des Zweiten Weltkriegs Schauplatz eines Blutbads der SS. Als die deutschen Truppen in Italien am 28. April 1945 kapitulierten, glaubten alle im Dorf, der Krieg wäre endlich vorbei. Doch am 1. Mai waren noch Männer der 1. Kompanie der SS-Karstwehr im Tagliamento-Tal auf dem Rückzug nach Norden. Sie wurden von Partisanen angegriffen und in Schusswechsel verwickelt. Daraufhin marschierten sie nach Avasinis, holten alle Bewohner aus den Häusern, derer sie habhaft werden konnten, und erschossen sie. Die Alten und Kranken, die sich nicht herausbewegen konnten, wurden an Ort und Stelle getötet. 51 Zivilisten wurden an diesem Tag von den SS-Männern ermordet, darunter Frauen, die vorher vergewaltigt wurden, sowie fünf Kinder. Über ein halbes Jahrhundert blieben die Täter unbehelligt, erst 1997 eröffnete die deutsche Justiz ein Verfahren. Die Spur führte nach Pottenstein in der Fränkischen Schweiz (Bayern), wo die SS-Karstwehr zur Partisanenbekämpfung gedrillt worden war. Diese „Elitetruppe" war an zahlreichen Kriegsverbrechen beteiligt. Bisher hat man über hundert Karstsoldaten ausfindig gemacht (darunter auch italienische Staatsangehörige, hauptsächlich aus Südtirol und dem istrischen Teil Friauls). die aber bislang alles abstreiten. Eine Gedenkstätte für die Ermordeten liegt hinter der großen Dorfkirche von Avasinis. Alljährlich am 2. Mai wird hier der Toten gedacht, eine Schweigemarsch mit Überlebenden des Massakers und ehemaligen Partisanen an der Spitze zieht durch das Dorf. Das wachsende Interesse der deutschen Medien an dem bislang nahezu unbekannten Massenmord wird in Avasinis positiv vermerkt. An eine Verurteilung der Täter glaubt aber fast niemand mehr.

▸ **Von Trasaghis nach Süden**: Die Fahrt auf der schmalen Straße direkt am rechten (westlichen) Ufer des Tagliamento entlang ist ganz besonders reizvoll. Es gibt hier gute Möglichkeiten, ins breite Flussbett zu gelangen, sich auf den großen, trocken liegenden Kiesflächen zu sonnen und zu baden. In *Cornino* kann man wieder auf die andere Flussseite wechseln, wo die Hauptstraßen nach Gemona und Udine verlaufen. Oder man fährt über Forgaria in die Berge zu den Grotten von Pradis (→ S. 143).

Riserva Naturale del Lago di Cornino

Der idyllische Lago di Cornino ist Zentrum eines kleinen Naturparks bei Cornino, nicht weit vom Tagliamento.

Mit einem gemütlichen Spaziergang von etwa 1,5 km Länge kann man sich den glasklaren See erschließen und dabei die Farbenvielfalt von Türkis bis Smaragdgrün bewundern. Auch zum gemütlichen Picknick lädt der Lago ein und mit Ruhe und Geduld lassen sich sogar Gänsegeier und Uhus beobachten, die hier seit Ende der achtziger Jahre von Dr. Fulvio Genero heimisch gemacht wurden. In ganz Europa sind die Bestände an *Gänsegeiern* stark zurückgegangen, die hiesige Population umfasst derzeit 60 bis 100 Tiere und wird von Jahr zu Jahr größer, da immer mehr durchziehende Einzelvögel den Weg hierher finden oder von Vogelliebhabern gebracht werden. Die Gänsegeierpaare brüten in den Felswänden der Umgebung, ein großer Futterplatz wurde eingerichtet.

▸ **Spaziergang um den Lago di Cornino**: Von Cornino kommend geht es nach etwa 1 km links zum Parkplatz direkt am Lago (gekennzeichnet durch eine Schautafel). Hier gehen wir eine kleine Treppe hinunter zum See. Da das rechte Ufer von hier aus nicht direkt begehbar ist, müssen wir rechts einen unscheinbaren Steinweg zur Straße hinauf, der uns zu einer Infotafel über den Naturpark bringt. Dort gehen wir die Straße entlang, bis wir zu einem Pfad gelangen, der uns wieder zum Lago hinunterführt. Hier treffen wir auf einen wunderschönen Aussichtspunkt, von dem aus wir das gesamte Areal überblicken können. Weiter geht es durch ein kleines Felsenlabyrinth zurück zum Ausgangspunkt. Dabei können unterwegs immer wieder Abstecher zum Ufer gemacht werden.

Öffnungszeiten **Centro Visite Progetto Grifone**, Sa/So 9–18 Uhr, im Winter 9–17 Uhr. ✆ 0427/808526, www.lagodicornino.it

• *Übernachten* **Albergo diffuso Forgaria Monte Prat**, nördlich von Forgaria nel Friuli kann man im Gebiet der hoch gelegenen Ebenen des Monte Prat in alten Steinhäusern mitten in der Natur der Voralpen übernachten. Kontaktadresse: Case per Vacance, Piazza Tre Martiri 4, Forgaria nel Friuli. ✆ 0427/809091, ℻ 809610, www.monteprat.it

San Daniele del Friuli

(ca. 8000 Einwohner)

Hier dreht sich alles um „prosciutto". Die berühmte Schinkenstadt des Friaul liegt etwa 27 km nordwestlich von Udine, wenige Kilometer östlich vom Tagliamento. Die kalte Luft aus Carnia im Norden mischt sich hier mit den warmen Strömungen von der Adria, was für den Reifungsprozess des Prosciutto ideal ist. Daneben hat San Daniele aber auch eine wirkliche Top-Sehenswürdigkeit zu bieten, denn in der Kirche Sant'Antonio Abate ist ein einzigartiger Freskenzyklus des Künstlers Pellegrino da San Daniele (1476-1547) erhalten, der zu den bedeutendsten im Friaul gehört.

Insgesamt gesehen ist das Hügelstädtchen keine spektakuläre Schönheit - auch San Daniele wurde durch die Erdbeben von 1976 schwer mitgenommen. Doch sind es hier nicht die architektonischen Feinheiten, sondern die kulinarischen, um die es geht. In den Gassenzügen um die zentrale Piazza mit dem Dom bietet jedes Lokal

Schinken bis zum Abwinken – statt Pizzerien gibt es hier „prosciutterie“, in denen man das ganze Jahr über den San-Daniele-Schinken verkosten kann. Die großen Fabrikhallen für die Schinkenproduktion liegen hauptsächlich an der Ausfallstraße nach Süden. Mehr als zwei Dutzend Betriebe, die alle Mitglied der Schutzgenossenschaft „Consorzio del Prosciutto di San Daniele“ sind, produzieren alljährlich gut zwei Millionen Keulen – mindestens dreizehn Monate müssen sie reifen, bis sie das begehrte Siegel „San-Daniele DOP“ erhalten und in alle Welt exportiert werden. Der Duft des San-Daniele-Schinkens hat Haselnussnuancen, er schmeckt süßlich und besitzt einen ausgeprägten, aromatischen Nachgeschmack. Das Räuchern von Schinken – wie es in Sàuris üblich ist (→ S. 93) –lehnt man in San Daniele ab.

Kulinarische Kostbarkeit: Der Schinken von San Daniele

Der San-Daniele-Schinken gehört zu den bedeutendsten kulinarischen Produkten Italiens und hat 1996 die geschützte Ursprungsbezeichnung DOP (Denominazione di Origine Protetta) erhalten. Markiert werden die Keulen mit einem Feuerzeichen, das ein stilisiertes Bild von einem Schinken darstellt, in der Mitte steht die Abkürzung SD, umkreist von der Aufschrift „Prosciutto di San Daniele“, der Nummernkodex des Herstellers ist ebenfalls enthalten. Für die Herstellung gelten strenge Regeln. Als Rohmaterial werden nur frische Schweinekeulen verwendet, die Verwendung der Keulen von Zuchtebern und Sauen ist verboten. Die Tiere stammen aus einer von elf autorisierten Regionen Nord- und Mittelitaliens (von Piemont bis Molise) und müssen dort gezüchtet werden, dabei dürfen sie nach exakten Vorgaben nur mit Molke und Getreide gefüttert werden. Das Gewicht jedes Tieres darf nicht unter 160 kg liegen und es darf erst geschlachtet werden, wenn es neun Monate alt ist. Innerhalb von fünf Tagen nach dem Schlachten müssen die Keulen verarbeitet werden. Die Arbeitsgänge bestehen aus Abkühlen, Beschnitt, Salzen (mit Meersalz), Pressung (dadurch verteilen sich die mageren und die fetten Anteile des Fleisches gleichmäßig), Ruhephase, Waschung, Trocknung und Reifung. Bei letzterer werden die Schinken in großen Räumen mit engen, langen Fenstern in Nord-Süd-Richtung vertikal aufgehängt, um die richtige Belüftung zu gewährleisten. Das Gewicht einer frischen Keule darf nicht unter 11 kg liegen, das Endteil (der Fuß) wird beibehalten. Konservierungsmittel dürfen nicht verwendet werden. Nach Ende der Reifezeit werden die Keulen gründlich untersucht, bevor sie für den Handel zugelassen werden, die Konsistenz des Fleisches wird dabei mit einer aus Pferdeknochen geschnitzten Nadel geprüft.

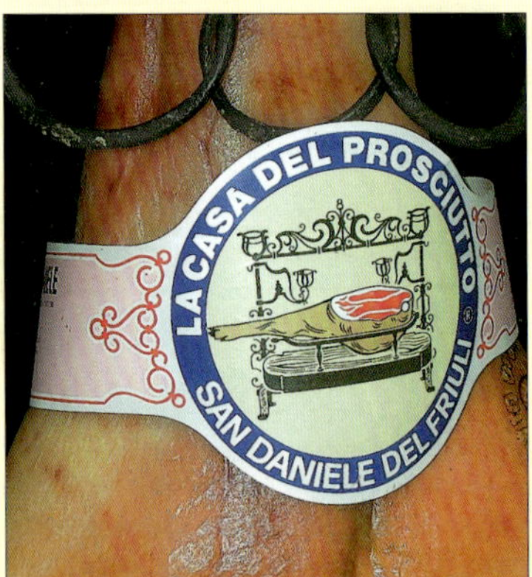

• *Information* **Ufficio Turistico**, in der Loggia, Via Roma 3. Mo–Sa 9.30–12.30, So 10.30–12.30 Uhr. ✆/℻ 0432/ 940765, www.infosandaniele.com

• *Übernachten* *** **Alla Torre (4)**, Via del Lago 1, gepflegtes Haus ganz zentral beim Hauptplatz. DZ mit Frühstück ca. 100 €. ✆/℻ 0432/954562, www.hotelallatorre.com

*** **Al Friul (11)**, Via Garibaldi 35, kleiner Stadtpalazzo mit Laubengang und urigem Restaurant, schräg gegenüber der Kirche Sant'Antonio. Etwas günstiger als das Torre. ✆ 0432/957162.

• *Essen & Trinken* Den San-Daniele-Schinken genießt man zum Aperitif am frühen Abend gerne zu einem trockenen Weißwein, z. B. einem klassischen (Tocai) Friulano. Generell sollte man ihn ohne Beilagen, höchstens zu Salat, etwas Brot oder ein paar Grissini zu sich nehmen, damit sich Geschmack und Aroma voll entfalten können.

TIPP! **Enoteca La Trappola (8)**, Via Cairoli 2, beliebtes Weinlokal, seit 1929 in einem schmalen Gässchen beim Dom versteckt, altehrwürdiges, von einer Säule gestütztes

Hier geht's zur nächsten Prosciutteria

Gewölbe. Gute Weine und leckere Tagesgerichte, die man auch an ein paar Plätzen im Freien kosten kann. ✆ 0432/942090.

Alle Vecchie Carceri (12), Via Guarnerio d'Artegna 25, bei der kleinen Kirche Santa Maria della Fratta (→ Sehenswertes). Nette Trattoria mit gemütlichem Innenhof, typische Friaul-Gerichte, Menü um die 26–35 €. So-Abend und Mo geschl. ✆ 0432/942256.

La Tavernaccia (7), Via Umberto I 18, gepflegtes und mit Liebe eingerichtetes Lokal, warme Küche, San-Daniele-Schinken und guter offener Wein. Mo geschl. ✆ 0432/941694.

Berkel: Die Kunst des Schinkenschneidens

In den meisten Lokalen wird der San-Daniele-Schinken noch kunstgerecht auf alten, meist leuchtend rot lackierten Berkel–Maschinen geschnitten. Erfunden wurden sie vom Engländer Berkel, gefertigt seit 1898 in Rotterdam. „Berkel" gilt als der Ferrari unter der Aufschnittmaschinen, erhältlich sind sie nur noch auf Antiquitätenmärkten.

L'Osteria di Tancredi (9), Via Monte Sabotino 10, Seitengasse der Via Garibaldi. Frisch renoviertes Weinlokal in einem alten Palazzo, hervorragende Weinauswahl, dazu San-Daniele-Schinken und friulanische Spezialitäten. Mi geschl. ✆ 0432/941594.

Casa del Prosciutto (10), Via Ciconi 24, der Traditionsbetrieb serviert Schinkengerichte aus eigener Schlachtung, dazu gibt es offene Weine, angeboten werden außerdem Süßspeisen wie Gubana und Strudel. Di geschl. ✆ 0432/957422.

Antico Caffè Toran (5), ganz zentral am Hauptplatz, gediegenes Café mit warmer Küche, vor dem Haus Terrasse, schön zum Schauen. ✆ 0432/957544.

Antica Osteria Al Ponte (3), Via Tagliamento 13, unterhalb vom Stadthügel. Beliebte Trattoria mit schön überdachtem Garten. Fleisch vom Grill, *orzo e fagioli*, hausgemachte Nudeln. Mo und Di geschl. ✆ 0432/954909.

Aria di Festa: Schinken für alle

Das größte Schinkenfest der Welt findet alljährlich am letzten Juniwochenende statt (Fr–Mo). Alle großen Hersteller haben Verkaufs- und Degustationsstände im Stadtzentrum, viele tausend Besucher sitzen an langen Tischen und verkosten die hauchdünn aufgeschnittenen Scheiben, dazu friulanische Weine, Montasio-Käse und andere Produkte der Region, dazu gibt es Musik und Unterhaltung. Geparkt wird außerhalb, von dort fahren Shuttlebusse ins Zentrum. Auch die großen Produktionshallen in der Ebene südlich der Stadt sind für Führungen geöffnet, sie werden ebenfalls mit Bussen angefahren.

Kontakt Auskünfte erteilt das „Consorzio del Prosciutto di San Daniele", Via Andreuzzi 8, ✆ 0432/957515, ℻ 940187, www.prosciuttosandaniele.it

Dom und Loggia in San Daniele

Da Catine (1), sympathische Trattoria etwas südlich außerhalb im winzigen Örtchen Aonedis am Tagliamento, neben leckeren Fleischgerichten und Schinken gibt es auch viel Vegetarisches. Mo-Abend und Di geschl. ✆ 0432/956585.

• *Shopping* Ein Schinkenbein (ca. 11–13 kg) kostet je nach Lagerdauer (13–30 Mon.) um die 200–250 €.

Bottega del Prosciutto (6), unterhalb vom Dom, reich bestückter Laden mit Schinken und vielen anderen kulinarischen Kostbarkeiten, geführt vom rührigen Levi Gregoris. ✆ 0432/957043, www.bottegadelprosciutto.com

Dok dall'Ava (2), Via Gemona 29, an der Durchgangsstraße nördlich unterhalb vom Hügelzentrum, bei der Abzweigung zum See von Ragogna. Großes Schinkenzentrum, wo man im angeschlossenen Lokal speisen und natürlich den *prosciutto* auch kaufen kann. Di geschl. ✆ 0432/940280, www.dallava.com

Sehenswertes: Der mächtige weiße *Duomo di San Michele* mit seinem freistehenden Campanile wurde im 18. Jh. im Stil Palladios klassizistisch umgestaltet. Über dem Hauptportal thront die Skulptur des Erzengels Michael mit zwei weiteren Engeln, über den Nebentoren sieht man die vier Propheten. Innen gibt es ein Taufbecken von 1510.

Rechts neben dem Dom steht das alte Rathaus mit großer *Loggia* und der berühmten *Civica Biblioteca Guarneriana*, der ältesten Bibliothek im Friaul, in der eine Sammlung mittelalterlicher Miniatur-Kodices zu bewundern ist. Wenn man die Straße weiter hügelan geht, kommt man rechter Hand gegenüber vom Glockenturm durch eine schmale Gasse zur kleinen Kirche *Santa Maria della Fratta* mit einem filigranen Portal, die heute allerdings fast leer ist.

Das *Museo Civico del Territorio* steht an der Via Udine, etwas außerhalb vom Zentrum, und bewahrt Kunstwerke aus verschiedenen Bauten der Stadt, die vom Erdbeben verschont blieben.

Öffnungszeiten **Biblioteca Guarneriana**, Di & Fr 9–12, 15–18 Uhr; **Museo Civico del Territorio**, Di–Sa 9.30–12.30 Uhr.

Sant'Antonio Abate : Sixtinische Kapelle des Friaul

Die Kirche *Sant'Antonio Abate* aus dem 14. Jh. steht an der von einem Laubengang flankierten Via Garibaldi, die linker Hand vom Dom beginnt. Im nahezu leeren Innenraum („Sixtinische Kapelle des Friaul“) kommen die farbenprächtigen Fresken der Apsis hervorragend zur Geltung, an denen Pellegrino da San Daniele (eigentlich Martino da Udine) von 1497 bis 1522 arbeitete. Er zeigt sich darin von berühmten Malern seiner Zeit wie Raffael, Michelangelo und Giorgione, aber auch von Pordenone und vor allem von Gianfrancesco da Tolmezzo beeinflusst (→ S. 25, 91 u. 147).

An der Rückwand der Apsis sieht man eine dramatische Kreuzigung, wobei vor allem die beiden Schächer dramatisch und lebensecht dargestellt sind, während der Christus eher starr und konventionell wirkt. In den Lünetten darüber thronen die Kirchenväter, die in Farbigkeit und Ausdruck durchaus bereits an die Sixtinische Kapelle erinnern.

An den Seiten des Chors sind Begebenheiten aus dem Leben Christi verarbeitet: links „Fußwaschung Petri“, rechts „Christus in der Vorhölle“, in den Lünetten darüber Szenen aus dem Leben des Kirchenpatrons: links „Versuchung und Tod des heiligen Antonius“, rechts „Der heilige Antonius erweckt ein Kind vom Tod“.

Die Triumphbogenwand zeigt sich als manieristisch anmutende Mischung aus Bildräumen, Landschaftsausblicken, Scheinarchitekturen und lebensecht gemalten Menschen: links oben „Anbetung der Hirten“, darunter Heilige und Engel mit einer illusionistisch gemalten Nische, rechts oben „Die Anbetung der Könige“, darunter die wunderbar lebensecht dargestellten Heiligen Sebastian und Rochus mit dem in der Mitte auf seinen Stock gestützten Propheten Hiob, wiederum darunter die Heiligen Jacobus und Leonhard, auch hier mit einer gemalten Nische.

Die in ganz anderem Stil gemalten Fresken an den Seitenwänden stammen wenn überhaupt, wohl nur teilweise von Pellegrino, auch Vitale da Bologna und andere haben daran mitgewirkt. Die voluminösen Figuren erinnern ein wenig an Michelangelo.

San Daniele/Umgebung

In der Umgebung von San Daniele stehen mehrere Burgen, z. B. die Ruinen des *Castello di Ragogna* über dem Tagliamento, die prächtige *Villa Colloredo di Susans* mit vier markanten Ecktürmen sowie in Richtung Fagagna das malerische *Castello d'Arcano*.

▸ **Lago di Ragogna**: Der Weiher unmittelbar nördlich von San Daniele ist von dichtem Grün umgeben, an mehreren Stellen führen Fahrpisten bis zum Ufer. Mit einem Schlauchboot könnte man sich hier ein schönes Stündchen machen.

▸ **Fagagna und Villalta**: In Fagagna kann man sonntags die *Cjase Cocèl* besuchen. Das alte Bauernhaus wurde in eine Museumswerkstatt umgebaut, die das traditionelle Leben der friulanischen Bauernfamilien darstellt.

Das *Castello di Villalta* thront auf einem Hügel über Villalta. Die stolz ummauerte Burg mit Türmen, Zugbrückentor und Schwalbenschwanz-Zinnen war eine der Stammburgen des alten friulanischen Adels, wurde deshalb wiederholt von den Venezianern zerstört, aber immer wieder aufgebaut. Die heutige Bausubstanz stammt weitgehend aus dem 16. Jh. und wurde sorgfältig restauriert, besonders eindrucksvoll ist der große Rittersaal.

• *Öffnungszeiten/Preise* **Cjase Cocèl**, Via Lisignana 40, Fagagna, April bis Nov. nur sonntags 15.30– 19 Uhr (Sommer) bzw. 14.30–18 Uhr (Frühling und Herbst). Eintritt ca. 2 €. ✆ 0432/801887.

Schloss Villalta kann auf Anfrage besichtigt werden, ✆ 0432/800171.

• *Übernachten/Essen & Trinken* *** **Alle Crosere**, Via Spilimbergo 202, Fagagna, 10 km südöstlich von San Daniele. Hotel mit 11 Zimmern und Restaurant (Di geschl.). ✆ 0432/800107, ℻ 810291.

Agriturismo Casale Cjanor, Via Casali Lini 9, Fagagna. Familie Missana führt den hübsch gestalteten, rustikalen Hof, wo man Fleisch, Olivenöl und Gemüse aus eigener Herstellung kosten kann. Es gibt einige ordentliche Zimmer mit schönen Holzdecken, das Restaurant ist Fr, Sa und So geöffnet. ✆ 0432/801810, www.csalecjanor.com

Al Castello, ebenfalls in Fagagna, Via San Bartolomeo 18. Mit Liebe geführter Familienbetrieb in einem schön restaurierten Landhaus, innen gehobene Behaglichkeit mit viel Holz, draußen eine offene Terrasse. Sehr leckere regionale Küche, Wachtel, Hirsch- und Lammbraten gehören zu den Spezialitäten. Menü ca. 30 € aufwärts. Mo geschl. ✆ 0432/800185, www.ristorantealcastello.com

Nicht weit ist es von hier zu den Schlössern von **Colloredo di Monte Albano** und **Cassacco** (→ Udine, S. 157).

Le Grotte Verde di Pradis

Das Höhlensystem mit bizarren Auswaschungen und Tropfsteinen liegt im Kalkmassiv einer engen Wildbachschlucht bei Pradis di Sotto, nordwestlich von San Daniele. Die langwierige Anfahrt führt vom Tagliamento-Tal über Forgaria nel Friuli oder Ragogna bis Clauzetto und weiter nach Pradis di Sotto.

Zunächst besichtigt man die *Grotta della Madonna*, einen lang gestreckten, in diffuses grünes Licht getauchten Höhlenraum, in dem eine Statue der Madonna steht. Bereits seit 1968 wird hier am 24. Dezember die Weihnachtsmesse gelesen. Im Anschluss steigt man eine Treppe von 207 Stufen hinunter zu einer schmalen Brücke, auf der man die enge Kluft des Wildbachs Cosa überquert. Wenn man auf der anderen Seite nach rechts geht, erreicht man mehrere schlauchförmige Höhlen, die von den gewaltigen Wassermassen bizarr verformt wurden. Wenn man von der Brücke nach links geht, kommt man zu einem Aussichtspunkt, von dem man einen Wasserfall sieht.

In den Grotten wurden vorgeschichtliche Funde gemacht, die die Anwesenheit des Menschen schon seit ältesten Zeiten bezeugen. Sie erbeuteten wilde Tiere wie z. B. den „Ursus Speleus", eine Bärenart, die hier in der Umgebung weit verbreitet war. Von dieser Gattung wurden zahlreiche Überreste gefunden. Im Ort oben wurde eigens ein Museum errichtet, wo diese und viele andere Fundstücke der Ausgrabungen besichtigt werden können.

Öffnungszeiten/Preise **Grotten** Juli/August Mo–Sa 10–18, So 10–19 Uhr, Eintritt ca. 2 €; **Museum** 15–18, So 11–18 Uhr, Eintritt ca. 1,60 €. Bei den Grotten ist dann eine Imbissbar geöffnet.

Val Tramontina und **Parco Naturale Dolomiti Friulane** → S. 124

Spilimbergo

(ca. 11.000 Einwohner)

Die kleine Stadt auf einer Terrasse oberhalb des Tagliamento-Tals besitzt ein kompaktes und hübsches Zentrum. Der kieselgepflasterte Corso Roma zieht sich als Fußgängerzone quer durch die Altstadt, flankiert von Arkadengängen und farbenfrohen Hausfassaden. Samstags findet hier der Markt statt. Einige stilvolle Osterie laden zum Einkehren ein.

Die Fußgängerzone führt nach Osten durch die *Torre Orientale* zum rasenbestandenen Domplatz mit der mächtigen Kirche, die dem Platz ihre lange Sei-

Der Dom Santa Maria Maggiore in der Abendsonne

tenfront zuwendet, zum gegenüberliegenden *Palazzo della Loggia della Macia*, einst Sitz der Stadtverwaltung, und zum Zollpalast *Casa del Daziario*. Der gotische Dom *Santa Maria Maggiore* aus dem 13. Jh. gehört zweifellos zu den eindrucksvollsten im Friaul. Er besitzt drei asymmetrische Schiffe, die *Porta Moresca* an der Platzseite ist ein besonders schön gestaltetes Reliefportal, die Westfassade besitzt sieben eigentümliche Rosetten. Die schmalen Fenster lassen nur wenig Licht ins düstere, von freskenverzierten Säulen getragene Innere. Die Apsis ist vollständig mit gut erhaltenen Fresken der Schule des Vitale da Bologna (14./15. Jh.) ausgemalt, thematisiert sind Szenen des Alten und Neuen Testaments. In der Krypta mit Kreuzgewölbe ruht der Sarkophag des Grafen Walpertoldo. Besonders bemerkenswert ist außerdem die Orgel aus dem 15. Jh., deren Bildwerke von Pordenone stammen.

Ein Gläschen Wein ist immer dabei

Eine Brücke führt über den Burggraben in den Innenhof des *Kastells*, das lange dem Kärntner Adelsgeschlecht Spengemberch gehörte, woraus sich der Stadtname ableitet. Es besteht aus mehreren aneinandergebauten Palazzi, von denen vor allem der *Palazzo Dipinto* (Bemalter Palast) mit seinen farbenfrohen Fassadenfresken aus dem 15. Jh. auffällt. Nach Süden hin ist der Komplex offen, dieser Gebäudeteil brannte 1511 ab.

Karte S. 116/117

Spilimbergo, Stadt der Mosaiken

Weltweit gefragt ist die 1922 gegründete Scuola Mosaicisti del Friuli (Schule der Mosaikkünstler von Spilimbergo). Ihre Werke findet man auf dem Foro Italico in Rom ebenso wie in Lourdes, Jerusalem oder Japan und sogar in New York in der neuen U-Bahnstation „Ground Zero" ist ein 36 m langes Mosaik aus Spilimbergo vertreten. Die Kunst der Mosaikmacherei geht auf die großen römischen und byzantinischen Vorbilder im nordöstlichen Oberitalien zurück, wie sie sich in Aquileia und Ravenna eindrucksvoll manifestiert haben. Ehemalige Absolventen der Schule haben in den letzten Jahrzehnten zahlreiche Werkstätten im In- und Ausland gegründet, so dass sich die Tradition der Spilimbergo-Schule weiter fortsetzt.

Scuola Mosaicisti, Via Corridoni 6 (nördlich der Altstadt). ✆ 0427/2077, 3903, www.scuolamosaicistifriuli.it

• *Information* **Ufficio Promozione Turistica**, im Kastell, links neben dem Palazzo Dipinto. Mo–Sa 9–12.30, 15–18.30 Uhr. ✆/℻ 0427/2274, www.prospilimbergo.org

• *Übernachten* **Osteria/Trattoria Da Afro (1)**, Via Umberto I 14, Osteria mit acht geschmackvoll eingerichteten Gästezimmern (→ Essen & Trinken). DZ mit Frühstück ca. 110 €. ✆/℻ 0427/2264, www.spilimbergo.com/afro

La Macia (4), Corso Roma 84, stilvolles Bed & Breakfast in zentraler Lage, Zimmer nach Kontinenten benannt und entsprechend eingerichtet, sehr gepflegt. Frühstück in der modernen Bar unten im Haus. DZ mit Frühstück ca. 80–90 €. ✆/℻ 0427/50161, www.lamaciahouse.it

* **Consul (6)**, Piazza Borgolucido 28. ordentliche Unterkunft in einem alten Stadthaus, Zimmer mit Kochgelegenheit ca. 45–50 €. Unten eine Trattoria, in der zu günstigen Preisen Hausmannskost serviert wird (So geschl.). ✆ 0427/2322.

Vecchia Stazione (8), Via della Stazione 3, etwas außerhalb vom Zentrum, günstige Zimmer über einem Restaurant/Bar (Di geschl.) beim stillgelegten Bahnhof. DZ ca. 40–45 €. ✆/℻ 0427/2212.

• *Essen & Trinken* **La Torre (7)**, Gourmettipp im Kastell, gemütlich-stilvolles Ambiente im alten Gemäuer des freskenverzierten Palazzo Dipinto. Fantasievolle Regionalküche und 380 Weinetiketten, Menü um die 35 € aufwärts. Mo geschl. ✆ 0427/50555, www.ristorantelatorre.net

Osteria/Trattoria Da Afro (1), Via Umberto I 14, wenige Schritte westlich außerhalb des historischen Zentrums. Gepflegte Osteria im alten Stil, dunkle Holztäfelung, lange Bar und Speiseraum, auch Plätze im Freien. Im Hauptraum steht eine Berkel-Schneidemaschine für den exzellenten Schinken aus San Daniele. Die Leidenschaft des Deutsch sprechenden Besitzers Dario Martina sind seine Sammlung von Spielzeugautos und die Lockvogelkäfige im Frühstücksraum. Seine Frau Viviana serviert leckere friulanische Küche, dazu gibt es eine große Weinauswahl. Donnerstags wird *bollito misto* (verschiedene Sorten von gekochtem Fleisch) serviert, zu den Spezialitäten gehören außerdem *germano reale con funghi* (Stockente mit Pilzen) und *piccione arrosto con ripieno di salsiccia* (gebratenes Täubchen mit Füllung). Das Gemüse stammt aus eigenem Anbau. So geschl. ✆/℻ 0427/2264.

TIPP! **Osteria Bachero (2)**, Via Pilacorte 5, Seitengasse des Corso Roma, eine Institution seit 1897, authentisch geblieben, Innenraum von Säulen gestützt, großer Fogolar. Deftige Küche, z. B. *baccalà e trippe con polenta* oder *spezzatino di manzo e patate*, dazu süffiger Hauswein und Tropfen aus dem Friaul. Mo-Abend und So geschl. ✆ 0427/2317, www.osteriabachero.com

• *Enoteche und Bars* **Enoteca La Torre (3)**, an der gemütlichen Piazza beim Osttor (Torre Orientale). Beliebter Abendtreff für ein Glas, draußen steht man um große Weinfässer oder sitzt auf Bierbänken, im gemütlichen Innenraum baumeln Schinken von der Decke, dazu ertönt coole Jazzmusik. Fr & Sa bis 3 Uhr morgens geöffnet. ✆ 0427/2998.

Osteria Al Buso (5), Via Simoni 8, Seitengasse der Fußgängerzone, Wohnzimmeratmosphäre und jugendliches Publikum, Getränke und Imbiss. So geschl. ✆ 0427/2014.

• *Shopping* **Arte Dolce Stefano Venier**, Viale Barbacane, wunderbare Eis und Schokoladenkreationen.

Salumificio Lovison, Via Foscolo 18, traditionelle Wurstwaren.

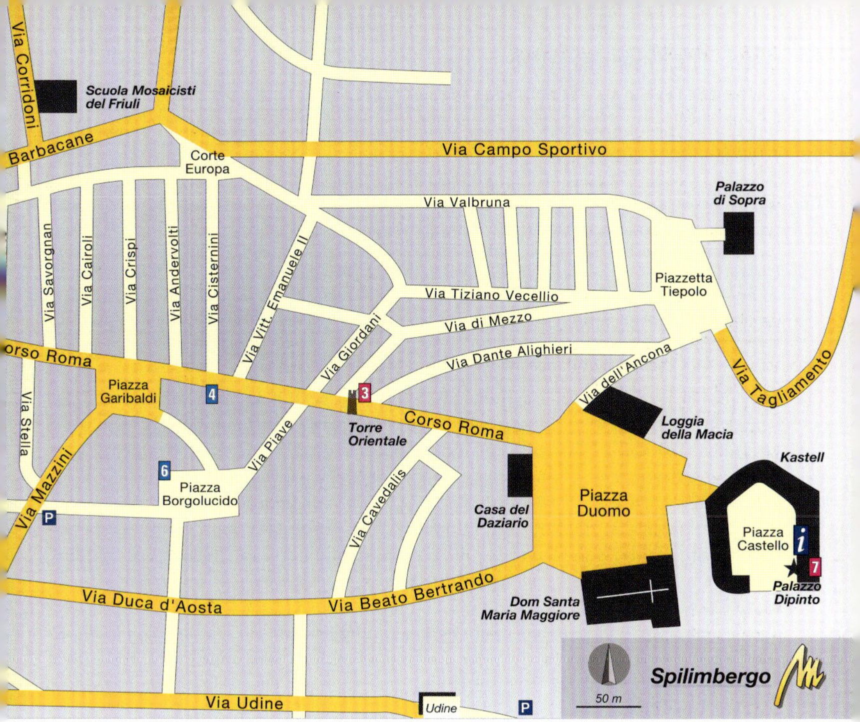

Tosoni, Via Barbeano 9/f, seit sechzig Jahren Käse vom Feinsten (Tipp ist der klassische Asìno) dazu viele andere Kulinaria in großer Auswahl (www.tosonispa.it).

Plozner, Frazione Barbeano, Via delle Prese 19, eine der schönsten Kellereien der Region. ✆ 0427/2902, www.plozner.it

Südlich von Spilimbergo

- **Provesano**: In der Pfarrkirche *San Leonardo* ist im Presbyterium und an der Chorwand der bedeutendste Freskenzyklus von Gianfrancesco da Tolmezzo erhalten, gemalt um 1496. Zentrales Bild ist die „Kreuzigung Christi", die wohl Vorbild für Pellegrinos Kreuzigungsfresko in Sant'Antonio Abate in San Daniele del Friuli war (→ S. 142). Der Christus ist darin noch ganz dem Mittelalter verhaftet, während die Schächer auf beiden Seiten in ihrer stark betonten Körperlichkeit bereits renaissancehaft natürlich wirken. Auch die Gruppe der Menschen darunter ist betont naturalistisch gemalt.
- **Valvasone**: ruhiges historisches Städtchen mit einem großen Kastell aus Häusern des Mittelalters und der Renaissance. Im *Dom* ist die einzige venezianische Orgel aus dem 16. Jh. erhalten, die Verzierungen stammen z. T. von „Il Pordenone". Die Kirche *Santi Pietro e Paolo* wurde von Pietro da Vicenza mit Fresken ausgemalt.
- **Casarsa della Delizia**: Hier wuchs der 1922 in Bologna geborene Literat und Filmemacher *Pier Paolo Pasolini* auf, in seinen Romanen und Gedichten tauchen Casarza und das südlich benachbarte San Vito Tagliamento wiederholt auf. 1975 starb er unter mysteriösen Umständen in der Hafenstadt Ostia (→ Kasten, S. 149). Die *Casa Colussi*, das Elternhaus seiner Mutter, wurde zum musealen

„Centro Studi Archivio Pier Paolo Pasolini“ umgebaut, es ist mit Zeichnungen Pasolinis und Fotos der Zeit eingerichtet. Sein Grab befindet sich auf dem Friedhof von Casarsa.

• *Öffnungszeiten* **Centro Studi Archivio Pier Paolo Pasolini**, Besichtigung nach Voranmeldung beim Assessorato alla Cultura in der Biblioteca Civica, Via XI Febbraio16, ✆ 0434/873981, www.pasolinicasarsa.org

• *Übernachten/Essen & Trinken* *** **Novecento**, Via César Menotti 62, gepflegtes 17-Zimmer-Haus mit ausgezeichnetem Restaurant, wo traditionelle friulanische Küche serviert wird und man gleichermaßen Wild und vegetarische Gerichte essen kann (Di geschl.). DZ mit Frühstück ca. 80–100 €. ✆ 0434/86203, ℻ 869090, www.ristorante900.it

** **Al Posta**, Via Valvasone 12–14, modernisiertes Haus aus dem 17. Jh., Zimmer zum schönen Garten mit kräftigen Bäumen, Restaurant. DZ mit Frühstück ca. 50–75 €. ✆ 0434/870808.

▶ **San Vito al Tagliamento**: Das hübsche Städtchen besitzt im Zentrum noch Reste seiner mittelalterlichen Mauern und Türme mit drei Stadttoren. Gleich beim östlichen Stadttor steht ein 1369 gegründetes Klosterhospiz mit dem Kirchlein *Santa Maria dei Battuti*. Sein Innenraum wurde von Pomponio Amalteo im 16. Jh. reich mit Renaissancefresken ausgestattet, die teils schon illusionistische Elemente besitzen. Thematisch ist die Lebensgeschichte Maria dargestellt, so z. B. im Altarraum eine Himmelfahrt, wobei zwei der Jünger gleichsam aus dem Altarraum heraustreten. Der berühmte Architekt und Künstler Vasari äußerte sich seinerzeit sehr lobend über die Fresken.

An der lang gestreckten, von Laubengängen eingefassten Piazza del Popolo dominiert der *Dom* aus dem 18. Jh., dessen freistehender Campanile noch von einem Vorgängerbau stammt. Im Inneren findet man ebenfalls Gemälde von Amalteo und weitere wertvolle Kunstwerke, darunter an der linken Wand ein Triptychon von Bellunello (1488). In der nahen Torre Raimondo zeigt das *Museo Civico „Federico De Rocco“* Funde aus vorgeschichtlicher und römischer Zeit. Das *Museo Provinciale della vita contadina del Friuli Occidentale „Diogene Penzi“* gibt im restaurierten Palazzo Altan (Via A. Altan 43) in mehreren Sälen einen umfassenden Überblick über die bäuerliche Kultur des Westfriaul und soll in den nächsten Jahren noch erweitert werden.

• *Öffnungszeiten* **Museo Civico „Federico De Rocco“**, Information unter ✆ 0434/80405. **Museo della vita contadina del Friuli Occidentale „Diogene Penzi“**, Di–Sa 9–12.30 Uhr, So geschl. ✆ 0434/833275.

• *Übernachten/Essen & Trinken* *** **Patriarca**, Via Pascatti 6, größeres Albergo mit 28 Zimmern bei der Torre Raimonda und der Stadtmauer, moderne Gemütlichkeit zwischen alten Mauern, Parkplatz und Restaurant „La Pyramide“ mit überdachten Plätzen im Freien. DZ mit Frühstück ca. 80–107 €. ✆ 0434/875555, ℻ 875353, www.hotelpatriarca.it

Über Sesto al Reghena mit seiner ehemaligen Benediktinerabtei Santa Maria in Sylvis kommt man nach wenigen Kilometern ins schöne Städtchen Portogruaro, das bereits in der Region Venetien liegt. Näheres zu beiden Orten im Abschnitt „Der Westen“, S. 120. Wenn man von Casarza della Delizia den Tagliamento überquert, kommt man nach Codroipo, von dort ist es nur ein Katzensprung zur berühmten Villa Manin.

▶ **Villa Manin**: Die Villa mit ihren geradezu schlossartigen Ausmaßen steht in *Passariano* bei Codroipo, wenige Kilometer östlich des Tagliamento. Erbaut wurde sie im 18. Jh., Ludovico Manin, der letzte Doge Venedigs (1789–97), bewohnte sie. 1797 unterzeichnete hier Napoleon den Friedensvertrag von Campo-Formio, der das Ende der Republik Venedig besiegelte und Friaul der Habsburger Monarchie zusprach.

Pier Paolo Pasolini: Dichter, Filmemacher und Rebell

1922 als Sohn eines Berufsoffiziers und einer Lehrerin in Bologna geboren, begann Pasolini im Alter von sieben Jahren, Gedichte zu schreiben. 1942 erschien sein erster Gedichtband Poesie a Casarsa (Gedichte an Casarsa) in Furlan, eine im Westfriaul gesprochene Variante des Friulanischen. In Casarsa della Delizia gründete er später auch die „Academiuta de lengua furlana", einen Dichter- und Künstlerkreis zur Aufwertung der westfriulanischen Sprache und Kultur. Während des Zweiten Weltkriegs wurde Pasolini zur Armee eingezogen und geriet in deutsche Kriegsgefangenschaft, aus der er jedoch fliehen konnte. Nach Kriegsende schloss er sich der Kommunistischen Partei Italiens an und wurde 1947 zum Sekretär der kommunistischen Ortsgruppe von San Giovanni di Casarsa gewählt. Seine offen gelebte Homosexualität brachte ihm 1949 eine Anzeige wegen Verführung Minderjähriger ein. Verurteilt wegen angeblich „obszöner Handlungen", schloss ihn die kommunistische Partei aus, auch von seinem Amt als Lehrer wurde er suspendiert. So verließ er 1950 seine Heimat – was ihm unendlich schwer fiel – und ging nach Rom.

Dort begann er als 39-Jähriger mit dem Filmemachen und polarisierte wie kein anderer Publizist seiner Zeit die italienische Gesellschaft: Er war Marxist, aber kein Kommunist, Christ, aber kein Katholik. Seine Filme, in denen er faschistoide Strukturen und den Verfall der Werte in der Gesellschaft thematisierte, lösten oft Skandale aus, z. B. „Decameron", „Erotische Geschichten aus 1001 Nacht", „Das Erste Evangelium – Matthaus" (Der Versuch, ein realistisches Bild von Jesus zu entwerfen) und sein umstrittenster Film „Salò oder die 120 Tage von Sodom", der während der faschistischen Republik von Salò am Gardasee spielt und wegen der Darstellung von Folter, Mord und Vergewaltigung in vielen Ländern verboten wurde. Als politischer Intellektueller saß Pasolini zwischen allen Stühlen und kämpfte an allen Fronten – gegen die Doktrin der kommunistischen Partei, indem er auf den Rechten des Einzelnen beharrt, gegen die katholische Kirche, die er mit der revolutionären Botschaft des Neuen Testaments konfrontierte, und gegen den christdemokratischen Staat, den er der Zusammenarbeit mit faschistischen Kreisen bezichtigte. Seine Homosexualität sah er als stete Herausforderung aller Konformität und setzte sich in seinen Romanen und Filmen mit den Missständen in der italienischen Gesellschaft auseinander, stellte darin oft die politische Klasse bloß. Seine Charaktere waren Einzelgänger, sozial ausgegrenzt und rebellisch, oft Bewohner des Mezzogiorno und der Dritten Welt.

Im November 1975 wurde Pasolini im römischen Vorort Ostia brutal ermordet. Als Täter wurde der minderjährige Stricher Pino Pelosi verurteilt, der Pasolini zusammengeschlagen und dann mit seinem Auto überfahren haben soll. Doch gibt es bis heute starke Zweifel an dieser Version, nicht zuletzt, da der 46-jährige Pelosi im Mai 2005, also fast 30 Jahre später (!) und nachdem er längst seine Haftstrafe verbüßt hat, öffentlich erklärte, er habe gesehen, dass Pasolini von drei Süditalienern überfallen und ermordet worden sei. Tatsächlich wurde die Bluttat damals von der Polizei eigenartig halbherzig verfolgt – so wurde ein zu gründlich recherchierender Carabiniere versetzt und ein Auto aus Catania, dessen Nummer ein Zeuge in der Nähe des Tatorts erkannt hatte, nicht überprüft. So wird heute vermutet, dass es sich um einen Auftragsmord rechter Kreis in Italien gehandelt habe und dass der italienische Geheimdienst verwickelt gewesen sei.

Heute befindet sich der Palast (Napoleon: „Zu groß für einen Grafen, zu klein für einen König“) mit seinen halbkreisförmigen Laubengängen, die an den Petersplatz in Rom erinnern, im Besitz der Region Friaul-Julisch Venetien und wird als „Centro d'Arte Contemporanea“ für wechselnde Kunstausstellungen genutzt, in deren Rahmen man die Innenräume besichtigen kann. Im Eingangsbereich und in den Treppenhäusern sind noch Fresken erhalten. Auch im großen Park der Villa finden Events verschiedener Art statt. Bemerkenswert sind die Skulpturen des Haupttors der Anlage mit ihrer „handgreiflichen“ Erotik.

Öffnungszeiten **Centro d'Arte Contemporanea**, je nach Ausstellung verschieden, meist Di–So 10–18 Uhr; Eintritt ca. 6 €, www.villamanincontemporanea.it; **Park**, April bis Okt. tägl. 9–18 Uhr, Eintritt frei.

• *Essen & Trinken* **Ristorante del Doge**, im linken Seitentrakt der Villa, hier kann man recht hübsch im Säulengang sitzen, Preise ein wenig höher als üblich (Primi 8–10 €, secondi 11–15 €). Mo geschl. ✆ 0432/906591.

Ca' dei Angeli, Piazza dei Dogi 3, geschmackvolle, mit viel Holz eingerichtete Osteria, vor der Einfahrt zur Villa rechts. ✆ 0432/820057.

Frecce Tricolori: Die dreifarbigen Pfeile

Der Flugplatz „Mario Visitini“ bei Rivolto ist Standort dieser Kunstflugstaffel der italienischen Luftwaffe, die durch das schreckliche Unglück beim Flugtag auf der Airbase von Ramstein am 28. August 1988 tragische Berühmtheit erlangte. 350.000 Menschen verfolgten damals die waghalsigen Manöver der Italiener, die in nur wenigen Metern Entfernung aneinander vorbeirasten. Doch plötzlich kollidierte einer der Jäger mit zwei anderen, alle drei stürzten ab, einer mitten unter die Zuschauer. Die Trümmer, der 2000 Grad heiße Feuerball des entzündeten Kerosins (Tankkapazität der Maschine ca. 1,4 Tonnen) und die Druckwelle der Explosion töteten sofort einunddreißig Besucher. In den folgenden Wochen und Monaten starben weitere Schwerverletzte, so dass insgesamt 67 Zuschauer und die drei Piloten ums Leben kamen. Mehrere hundert Menschen wurden schwer verletzt und laborieren z.T. bis heute daran.

„Frecce Tricolori“ wurde 1961 gegründet, sie besteht heute aus 10 Flugzeugen und ist damit die größte Kunstflugstaffel der Welt (www.aeronautica.difesa.it). Ihr effektvolle Name bezieht sich auf die Kondensstreifen, die sie in den Farben der italienischen Flagge (Tricolore) ausstoßen. Pro Jahr macht die Staffel rund 40 Shows und beginnt damit jeweils am 1. Mai auf dem Heimatflughafen.

▸ **Varmo**: Hier kann man in der Pfarrkirche ein kostbares Triptychon von „Il Pordenone“ besichtigen, gemalt 1526.

Das schöne Gebiet um den Fluss Stella ist unter Lignano/Umgebung beschrieben, S. 196.

Udine und die Weingebiete

Udine ist die zweitgrößte Stadt Friaul-Julisch Venetiens. Sie besitzt ausgeprägt städtisches Ambiente mit prächtigen Zeugnissen der langen Präsenz Venedigs, aber auch wertvolle Freskenmalereien des 18. Jh. Sie ist bedeutendes Wirtschaftszentrum, Sitz einer Universität und beliebte Einkaufsstadt, dank ihrer zahlreichen Weinbars und Osterie aber auch ein Ort der kulinarischen Genüsse.

Eine anregende Ergänzung dazu bieten die in unmittelbarer Nähe liegenden Weinbaugebieten *Colli Orientali del Friuli* und *Collio*. In den siebziger Jahren begannen hier einige Pioniere mit viel Innovationskraft und Ideenreichtum den Siegeszug der friulanischen Weine vorzubereiten, heute werden von ihnen und ihren Nachkommen einige der besten Tropfen Italiens produziert. Spritztouren durch die Weinberge mit zahlreichen Möglichkeiten zur Verkostung und die Fülle an Restaurants hohen und höchsten Niveaus machen diesen sanft hügligen und üppig grünen Landstrich zu einem Lieblingsziel für Gourmets.

Nicht nur kulinarisch, sondern auch kulturell interessant ist *Cividale del Friuli*, die Stadt der Langobarden, mit ihrem reichhaltigen archäologischen Museum und der pittoresken „Teufelsbrücke". Einen Höhepunkt ganz anderer Art findet man im Voralpengebiet tief unter der Erde, nämlich die eindrucksvolle Tropfsteinhöhle *Grotta Nuova di Villanova*. *Cormòns*, der Hauptort des Collio, bietet wiederum Wein- und Gastronomieadressen in Hülle und Fülle, vor allem im nahen *Capriva del Friuli* arbeiten einige der angesehensten Winzer. Am Isonzo endet das Paradies für Weinconnaisseure, mit dem stark österreichisch/slowenisch geprägten *Gorizia/Nova Gorica* trifft man hier auf eine der wenigen Städte Europas, die bis heute durch eine Grenze geteilt sind. Südwestlich davon erstrecken sich schließlich die Stätten der *Isonzo-Schlachten* des Ersten Weltkriegs.

Udine

(ca. 102.000 Einwohner)

Eine rundum angenehme Stadt mit wenig Hektik und vielen Fahrradfahrern. Dank ihrer Vergangenheit als Sitz der Patriarchen von Aquileia und später der Statthalter Venedigs findet man bedeutende Bauten der späten Gotik und Renaissance, im Inneren oft geschmückt mit den typischen Rokokogemälden und -fresken des Venezianers Tiepolo (1696–1770).

Die verhältnismäßig junge Stadt in der friulanischen Tiefebene bestand im Mittelalter nur aus ihrer Burg. Erst 1238 begann ihr Aufstieg, als die Patriarchen von Aquileia ihre Residenz von Cividale hierher verlegten. Die Venezianer waren es dann, die das Zentrum um die Piazza Libertà zu einem repräsentativen Glanzpunkt im nordöstlichen Italien machten. Heute ist Udine eine sichtlich wohlhabende Stadt, in der Alt und Neu eine gelungene Mischung eingehen. Moderne Geschäfte und Boutiquen laden in der verkehrsberuhigten Innenstadt zum Bummeln ein. Wenn es am Abend kühler wird, trifft man sich an der weiten offenen Piazza Matteotti (tagsüber Markt) oder bummelt über die venezianische Piazza Libertà. Besonders hübsch: an einigen Stellen durchquert ein stattlicher Kanal, Rest des ehemaligen Mauergrabens der Stadtbefestigung, das Zentrum. Hier zu sitzen und an schwülen Sommerabenden ein Gläschen Wein, *tajut* genannt, zu schlürfen ist eine der Lieblingsbeschäftigungen der Udineser.

Karte S. 116/117

Anfahrt/Verbindungen/Information

- *Anfahrt/Verbindungen* **PKW**, Udine liegt an der Autobahn A 23 von Österreich nach Triest bzw. Venedig. Aus Westen kommend schnelle Fahrt über Pordenone und durch die Ebene des Tagliamento-Flusses. Ein großer Gratis-Parkplatz liegt an der Piazza Primo Maggio (hinter dem Castello).

Bahn, häufige Verbindungen nach Venedig und Triest, der Bahnhof liegt südlich vom Zentrum, die Via Roma führt geradeaus in die Altstadt.

Bus, Busstation am Viale Europa Unità, rechts vom Bahnhof (wenn man herauskommt).

- *Information* **AIAT**, Piazza Primo Maggio 7, großer, freier Platz hinter dem Castello. Gute Stadtpläne. Mo–Sa 9–13, 15–17 Uhr, So geschl. ☎ 0432/295972, ℻ 504743, www.udine-turismo.it

Übernachten

*** **Là di Moret (1)**, Viale Tricesimo 276, von der Autobahnausfahrt Udine-Nord schnell zu erreichen. 1905 noch eine Pferdewechselstation mit „Osteria con Cucina", heute ein komfortables 82-Zimmer-Haus mit Gourmetrestaurant („Il piatto del buon ricordo"). Pool und Tennis, außerdem „Centro Benessere" (Wellness) mit Sauna und Türkischem Bad. Gehört zur Best-Western-Kette. DZ mit Frühstück ca. 120–140 €. ☎ 0432/545096, www.ladimoret.it

**** **Astoria Italia (11)**, Piazza XX Settembre 24, im Zentrum das erste Haus am Platz, seit 1850 als Hotel geführt. Behagliche Atmosphäre, große Eingangshalle, komfortable Zimmer, Restaurant mit bestem Ruf, Garage. DZ mit Frühstück ca. 110–200 €. ☎ 0432/505091, ℻ 509070, www.hotelastoria.udine.it

*** **Europa (15)**, Via Europa Unità 47, direkt beim Bahnhof, älteres gepflegtes Stadthotel mit Garage. DZ ca. 70–90 €, Frühstück extra. ☎ 0432/294446, ℻ 512654.

*** **San Giorgio (18)**, Piazzale Cella 4 (vom Bhf. den Viale Europa Unità nach Westen), gute Mittelklasse, vorne laut, die schön ausgestatteten Zimmer aber großteils nach hinten (dort Bahngeräusche), jeweils TV, Minibar und Aircondition. Mit Restaurant und Parkplatz. DZ ca. 73–100 €, Frühstück extra. ☎ 0432/505577, ℻ 506110, www.hotelsangiorgioudine.it

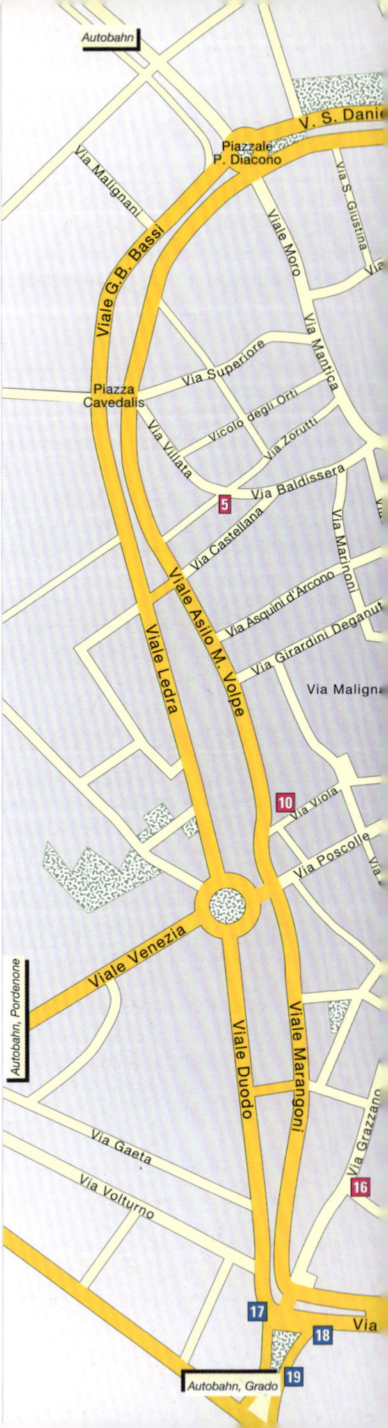

Gemona, Venzone, SS 13, 1, 2
Cividale del Friuli
Viale A. Caccia
Piazzale Osoppo
a di Toppo
Via L. Uccellis
Via Planis
Viale Renati
Viale Arm. Diaz
eciani
Via Gemona
Viale d. Vittoria
Via S. Agostino
Via Pracchiuso
Via S. Valentino
Via Bersaglio
Viale Trieste
Via Tomadini
Mazzini
Piazza Primo Maggio
Via Carroli
Piazza Marconi
Castello (Museum)
S.M. di Castello
Via Mercato Vecchio
Via Verdi
Via Treppo
Via P. Scrosoppi
Via Petrarca
Loggia di San Giovanni
Via Manin
Piazza Patriarcato
Palazzo Arcivescovile (Diözesanmuseum)
Piazza Matteotti
Piazza Libertà
Campanile
Via della Prefettura
Giacomo
Palazzo Comunale
Dom
Oratorio d. Purità
Via Cavour
Via Stringer
Savorgnana
Viale Ungheria
Via del Gelso
Piazza XX Settembre
Piazza Venerio
Via Aquileia
Via Battisti
Via Morpurgo
Via Gorghi
Via Carducci
Piazza Garibaldi
Via Crispi
Via Dante
Via Cussignacco
Via Manzoni
Piazza Repubblica
Porta Aquileia
Viale Leopardi
Via Ciconi
Piazzale d'Annunzio
Via R. Battistig
Via Roma
BUS
Via Ciro di Pers
Via Percoto
Via Nievo
Via Giuseppe Tullio
Via de Rubeis
Bahnhof
Viale Europa Unita
Via della Cernaia
Triest
Übernachten
1 Là di Moret
11 Astoria Italia
12 Al Tram
15 Europa
17 Quo Vadis
18 San Giorgio
19 Da Brando
Essen & Trinken
2 Alla Vedova
3 Alla Colonna
4 Café Caucigh
5 Café Odos
6 Enoteca Giardinetto
7 Al Cappello
8 Alla Ghiacciaia
9 Speziaria pei Sani
10 Al Vecchio Stallo
13 Ai Barnabiti
14 La Torate
16 Al Marinaio
Einkaufen
9 Speziaria pei Sani
100 m
Udine

** **Quo Vadis (17)**, Piazzale Cella 28, am selben Platz wie San Giorgio, moderne Einrichtung, Zimmer mit TV. DZ ca. 60–65 €, Frühstück extra. ✆ 0432/21091, ℻ 21092, www.hotelquovadis.it

* **Da Brando (19)**, ebenfalls Piazzale Cella (Nr. 16), sehr schlichte Zimmer mit Etagendusche über einer Pizzeria, DZ ca. 35–40 €. ✆/℻ 0432/502837.

* **Al Tram (12)**, Via Brenari 32/Piazza Garibaldi, etwas besserer Standard, derselbe Preis. ✆ 0432/502516.

TIPP! **Villa Agricola-Strassoldo**, Piazza Caimo 4, schlossartige Villa in Santa Maria la Longa bei Tissano (südlich von Udine), auf halbem Weg nach Palmanova. Die Stiftung friulanischer Villen und Burgen hat hier ihren Sitz. In den Seitenflügeln der Villa aus dem 16. Jh. werden 22 Zimmer und Ferienwohnungen im alten friulanischen Stil vermietet. Es gibt einen weitläufigen Park mit altem Baumbestand, Pferde (Reitstunden kostenlos) und einen kleinen Pool – gute Voraussetzungen für einen Familienurlaub. Das Hauptgebäude der Villa ist bewohnt, dort liegt der festliche Rokoko-Speisesaal und es finden Führungen und Vorträge statt. ✆ 0432/990399, ℻ 990435, DZ ca. 95–160 €, bei mehrtägigem Aufenthalt günstiger. Parkplatz ca. 10 €. ✆ 0432/990399, 990435, www.villaditissano.it

Essen & Trinken (siehe Karte S. 152/153)

In den zahlreichen Osterie von Udine kann man gut essen oder auch nur einen „tajut" zu sich nehmen. Die bekannten Friauler Spezialitäten werden hier häufig serviert.

TIPP! **Al Vecchio Stallo (10)**, Via Viola 7, ein „Beisl" (österreichisch: „Wirtshaus") wie aus dem Bilderbuch, historische Fotos, Fußballwimpel und die Galerie von Weinflaschen schaffen Atmosphäre in der früheren Poststation. Hinten ein schöner, kleiner Hof. Auch preislich im angenehmen Rahmen. Mi geschl. ✆ 0432/21296.

Mittäglicher Plausch auf der Piazza Matteotti

Alla Ghiacciaia (8), Via Zanon 13, Nähe Piazza Matteoti. Die Osteria mit Speisenangebot ist eins der schönsten Plätzchen der Stadt. Man sitzt auf einer übergrünten, schmalen Terrasse mit Blumen am kanalisierten Flüsschen Roggia oder speist im rustikalen Innenraum. Gute Küche, z. B. *risotto ai fiori di zucca* (Risotto mit Zucchiniblüten). Mo geschl. ✆ 0432/655188.

Enoteca Giardinetto (6), Via Paolo Sarpi 8, ebenfalls zentral gelegen. Nettes, kleines Weinlokal mit warmer Küche, seit kurzem geführt von Familie Donadon. Gemütliche Atmosphäre, guter Weinkeller. So/Mo geschl. ✆ 0432/227764.

Al Marinaio (16), Via Grazzano/Ecke Via Cisis. Alteingesessenes Lokal südwestlich vom Zentrum, kürzlich geschmackvoll renoviert. Sitzplätze im Laubengang vor dem Haus, drinnen ein großer Kamin. Venezianisch-friulanische Küche, z. B. *baccalà* oder *minestra di orzo*. Di geschl. ✆ 0432/295949.

Alla Colonna (3), Via Gemona 98, nördlich vom Zentrum, geschmackvoll ausgestattete Osteria mit zwei gemütlichen Innenräumen und schönem Hof, gute traditionelle Küche. Mo-Mittag und So geschl. ✆ 0432/510177.

La Torate (14), Piazzetta del Pozzo, Nähe Bahnhof, gemütliche Osteria mit altem Küchenherd und historischen Fotos im Gastraum, sympathischer Service. Do geschl. ✆ 0432/507720.

Ai Barnabiti (13), Piazza Garibaldi, traditionelle Osteria, in der man gern zum Weintrinken einkehrt. So geschl. ✆ 338-3936214.

TIPP! **Alla Vedova (2)**, Via Tavagnacco 9, beliebte Trattoria mit hundertjähriger Tradition etwas außerhalb, an der SS 13 nördlich der Stadt. Familienbetrieb mit eigenen Weinbergen und Olivenölproduktion, sehr freundlich und gepflegt, aber absolut nicht abgehoben. Sehr leckeres Essen zu durchaus angemessenen Preisen. Im Sommer kann man im Garten sitzen. Verkauf von Wein und Olivenöl. So-Abend und Mo geschl. ✆ 0432/470291.

• *Bars & Cafés* **Al Cappello (7)**, Via Paolo Sarpi 5, hübsches Plätzchen in einer Fußgängerzone mitten im Zentrum, an der Decke hängen zahlreiche Hüte (Name!), vom Gebirgsjägerkäppi bis zum Sommerstrohhut. Gute Weinauswahl und leckere Appetithäppchen, mittags auch einige warme Gerichte. Auch Sitzplätze im Freien. So-Nachm. und Mo geschl.

Contarena, Piazza della Libertà, elegantes Jugendstilcafé unter den mächtigen Arkaden des Palazzo d'Aronco.

Ottelio, beliebtes Café neben der Kirche an der Piazza Matteotti, im Innenraum wurde eine historische Mauer freigelegt.

Ai Piombi, Via Manin, 12/a. Tolle Location in den Kerkern des Schlosses, diverse Biersorten und mitteleuropäische Küche, vor allem in der kühleren Jahreszeit sehr angesagt. Freitags für Ausländer reserviert. August geschl., außerdem So und Mo, ✆ 0432/ 506168.

Caucigh (4), Via Gemona 36, nördlich vom Zentrum, großes historisches Café mit zwei Gasträumen, in der kalten Jahreszeit gibt es hier jeden Freitag Live Jazz (http://caucigh.com). Mo geschl.

Odos (5), Via Generale Baldissera/Ecke Via Villalta, neues Literaturcafé, engagiert und voller Elan geführt, Ecke mit Gebäck aus aller Welt, das auch getauscht werden darf, dazu Getränke aus aller Welt. ✆ 0432/204307.

• *Shopping* **La Baita**, Via delle Erbe 1/b, Käse des traditionelles Herstellers Tosoni, dazu vielfältige kulinarische Spezialitäten in großer Auswahl.

Speziaria pei Sani: Labsal für die Gesunden

Die „Kräuterhandlung für die Gesunden" stammt aus dem Jahr 1929, gegenüber lag damals die Apotheke („Kräuterhandlung für die Kranken"). Lange war sie ein einfacher Weinausschank, heute ist sie eine hervorragende Adresse, um exquisite Weine zu kosten, nicht nur aus dem Friaul, sondern landesweit und international, dazu Grappa, Whisky, Rum, Brandy, Cognac, Champagner u. a. Auf zwei Etagen riesige Auswahl (1500 Weine), dazu werden *prosciutto, salumi und formaggi* gereicht. Mo-Mittag und So geschl.

Speziaria pei Sani Via Poscolle 13, ✆ 0432/505061, www.speziariapeisani.com

Sehenswertes

Die Geschichte Udines reicht bis ins frühe Mittelalter zurück, das heutige Stadtbild haben jedoch die Venezianer im 15. und 16. Jh. geprägt, die hier ihren Statthaltersitz im Friaul hatten.

Mit der Sammelkarte **Udine Museale** kann man für 5 € alle wichtigen Museen der Stadt besichtigen, erhältlich ist sie in allen Museen.

Piazza Libertà: Der elegante Platz am Fuß des Burghügels ist Udines architektonisches Schmuckstück und Mittelpunkt, der venezianische Einfluss ist nicht zu übersehen. Der großzügige *Palazzo Comunale* ähnelt mit seiner weiß-rosa gestreiften Marmorfassade dem Dogenpalast von Venedig. Das Untergeschoss bildet die

Karte S. 116/117

Blick auf die Loggia di San Giovanni

Loggia del Lionello, eine luftige Arkadenhalle mit spiegelndem Marmorboden. Gegenüber sieht man die lang gestreckte *Loggia di San Giovanni* und den *Uhrenturm,* auf dem zwei Mohren die Glocke schlagen, exakt wie beim venezianischen Vorbild am Markusplatz. Auf der erhöhten Platzmitte stehen zwei überlebensgroße Statuen, Herkules und Cacus, flankiert von Justitia und einem Brunnen, auf dem der geflügelte Löwe Venedigs thront.

Nördlich an die Piazza schließt sich die Shoppingzeile *Via Mercatovecchio* an, in deren alten Laubengängen sich moderne Geschäfte eingenistet haben.

Burghügel: Linker Hand der Loggia di San Giovanni geht es zunächst durch den *Arco Bollani,* dann einen elegant geschwungenen gotischen Arkadengang entlang hinauf zum äußerlich nüchternen *Castello* aus dem 16. Jh., das bei den Erdbeben von 1976 schwer beschädigt wurde. Im Inneren sind die *Civici Musei di Storia e Arte del Castello* untergebracht, darunter die *Galleria d'Arte Antica* mit Werken venezianischer und friaulischer Künstler (u. a. Tiepolo, Pordenone und Caravaggio) und ein *Museo Archeologico.*

In der benachbarten Kirche *Santa Maria di Castello,* der ältesten Kirche der Stadt, sind Fresken aus dem 13. Jh. erhalten. Hinter der Burg erstreckt sich eine satte Rasenfläche, von der man einen schönen Blick über die Stadt in die nahen Berge hat. Die *Casa della Contadinanza* an der Nordostseite wurde 1913 nach Plänen aus dem 15. Jh. erbaut und wird heute als Gastwirtschaft genutzt.

Öffnungszeiten/Preise **Civici Musei di Storia e Arte del Castello**, Di–Sa 9.30–12.30 Uhr, 15–18 Uhr, So-Nachmittag und Mo geschl.; Eintritt ca. 2 €, Schül./Stud. ermäß., So-Vormittag Eintritt frei.

Piazza Matteotti: Nur wenige Schritte westlich der Piazza Libertà liegt der Marktplatz Udines. Mit Kopfsteinpflaster, Marktbuden, einem hübschen Brunnen und langen Laubengängen ein Platz mit viel Atmosphäre, besonders die reich bestückten Fischstände erregen immer viel Aufmerksamkeit. Die weiß verschnörkelte Kirche *San Giacomo* besitzt einen Balkon über dem Portal, auf dem früher für die Händler und Marktbesucher Gottesdienste abgehalten wurden.

Dom Santa Maria Annunziata: Der Dom steht ebenfalls nicht weit von der Piazza Libertà entfernt und ist an seinem oktagonalen Ziegelturm leicht zu erkennen. Ursprünglich gotisch, wurde er im 18. Jh. vollkommen umgebaut und bietet architektonisch nichts Bemerkenswertes, doch im Inneren stehen zahlreiche Altäre mit Ölgemälden, darunter mehrere Werke von Tiepolo (erste, zweite und vierte Kapelle rechts). Im Campanile zeigt das *Museo del Duomo* eine kleine Kapelle mit Fresken des Vitale da Bologna. Das Deckenfresko „Mariä Himmelfahrt" im nahen *Oratorio della Purità* stammt von Tiepolo (Auskunft beim Sakristan des Doms).

Öffnungszeiten/Preise **Museo del Duomo**, Di–Sa 9–12, 16–18 Uhr. So 16–18 Uhr, Mo geschl.; Eintritt frei.

Palazzo Arcivescovile: beim Dom die verkehrsreiche Via Vittorio Veneto überqueren und weiter bis zu einer Grünfläche. Prunkstücke des einstigen Patriarchensitzes, der nach der Aufhebung des Patriarchats (1751) zum erzbischöflichen Palast gemacht wurde, sind die großartigen Fresken im Treppenhaus und in der Galerie (zweiter Stock), gemalt 1726–30 von Tiepolo. Dargestellt sind Szenen des Alten Testaments.

Seit 1994 ist im Palast das *Diözesanmuseum* untergebracht: im Erdgeschoss ein Lapidarium, im ersten Stock Gemälde, Goldschmiedewerke und eine umfangreiche Sammlung von Holzskulpturen, im zweiten Stock eine Bibliothek, der Baldachinsaal mit Fresken von Giovanni da Udine, der Gerichtssaal mit dem großen Fresko „Salomons Urteil" von Tiepolo und die oben erwähnte Galerie, deren Wände die bedeutendsten Fresken Tiepolos schmücken.

Öffnungszeiten/Preise **Diözesanmuseum und Galerie**, Mi–So 10–12, 15.30–18.30 Uhr, Mo/Di geschl.; Eintritt ca. 4 €.

Udine/Umgebung

▶ **Castello di Cassacco**: Nördlich von Udine kommt man auf der SS 13 nach *Tricesimo*. Im nahen Ort Cassacco steht die Burg mit ihren zwei eigenartigen Zwillingstürmen, die zu den besterhaltenen Wehrbauten der Region gehört und in der oft Kulturveranstaltungen stattfinden.

• *Essen & Trinken* **Da Toso**, Via Pozzuolo 16, gemütliches Lokal in Leonacco, südlich von Tricesimo, Fleischgerichte vom großen offenen Grill, von der Kalbsleber bis zum Lamm. Di/Mi und Mitte August bis Mitte Sept. geschl. ✆ 0432/852515.

▶ **Colloredo di Monte Albano**: Wenn man von Tricesimo die Autobahn überquert, erreicht man eins der spektakulärsten Schlösser des Friaul, zu dem eine schnurgerade Straße kilometerlang bergauf führt. Leider wurde es beim Erdbeben von 1976 zum großen Teil zerstört, der Aufbau konnte bisher nur teilweise realisiert werden. In der Burg lebte der Schriftsteller *Ippolito Nievo* und schrieb hier seinen Roman „Confessioni di un italiano".

• *Essen & Trinken* **La Taverna**, Piazza Castello 2. Elegantes Restaurant gegenüber vom Kastell, gilt als eine der ersten Adressen im Friaul, ein Michelinstern und entsprechendes Preisniveau. Schöne Terrasse, den Garten überspannt im Sommer ein mächtiges Sonnensegel, sehenswert ist der Weinkeller. So-Abend und Mi geschl. ✆ 0432/889045.

Die Mitte des Friaul
Karte S. 116/117

Colli Orientali del Friuli

Das große DOC-Weinbaugebiet der „Colli Orientali" liegt östlich von Udine und zieht sich von Tarcento im Norden über Cividale del Friuli bis weit nach Süden, wo es nahtlos ins Weingebiet Collio mit Zentrum Cormòns übergeht. Seine Ursprünge reichen mindestens bis in die Zeit Cäsars zurück, vielleicht kultivierten aber bereits die Kelten Jahrhunderte vor der römischen Eroberung die Weinrebe. Heute werden in den Colli Orientali über 80.000 Hektoliter hochwertiger Wein produziert, ein Drittel davon geht ins Ausland.

Bis auf die Hauptstadt Cividale del Friuli sind die kleinen Orte im hüglig-flachen Weinbaugebiet architektonisch im Allgemeinen wenig spektakulär, doch schöne Impressionen genießt man bei ziellosen Fahrten durch die Weinberge. Für kulinarisch Interessierte bieten sich zahlreiche Anlaufpunkte an und eine Einkehr mit Verkostung der einheimischen Spezialitäten und berühmten Weine sollte nicht fehlen. Zu den bekanntesten Tropfen zählen Tocai Friulani, Pinot Grigio, Malvasia und Merlot, Refosco, Collio Bianco, Ribolla gialla, Picolit und Schioppettino. Vor allem Picolit und Refosco waren schon seit Mitte des 18. Jh. zusammen mit Burgunder und den berühmten ungarischen Likörweinen an den europäischen Fürstenhöfen begehrt.

Cividale del Friuli (ca. 11.500 Einwohner)

Der Hauptort des DOC-Weinbaugebiets „Colli Orientali del Friuli" liegt 20 km östlich von Udine, ein stimmungsvolles Städtchen am steilen Flusstal des Natisone.

Julius Cäsar gründete hier 50 v. Chr. ein römisches Lager, das später namengebend für die gesamte Region wurde: „Forum Iulii" wurde zu Friaul. Ab dem 6. Jh. bauten die Langobarden Cividale zu ihrer Hauptstadt aus, in keiner anderen Stadt des Friaul ist mehr von ihnen erhalten geblieben. Später ließen sich auch die Patriarchen von Aquileia hier nieder, bis sie 1238 ihren Sitz ins neu entstehende Udine verlegten. Im reizvollen Stadtkern ist heute vor allem das Mittelalter präsent, im Bereich der Piazza Diacono und Piazza Garibaldi lässt es sich schön bummeln und das Museo Archeologico gehört zweifellos zu den hochkarätigsten Museen im Friaul.

• *Anfahrt/Verbindungen* **Bahnhof** liegt nordwestlich vom Zentrum. In die Altstadt geht es den Viale Marconi geradeaus und am Ende links durch die Porta Arsenale Veneto.

• *Information* Palazzo Municipale, Corso Paolino d'Aquileia 2, gegenüber vom Dom. ✆ 0432/731461, ℻ 731398, www.cividale.com

• *Übernachten* *** **Locanda al Castello (1)**, Via del Castello 20 (Località Fortino), Hotelschloss in ruhiger Hügellage, die 16 komfortablen Zimmer gehören zu einem großen, empfohlenen Restaurant mit schöner Terrasse (Mi geschl.), Parkplatz. DZ mit Frühstück ca. 110 €. ✆ 0432/733242, ℻ 700901, www.alcastello.net

** **Pomo d'Oro (4)**, Piazza San Giovanni 20, sympathisches Albergo in der Altstadt, gleich hinter dem Hauptplatz Piazza Diacono. Sauber, ruhig und gepflegt, ansprechendes Restaurant (Mi geschl.). In den Zimmern wurde z. T. das Mauerwerk einer mittelalterlichen Herberge mit dem griechischen Namen „Xenodochio" freigelegt. DZ mit Frühstück ca. 75 €. ✆ 0432/731489, ℻ 701257, www.alpomodoro.com

• *Essen & Trinken* **Antica Osteria alla Speranza (8)**, Piazza Foro Giulio Cesare 15. Im niedrigen Gewölbe mit Holztäfelung speist man gemütlich, dahinter liegt eine wunderbar schattige Laube. Grillgerichte gehören zu den Spezialitäten. Di geschl. ✆ 0432/ 731131.

Taverna Longobarda (10), Via Monastero Maggiore 5, altes Stadthaus an einer ruhigen Seitengasse im Zentrum, große schattige Terrasse. Als Primi die hausgemachten *gnocchi di zucca* (Kürbisklößchen) oder *gnocchi di patate* (Kartoffelklößchen) versuchen, danach die zahlreichen Fleisch- und Wildgerichte: *porchetta con polenta* (Spanferkel mit Polenta), *oca in umido con polenta* (Gans), *lepre* (Hase) u. a. Di-Abend und Mi geschl. ✆ 0432/731655.

Antica Trattoria Dominissini (11), Stretta Jacopo Stellini 18, gemütliche, kleine Trattoria mit weinüberranktem Hof, bei der Kirche San Francesco ein Gässchen hinein. Sa geschl. ✆ 0432/733763.

TIPP! **Osteria Ai Tre Re (2)**, Via Stretta San Valentino 29, einladendes Lokal in etwas versteckter Lage, Tische im Hof unter Schilfdächern, vielfältige friulanische Küche, stets frisch zubereitet, aber auch z. B. *pollo al curry*. Di geschl. ✆ 0432/700416.

• *Cafés/Weinstuben* **Caffè Longobardo (5)**, Piazza Paolo Diacono, direkt am Hauptplatz, größtes Café der Stadt, untergebracht in einem altehrwürdigen Palazzo mit malerischem Portikus. Man sitzt auf der Piazza oder stilvoll im ersten Stock.

L'Elefante (3), liebevoll eingerichtete Weinschenke am hinteren Ende der Piazza Diacono, Holztische vor der Tür, drinnen uriggemütlich. Mi geschl.

• *Shopping* In den **Pasticcerie** wird frische „gubana" angeboten, ein leckerer Kuchen mit einer Füllung aus Nüssen, Pinienkernen und Grappa, der seinen Ursprung in den Valli Natisone nördlich von Cividale hat. Besonders gut ist die Gubana z. B. in der **Pasticceria Ducale (7)** an der Piazza A. Picco 18 (Mo geschl.). Einige Hersteller

Blick vom Ponte del Diavolo auf Cividale

haben ihre Verkaufsräume an der Straße nach San Pietro al Natisone, z. B. **Vogrig**, Italiens größter Hersteller von Gubana, Viale Libertà 138, www.gubana.it

Consorzio Tutela Vini DOC (9), Via G.B. Candotti 3, der 170 Mitglieder umfassende Schutzverband der Ursprungsbezeichnung „Colli Orientali del Friuli" hat seine Niederlassung in einem spätmittelalterlichen Bau rechts neben dem Turm des Doms. Eine gute Anlaufstelle für alle, die Interesse an friulanischen Weinen haben. Mo–Fr 8.30–12.30, 14–17.30 Uhr, Sa/So geschl. ✆ 0432/730129, www.colliorientali.com

Distilleria Domenis, Via Darnazzacco 30, südlich außerhalb, nach Gagliano fahren und dort links abbiegen, noch 800 m. Die feinen Grappa-Destillate werden in viele Länder exportiert. ✆ 0432/731023, www.domenis.it

• *Touren und Führungen* **Discover Friuli (6)**, Via Manzoni 28, engagierter Veranstalter von Rundreisen, Wander- und Radtouren, Ess- und Weinreisen, Sprachkursen u.ä.m. Die Fahrten starten in Udine und Triest. ✆ 339-7245055 (Handy), ✆ 0432/734386, www.discoverfriuli.com

TIPP! **Azienda Agricola Conte Luigi de Puppi**, Via Roma 5, Moimacco (3 km westlich von Cividale). Valfredo und Caterina de Puppi sind die vorerst letzte Generation einer alt eingesessenen Winzerfamilie. 2006 haben sie die berühmten Weine von Rosa Bosco übernommen – die ehemalige Gattin von Girolamo Dorigo musste aus gesundheitlichen Gründen aufgeben und produzierte jährlich nur ca. 11.000 Flaschen mit zwei Etiketten, weiß (Bosco Sauvignon) und rot (Boscorosso). Hohe Qualität zu gehobenem Preis. ✆ 0432/722461, ✆ 722956, www.depuppi.it

Sehenswertes: Im Zentrum dominiert der *Dom* mit seiner mächtigen, fast schmucklosen Fassade und der Weite seines Innenraums. Gegenüber steht der *Palazzo Municipale* (Rathaus), davor erinnert eine Bronzestatue an den Stadtgründer Julius Cäsar. Im rechten Kirchenschiff liegt der Zugang zum *Museo Cristiano*. Größte Sehenswürdigkeiten sind hier das oktogonale Taufbecken des Calixtus (8. Jh.) und ein großartig skulptierter Altarblock aus dem frühen Mittelalter – Ratchis gewidmet, der im 8. Jh. vom Herzog von Friaul zum König der Langobarden aufstieg und als Benediktinermönch sein Leben in Monte Cassino beendete.

An der rückwärtigen Front der Piazza Duomo steht der *Palazzo dei Provveditori Veneti* mit dem großen *Museo Archeologico*. Während das Erdgeschoss eindrucksvolle Steine (Stelen, Grabsteine, Säulen, Kapitelle etc.) aus vorrömischer, römischer und mittelalterlicher Zeit zeigt, ist das Obergeschoss den Langobarden und ihrer Kunst vorbehalten. Das Meiste der äußerst reichhaltigen Sammlung hat man in Nekropolen entdeckt – Schmuck, Gebrauchsgegenstände, Amulette, Waffen, Keramik und Münzen, Kruzifixe aus Bronze und Gold, außerdem Adelssarkophage.

Hinter dem Dom führen alte, kieselgepflasterte Gässchen zum überaus sehenswerten *Tempietto Longobardo* aus dem 9. Jh., der malerisch über dem Natisone-Fluss thront. Feine Stuckarbeiten, sechs Großreliefs, die die „Prozession der Jungfrauen und Märtyrerinnen“ darstellen, sowie ein Chorgestühl aus dem 15. Jh. lohnen den Besuch des Langobarden-Tempelchens. Am Weg zum Tempietto passiert man eine „Antica Casa Medioevale“ mit einer traditionellen Kunsthandwerkstatt, außerdem kann man an einer Stelle bequem ins Flusstal absteigen (Riva della Bruscandola).

Wenn man nun die Hauptgasse zum Fluss hinuntergeht, lädt in der seitlich abzweigenden Via Monastero Maggiore ein Schild ein, das *Ipogeo Celtico* zu besuchen, eine Grabstätte keltischer Fürsten aus vorchristlicher Zeit. Dann erreicht man den eindrucksvollen *Ponte del Diavolo*, der mit zwei Bögen elegant den Natisone überspannt. Sein Name rührt daher, dass der mittlere Pfeiler auf einem Felsbrocken steht, den der Teufel höchstselbst ins Wasser geschleudert haben soll. Pittoresk fallen die Steilfelsen zum grünen Flusstal ab – wer will, kann sogar zum Wasser hinuntersteigen (über die Brücke und rechts hinunter).

• *Öffnungszeiten/Preise* **Museo Archeologico**, Sommer Mo 9–14 Uhr, Di–So 9–19 Uhr, Winter 8.30–14 Uhr; Eintritt ca. 2 €, frei unter 18 und über 60 Jahren.

Tempietto Longobardo, April–Sept. 9.30–12 und 15–18.30 (So 9.30–13, 15–19.30), Okt.–März 9.30–12 und 15–17 Uhr (So 9.30–12.30, 14.30–18 Uhr); Eintritt ca. 2 €.

Keltisches Ipogäum, tägl. 8–18 Uhr, falls geschl., ist der Schlüssel in der Bar „All'Ipogeo“ erhältlich, montags im Informationsbüro.

Nördlich und östlich von Cividale del Friuli

Die SS 54 führt durch das Haupttal der „Valli Natisone“ über San Pietro al Natisone und Pùlfero nach Slowenien. Östlich von Cividale liegt der Wallfahrtsort Castelmonte. Roter Faden für eine Genießertour durch die Weinregion ist dagegen die SS 356 von Cividale nach Tarcento.

Valli del Natisone

Nordwestlich von Cividale liegen die Zuflusstäler des Natisone, eine vom Tourismus nur wenig berührte Region, überragt vom 1641 m hohen Gipfel des Matajùr an der slowenischen Grenze, von dem aus man bei klarem Wetter das gesamte Friaul sieht. Im Altertum verlief hier der einzige Durchgangsweg ins mittlere Donautal, vor allem unter den Langobarden und den späteren Patriarchen war er von großer strategischer Bedeutung.

Die Menschen in den Valli sind großteils slowenischer Herkunft, traditionelle Sprache ist ein alter Dialekt, in dem die letzte Silbe vieler Wörter betont wird. *San Pietro al Natisone* ist der Hauptort des Natisone-Gebiets, das mit seinen steilen Abhängen und markanten Schluchten das Ergebnis eines langen und komplexen geologischen Prozesses darstellt. Zahlreiche Wanderwege durchqueren die Region: Von Stupizza aus (SS 54 über San Pietro und Pùlfero) erreicht man z. B. auf dem rot/weiß markierten Weg 725 in etwa 4,5 Std. den *Monte Matajùr*. Interessant ist auch noch der *Monte Mia* (1237 m), den man in 3 Std. ebenfalls von Stupizza aus über das Rifugio „Casera Monte Mia“ (2,5 Std.) erklettern kann (Weg 754 rot/weiß). Als Wanderkarte dient die Tabacco-Karte 041 (1:25.000) oder man fragt im Hotel „Al Vescovo-Skof“, dort gibt es meist ein Faltblatt zur Region.

• *Übernachten/Essen & Trinken* **Al Vescovo-Skof**, Pulfero, Via Capoluogo 67, ehemalige Poststation einige Kilometer vor dem Stupizzapass, Familienbetrieb mit 14 Zimmern, gutem Ristorante (Mi geschl.) und kleinem Wellnessbereich. ✆ 0432/726375, www.alvescovo.com

Santuario del Castelmonte: Marienverehrung mit langer Tradition

Der alte Marienwallfahrtsort – wahrscheinlich einer der ersten Oberitaliens – liegt etwa 10 km östlich von Cividale in exponierter Hügellage. Eine Serpentinenstraße führt durch die dünn besiedelte und dicht bewaldete Region. 1175 wurde die Marienkirche erstmals urkundlich erwähnt, doch Ausgrabungen haben römische Überreste zutage gefördert, wahrscheinlich von einem vorchristlichen Heiligtum. 1419 zerstörten die Ungarn die Anlage, 1469 ein Brand, 1478 musste Castelmonte wegen der drohenden Türkengefahr befestigt werden. Heute drängen sich die massiv gemauerten Wehrhäuser pittoresk um die Hügelspitze. Vom großen Parkplatz steigt man durchs Stadttor hinauf und gelangt der Hauptgasse folgend zur Kirche am höchsten Punkt. Im Hauptaltar befindet sich eine sitzende Madonnenstatue mit Kind aus dem 14. Jh., deren Schönheit gerühmt wird („Madonna bella“), obwohl sie im Lauf der Jahrhunderte stark verändert wurde. Anschaulich und lebensnah sind die zahllosen Votivbilder an den Wänden und in den Nebenräumen, die von Pilgern hinterlassen wurden. Danach kann man noch in die große Krypta hinuntersteigen.

Nicht weit ist es von Castelmonte zur *Grotta San Giovanni d'Antro* mit einer in den Fels gehauenen Kirche, die 300 m weit begangen werden kann (nur Sonntagnachmittag).

Öffnungszeiten Das Santuario ist tägl. von 12–14.30 Uhr geschl.

Übernachten/Essen & Trinken Die „Casa del Pellegrino“ (**) ist eine solide Pilgerherberge mit Restaurant im Ortskern, am Aufgang direkt unterhalb der Kirche. DZ ca. 50 €. ✆ 0432/731161, 📠 730150.

Weinstraße von Cividale über Nimis nach Tarcento

▶ **Togliano di Torreano**: Das Weingut „Volpe Pasini“ dominiert mit seinem großen, ummauerten Areal das Durchgangsörtchen, wenige Kilometer nördlich von Cividale.

• *Übernachten* **Volpe Pasini**, das Hotel gehört zum gleichnamigen Weingut (→ unten). Sieben Zimmer (6 DZ, 1 EZ) und eine Suite, eingerichtet mit Antiquitäten der historischen Villa des Anwesens, Zugang zum 20.000 Hektar großen Park. DZ ca. 98 €, Suite 186 € (4 Pers.). ✆ 0432/715151, 📠 715438, www.volpepasini.net

• *Shopping* **Volpe Pasini**, das große Weingut von Emilio Rotolo produziert unter Beratung des bekannten Önologen Riccardo Cotarella Pinot di Grigio und „Zuc di Volpe“. Mo–Fr 9–17 Uhr. ✆ 0432/715151, 📠 715438, www.volpepasini.net

TIPP! **Chiosco al Ponte**, Località Ponte Togliano (Torreano di Cividale). Das Lokal in einem hübschen Holzhaus gehört zum Weingut Paolino Comelli (→ Faedis) und wird von der bekannten Köchin Giulietta Venturini geführt (früher führte sie die Osteria „Da Giulietta“ im Örtchen Valle di Soffumbergo). Serviert werden exzellente friulanische Spezialitäten, z. B. ein hervorragender gefüllter *frico*. Dazu gibt es natürlich die Weine von Comeli, zu empfehlen ist besonders der Tocai. Wegen des Umfelds im Grünen auch gut geeignet für Familien mit Kindern. Nur April bis Sept., Mo/Di geschl. ✆ 0432/715327.

▸ **Faedis**: Das unspektakuläre Städtchen hat man schnell durchquert. Einzig auffallend ist der Dom an der zentralen Piazza, der nur im Sommer besichtigt werden kann. Der Ortsname wird von „fagetum" (Buchenwald) abgeleitet und noch heute laden die von zahlreichen Bächen durchzogenen Wälder und Weinberge der Umgebung zu Spaziergängen und Wanderungen ein. Panoramatipp: Wenn man nördlich der zentralen Piazza die Straße in Richtung Strémiz nimmt und die Serpentinen in den 900 m hoch gelegenen Weiler *Valle di Soffumbergo* hinauffährt, liegt einem das Friaul zu Füßen.

Öffnungszeiten **Dom**, Juli/August 10–12, 16–19 Uhr.

• *Übernachten* **Agriturismo l'Uva e le Stelle**, Via della Chiesa 8, Colloredo di Soffumbergo, südlich von Faedis (zu erreichen über Campeglio). Das Weingut Paolino Comelli (www.comelli.it) liegt ruhig in den Weinbergen und vermietet komfortable Ferienwohnungen mit Heizung und Sat-TV, untergebracht im einem restaurierten Landhaus, das ans Weingut angeschlossen ist. ✆ 0432/711226, ℻ 711400, www.luvaelestelle.it

• *Essen & Trinken* **Scozzir**, Via Cividale 22, das große Lokal liegt am südlichen Ortsausgang neben einem aufgegebenen Landgut. Die Preise sind günstig und mittags schauen die Arbeiter im Blaumann vorbei. Festpreismenü ca. 10 €. ✆ 0432/728116.

Al Postiglione, solide Trattoria im südlich benachbarten Campeglio, direkt an der Durchgangsstraße. Di/Mi geschl.

• *Feste* **Weinfest** in der ersten Maihälfte, **Wein- und Erdbeerfest** Ende Mai/Anfang Juni, **Kastanien- und Honigfest** im Oktober, **Verzeihungsfest** am letzten Oktobersonntag.

▸ **Attimis**: Am Ortsrand liegt das kleine, moderne *Museo dei Castell Attimis* mit mittelalterlichen Fundstücken der Umgebung und einigen Ritterszenarien, die mit lebensgroßen Puppen hübsch nachgebaut sind – nicht unbedingt aufregend und für das Gebotene auch gar nicht billig.

Das trutzige *Castello di Partistagno* stamt aus dem 11.Jh. und steht an der Straße südlich von Attimis, unmittelbar oberhalb des Weilers Borgo Faris. Von dort führt zwar ein Fahrweg hinauf, dennoch sollte man besser zu Fuß gehen, denn oben gibt es kaum Parkmöglichkeiten. Das Kastell kann von außen besichtigt werden. Es besteht aus dem Hauptbau *Casa-Torre*, mehreren weiteren Gebäuden sowie der benachbarten *Chiesetta Sant'Osvaldo*, wo noch Fresken aus dem 14. Jh. erhalten sind. Neben der Kirche liegt eine alte Zisterne.

• *Öffnungszeiten/Preise* **Museo dei Castell Attimis**, Via Principale 99, Okt. bis April Di/Do 10–13, Sa/So 10–13, 15–18 Uhr, Mai bis Sept. Di, Do, Sa, So 10–3, 16–19 Uhr. Eintritt ca. 3,60 €, über 60 J. und Stud. unter 27 J. 2,60 €. ✆ 0432/789700, www.museoattimis.it

Willkommen im Ramandolo-Gebiet

Nimis

(ca. 29000 Einwohner)

Ein wichtiges Zentrum des Weinbaus, vor allem der goldgelbe Süßwein Ramandolo wird hier angebaut, der als erster friulanischer Wein das begehrte Prädikat „cru" erhielt. Die romanische Kirche San Gervasio steht am östlichen Ortsausgang (Richtung Cividale) und besitzt vor allem im Altarbereich gut erhaltene Fresken des 14. Jh.

Wenn man nach Norden fährt, steigt die Straße kurvig ins Hügelland an. In der rustikalen „Antica Osteria Ramandolo" sitzt man neben einer kleinen Kirche unter hohen Kastanienbäumen und genießt den herrlichen Panoramablick auf Nimis und die Weinebene. Über Ramandolo und Chialminis kann man auf enger Straße zur Grotte von Villanova weiterfahren, nach der Grotta Gigante (→ S. 243) die zweite große Tropfsteinhöhle des Friaul.

• *Übernachten/Essen & Trinken* **Lis Campanelis**, am westlichen Ortsausgang, große, sehr beliebte Trattoria, im verglasten Speiseraum ein großer Kamin, draußen sitzt man gemütlich im überdachten Umgang. Ebenfalls mit Zimmervermietung. Do geschl. ✆ 0432/790286.

La Valanghe, vis-à-vis der Kirche San Gervasio, gemütlicher Hof mit schattigen Lauben, Grillküche und Wein aus eigener Herstellung. Mo geschl. ✆ 0432/797404.

La Peschére, Forellenzucht mit Restaurant am Ortsausgang in Richtung Cividale, Sitzgelegenheiten im Freien neben den Fischbecken, Spielgelegenheit für Kinder. Spezialität ist *filetto di trota con polenta*, aber es gibt auch *frico* und andere friulanische Spezialitäten. Di und im Winter geschl. ✆ 0432/797201.

Antica Osteria Ramandolo, Ausflugslokal in der Località Ramandolo. *Polenta, frico* und *tagliatelle con funghi*, dazu wird roter Refosco ausgeschenkt. Mo geschl. ✆ 0432/790009.

Agriturismo da Silvana, an der Kurve kurz vor der Osteria Ramandolo. Ebenfalls gute Küche und schöne Aussichtsterrasse, aber nur Fr–So geöffnet. ✆ 0432/790325.

TIPP! **I Comelli**, Largo Armando Diaz 8, am nördlichen Ortsausgang von Nimis, Familienbetrieb seit Generationen in einem alten, gut renovierten Gebäude. Hier isst man gut und preisgünstig, schöne Plätze auf der Terrasse vor dem Haus. Vielfältige Weinproduktion und gutes Olivenöl. Mo, Di geschl. Mi, Do ab 16 Uhr, sonst ab 11 Uhr. Auch Zimmer werden vermietet. ✆ 0432/790685, 📠 797158, www.icomelli.com

• *Shopping* **Azienda Agricola Anna Berra**, Via Ramandolo 29. Aus der Rebe Verduzzo friulano werden bester Ramandolo, außerdem Refosco dal Peduncolo Rosso, Merlot, Cabernet Franc und auch ein wenig Picolit produziert. Jahresproduktion ca. 25.000 Flaschen. ✆ 0432/790296, 📠 797507, www.annaberra.it

Grotta Nuova di Villanova: in den Eingeweiden des Berges

Die 1925 entdeckte Tropfsteinhöhle unterhalb von Villanova ist ein touristisches Highlight, wenn sie auch nicht an die fantastische Grotta Gigante im Triestiner Karst heranreicht. Doch Weinberge und Sonnenhitze scheinen auf einmal sehr weit weg, wenn man die unzähligen Stufen in den Berg hinunter steigt, wo eine konstante Temperatur von 11 Grad herrscht. Zuerst geht man nach rechts einen langen Höhlenschlund entlang und besichtigt anschließend die linke Seite, wo man sich durch enge Gänge und Öffnungen tastend wie in den Eingeweiden des Berges fühlt. Dazu bekommt man vom Führer ausführliche italienischsprachige Erläuterungen.

Öffnungszeiten/Preise März bis Mitte Juni u. Mitte Sept. bis Nov. 9–12, 14–18 Uhr, Mitte Juni bis Mitte Sept. 9–12, 14–18.30 Uhr, Eintritt ca. 7,50 €. Nur mit Führung (ca. 80 Min.) ✆ 0432/787915, www.grottedivillanova.it

Tarcento

(ca. 9000 Einwohner)

Die Kleinstadt am Fluss Torre wurde beim Erdbeben von 1976 stark beschädigt, ist aber weitgehend wieder aufgebaut. Das kompakte Zentrum besitzt eine nette Fußgängerzone. Im Umland gibt es einige gute Trattorien.

• *Übernachten* ** **Centrale**, Via Garibaldi, große, solide Herberge im alten Zentrum. Mit Parkplatz und Garten, Restaurant und Bar. DZ mit Frühstück ca. 60–70 €. ✆ 0432/785150, ✆ 794185, E-Mail: albcentr@libero.it

• *Essen & Trinken* **Al Mulin Vieri**, Via di Molini 10, direkt im Zentrum malerisch am Flussufer gelegen. Gute Küche zu etwas höheren Preisen. Mo-Abend und Di geschl. ✆ 0432/785076.

Al Sole 2, Via Marinelli 16, vor der Altstadt. Auf den ersten Blick ein durchschnittliches Stadtlokal, doch die Pizzen sind gut und auch die Fischgerichte (ab ca. 12 €) können sich sehen lassen. Mi geschl. ✆ 0432/785056.

Al gial blanc, Segnacco di Tarcento, Via Alfieri 16. Nettes, kleines Restaurant mit Terrasse direkt bei der Kirche, typisch friulanische Küche, familiär geführt. ✆ 0432/793260.

Osteria di Villafredda, in Loneriacco, etwa 3 km südlich von Tarcento an der Straße nach Tricesimo. Gemütliche Landgaststätte mit dem typischen Fogolar, man kann aber auch gut im Gastgarten draußen sitzen. Traditionelle friulanische Küche, dazu gute Weine. So-Abend und Mo geschl. ✆ 0432/792153.

Da Gaspar, schöne Lage in Zomeais, nördlich von Tarcento, direkt am Fluss Torre, allerdings nur wenige Sitzplätze im Freien. Auch hier werden leckere friulanische Spezialitäten serviert, z. B. *cjarsòns*. Mo, Di geschl. ✆ 0432/785950.

Südlich von Cividale del Friuli

Die SS 356 verläuft nach Süden auf der Trasse der alten Römerstraße, die Cividale mit Aquileia und Aemona, dem heutigen Ljubljana, verband. Sie führt vorbei an der berühmten Rocca Bernarda und der alten Abbazia di Rosazzo über Corno di Rosazzo ins Städtchen Cormòns, das bereits zur Weinbauregion „Collio“ gehört (→ S. 169). Zunächst kann man aber bei dieser Tour einen Abstecher in die weiter östlich gelegenen Weinorte Prepotto und Dolegna machen. Eine weitere Fahrt bietet sich über Bùttrio und Manzano nach Cormòns an.

▸ **Prepotto**: Hier wird der rote „Schioppettino„ angebaut, dessen Gärungsprozess sich früher in der Flasche fortsetzte und der deswegen leicht spritzig war, woraus sein hübscher, lautmalerische Name entstanden ist. Aufgrund der modernen Kellereitechniken ist das heute nicht mehr so. Verkosten kann man ihn z. B. am Dorfplatz in der schönen *Enoteca/Trattoria dello Schioppettino da Mario* oder beim Ehepaar Silvana Forte und Flavio Basilicata im Weingut *Le Due Terre* (der Name bezieht sich auf die zwei unterschiedlichen Bodenarten ihrer Weinberge), die mit ihrem „Sacrisassi Rosso“ aus Refosco und Schioppettino einen großen Wein geschaffen haben. Im Weingut *La Viarte* zwischen Prepotto und Corno di Rosazzo kann man einen hervorragenden Ribolla Gialla sowie Refosco verkosten und erwerben.

• *Essen & Trinken/Shopping* **Enoteca/Trattoria dello Schioppettino da Mario**, Piazza XXIV Maggio 16, Mo/Di geschl. ✆ 0432/713004, ✆ 713222, www.enotecaschioppettino.it

Azienda Agricola Le Due Terre, Via Roma 68/b. Besuch Mo–Sa nach Voranmeldung. Gehobene Preise. ✆/✆ 0432/713189.

Azienda Agricola La Viarte, Via Novacuzzo 51. Tägl. 9–12, 14–18 Uhr, es wird Deutsch gesprochen. ✆ 0432/759458, ✆ 753354, www.laviarte.it

Mostra Degustazione dello Schioppettino

Ende April/Anfang Mai findet bei Marco (Sohn des Gründers der Trattoria Mario) in der Enoteca/Trattoria da Mario ein großes Fest mit Verkostung aller Schioppettino-Weine der Region statt.

▶ **Dolegna del Collio**: kleiner Weinbauort in einer Talsenke südlich von Prepotto, einst erbittert umkämpft von den Grafen von Görz und den Patriarchen von Aquileia. Erhalten geblieben ist von den vielen Burgen der Region nur noch das *Castello di Trussio* mit seinen beiden wuchtigen Türmen in Panoramaposition bei Ruttars (südlich von Dolegna). Es beherbergt heute das noble Restaurant „Castello di Trussio dell' Aquila d'Oro". Der nahe Grenzübergang nach Slowenien steht für Touristen offen.

• *Übernachten/Essen & Trinken* **Venica & Venica**, das vor siebzig Jahren gegründete Weingut in der Località Cero besitzt komfortable Gästezimmer und zwei Ferienwohnungen sowie einen schönen Garten mit Pool und Tennis. DZ ca. 85 €, Wohnung ca. 120 €, Frühstück ca. 14 €/Pers. Besonderes Schmankerl: Seit 2005 kocht im Weingut von Ende April bis Anfang Nov. der Kärntner Drei-Hauben-Koch Arnold Pucher, der sonst in seinem Hotel Wulfenia am Naßfeld kulinarisch wirkt. Angeboten werden drei Menüs, wobei jedes mit mehreren Überraschungsgängen serviert wird. Gewürzt wird ausschließlich mit Kräutern und Olivenöl. Geöffnet ist Mi–Sa abends, Fr–So auch mittags. ✆ 0481/61264, 📠 639906, www.venica.it

Castello di Trussio dell'Aquila d'Oro, Via Ruttars 11, elegantes Speisen im Landschloss, im Sommer auch im Freien. So/Mo geschl. ✆ 0481/61255

▶ **Rocca Bernarda**: Das Weingut thront südlich von *Ipplis* in wunderschöner Hügellage zwischen Zypressen. Geführt wird es von Maltesermönchen, die als erste wieder den historischen Wein „Picolit" produziert haben, der heute zu den besten lieblichen Weinen im Land gezählt wird. Die vierflüglige Hauptvilla aus dem 16. Jh. wirkt mit ihren zylindrischen Rundtürmen und Schießscharten wie eine Burg, war aber tatsächlich zu jeder Zeit ein Landsitz ohne militärischen Nutzen.

Kontakt **Rocca Bernarda**, ✆ 0432/716914, 📠 716273, www.roccabernarda.com

Picolit: Neu entdeckt

Vor über dreihundert Jahren wurde der Picolit in Italien und Europa sehr geschätzt. Da die Rebe jedoch anfällig war, geriet er seit dem 19. Jh. in Vergessenheit. Nun wird der gehaltvolle Süßwein mit seinem vollen Bukett und der kräftigen, strohgelben Farbe im Friaul wieder produziert, jedoch nur in geringen Mengen, die Lese erfolgt mit der Hand – dementsprechend hoch ist sein Preis. Entscheidend für die Komplexität des edlen Tropfens ist die lange Reifezeit der Picolit-Traube. Die Gärung erfolgt in kleinen Eichenfässern oder Stahltanks, ausgebaut wird der Wein in Holzfässern.

▶ **Abbazia di Rosazzo**: Das ehemalige Benediktiner- und Augustinerkloster steht in panoramareicher Hügellage nur wenige Kilometer südlich der Rocca Bernarda. Es wurde erstmals im 11. Jh. erbaut, später zerstört und im 16. Jh. wieder aufgebaut. Seit dem Mittelalter ist es ein Zentrum des friulanischen Weinanbaus und eine der drei Zonen der Colli Orientali, deren Weine aufgrund ihrer herausragenden Qualität mit dem Prädikat „sottozona" oder „cru" ausgezeichnet werden. Das Kloster selbst dient heute als religiöses Tagungszentrum, kann aber besichtigt werden. Im Chor der Kirche sind Fresken des 16. Jh. erhalten, davor liegt der historische Kreuzgang mit dem Refektorium. Außerdem gibt es an der Südfront des Komplexes einen wunderbaren Rosengarten mit Statuen und eine Terrasse, von der aus man alle umliegenden Hügel überblicken kann – der Abteiname stammt von diesen Rosen, die hier schon seit Jahrhunderten wachsen.

In den achtziger Jahren wirkte im Weingut des „Rosenklosters" der renommierte Weinproduzenten und Autor Walter Filiputti („Friaul Julisch Venetien - Die Strasse

Weinlandschaft bei Bùttrio

der Genüsse"), der – wie allerdings auch Girolamo Dorigo in Bùttrio – für sich in Anspruch nimmt, den fast ausgestorbenen Rotwein „Pignolo", von dem nur noch um das Kloster Reben existierten, wieder belebt zu haben. Im Hof vor dem Kloster liegt ein Laden, in dem man die Weine und andere typische Produkte des Friaul erwerben kann, z. B. Käse, eingelegte Früchte und Kunsthandwerk. Auch Olivenöl wird hier produziert.

• *Öffnungszeiten* **Abbazia di Rosazzo**, tägl. 9–12, 15–18 Uhr. ✆ 0432/759091, 📠 759091, www.abbaziadirosazzo.it

• *Shopping* **Vinai dell'Abbate**, Besuch der Kellerei nach vorheriger Anmeldung. Mo–Fr 9–12.30, 13–17 Uhr. ✆ 0432/759429, 📠 759887, E-Mail: info@vinaidellabbate.it

▸ **Corno di Rosazzo**: Zum Gemeindegebiet gehören zahlreiche Weingüter, z. B. das von Adriano Gigante an der Straße zur Rocca Bernarda (www.adrianogigante.it) und Butussi an der Straße 356, bei km 39,9 (www.butussi.it). Welche Rolle der Wein hier spielt, erkennt man daran, dass die Straßen nach bedeutenden Rebsorten benannt sind. In der „Enoteca di Borgo" der Winzer von Corno di Rosazzo, die direkt an der Durchgangsstraße liegt, kann man die Weine verkosten.

• *Übernachten* **Agriturismo Villa Butussi**, Via San Martino 29, in Visinale dello Judrio, südlich von Corno di Rosazzo. Jahrhundertealtes Haus in Panoramalage, geführt von Familie Butussi, gut ausgestattete Zimmer und zwei Ferienwohnungen, alle nach Weinen benannt. ✆ 0432/759922, 📠 753112, www.butussi.it

• *Shopping* **Enoteca Gruppo Viticoltori di Corno di Rosazzo**, Località Quattroventi (Corno do Rosazzo), Via Aquileia 68. ✆ 0432/753220.

▸ **Bùttrio**: Der Ort südwestlich von Cividale reicht in seinen Wurzeln bis in römische Zeit zurück. 1932 wurde hier die erste italienische Weinmesse veranstaltet, im April 2006 fand sie zum 74. Mal statt. Sehenswert ist dabei der „Palio delle botti", ein origineller Wettkampf mit Fässern. Seit den 1970er Jahren hat die Kellerei von Girolamo Dorigo ihren Sitz in Bùttrio. Der frühere Steuerberater kultivierte vor über dreißig Jahren den roten „Pignolo", der im Friaul fast ausgestorben war. Im etwas

Die Mitte des Friaul
Karte S. 116/117

außerhalb gelegenen *Castello di Buttrio* hat außerdem die bekannte Weinfamilie von Marco Felluga eine Trattoria neu eröffnet.

• *Essen & Trinken/Shopping* **Enoteca di Bùttrio**, Via Cividale 38, neu eröffnete Enoteca am Ortsausgang nach Cividale, stilvolle Adresse für die Verkostung regionaler Weine, außerdem typisch friulanische Küche. ✆ 0432/673753, www.enotecadibuttrio.it

Locanda Castello di Bùttrio, rustikale Trattoria in einem Flügel des Castello, im Sommer auch Sitzplätze mit Panoramablick im Patio. Di geschl. ✆ 0432/673659, www.marcofelluga.it

Girolamo Dorigo, Località Vicinale di Bùttrio, Via del Pozzo 5. Die renommierte Kellerei produziert heute eine Vielzahl hervorragender Weine, darunter (Tocai) Friulano, Ribolla Gialla, Schioppetino und natürlich den Pignolo. Besuch nach Vereinbarung. ✆ 0432/674268, Fax 673373, www.montsclapade.com

TIPP! **Al Parco**, Via Stretta 7, schön gelegenes Restaurant im Ortszentrum, hinter dem Haus gemütliche Sitzgelegenheiten im Freien, im Speisesaal ein Fogolar zum Grillen. Mi und Di-abends geschl.

▸ **Manzano**: Das Städtchen am Fluss Natisone ist bekannt für seine Stuhlfabriken, ein Großteil der Weltproduktion wird hier hergestellt. Symbolträchtig steht in der Mitte eines Kreisverkehrs am südlichen Ortsausgang ein gut 30 m hoher Holzstuhl, angeblich der größte der Welt.

• *Übernachten/Essen & Trinken* *** **Campiello**, in San Giovanni al Natisone, südlich von Manzano, Via Nazionale 46. Anerkannt gutes Fischrestaurant, dazu werden die edelsten Tropfen der Gegend serviert. Menü um die 35–45 €. So geschl. DZ mit Frühstück ab ca. 80 €. ✆ 0432/757910, Fax 757426, www.ristorantecampiello.it

Der größte Stuhl der Welt

Al Mulino, bei Corno di Rosazzo (östlich von Rosazzo), Località Visinale. Restaurant in einer ehemaligen Wassermühle am Fluss Judrio, leckere regionale Gerichte. Mittlere Preise. Mi geschl. ✆ 0432/759540.

• *Shopping* **La Lozeta**, in Dolegnano, östlich von San Giovanni al Natisone, Via dell'Abbazia 11. Nicht nur Wein, sondern exzellente Feinkost aller Art verkaufen Livio Pesle und Alessandra Vidon in ihrer Villa hoch über den Weinbergen. Tägl. 9–18 Uhr. ✆ 0432/757470, E-Mail: lalozeta@tin.it

Ronco delle Betulle, Via A. Colonna 22, Rosazzo (an der Straße von Manzano nach Oleis beschildert). Das Weingut wurde bereits von Veronelli mit drei Sternen ausgezeichnet. ✆ 0432/740547, www.roncodellebetulle.it

Grappa vom Feinsten

Die älteste Grappabrennerei des Friaul ist **Nonino** im Örtchen Percoto, 4 km westlich von Manzano, Via Aquileia 104. Seit über hundert Jahren ist sie in Familienbesitz und in nunmehr fünfter Generation werden hier qualitativ hochwertige Grappe namens „Uè“ (vom ital. Wort „uva“ für Traube) destilliert, und zwar aus den ganzen Trauben einer einzigen Rebsorte (Picolit) und nicht nur aus dem Trester. Diese Grappe schmecken wesentlich feiner, kosten aber auch ein Vielfaches als die übliche Qualität. Verkauft werden sie in edlen, mundgeblasenen Flaschen aus Muranoglas. Verkostung nach Anmeldung unter ✆ 0432/676331.

Collio

Die hüglige Region Collio schließt sich direkt an die Colli Orientali del Friuli an. Nur ein Drittel liegt allerdings in Italien, der Rest in Slowenien. Roter Faden ist die SS 56 von Cormòns nach Gorizia. Eine ausgedehntere Tour führt kreuz und quer durch die Hügellandschaft nahe der slowenischen Grenze, „Strada del Vino del Collio" genannt, wo zahlreiche Weingüter immerhin 19 exzellente DOC-Tropfen herstellen.

Tatsächlich ist die Region klimatisch für den Weinanbau wie geschaffen: Die Böden bestehen aus Tonmergel und schichtförmigem Sandstein ozeanischer Herkunft, der bei der Faltung des Meeresgrundes der Adria an die Oberfläche gelangte. Unter Witterungseinflüssen zerbröckeln diese Gesteine leicht, wobei optimale Bedingungen für den Weinbau entstehen. Viele der Abhänge zeigen Richtung Süden, die Julischen Voralpen schützen vor kalten Winden und die Nähe des Meeres schwächt die jahreszeitlichen Temperaturschwankungen ab.

Doch nicht alles dreht sich hier um den Rebensaft. Auch die Schauplätze der schrecklichen Isonzo-Schlachten des Ersten Weltkriegs sind nicht weit, sie liegen vor allem südlich von Gorizia und im slowenischen Karst. Und die geteilte Stadt Gorizia/Nova Gorica verweist auf die geschichtlich-politischen Spannungen der Region im äußersten Osten Italiens.

Ein Glas mit Freunden auf der Piazza von Cormòns

Die Mitte des Friaul
Karte S. 116/117

Cormòns

(ca. 7500 Einwohner)

Marktstädtchen und Weinbauzentrum der DOC-Gebiete „Collio" und „Isonzo" in üppig grüner Hügellandschaft. In dem überschaubaren und beschaulichen Örtchen zwischen friulanischer Ebene und dem Massiv des Monte Quarin findet man einige besonders gute Adressen, um die regionale Küche zu kosten und einen Tropfen zu trinken.

Zentraler Punkt der Neustadt ist die *Piazza della Libertà* mit dem Bronzedenkmal für den Habsburgerkaiser Maximilian I. vor der *Chiesa di Santa Caterina*, an den

Cormòns 1500 nach dem Tod des letzten Grafen von Görz auf dem Erbweg übergegangen war (Cormòns lag an der Grenze zum Königreich Italien und blieb bis 1915 österreichisch, abgesehen von kurzen Zwischenspielen Venedigs und Napoleons). Von dort führen zwei Straßen ins etwas höher gelegene alte Zentrum von Cormòns. Die großzügige, ganz in hellem Kalkstein gehaltene *Piazza XXIV Maggio* lädt dort mit ihrer überregional bekannten Enoteca zum gemütlichen Verweilen ein, freitags findet hier der Markt statt. Im Palazzo Devetag ist die Stadtbibliothek untergebracht, im Palazzo Locatelli das Rathaus. Im benachbarten *Duomo Sant'Adalberto* sind Altäre aus dem 18. Jh. und Werke des Gorizianer Malers Giuseppe Tominz zu sehen. Die engen Gassen um die Kirche werden „Centa" genannt und bilden den Ursprung von Cormòns.
Unmittelbar nördlich des Städtchens erhebt sich wie eine schützende Bastion der 274 m hohe *Monte Quarin*. Man kann ihn auf verschiedenen Wanderwegen erklimmen, aber auch mit dem Auto bis zur Wallfahrtskirche *Beata Vergina del Soccorso* hinauffahren. An der Spitze steht eine mittelalterliche Festungsruine, die nur zu Fuß zu erreichen ist.

Information/Shopping/Feste & Veranstaltungen

- *Information* **Ufficio Informazioni Turistiche**, Via Matteotti 3, gleich bei der zentralen Piazza Libertà. Viel Prospektmaterial. Mo–Fr 9–13, 15–18, Sa/So 9–13 Uhr. ✆ 0481/639334.
- *Shopping* **D'Osvaldo (6)**, Via Dante 40, Gigi Osvaldos geräucherter Schinken ist legendär, Sie können ihn in vielen örtlichen Lokalitäten probieren. Bei ihm selber können Sie Schinken bestellen und nach der Reifung zwei Jahre später abholen. Verkostung nur nach Voranmeldung, Mo–Fr 9–13, 15–19, Sa 9–13 Uhr. ✆ 0481/61644.

Chiarosa pane e dolci (11), Via Gorizia 7, sicherlich eine der besten Bäckereien der Gegend, geführt von der Tocher des Bürgermeister. Unglaubliche Vielfalt, allerdings ziemlich teuer.

- *Feste und Veranstaltungen* **Cantine Aperte Bike**, internationales Mountainbike-Rennen im Rahmen des großen Weinfestes **Cantine Aperte**, zu dem am letzten Sonntag im Mai fast zweihundert Kellereien ihre Tore für Besucher öffnen. Jeder kann teilnehmen, Start ist in Cormòns.

Geburtstag von Kaiser Franz Joseph, am 18. August großes Stadtfest zu Ehren des Kaisers, der Cormòns 1910 das Stadtrecht verliehen hat (auf Italienisch heißt er Francesco Giuseppe und wird von den Einwohnern von Cormòns "Checco Beppe" genannt).

Festa Provinciale dell'uva, am zweiten Sonntag im September großer Umzug und Überreichung des Friedensweins an die Staatsoberhäupter der Welt (→ Kasten).

Jazz & Wine of Peace, mehrtägiges Festival im Oktober.

Übernachten

*** **Felcaro (7)**, nördlich vom Zentrum, Via San Giovanni 45. Gemütliche Villa aus der Jahrhundertwende mit moderner Dependance, Pool, Tennis, Sauna, Gymnastikraum, Fahrradverleih. Gutes Restaurant, im Sommer sitzt man schön im Freien (Mo geschl.). DZ mit Frühstück ca. 60–100 €. ✆ 0481/60214, 📠 630255, www.hotelfelcaro.it

La Subida (3), Località Monte 22, großes Areal etwas nordöstlich außerhalb (beschildert), zu erreichen über die SS 409. 12 stilvoll-rustikale Apartments für ca. 65–90 €, weiterhin Pool, Tennisplatz, Fahrräder, Reitpferde und Kinderspielplatz. Zum Anwesen gehören außerdem eine gehobene Trattoria und eine Osteria (→ Essen & Trinken). ✆ 0481/60531, 📠 61616, www.lasubida.it

B & B Tana dei Ghiri (5), Località Monte 40, schönes, neues Privatquartier mit herrlichem Blick über Cormòns, Familie Gandrus spricht Deutsch und vermietet fünf hübsche Zimmer. DZ ab ca. 70 €. ✆/📠 0481/61951, 335-6038612, E-Mail: tanadeighiri@email.it

Agriturismo Pizzut (4), an der SS 409 Richtung Plessiva, kurz nach dem Ortsausgang

etwas zurück von der Straße. Kleines Anwesen mit Wiese und nettem Pool. Vier Zimmer, DZ mit Frühstück ca. 50 €. Es wird auch Englisch gesprochen. ✆ 338/8269144, www.agricolapizzut.com

TIPP! **B & B La Casa di Alice (13)**, Via Ara Pacis 22, ein paar Minuten südlich vom Zentrum. Anna Brandolin und ihr Partner Massimo vermieten in ihrem komfortabel renovierten Bauernhof drei geräumige Zimmer, Anna kocht fantastisch und spricht Deutsch, Massimo Englisch. Außergewöhnliches Ambiente, wunderbares Frühstück und sehr freundliche Aufnahme, viele Infos über Weingüter, Restaurants etc. (bei Bedarf reserviert Anna für Sie). DZ ca. 75–95 €. ✆ 335-377994 (Handy), ✆ 0481/61743, www.wel.it/alice

Essen & Trinken

Al Giardinetto (9), Via G. Matteotti 54, im Zentrum, kurz unterhalb vom Dom. Die weit über die Grenzen des Friaul bekannte Trattoria von Giorgio und Paolo Zoppolatti genießt einen exzellenten Ruf und bietet kreative Speisen österreichischer und friulanischer Art. Im Sommer kann man auch draußen sitzen. Gehobene Preise, aber kein „Schickimicki“. Achtung: Plätze sind limitiert, Reservierung nötig. Mo und Di geschl. Drei Gästezimmer für ca. 75–95 €. ✆ 0481/60257, 630704, E-Mail: algiardinetto@tin.it

In der Enoteca di Cormòns

Al Cacciatore (1), Località Monte 22, Joško Sirko serviert in seiner zum Haus „La Subida" (→ Übernachten) gehörenden Trattoria friulanisch-slowenische Küche mit hervorragenden Wildgerichten. Sa und So mittags und abends, Mo, Do und Fr nur abends geöffnet, Di und Mi geschl. ✆ 0481/60531, 📠 61616, www.lasubida.it

In der sehr gemütlichen **Osteria della Subida (2)** kann man sich mit Schinken, Salami und Käse stärken, dazu gibt es einen bestens sortierten Weinkeller. Do geschl, im Sommer durchgehend geöffnet. ✆ 0481/61689.

Enoteca di Cormòns (8), Piazza XXIV Maggio 22, ganz zentral im Palazzo Locatelli am großen Hauptplatz. Die sympathische Enoteca bietet Weine von zwei Dutzend Produzenten, die sich in der Genossenschaft „Cantina Produttori di Cormòns" zusammengeschlossen haben. Man kann gemütlich in den Innenräumen oder im schönen Innenhof sitzen. Freundliche Bedienung. Hier erhält man auch den berühmten „Vino della Pace", der aus mittlerweile fast 600 Rebsorten aus aller Welt gekeltert wird (→ Kasten). Mi–So 10–13, 17–21 Uhr, Di geschl. ✆ 0481/630371, E-Mail: enotecadic@virgilio.it.

Cantina Produttori Cormòns (→ Kasten).

TIPP! **Antica Osteria all'Unione (12)**, Via P. Zorutti 14, ebenfalls zentral gelegen, Giovanna und Pino Pecorella bieten traditionelle friulanische Küche zu korrekten Preisen, dazu Weine von kleinen unbekannten Winzern, wo man keinen „Bekanntheitsaufschlag" zahlen muss. Mo geschl. ✆ 0481/60922.

• *Außerhalb* **Il Cantiniere (15)**, südlich von Cormòns an der SS 305 Udine–Monfalcone, wenige Kilometer nördlich von Mariano del Friuli. Schöne, alte Gastwirtschaft mit gemütlichem Garten, hier kann man Weine der Cantina Produttori Cormòns verkosten, dazu gibt es lokale Wurst- und Käsesorten, Schinken aus San Daniele und Speck aus Sàuris – ideal für einen kleinen Imbiss, aber auch für ein Mittag- oder Abendessen (Di geschl.).

Wine Grill, ein kleines Stück weiter in Richtung Mariano, beliebtes Lokal im Grünen, wo man auf rustikalen Holzbänken sitzt und deftige Grillgerichte verspeist, darunter auch Meeresgetier wie „calamari fritti".

Al Piave, in Corona (Mariano del Friuli), Via Cormòns 6, erlesene Speisen und Weine in gediegenem Ambiente. Mo/Di geschl. ✆ 0481/69003.

Le Dune, Via Dante 41, in Mariano del Friuli. Gehobenes Restaurant mit bestem Ruf, spezialisiert auf Fisch. Wenn man seine Wünsche nicht genau spezifiziert, bekommt man reichhaltige Antipasti noch und noch aufgedeckt, muss dafür aber auch nicht zu knapp zahlen. ✆ 0481/69021.

Weitere Hinweise unter Capriva del Friuli, S. 174.

Nachtleben/Weinverkostung

• *Nachtleben* **Jazz & Wine le bar (10)**, Via Matteotti 78, populäre Bar, in der sich alles um Jazz und Wein dreht, wer möchte, kann aber auch Bier aus Sauris trinken. Die Musik dazu kann man sich an einem Computer selbst aussuchen.

• *Weinverkostung* Es gibt sehr viele und sehr gute Weingüter in und um Cormòns, probieren heißt hier die Devise, zunächst natürlich in der zentralen **Enoteca**, die fast alle Tropfen der Umgebung vorrätig hat (→ oben). Weithin bekannt sind **Edi Keber**, Località Zegla 17 (✆/📠 0481/61184) und **Franco Toros**, Località Novali 12 (✆ 0481/61327, www.vinitoros.com).

Bei den folgenden Weingütern ist man in der Regel auch ohne Anmeldung willkommen.

Borgo San Daniele, Via San Daniele 16, die Kellerei der Gebrüder Mauri liegt mitten im Zentrum. Ihr Motto: weniger Produktion, mehr Selektion. Ihre Weine (Cuvees): Arbis Blanc und Arbis Ross. ✆ 0481/60552, www.borgosandaniele.it

Colle Duga, das Weingut von Damian Princic liegt in der Località Zegla 10, direkt an der slowenischen Grenze. Auf den vier Weinbergen entstehen dank der schonenden Arbeit im Keller einzigartige Weine: Chardonnay, Friulano und Merlot. ✆ 0481/61177.

Ronco dei Tassi, Fabio Coser und seine Söhne erzeugen ihre unverwechselbaren Weine in der Località Monte (Via Monte 38) – Pinot Grigio, Friulano, Sauvignon u.a. 2005 wurde einer ihre Weine zum Weißwein des Jahres gewählt. ✆ 0481/60155, www.roncodeitassi.it

Branko, Località Zegla, an der Genze zu Slowenien. Igor Erzetic baut seine Weißweine in französischen Tonneaus (Fässern) aus, was den Weinen viel Potential gibt. ✆ 0481/639826.

Möchten Sie Weine aus Cormòns und Umgebung in Deutschland beziehen. Eine gute Adresse finden Sie auf S. 54.

Cantina Produttori Cormòns: Geburtsort des „Vino della Pace"

An der südlichen Ausfallstraße der Stadt steht die große Kellerei der Weinproduzenten von Cormòns. Der ganze Geschmack der Erde in einem Glas – diesen kühnen Traum wollten die 200 Winzer der Cantina Produttori Cormòns vor über zwanzig Jahren verwirklichen. Mit ihrem ehrgeizigen Kellermeister Luigi Soini bauten sie dafür rund um den Betrieb Reben aus fünf Kontinenten an, quasi als Symbol für die Einheit der Welt, und gewinnen seitdem daraus alljährlich den Friedenswein „Vino della Pace". Mittlerweile besteht der Weltweingarten aus fast sechshundert verschiedenen Rebsorten, die aus allen 55 Wein produzierenden Staaten stammen. Namhafte Künstler gestalten jedes Jahr das Flaschenetikett neu. Die erste Lese fand 1985 statt. 500 Personen nahmen daran teil, darunter 70 Studenten aus aller Welt, die damals im United World College in Duino studierten. Das Ergebnis war ein lieblicher und geschmeidiger Wein, eine Metapher für den „Geschmack unserer Erde", so die Botschaft der Cantina Produttori Cormòns. Jedes Jahr nach der Ernte werden allen Staatsoberhäuptern der Welt (über 200) drei Flaschen zugesandt, dazu findet in Cormòns die „Festa Provinciale dell'uva" statt. In der hauseigenen Enoteca „La Vigna del Mondo" kann man die Produkte erwerben.

Cantina Produttori Cormòns, Via Vino della Pace 31, ✆/60579, ℻ 630031, www.cormons.com

Cormòns/Umgebung

▸ **Brazzano**: Wenige Kilometer nördlich von Cormòns lebt *Livio Felluga*, einer der Pioniere der Colli Orientali und mittlerweile hoch in den Achtzigern stehend. Seine drei Söhne und Tochter Elda, ihres Zeichens Vizepräsidentin des „Movimento Turismo del Vino", produzieren Spitzenweine mit unverwechselbaren Etiketten (alte Landkarten von Rebflächen), die sich im hochmodernen Rahmen degustieren lassen. Danach kann man sich in der schönen alten, prächtig restaurierten Osteria/Albergo *Terra & Vini* Wildgerichte munden lassen (Enoteca gleich nebenan) und in noblen Gästezimmern komfortabel nächtigen.

Spaß macht eine Weinprobe in der Azienda Agricola von *Thomas Kitzmüller*, bei dem man biologisch angebaute Weine erwerben kann – Collio Ribolla Gialla, Collio

Friulano, Collio Sauvignon u.a. Die Familie mit österreichischen Vorfahren vermietet auch hübsche Apartments.

Und noch ein letzter kulinarischer Tipp: Im *Panificio Nadalutti* in der Via Italia 4 erhält man etwa 40 verschiedene Arten von Brot, u. a. mit Oliven, Kürbis, Mais, Nüssen und Zwiebeln.

• *Übernachten/Essen & Trinken* **Azienda Livio Felluga**, Via Risorgimento 1, Mo–Fr 8–12, 14–18 Uhr, ✆ 0481/60203, 📠 630126, www.liviofelluga.it

Terra & Vini, Via XXIV Maggiore 34, DZ ca. 110–120 €. ✆ 0481/60028, 📠 639198, www.terraevini.it

Azienda Thomas Kitzmüller, Via XXIV Maggio 56, 0481/60853, 📠 60853, E-Mail: Thomas.kitzmueller@tin.it

Agriturismo Casa Riz, traditionelles Gutshaus in Giassico bei Brazzano. 8 Zimmer und Restaurant inmitten der Weinberge. DZ ca. 50–60 €. ✆/📠 0481/61362.

Capriva del Friuli (ca. 1700 Einwohner)

Ein Zentrum des friulanischen Weinbaus, gleich mehrere hochkarätige Güter produzieren hier Spitzenweine.

Das schmucke Weingut *Schiopetto*, ehemals Sitz eines Erzbischofs, thront in sattes Gelb getaucht wie ein Schloss über den Weinhängen. Carlo, Giorgio und Maria Schiopetto verwalten hier das Erbe ihres Vaters, der das Weingut aus kleinsten Anfängen in den sechziger Jahren zu großem Erfolg führte. Die bekannte Winzerfamilie Marco Felluga besitzt ebenfalls ein großes Weingut in Capriva, das *Russiz Superiore*, das in seinen Ursprüngen bis ins Mittelalter zurückgeht und heute von Roberto Felluga geführt wird. Seine Weine bestechen vor allem durch ihre herrliche Aromenfülle. Die benachbarte *Villa Russiz* wird vom staatlichen Institut Adele Cerruti verwaltet, das sich gleichzeitig auch der Sozialarbeit verpflichtet hat – Gianni Menotti war Winzer des Jahres 2006, seine Tropfen sind also ein besonderer Genuss, aber trotzdem noch bezahlbar. Und auch das Weingut *Roncùs* von Marco Perco gehört in den Kreis der Spitzenwinzer von Capriva.

Eine Sonderrolle nimmt das mitten im Grün der Weinberge gelegene *Castello di Spessa* ein. In seinen Ursprüngen geht es auf das 13. Jh. zurück, wurde aber im 19. Jh. fast vollständig neu errichtet. Loretto Pali produziert hier nicht nur hervorragende Weine, sondern hat im Schloss eine höchst komfortable Herberge geschaffen: Die Zimmer sind mit antikem Mobiliar im Stil des 18. Jh. ausgestattet, das Restaurant bietet eine exquisite Menüauswahl. Sehenswert ist der große Weinkeller, dessen Untergeschoss im Zweiten Weltkrieg als Bunker genutzt wurde. Ein 18-Loch-Golfplatz wurde im Herbst 2005 eröffnet (www.golfgorizia.it, das Restaurant ist einen Besuch wert), es gibt eine eigene Weinprobierstube und ein Wellnesscenter ist im Aufbau. Unterm Strich – das Richtige für die romantische Hochzeitsreise. Am Fuß des Hügels lässt es sich in der „Tavernetta del Castello" hervorragend speisen und im ebenfalls zum Schloss gehörigen Weingut „La Boatina" kann man Käse, Wurstwaren und Schokolade degustieren (→ unten).

Am Ortsrand von Capriva del Friuli liegt unter hohen Pinien die *Vinnaeria alla Baita*, ein modernes Hotel mit verglastem, achteckigem Restaurant und Enoteca, das dem berühmten Silvio Jermann gehört. Interessant ist der so genannte „Windturm" neben dem Haus, der nach persischen Vorbildern entworfen wurde und in dem die Weine ökologisch optimal temperiert und gelagert werden: Der Wind wird mit Leitvorrichtungen durch hoch gelegene Öffnungen in den Innenraum gelenkt, dort sinkt die kühle Luft ab und verdrängt die warme Innenluft über einen von der Windseite abgewandten Schacht.

Das Weingut Schiopetto bei Capriva

• *Übernachten/Essen & Trinken* **Castello di Spessa**, Via Spessa 1. DZ mit Frühstück ca. 150–170 €. ✆ 0481/808124, www.paliwines.com

La Boatina, Via Corona 6, großes Weingut südwestlich von Capriva (von Cormòns an der Straße nach Corona), das ebenfalls zum Castello di Spessa gehört. Nach Voranmeldung kann man eine riesige Auswahl an Käse aus ganz Europa sowie dutzende von Wurstwaren und Schinken verkosten, außerdem gibt es 80 (!) verschiedene Sorten von Schokolade. Am besten, man lässt sich beraten oder einfach nur bedienen, ein Menü mit mehreren Gängen wird auf Anfrage gerne serviert. Wer zu üppig getafelt hat, kann in einem der fünf gemütlichen Zimmer nächtigen. DZ mit Frühstück ca. 75–85 €. Ganzjährig. ✆ 0481/60445, 639914.

Vinnaeria alla Baita, Via degli Alpini 2, im Park der Villa Russiz, komfortable Zimmer mit TV, DZ mit Frühstück ca. 115–135 €. Die Küche hat uns bei unserem Besuch leider nicht überzeugt. Restaurant Mi geschl. ✆ 0481/881021, Fax 881022, www.vinnaeria.it

• *Shopping* **Schiopetto**, Via Palazzo Arcivescovile 1, Besuch nach Voranmeldung tägl. 9–11 und 14–16 Uhr. ✆ 0481/80332, Fax 808073, www.schiopetto.it

Villa Russiz, Via Russiz 6, Mo–Do 8.30–12.30, 15–18 Uhr, Fr 8.30–12.30, 15–17 Uhr. ✆ 0481/80047, Fax 809657, www.villarussiz.it

Russiz Superiore, Via Russiz 7, Besuch nach Vereinbarung. ✆ 0481/99164, Fax 960270, www.marcofelluga.com

Roncùs, Via Mazzini 26. Mo–Sa 9–18 Uhr. ✆ 0481/809349, Fax 808535, www.roncus.it

▸ **Mossa**: Auch hier laden mehrere gute Restaurants zum guten und nicht zu teuren Gaumenschmaus ein. Das Lokal „Vecchie Province Mic" an der Durchgangsstraße besitzt kein Namensschild und ist nur durch eine gelbe Laterne kenntlich gemacht. Im seitlichen Hof sitzt man gemütlich und kann die slowenisch inspirierte Küche kosten, z. B. die hausgemachten Teigtaschen namens „Zlikrofi". Am Ortsende liegt die alte, gemütliche Trattoria „Blanch" mit hübsch schattigem Gastgarten, deren friulanische Hausmannskost seit vielen Jahren ein Begriff ist.

• *Essen & Trinken* **Vecchie Province Mic**, Via Zorutti 18, Mi geschl. ✆ 0481/80020; **Blanch**, Via Blanchis 35, Di-Abend und Mi geschl. ✆ 0481/808693.

• *Shopping* **Simone Turus**, Via Campi 6, hervorragende Salami, Schinken und *cotechino* (Schweinskochwurst) kann man bei Metzger Turus erwerben. Mo–Fr 8.30–12.30, 15.30–19.30 Uhr. ✆ 0481/80471.

Die Mitte des Friaul
Karte S. 116/117

Wanderungen um Cormòns

Die üppigen Weinberge der Umgebung verlocken zu stimmungsvollen Spaziergängen und Wanderungen. Nordöstlich von Cormòns liegt z. B. in der Umgebung einer verlassenen Pulverfabrik das *Naturreservat von Plessiva*, das bis an die slowenische Grenze reicht. An den Wanderwegen stehen Schautafeln zur Flora und Fauna, es gibt Spielplätze, Grillplätze und WCs. Im Informationsbüro von Cormòns erhält man eine Karte mit Wanderwegen zur Umgebung von Cormòns.

Wanderung durch die Weinberge zu den Laghetti del Preval

Leichte Wanderung von etwa 8 km Länge zwischen üppigen Weinreben zu den kleinen Seen von Preval. Man geht abwechselnd auf Wegen, Naturstraßen und Asphalt, unterwegs öffnen sich immer schöne Panoramen.

GPS-Wanderung **Dauer**: ca. 2,5 Std.

Wegbeschreibung: Wir beginnen unsere Wanderung in Cormòns vor dem **Palazzo Locatelli** auf der zentralen Piazza XXIV Maggio **(WP 1)** und gehen die **Via Dante** nach Osten. Bald mündet die Via Battisti von rechts auf unsere Straße ein **(WP 2)**, einige Minuten später eine zweite, die Via Roma **(WP 3)**. Wir bleiben auf der Hauptstraße, diese führt als **SS 409** im Bogen in Richtung Plessiva aus dem Ort heraus. Wir passieren den Abzweig zur Località Pradis und gehen zwischen allein stehenden Häusern und Weinreben leicht bergauf.

30 Min. nach Beginn der Wanderung erreichen wir die **Chiesa della Subida** (Kirche des heiligen Jesuskreuzes der Subida), die rechts oberhalb der Straße steht **(WP 4)**. Der Wanderweg führt uns an der Kirche vorbei in den Wald. An der ersten **Weggabelung** halten wir uns links **(WP 5)** und treffen nach wenigen Metern erneut auf eine **Gabelung**, an der wir uns ebenfalls links halten **(WP 6)**. An Rebstöcken vorbei geht der Fahrweg direkt durch die Weinberge, dabei hat man wunderbare Ausblicke, bei klarer Sicht bis zu den Voralpen. Achtung: Vom schönen Blick abgelenkt, kann es passieren, dass man dem Weg immer weiter durch die Weinberge folgt – was zwar sehr schön ist, die Wanderung aber stark verkürzt (siehe Skizze).

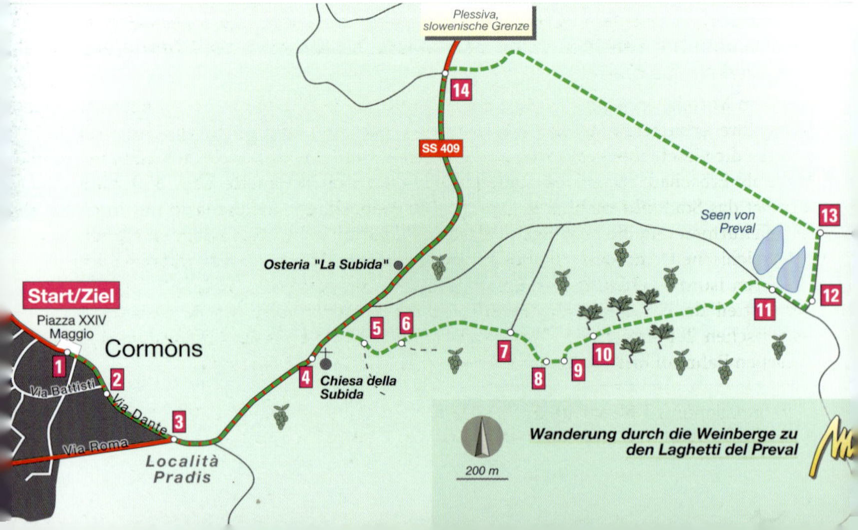

Wenn wir stattdessen die längere Variante zu den Seen von Preval wählen, ist beim nächsten **Linksknick** der Piste etwas Konzentration gefordert, denn hier müssen wir einen zwar breiten, aber unscheinbaren **Wiesenweg** geradeaus nehmen **(WP 7)**. Nach etwa 250 m kommen wir an einen Durchgang, der wie ein Trampelpfad für Tiere aussieht (Vorsicht: bei feuchter Witterung etwas matschig), hier gehen wir durch **(WP 8)**. Der Weg führt uns ein kleines Stück leicht steigend durch den Wald. Oben angekommen treffen wir auf eine **Erdstraße** (Fahrweg), diese gehen wir links herum **(WP 9)**. Dieser Teil der Wanderung ist besonders schön, denn hier öffnet sich ein außerordentliches Panorama auf die Ebene des Preval und die Hügel des slowenischen Collio. Nun gehen wir immer geradeaus, entlang an Rebstöcken und durch eine **Allee** aus Olivenbäumen **(WP 10)**. Ein Waldweg führt uns ein Stück hinunter, bis wir auf eine weitere **Erdstraße** treffen **(WP 11)**, hier geht es nun rechts Richtung slowenische Grenze. Nach etwa 300 m gehen wir links über eine **Brücke (WP 12)**. Um die **Seen von Preval** zu sehen, muss man hier an der linken Seite des Bachs entlang laufen und geht dann wieder zur Brücke zurück. Eine lange Straße führt uns jetzt immer geradeaus am **Bach** entlang, bis wir auf eine **Gabelung** treffen **(WP 13)** Die Natur erscheint hier – bis auf den begradigten Bach – nahezu unberührt und lädt immer wieder zu kleinen Beobachtungen von Insekten und anderen Kleinlebewesen ein. An der Gabelung gehen wir links und treffen nach etwa 2 km auf die **SS 409** von Cormòns nach Plessiva **(WP 14)**. Hier gehen wir nach links zum Ausgangspunkt der Wanderung zurück, können dabei nach etwa der Hälfte der Strecke rechts in der „Osteria La Subida" einkehren (→ Cormòns/Essen & Trinken).

Gorizia (Görz)

(ca. 43.000 Einwohner)

Die Provinzhauptstadt am Isonzo ist eine geteilte Stadt: Der unter Tito gegründete Ostteil nennt sich Nova Gorica und gehört bereits zu Slowenien, während im historischen Görz mit seiner mittelalterlichen Burg die italienische Flagge weht. Der rege Grenzverkehr zeigt, wie eng die Menschen hier miteinander leben und verbunden sind: Für die Einwohner der beiden Städte Gorizia und Nova Gorica wurden neben den internationalen Grenzübergängen für Touristen zusätzliche Passagen für ihren täglichen Kleingrenzverkehr geschaffen.

Seit dem Mittelalter regierten die aus Tirol stammenden Grafen von Görz über die Stadt, ihre erbitterten Auseinandersetzungen mit den Patriarchen von Aquileia prägten die Geschichte des Friaul. Als das Geschlecht Ende des 15. Jh. ausstarb, fiel Görz als Erbschaft an die Habsburger. Deren Herrschaft dauerte über 400 Jahre und hat das Stadtbild nachhaltig geprägt: Die Barockkirche Sant'Ignazio mit ihren Zwiebeltürmen und die behäbigen Paläste im Zentrum geben Gorizia einen typisch österreichischen Anstrich. Allerdings wurden große Teile der Stadt während der schweren Isonzo-Schlachten im Ersten Weltkrieg zerstört (→ S. 184). 1947 wurde der Ostteil dem neuen Staat Jugoslawien zugesprochen. Der Wiederaufbau im italienischen Teil erfolgte im klassizistischen Stil, so dass die langen Straßenzüge zwischen Bahnhof und Altstadt von prächtigen Palästen flankiert sind.

Informationen zu **Nova Gorica** und dem Weinbaugebiet **Goriška Brda** finden Sie im Reiseführer „**Slowenien**" (Michael Müller Verlag) von Lore Marr-Bieger.

Anfahrt/Verbindungen/Information

• Anfahrt/Verbindungen **PKW**, Parkmöglichkeiten u. a. am zentralen Piazzale della Vittoria (Kirche Sant'Ignazio) und an der Piazza Cavour (Dom), man kann aber auch bis zur Burg hinauffahren.
Bahn, gute Verbindungen nach Triest, Udine und Venedig. Bahnhof am Ende des Corso Italia, südwestlich vom Zentrum.

• Information **AIAT**, Palazzo della Regione, Via Roma 5. ✆ 0481/386222/4/5, ✆ 386277, www.gorizia-turismo.it

Übernachten

**** **Grand Hotel Entourage (4)**, Piazza Sant'Antonio 2, geschmackvoll restauriert wurde kürzlich der in Habsburger Gelb gehaltene Palazzo Strassoldo aus dem 15. Jh., wenige Schritte vom Dom (→ Sehenswertes). Edles Ambiente mit vielen Originalstücken aus der Geschichte des Palastes, alle Zimmer verschieden voneinander, freundlich geführt. DZ mit Frühstück ca. 110–150 €, außerdem mehrere Suiten. ✆ 0481/550235, ✆ 30138, www.grandhotelentourage.it

*** **Locanda al 101 (8)**, Corso Italia 145, fünf gut ausgestattete Zimmer mit Holzböden und TV, unten gutes Ristorante mit schattigen Plätzen neben dem Haus. DZ ca. 70 €. ✆ 0481/525003, ✆ 524347, www.locanda101.it

*** **Alla Transalpina (1)**, Via Giuseppe Caprin 30, kürzlich modernisiertes Haus direkt an der slowenischen Grenze, gut eingerichtete Zimmer mit TV, Garten, Parkplatz, großes Restaurant. DZ mit Frühstück ca. 70 €. ✆ 0481/530291, ✆ 535475, www.hotel-transalpina.com

*** **Nanut (10)**, Via Trieste 118, in Bahnhofsnähe, südlich vom Zentrum, gepflegtes Haus mit Garten, Pool, Parkplatz und ordentlicher Küche (→ Essen & Trinken). DZ mit Frühstück ca. 85 €, in der Zwei-Sterne-Dependance 60 €. ✆ 0481/20595, www.nanut.it

* **Sandro (2)**, Via Santa Chiara 18 (Nebenstraße zum Corso Verdi), zentrale Lage, anständige Zimmer in einem mit Weinlaub und Puttenstuck hübsch verzierten Haus. DZ mit Bad ca. 55 €. ✆ 0481/533223.

TIPP! **B & B Palazzo Lantieri (7)**, Piazza Sant'Antonio 6. Der Palast entstand 1350 als befestigter Stadtbau mit Namen „Palais Schönhaus", seit 1505 bis heute ist er in Besitz der Familie Levetzow-Lantieri. Im Lauf der Jahrhunderte wurde er immer weiter ausgebaut, ist heute über 100 m lang und besitzt einen herrlichen Park. Neben anderen illustren Persönlichkeiten haben im Palazzo Lantieri Goethe, Casanova und Papst Pius VI. übernachtet. Die freundlichen Gräfinnen Clementina und Carolina Lantieri vermieten hier ein Dreibettzimmer, ein DZ und ein Einzel. Morgens wird ein leckeres Frühstück mit Obst aus dem Garten serviert. Zu sehen gibt es eine Hofkapelle und zahlreiche Memorabilien aus den letzten Jahrhunderten, darunter eine Widmung des deutschen Kaisers Wilhelm II. Im Hauptraum des Schönhauses sind Fresken flämischer Künstler erhalten, dargestellt ist u. a. die erste Belagerung Wiens durch die Türken von 1529. Das Gewölbe zwischen Hof und Garten ist von hunderten bemalter Kacheln mit mystischen Motiven und Fabelwesen bedeckt. Mittlerweile haben die Gräfinnen einige Räume auch mit moderner Kunst eingerichtet. DZ mit Frühstück ca. 130 €, auch einen Parkplatz gibt es. ✆ 0481/533284, ✆ 531453,
E-Mail: palazzolantieri@activeweb.it

Essen & Trinken

Al Chiostro (5), schattige Tische im Laubengang der Piazza Sant'Antonio, gegenüber vom Palazzo Strassoldo. Gemütlich und ruhig, Paolo und Davide bereiten leckere Gerichte, z. B. *fettuccine e cinghiale* oder *petto d'anatra al cabernet*. Menü ca. 15–20 €. Angeschlossen ist eine Enoteca. Mo-Abend und Di geschl. ✆ 0481/536430.

Alla Luna (3), Via Oberdan 13, alteingesessene und relativ preiswerte Trattoria, urig-rustikal eingerichtet, Elena bietet gute traditionelle Küche nach österreichischer Art, natürlich auch Gulasch und zum Nachtisch Strudel. So-Abend und Mo geschl. ✆ 0481/530374.

TIPP! **Rosenbar (9)**, Via Duca d'Aosta 96, Tipp! Die aufmerksam geführte Trattoria liegt beim großen Parco della Rimembranza (→ Sehenswertes), im Gastgarten vor dem Haus kann man schön im Freien sit-

zen. Hervorragende Fischküche, lecker z. B. die mit Radicchio gefüllten Calamari. Preise etwas höher, aber für das Gebotene sehr angemessen. Mo geschl. ✆ 0481/522700.

• *Cafés* **Caffè Garibaldi di Elvio Ferigo (6)**, Corso Italia 49, Ecke Viale XXIV Maggio. Historisches Café, in dem schon der Duca d'Aosta, Held der Isonzo-Schlachten, verkehrte. Inhaber Elvio Ferigo hatte bereits eine vielseitige Sportlerkarriere hinter sich, als er das Garibaldi übernahm. Seine eigene Biografie und diejenige des Cafés vermischen sich in der reichen Fotoausstellung an den Wänden. Zu den unzähligen Sportauszeichnungen kommen mittlerweile ein gastronomisches und ein önologisches Diplom hinzu. Von der Decke hängen zwei teure Lüster – fast schon symbolisch für die Geschichte der Stadt – aus Murano der eine, aus Österreich der andere. Sa und So nachm. geschl.

Das mittelalterliche Kastell von Gorizia

Sehenswertes

Die Altstadt um Dom und Burgberg ist gut erhalten und lädt zum Bummeln ein.

Dom Santi Ilario e Taziano: An der zentralen Piazza Cavour steht der barocke Dom von Gorizia. Sein ansprechender Innenraum ist mit Gold und Stuck reich verziert und wird an beiden Seiten von zwei Emporen mit eleganten Gewölbebögen flankiert. In den Boden und die Wände sind zahlreiche Grabplatten eingelassen, darunter das Grab Leonardos, des letzten Grafen von Görz.

Piazza Sant'Antonio: Benannt ist die Piazza um die Ecke vom Dom nach der Abbazia di Sant'Antonio, die hier 1210 gegründet wurde. Von dem späteren Franziskanerinnenkloster ist heute noch ein schattiger Laubengang erhalten (→ Essen & Trinken). Ein weiterer Blickfang ist der restaurierte *Palazzo Strassoldo* aus dem 15. Jh., der heute als Hotel dient (→ Übernachten). Nach der Julirevolution von 1830 kam hier der französische König Karl X. von Bourbon mit seiner Familie unter und starb sechs Jahre später an Cholera. Sein Grab liegt im Franziskanerkloster Kostanjevica, jenseits der Grenze. An den Laubengang schließt sich der große *Palazzo Lantieri* an, in dem die Gräfinnen Lantieri ebenfalls Zimmer vermieten (→ Übernachten).

Via Rastello & Piazza della Vittoria: Wenige Meter entfernt führt die schmale Via Rastello zur großen Piazza della Vittoria. In den Laubengängen der verkehrsbefreiten Gasse liegen schicke Boutiquen, Antiquitätenhändler und Tante-Emma-Läden einträchtig beieinander, die Aufschriften sind oft in Slowenisch gehalten. An der großen Piazza della Vittoria, die leider als Parkplatz genutzt wird, steht die barocke Jesuitenkirche *Sant'Ignazio* mit ihren Zwiebeltürmen und pompöser Fassade.

Borgo Castello (Oberstadt): Über dem Stadtzentrum thront die mittelalterliche Grafenburg, die von den Habsburgern erweitert wurde. Beim Aufstieg durch die Oberstadt mit ihren gut erhaltenen Palazzi kommt man an den „Musei Provinciali" vorbei – aufgeteilt in das *Museo della moda e delle arti applicate* (traditionelle Mode,

Stoffherstellung und Seidenproduktion), das *Museo di Storia e Arte* (Archäologie und Geschichte) und das *Museo della Grande Guerra* (Isonzo-Schlachten des Ersten Weltkriegs). Das *Castello* selber gehört zu den eindrucksvollsten im Friaul: eine Konstruktion wie aus dem Schulbuch, im Erdgeschoss die Verliese mit Holzpritschen und Eisenringen an der Wand. Vom Rundturm hat man einen ungestörten Blick auf Gorizia, Nova Gorica und die Schlachtfelder des Ersten Weltkriegs.

Parco della Rimembranza: Der große Stadtpark liegt zwischen Corso Italia und der Via Duca d'Aosta. Mittelpunkt ist der kleine Tempel für die Gefallenen des Ersten Weltkrieges, der während des Zweiten Weltkrieges zerstört wurde. Seine Bruchstücke ließ man pittoresk verstreut liegen, eine einsame Säule ragt darüber auf.

• *Öffnungszeiten/Preise* **Duomo Santi Ilario e Taziano**, werktags 8.30–13, 16–19, So 7–13, 16–19 Uhr.

Musei Provinciali, Sommer Di–So 10–19 Uhr, Mo geschl., Winter 10–13, 14–19 Uhr, Mo geschl.; Eintritt ca. 3 €.

Castello, April bis Sept. 9.30–13, 15–19.30 Uhr, Mo geschl., Okt. bis März 9.30–18 Uhr, Mo geschl.; Eintritt ca. 3 €.

Gorizia/Umgebung

An den Hängen nördlich von Gorizia, wo die Grenze zu Slowenien verläuft, liegen zahlreiche bekannte Weingüter, allen voran das von *Joško Gravner* in der Località Lenzuolo Bianco, der die friulanische Weinkultur um einen entscheidenden Akzent bereichert hat.

Wein aus der Amphore

Joško Gravner gehört heute zu den anerkanntesten Weinproduzenten im Collio, doch das war nicht immer so. Im Jahr 2000 reiste der gebürtige Slowene ins ferne Georgien, um das uralte Weinwissen des Ostens zu studieren. Tatsächlich lernte er dort eine in Italien bis dato völlig unbekannte Methode der Weinherstellung kennen – die Vergärung in tönernen Amphoren, die den Wein quasi wie ein organisches Wesen behandelt. Gravner ließ sich also mächtige Amphoren liefern, die 3000 Liter fassen, vergrub sie im Boden seines Kellers und vergor seine Weißweine darin. Damit stellte er sich in fundamentalen Gegensatz zu allen anderen friulanischen Winzern, die seit den siebziger Jahren auf hochtechnische Innovationen setzten, um Weine mit höchster Fruchtigkeit zu erzeugen. Erzürnt ließen die Weinpäpste ihn fallen, doch Gravner blieb unbeirrt und der Erfolg gab ihm schließlich Recht. Mit seiner unorthodoxen Art der Vergärung (keine Zugabe von Schwefel, Vergärung nur mit wilder Weinhefe) schuf er höchst eigenwillige Weine mit wunderbarer Samtigkeit, die sich nach dem Öffnen der Flaschen ständig verändern. Ribolla Collio, Breg (Cuvée) und Rosso Gravner sind seine bekanntesten Produkte und erzielen seitdem stolze Preise (ab ca. 40 €). Leider empfängt er derzeit kaum Gäste, wegen Arbeitsüberlastung, wie es heißt.

Joško Gravner, Località Lenzuolo Bianco 9, ✆ 0481/30882, 📠 548871, www.gravner.it

▸ **Sacrario Militare di Oslavia**: Am Weg nach San Floriano kann man zur Gedenkstätte von Oslavia abzweigen. In 178 m Höhe steht der mächtige zylindrische Zentralbau aus weißem Kalkstein mit Lichtkuppel und Seitentürmen, der Blick reicht weit nach Slowenien hinüber. Hier ruhen 57.200 italienische Soldaten sowie 539 Tote aus dem österreichisch-ungarischen Heer, die im Ersten Weltkrieg in der

Die Mitte des Friaul
Karte S. 116/117

Umgebung der Stadt gefallen sind, 12.000 von ihnen konnten nicht identifiziert werden. Im Untergeschoss stehen die Sarkophage der Generale.
Öffnungszeiten ganzjährig 8.30–12, 13.30–17 Uhr, Mo geschl.

▶ **Monte Sabotino**: Bei *Lenzzuolo Bianco* führt eine kurvige Straße auf den 609 m hohen Berg, wo man einen herrlichen Blick auf Gorizia hat.

▶ **San Floriano del Collio**: Das Weindörfchen liegt etwa 7 km nordwestlich von Gorizia in steiler Hügelposition, nur 500 m vor der Grenze zu Slowenien. Seinen guten Ruf verdankt es dem Adelsgeschlecht der Formentini, die seit dem 16. Jh. das örtliche Castello besitzen und hier eine Luxusherberge und ein edles Restaurant eröffnet haben. Wer nicht so viel Geld ausgeben möchte, ist dennoch nicht vergebens nach San Floriano gekommen: Ein kleines *Weinmuseum* am Ort widmet sich der Geschichte und dem Anbau der Collio-Weine.

• *Öffnungszeiten* **Museo del Vino**, Via Oslavia 5, Mo–Sa 8–17, So 14–18 Uhr. ✆ 0481/884131.

• *Übernachten/Essen & Trinken* **** **Golf Hotel Castello Formentini**, Via Oslavia 2, zwei restaurierte, alte Gebäude außerhalb des Kastells, auch ein Teil des Kastells wird genutzt. Es gibt 14 Zimmer, die mit Mobiliar des 18. und 19. Jh. eingerichtet und nach Weinen benannt sind, jeweils mit TV und Minibar. Ganztägig steht ein reichhaltiges Büffet mit regionalen Spezialitäten ohne Aufpreis zur Verfügung. Weiterhin gibt es einen großen Schlosspark mit herrlichem Blick auf den Collio, zwei Tennisplätze und einen Pool (Juni bis Sept.). Golfer können auf einem Putting Green üben, außerdem kann die 18-Loch-Anlage des Castello di Spessa benutzt werden (→ S. 174). Dass man bei der charmanten Besitzerin, Gräfin Isabella Formentini, nicht nur die edelsten Collio-Tropfen findet, sondern auch vorzüglich tafelt, versteht sich von selbst. Das Restaurant **Castello Formentini** an der Piazza Libertà ist montags und am Di-Mittag geschl., ein Menü kostet um die 30–45 € (✆ 0481/884034). DZ mit üppigem Frühstücksbuffet ca. 110–120 €. ✆ 0481/884051, ℻ 884052, www.golfhotelformentini.com

Dvor, traditionelle „Gostilna" (Trattoria) an der Durchgangsstraße etwas unterhalb der Hügelspitze, Biergarten unter Kastanienbäumen, weiter Blick. Mo u. Do geschl. ✆ 0481/884035.

Korsic, Località Sovenza 7, nicht nur wegen der prächtigen Landschaft beliebt, sondern auch eine gute Adresse, um slowenische Küche zu probieren, z. B. *cevapcici*. Di/Mi geschl. ✆ 0481/884248.

Al Ponte del Calvario da Mirko, Vallone delle Acque 2, bei Lenzzuolo Bianco. Das schöne Gartenlokal wird von Davide mit Schwester Miriam geführt, Mutter Bruna kocht. Zu den Spezialitäten gehören die *trote alla griglia* (Forellen), aber es gibt auch *carne alla brace* und *baccalà con polenta*, dazu eine gute Weinauswahl. Di-Abend und Mo geschl. ✆ 0481/534428.

• *Shopping* **Azienda Agricola Zuani**, Località Giasbana 12, San Floriano del Collio. Patrizia Felluga, die Schwester des berühmten Livio Felluga, produziert mit ihrem Sohn Antonio authentische Weine des Collio. Der Collio Bianco wird aus mehreren Sorten hergestellt und besticht durch seine fruchtige Vielfalt. ✆ 0481/391432, E-Mail: vinizuani@virgilio.it

Gradisca d'Isonzo

Das Städtchen etwa 10 km südwestlich von Gorizia hat eine ähnliche Geschichte erlebt, die Spuren der k.u.k.-Monarchie sind hier noch augenfälliger – manchmal wähnt man sich fast in Alt-Österreich. Erst 1921 wurde Gradisca italienisch.

Von der venezianischen Herrschaft im 15. Jh. sind weite Teile der Stadtmauer, die ein unregelmäßiges Fünfeck bilden, erhalten, am nördlichen Rundturm prangt noch der Löwe. Innerhalb des alten Stadttors *Porta Nuova* runzelt ein freundlicher Leonardo da Vinci die Stirn; der Meister kam persönlich nach Gradisca, um Verbesserungen an der Stadtbefestigung anzubringen. Eine mittelalterliche *Zitadelle* schließt im Süden die Altstadt ab. Sie ist nicht zugänglich, kann aber umrundet werden. Von hier ist es ein Katzensprung zur langen, schmalen Hängebrücke über den Isonzo, wo gefischt und gebadet wird.

• *Information* **IAT**, Via Dante 21. Tägl. 10–12, 15–17 Uhr. ✆ 0481/961288, E-Mail: infgrad@tin.it

• *Übernachten* *** **Al Ponte**, Viale Trieste 122/Ecke Via Udine (SS 305), westlich vom Stadtzentrum. Modernes und elegant ausgestattetes Hotel inmitten von Grün, allerdings auch an einer viel befahrenen Straße, engagiert geführt von Familie Rizzotti. Wellness mit Sauna und Hamam, viel gelobtes Ristorante (Mo-Abend und Di geschl.), Rundflüge per Hubschrauber (eigener Startplatz auf dem Gelände). DZ mit Frühstück ca. 85–110 €. ✆ 0481/961116, ℻ 93795, www.albergoalponte.it

** **Al Trieste**, Viale Trieste 2, am südlichen Ende der riesigen Piazza d'Italia. Ein prüfender Blick der Dame des Hauses – wer besteht, findet hier ein sauberes und freundliches Domizil. Zimmer mit TV. DZ mit Frühstück ca. 65 €. ✆/℻ 0481/99100.

* **Al Pellegrino**, Piazza Marconi 5, unweit vom Nordende der Stadtmauer. In neapolitanischen Händen, lebendiger Pizzagarten, bescheidene Zimmer. DZ mit Bad 40 €, mit Etagendusche 35 €. ✆ 0481/99918.

Agriturismo Borgo Colmello, ruhig gelegenes Landhotel in Farra d'Isonzo östlich von Gradisca, Strada della Grotta 8. Acht schöne Zimmer, eingerichtet im historischen Stil, Garten, gutes Restaurant (Mo geschl.) und Enoteca. DZ ab ca. 72 €. ✆ 0481/889013, ℻ 889810, www.borgocolmello.it

• *Essen & Trinken* **Al Pellegrino** (→ Übernachten), großer, bei der einheimischen Jugend beliebter Pizzagarten. Do geschl.

Antica Trattoria alla Viole, Via Gioricia 44, die alt eingesessene Trattoria von Marco Felluga (→ Shopping) liegt in Farra d'Isonzo, einige Kilometer außerhalb, direkt an der Straße nach Gorizia. Typische Küche und gemütliche Innenräume mit großem *fogolar*, schöne, schattige Plätze im Freien. Di geschl. ✆ 0481/961326.

Devetak, Trattoria in San Michele del Carso, 7 km außerhalb, Familienbetrieb seit fünf Generationen, heute geführt von Agostino und Gabry Devetak. Traditionelle Karstküche, z. B. *bijeki* (Teigtaschen, gefüllt mit Hühnerfleisch und Majoran) und *agnellino da latte al forno* (im Ofen gegartes Milchlamm). Zutaten aus eigener Herstellung, hervorragende Weine. Mo und Di geschl. ✆ 0481/882488.

Das Stadttor Porta Nuova

TIPP! **Mulin Vecio**, Via Gorizia 2, jenseits der Grünanlage, die vor der nördlichen Stadtmauer liegt. Preiswerte und sehr stimmungsvoll ausstaffierte Osteria in einer ehemaligen Mühle, auch der Außenbereich neben dem Haus ist einladend. Schinken, Würste und eingelegtes Gemüse gehören zu den Spezialitäten. Lange offen, viel Stimmung, gelegentlich Livemusik, Mi und Do geschl. ✆ 0481/99783.

• *Shopping* Zwei der bedeutendsten Weinproduzenten des Friaul arbeiten in bzw. bei Farrra d'Isonzo.

Marco Felluga, Via Gorizia 121, beschildert schräg gegenüber der zum Gut gehörigen „Trattoria alla Viole" in Farra d'Isonzo (→ Essen & Trinken). ✆ 0481/99164, www.marcofelluga.it

Silvio Jermann, Località Villanova, östlich von Farra d'Isonzo. Seit den siebziger Jahren ist Silvio Jermann einer der innovativsten Weinmacher der Region, dessen fantasievolle Weinnamen legendär sind, z. B. „Were dreams – now it is just wine" (Waren Träume, jetzt ist es einfach nur Wein). Hotel und Restaurant in Capriva del Friuli (→ S. 174). Kein Individualverkauf. ✆ 0481/888080, ℻ 888512, www.jermann.it

TIPP! **La Serenissima**, Via Cesare Battisti (Altstadt)/Ecke Via Dante Alighieri. Diese gemütlich-stilvolle Enoteca in Gradisca ist ein besonders schöner Platz, um die Weine des Collio zu testen. Mo geschl. ✆ 0481/99528.

Der idyllische Isonzo war Schauplatz unendlichen Leids

Die Isonzo-Schlachten

Das Grenzgebiet zwischen Österreich-Ungarn und Italien war zwischen Juni 1915 und Oktober 1917 Schauplatz von zwölf erbittert geführten Schlachten mit spärlichen Landgewinnen, aber extrem hohen Verlusten an Menschen. Ernest Hemingway, der damals hier als neunzehnjähriger Rot-Kreuz-Freiwilliger am Krieg teilnahm, wurde dabei schwer verletzt (Lesetipp: „In einem andern Land").

In den fünf ersten Offensiven versuchten die italienischen Truppen, den Isonzo zu überschreiten und ins österreichische Triest vorzustoßen, jedoch erfolglos. Erst als die Mittelmächte im August 1916 große Truppenkontingente von der Südfront abziehen mussten, gelang in der sechsten Schlacht die Einnahme des strategisch wichtigen Görz. In den nächsten Schlachten wurden jedoch nur geringe Geländegewinne erzielt und der Vormarsch lief sich fest. In der elften Isonzo-Schlacht wollte die italienische Armee endgültig den Durchbruch nach Triest erzwingen. Die zahlenmäßig unterlegenen österreichisch-ungarischen Truppen konnten dies verhindern, aber wegen ihrer hohen Verluste stand die Front vor dem Zusammenbruch. Erst durch deutsche Verstärkungen – wegen der ruhigen Lage an der Ostfront im Gefolge der russischen Oktoberrevolution – gelang den Mittelmächten im Oktober 1917 ihrerseits mit einer großen Übermacht unter dem jungen General Rommel der Durchbruch. Am 28. Oktober eroberten deutsche und habsburgische Truppen Görz zurück („ ... Oberhalb von Gradisca stürmte in der dritten Morgenstunde Major Mocsary an der Spitze seines tapferen Koesseger Jägerbataillons Nr. 11 über die brennende Isonzobrücke auf das rechte Ufer hinüber und entriss dem Feind den Monte Wortin. Auf dem Kastell von Görz hissten Abteilungen des

Karlovacer Infanterieregiments Nr. 96 um 2 Uhr früh unsere Fahne ...“), zwei Tage später wurde Udine genommen. Erst an der Piave in der Region Veneto gelang es den Italienern mit britischer und französischer Hilfe, wieder eine geordnete Front aufzubauen und den Durchmarsch in die Poebene zu verhindern.

▸ **Monte San Michele**: etwa 8 km südlich von Gorizia und 4 km östlich von Gradisca (ausgeschildert). Von den zwölf Isonzo-Schlachten wurde die ersten sechs im Gebiet um diesen Hügel mit seinen zahlreichen Grotten und Höhlungen ausgetragen. Zahlreiche Gedenkstätten gibt es im Gelände, allerdings ist derzeit vieles wegen Restaurierung und Einsturzgefahr geschlossen. Das Grauen der damaligen Zeit kann man aus den Überresten kaum noch erahnen.

Von der felsigen Erhebung „Cima 3“ aus sieht man weit über die Isonzo-Ebene, auf der anderen Seite bis zum Meer. Im Museum gibt es eine ausführliche Dokumentation mit Fotos und Karten des Linienverlaufs der verschiedenen Schlachten. Am meisten beeindruckt die Besucher die taktische Kommandostelle der dritten italienischen Armee, ein Stollen mit mehreren Ausgängen, Kanonenstellplätzen und Munitionsdepots. Ganz in der Nähe liegen zwei Unterstände der Österreicher – die feindlichen Maulwürfe näherten sich unterirdisch bis auf 50 m.

Öffnungszeiten/Preise **Museum**, Mo–Do 8–12, 13–16, Fr 8–12 Uhr, Eintritt frei. ✆ 0481/489024.

▸ **Militärfriedhof von Redipúglia**: 7 km südlich von Gradisca liegt an der SS 305 nach Triest Italiens größter Militärfriedhof. Nachdem der Hügel südlich der Straße den Gebeinen angeblich wegen Witterungseinflüssen nicht bekam, wurde 1938 eine gigantische Gedenkstätte nördlich der Straße errichtet – ein Beispiel größenwahnsinniger faschistischer Architektur. Eine Treppe von 22 Stufen, jede 2 m hoch und 12 m breit, birgt in alphabetischer Reihenfolge geordnet die Überreste von 40.000 identifizierten Gefallenen der Isonzo-Schlachten. Zuoberst eine Votivkapelle, beidseits von ihr ein Sammelgrab für jeweils weitere 30.000 nicht identifizierte Soldaten. Am Fuß der Treppe ruht unter einem 75 Tonnen schweren Steinblock der Herzog von Aosta, Kommandant der 3. Armee, die in den Isonzo-Schlachten eine Hauptrolle spielte, nebenbei Anhänger des Faschismus von Anbeginn an. Im Gegensatz zum hier beerdigten Fußvolk überlebte der General alle Schlachten und entschlief friedlich 1931. Im Grab ist das etwas pathetische Testament des Herzogs zu lesen: Er fühlt das nahe Ende kommen („La sera scende sulla mia giornata“), dankt seiner Frau Hélène für die Pflege und hofft, dass auch seine beiden Söhne ein Leben führen wie er, unter dem Motto: für König und Vaterland („Tutto per la patria e il re“). Schließlich folgt der Wunsch, bei seinen Soldaten beerdigt zu werden. Hélène und die Söhne wurden hier später bestattet. Gegenüber der Gedenkstätte, auf der anderen Straßenseite, wurde ein *Museo del Sacrario* mit einer ausführlichen Fotodokumentation der zwölf Isonzo-Schlachten eingerichtet.

Knapp 1 km weiter in Richtung Udine liegt bei *Fogliano* neben dem zivilen Friedhof die Ruhestätte der Gefallenen Österreich-Ungarns mit 14.550 Gräbern – im Gegensatz zur Monumentalität von Redipúglia in eher bescheidenem Rahmen.

Wer nun noch den nahe gelegenen Karstsee **Lago di Doberdò** kennen lernen und/oder in der Region des Carso Isontino nächtigen will, findet Details dazu unter Riviera Triestina, S. 214.

Die friulanische Küste

Die Küste von der Tagliamentomündung bis zum venezianisch geprägten Städtchen Muggia kurz vor der slowenischen Grenze zerfällt in zwei landschaftlich völlig unterschiedliche Gebiete: Zum einen die Region der großen Lagunen und langen Sandstrände zwischen Tagliamento und Isonzo, zum anderen ab der Industriestadt Monfalcone die Welt des Karst mit felsigen Steilabfällen und wenigen eingelagerten Stränden an der sog. Riviera Triestina.

Der erste Abschnitt ist mit den zwei großen Badestädten *Lignano* und *Grado* das Meer- und Sonnenparadies des Friaul. Hundertausende von Urlaubern verbringen hier alljährlich ihre Ferientage, finden endlose Sandstrände, aber auch geschützte Naturparks in den Lagunen und an der Mündung des Isonzo sowie interessante Ausflugsziele im Hinterland, allen voran *Aquileia* mit seinem prachtvollen Mosaikboden in der Basilika.
Die Triestiner Rivieria hat für Badeurlauber weniger zu bieten, hier kann man aber die beiden Schlösser von *Duino* und *Miramare* besichtigen und natürlich *Triest*, das genug Stoff für mehrere Tage besitzt. Im Hinterland liegt mit der *Grotta Gigante* eine der beeindruckendsten Tropfsteinhöhlen Europas und im *Val Rosandra* an der slowenischen Grenze läßt es sich bestens wandern.

Küste vom Tagliamento bis Isonzo

Zwischen den Mündungen des Flusses Tagliamento im Westen und dem Isonzo im Osten erstreckt sich das riesige, flache Gebiet der Lagunen von Marano und Grado mit Flussläufen, kilometerlangen Stränden, endlosen Schilfzonen, zahllosen kleinen Inseln und breiten Sandbänken.

Die grünen Agrarlandschaften mit Wiesen, endlosen Feldern und langen Pappelalleen, die die Lagunen landeinwärts umgeben, wirken landschaftlich vielleicht zu-

nächst ein wenig eintönig, doch gibt es in der Lagune von *Marano* und im Bereich der *Isonzo-Mündung* mehrere geschützte Naturparks, in denen sich die typische Lagunenfauna und -flora ungestört entfalten kann und die man in Spaziergängen und Wanderungen für sich entdecken kann. Auch von den großen Pinienwäldern, die einst die gesamte Uferregion bedeckten, sind noch Reste erhalten. Botaniker haben in jüngsten Zählungen 227 Arten und Unterarten von Pflanzen katalogisiert, von denen einige nur noch hier zu finden sind und die die letzten Zeugen einer heute fast völlig verschwundenen Vegetation darstellen. Kulturell besitzt die Küstenregion mit den römischen Ausgrabungen und der Basilika von *Aquileia* ebenfalls Hochkarätiges. Und natürlich liegen hier mit Lignano und Grado zwei der wichtigsten Strandorte der oberen Adria, die zu den größten Badezonen am gesamten italienischen Stiefel gehört.

Als in den fünfziger Jahren der Italientourismus an der früher großteils unbesiedelten Küste einsetzte, stand *Lignano* ganz vorne an. Mit seinem 8 km langen Strand besaß der verschlafene Ort, dessen touristische Erschließung in den dreißiger Jahren begonnen hatte, dann aber durch den Zweiten Weltkrieg unterbrochen worden war, ein touristisches Potenzial sondergleichen. In einer gewaltigen Expansionsbewegung entstand an der Mündung des Tagliamento eine weit um sich greifende Badestadt, die heute in ihrer architektonischen Stereotypie sicherlich keine reine Augenweide ist, sich aber in den Ortsteilen Pineta und Riviera noch Reste der alten Pinienwälder erhalten konnte. Die alte Fischerstadt *Grado* besitzt dagegen einen gut erhaltenen historischen Kern und kann in ihrer Badetradition bis in die k.u.k.-Zeiten des 19. Jh. zurückblicken. Da die Strände überall extrem flach ins Wasser abfallen, sind beide Orte seit Jahrzehnten Anziehungspunkte für junge Familien. Kleinkinder können unbegrenzt im Sand buddeln oder im Niedrigwasser plantschen, während die etwas älteren Kids mit ihren Käschern blitzschnelle Fischchen jagen, bei Ebbe im hunderte Meter breiten Schlamm- und Schlickstreifen versteckte Garnelen orten oder im Familienverband die Spaßbäder und Vergnügungsparks aufsuchen. Viele alt gewordene Stammgäste kehren ebenfalls Jahr für Jahr wieder und sogar die Spaßgeneration hat die Adria wieder entdeckt – heißes Nachtleben, Events und Discos gibt es zuhauf. So hat die Region ihr Publikum, und da die Algenpest, die Rimini Ende der 1980er heimsuchte, hier nicht auftrat, konnten bislang alle touristischen Krisen problemlos bewältigt werden.

Litoranea Veneta: Die venetisch-friulanische Küste

Die „Litoranea Veneta“ ist eine eigentümliche Wasserlandschaft, die sich vom Podelta über die Lagunen von Venedig, Marano und Grado bis zum Golf von Triest erstreckt und durch ein jahrhundertealtes System von Kanälen miteinander verbunden ist. Eine Welt aus Wasser, schwimmenden Landstücken, flachen Sumpflandschaften, schmalen Kanälen, Sandbänken und Flüssen – geprägt ebenso von der Natur wie von den ständigen Eingriffen der Menschen, die sich hier Handels- und Transportwege bahnten. Ihre typische Vegetation ist das Seegras, eine ausdauernde Meerpflanze, die jungen Fischen und wirbellosen Tieren Unterschlupf und Schutz bietet. In der Nähe der Flussmündungen erstrecken sich breite Schilfgürtel, in denen Reiher und Sumpfrohrsänger brüten. In den fließenden Gewässern findet man eine Vielzahl von Wasserpflanzen, während entlang der Straßen und Deiche Weiden, Pappeln und Ulmen stehen. Nur noch an wenigen Stellen erinnert die Vegetation an den ursprünglichen Uferwald aus schweren, alten Pinien. Typische Architektur der Lagunen sind die *Casoni*, spitzgieblige Holzhäuschen mit pyramidenförmigen Schilfdächern, die früher den Fischern während der warmen Jahreszeit als Wohnungen dienten. Sie bestehen nur aus einem Raum, ihre Tür ist nach Westen gerichtet, um Schutz gegen die kalten Ostwinde zu bieten. Heute werden manche als private Ferienwohnungen genutzt, in einigen wurden rustikale Gaststätten eingerichtet, wo man Fisch mit Polenta versuchen kann.

Lignano

(ca. 6000 Einwohner)

Die größte Badestadt der friulanischen Adria liegt auf einer weit nach Osten vorstoßenden Landzunge an der Mündung des Tagliamento und besteht aus drei Ortsteilen: Riviera, Pineta und Sabbiadoro. Vor der fast unüberschaubaren Urbanisation erstreckt sich ein riesiges Strandareal, gut 8 km lang, mit Uferstraße und dichter Pineta (großteils eingezäunt) sowie mehreren Dutzend Badeanstalten, aber auch kostenfreien Strandabschnitten. Selbstverständlich spricht „man“ Deutsch.

In den fünfziger und sechziger Jahren begann der Aufstieg Lignanos. Dieses Erbe ist allerdings auch Ballast, denn die Beton- und Schuhschachtelarchitektur der Gründerjahre prägt den Ortscharakter bis heute. Viele Hotels, die rein äußerlich nicht sonderlich attraktiv wirken, wurden jedoch mittlerweile im Inneren geschmackvoll modernisiert. Das Seine dazu tut die herrliche Pinienvegetation, die viele Bausünden abmildert. Heute ist Lignano bei jungen Leuten aus Österreich besonders beliebt, aber auch für Familien ist viel geboten: es gibt u. a. das große Spaßbad Aquasplash, einen Zoo, einen Lunapark und den Themenpark Gulliverlandia, der die Illusion vermittelt, sich inmitten reichhaltiger Meeresfauna zu befinden. Einen guten Ruf besitzt Lignano auch bei Bootsbesitzern, denn mit acht Marinas und über 5500 Liegeplätzen ist es einer der wichtigsten Häfen der Adria.
Lignano besteht aus drei Ortsteilen: *Sabbiadoro* („Goldstrand”) nimmt die gesamte „Zungenspitze” in Beschlag und ist das städtisch-touristische Zentrum Lignanos. Im Sommer herrscht hier der totale Trubel: zahllose Hotels, Ristoranti Bars und

Diskotheken gruppieren sich um die Uferstraße und die lange, bis tief in die Nacht geschäftige Fußgängerzone, der Strand ist eine einzige Sonnenschirmparade. Das westlich benachbarte *Pineta* ist mit seinem Pinienwald der grünste und eleganteste Ortsteil und *Riviera* erstreckt sich an der Mündung des Tagliamento, wo man einige hübsche Ecken und einen breiten Strand fast ohne organisierten Badebetrieb findet.

Anfahrt/Verbindungen/Information

• *Anfahrt/Verbindungen* **PKW**, gut ausgebaute Schnellstraße mit mehreren Spuren ab **Latisana**, von der A 4 Venedig-Triest Ausfahrt Latisana.

Bahn, nächste Bahnstation ist **Latisana** (Lignano-Bibione) an der Strecke Venedig-Triest, von dort fahren häufig Busse (Busabfahrt nicht weit vom Bahnhof).

Bus, Busstation in der **Viale Gorizia 26, gleich** bei der Fußgängerzone Via Udine. ✆ **0431/71373**.

Taxi, Taxistand ebenfalls in der Viale Gorizia. ✆ 0431/422510, 720303, 70782.

• *Information* **AIAT**, Via Latisana 42, großes Büro im Ortsteil Sabbiadoro, viele Prospekte, Zimmervermittlung. In der Hochglanzbroschüre „Lignano Sabbiadoro Holiday" werden die Hotels mit Fotos vorgestellt. Tägl. 8.30–12.30, 15–19 Uhr. ✆ 0431/71821, 📠 70449, 899278. www.aiatlignano.it

Zweigstelle am Ortseingang, Via dei Pini 53, ✆ 0431/422169, 📠 422616.

Internet: www.lignano.it, www.lignano.com, www.lignano.org

Übernachten

Wer in einem der über 150 Hotels nächtigen will (mehrere Tage Aufenthalt werden in der Regel erwartet), wendet sich am besten an das Booking Center „Lignano Vacanze", Via Latisana 44 (neben Info-Büro), ✆ 0431/723133, 📠 722800, www.lignanovacanze.org. Weiterhin gibt es die Online-Agentur CAI/Consorzio Alberghi Lignano (Viale Europa 40, www.hotelslignano.net), in der sich eine Reihe von Hoteliers zu-

sammengeschlossen haben. Zahlreiche Agenturen vermitteln außerdem Ferienwohnungen (z. B. www.lignanomare.it, www.agenzia-friulia.com, www.agenzialignano.it), einige haben ihre Büros gleich am Ortseingang von Lignano Pineta.

• *Sabbiadoro* **** **Grand Hotel Playa (41)**, Lungomare Trieste 128, bestens ausgestattetes Haus in erster Reihe an der Uferstraße, geheizter Pool, Solarium mit Whirlpool auf der Dachterrasse, Fitnessausstattung, Kinderspielzimmer, Miniclub, Gästefahrräder. DZ mit Frühstück ca. 130–190 €. ✆ 0431/71071, 📠 71072, www.playa.it

**** **Punta dell'Est (42)**, Via Tomavo 38, modernes Haus, ebenfalls schöne Lage in erster Reihe, hübscher Pool mit „Wasserbar", Panoramaterrasse, Zimmer ein wenig eng. DZ mit Frühstück ca. 110–155 €. ✆ 0431/71990, 📠 720290, www.gphotels.it

**** **Marin (19)**, Lungomare Trieste 1, seit 1903 zentral an der Strandstraße, mehrfach modernisiert und vergrößert, netter Garten und Pool, umgeben von üppigem Grün. DZ mit Frühstück ca. 116–135 €. ✆ 0431/71283, 📠 73290, www.hotelmarin.it

**** **International (37)**, Lungomare Trieste 134, ebenfalls an der Uferfront, größeres Haus mit gut eingerichteten Zimmern, schöner Garten mit Pinien und Pool. DZ mit Frühstück ca. 80–150 €. ✆ 0431/71151, 📠 71152, www.hotelinternational.it

**** **Florida (39)**, Via dell'Arenile 22, gut eingerichtetes und dank seiner Glasfronten hell und wohnlich wirkendes Haus in zweiter Reihe. Komfortable Zimmer mit Sat-TV, Sonnenterrasse, Sauna, Kinderspielzimmer, geplant ist eine Dachterrasse mit Pool im 6. Stock. DZ mit Frühstück ca. 100–140 €. ✆ 0431/720101, 📠 71222, www.hotelflorida.net

*** **Capanna d'Oro (11)**, Lungomare Trieste 124, an der Uferstraße, ansprechend gestaltetes Haus mit großem Garten, von den Zimmern z. T. Blick aufs Meer, hübsche Frühstücksterrasse. DZ mit Frühstück ca. 100–130 €. ✆ 0431/71240, 📠 73816, www.hotelcapannadoro.com

*** **Pelikan (20)**, Lungomare Trieste 10, ganz zentrale Lage an der Uferstraße von Sabbiadoro, nahe der „Terrazza Mare". Alle Zimmer mit Sat-TV, Balkon und Meerblick. DZ mit Frühstück ca. 75–90 €, Liegestühle im Strandbad vor dem Haus im Preis inbegriffen. ✆ 0431/71670, 📠 720775, www.hotelpelikan.it

*** **La Goletta (7)**, Vialle Italia 44, interessante Lage direkt am Hafen mit Blick auf die Yachten. DZ mit Frühstück ca. 64–82 €. ✆ 0431/71274, 📠 73180, www.hotelgoletta.it

** **La Perla (2)**, Via Padana 10, ruhige, trotzdem zentrale Lage, moderne Zimmer mit Sat-TV, privater Parkplatz, Restaurant, DZ mit Frühstück ca. 52–80 €, inbegriffen sind reservierte Liegestühle am Strand (200 m entfernt). ✆ 0431/71539, 📠 71445, www.hotelperlalignano.com

* **Ornella (3)**, Via Adriatica 11, eins der günstigsten Häuser am Ort, zentrale Lage, 26 Zimmer, einige Parkplätze vorhanden. DZ mit Frühstück ca. 52–76 €. ✆ 0431/71262, 📠 720133, E-Mail: hotel.ornella@virgilio.it

* **Zen (9)**, zentraler geht's nicht, vis à vis der Kirche im kleinen, zentralen Parco San Giovanni Bosco, direkt an der Fußgängerzone. DZ mit Frühstück ca. 50–80 €. ✆/📠 0431/71237.

• *Pineta* *** **Ambassador (24)**, Viale Centrale 44, völlig renoviert, geräumige Zimmer mit Sat-TV, hübscher Pool mit kleinem Kinderbecken, Garten mit Spielecke für Kinder. DZ mit Frühstück ca. 70–105 €. ✆ 0431/422410, 📠 427949, www.ambassadorhotel.it

*** **San Francisco (26)**, Viale delle Palme 40, nettes Hotel, ordentliche Zimmer mit Teppichboden und TV, schöner Garten mit kleinem Pool, Privatstrand, Fahrradverleih (gegen Gebühr). DZ mit Frühstück ca. 70–110 €. ✆ 0431/422234, 📠 422663, www.hotelsanfrancisco.it

** **Rosapineta (25)**, Arco del Libeccio 33, relativ ruhige Lage, nicht weit von der Terme, 250 m zum Strand. DZ mit Frühstück ca. 60–75 €. ✆ 0431/422383, 📠 422569, www.hotelrosapineta.com

• *Riviera* **** **Meridianus (29)**, Via della Musica 1, ruhige Lage zwischen dem Grün der Pinien, 200 m zum Strand. Beheiztes Hallen- und Freibad, gemütliche und moderne Zimmer mit Sat-TV, guter Service. DZ mit Frühstück ca. 100–140 €. ✆ 0431/428561, 📠 428570, www.hotelmeridianus.it

*** **Smeraldo (28)**, Viale della Musica 4, komplett renoviertes Haus, schöner Pool und gemütliche Cafe/Speiseterrasse daneben, moderne Zimmer, Kinderspielplatz. DZ mit Frühstück ca. 86–140 €. Kinderspielplatz ✆ 0431/428781, 📠 423031, www.hotelsmeraldo.net

** **Old River (36)**, Viale Adriatico 8, zentrale Lage an einem Kreisverkehr, aber schöner Pool und Sonnenterrasse auf dem Dach. 200 m zum Meer, am Camping Pino Mare vorbei, ein bisschen weiter zur Mündung des Tagliamento. DZ mit Frühstück ca. 60–80 €. ✆ 0431/428535, 📠 428444, www.hoteloldriver.it

• *Außerhalb* **Isola Augusta**, zehn moderne und gut ausgestattete Ferienwohnungen im großen Weingut von Massimo Bassani

Hübsch zum Sitzen: Café Gossip auf der Terrazza del Mare

bei Palazzolo della Stella (→ Shopping), etwa 15 km landeinwärts von Lignano. Geheizt wird mit einer unterirdischen warmen Quelle. Ganzjährig. ✆ 0431/58046, www.isolaugusta.com

• *Camping* Die drei Plätze öffnen Anfang bis Mitte April und schließen in der zweiten Septemberhälfte. Im Hochsommer gibt es Bustransfers zu Diskotheken, Aquasplash etc.

**** **Sabbiadoro (30)**, zweigeteilter, sehr großer Platz in zentraler Lage zwischen Pineta und Sabbiadoro, viele österreichische Jugendliche kommen hier unter, reichlich Schatten durch hoch gewachsene Pineta und Laubbäume, großer Pool, 250 m zum Strand. Im Sommer gilt Hundeverbot. ✆ 0431/71455, 721355, www.campingsabbiadoro.it

**** **Pino Mare (40)**, bei Lignano Riviera, direkt an der beschaulichen Mündung des Tagliamento. Guter Baumbestand und eigener Wasserpark, davor breiter Strand, der hier ein riesiges Dreieck bildet. ✆ 0431/428512, 427480, www.campingpinomare.it

**** **Girasole**, Via Lignano Sud 53, ca. 2 km vor Lignano linker Hand, bei Aprilia Marittima. Pool mit Kinderbecken und Poolbar, Tennisplätze mit Flutlicht, Kinderspielplatz, Fußball und Beach-Volleyball. ✆ 0431/53900, www.italien-camping-girasole.de

Essen & Trinken (siehe Karte S. 190/191)

Die meisten Lokale sind auf Fließbandabfertigung eingerichtet. Abends wird es schnell voll, rechtzeitig kommen.

Bidin (32), Viale Europa 1, alteingesessener Familienbetrieb, aufmerksam und freundlich geführt, gilt wegen seiner hervorragenden Meeresküche als eins der besten Restaurants der Badestadt. Eine Enoteca ist angeschlossen, 500 Weine werden ausgeschenkt. Gehobene Preise. Mi-Mittag geschl. ✆ 0431/71988.

Al Giardino (8), Via Padana 30, schöner Garten mit Oleanderbüschen in zentraler Lage, in Lignano durchaus eine Rarität, etwas teurer. ✆ 0431/70539.

Alla Vecchia Finanza (38), direkt beim Camping Pino Mare an der Tagliamento-Mündung, rustikales Restaurant abseits vom Trubel, ausschließlich Fisch wird hier serviert. ✆ 040/424440.

Al Cason (27), Corso dei Continenti 167 großes, populäres Fischlokal in einem nachgebauten Casone am Tagliamento, neben dem kleinen Hafen Marina Uno, auch viele Plätze auf der schönen Freiterrasse. Fisch aus der Lagune gehört zu den Spezialitäten. ✆ 0431/423029.

Da Willy (4), Via Casabianca 9, einige Kilometer landeinwärts vom Ortsteil Pineta (beschildert), am Ufer des Tagliamento. Gemütliches Ambiente in einem schilfgedeckten Haus im Grünen, Fisch und Fleisch vom Holzkohlengrill oder in der Tonform gebacken. Vor vierzig Jahren von Guglielmo (Willy) in seiner eigenen Fischerhütte gegründet, heute geführt von Willys Tochter Laura und ihrem Mann Ugo. ✆ 0431/428743.

La Pigna (21), Via dei Pini 9, im gleichnamigen Hotel in Pineta, ganzjährig geöffnetes Ristorante mit Weinbar, beliebt seit vielen Jahren. Fabrizio und Stefano bieten leckere Gerichte und Weine von zahlreichen kleinen Erzeugern. Mo geschl. (nur Winter). ✆ 0431/428991.

Covo di Punta Faro (34), in der Marina di Punta Faro am Ostende von Sabbiadoro, Fisch und Krustentiere auf einer Terrasse mit Blick auf Hafen und Meer. ✆ 0431/720195.

Messico (14), Lungomare Trieste 110, an der Uferstraße in Sabbiadoro, mexikanische Küche und Pizza mit Meerblick, dazu mexikanische Biere und Tequila, Terrasse zum Meer hin. ✆ 0431/73517.

O Sole Mio (16), Via Udine 6, beliebtes Ristorante/Pizzeria in der Fußgängerzone, seit drei Generationen in Familienbesitz. ✆ 0431/71364.

Nachtleben (siehe Karte S. 190/191)

In Sabbiadoro spielt sich abends alles in der Fußgängerzone ab, viel Trubel und jede Menge Cocktailbars, Pubs und Cafés, vor allem in Via Venezia und Via Tolmezzo. In Lignano Riviera und Pineta ist es dagegen eher ruhig, Ausnahme ist die „Tenda Bar" (→ unten). Ab Mai fängt das Nachtleben allmählich an, spätestens in der letzten Septemberwoche schließt alles.

• *Bars* (Sabbiadoro) **Café Gossip (22)**, in der Terrazza Mare, dem auffallenden Wahrzeichen von Lignano im östlichen Strandbereich. Schöne Location, wo man sich auf der Terrasse den Meerwind um die Nase wehen lassen kann. Im Sommer häufig Live Jazz, am Wochenende legt ein DJ auf.

Farmacia dei Sani (10), Via Latisana 44/a, neben der Informationsstelle. In der „Apotheke für die Gesunden" kann man die Weine der Region kosten, dazu Antipasti und leckere Pasta essen. Di geschl.

La Nicchia del Mediterraneo (12), Via Tolmezzo 45, beliebte Weinbar in der Fußgängerzone, große Auswahl und hausgemachte Sangria.

Enoteca Scarpa (18), Vicolo Marano 9, das älteste Weinlokal am Ort, Bruschette und Frico, dazu sehr gute Weinauswahl. Klimatisierter Innenraum und Sonnenterrasse. Ganzjährig, Mi geschl.

Birreria Vitaliy (13), Via Udine 29, großer, freundlich geführter Pub in der Fußgängerzone, diverse Biersorten und gelegentlich Themenpartys, www.birreriavitality.it

Tenda Bar (31), Piazza Marcello d'Olivo 7, an der zentralen Piazza von Pineta, *der* Treff in Pineta, meist rappelvoll, DJs legen auf, oft auch Live-Musik.

Capitan Morgan (33), Viale Centrale 16/a, am westlichen Ende der zentralen Einkaufsstraße, kurz vor der Brücke. Bestes Eis in riesigen Portionen, Eisbecher mit frischen Früchten ca. 5–7 €, außerdem gute Cocktails.

• *Diskotheken* Zum großen Teil fest in österreichischer Hand, immer gute Stimmung.

Italia (17), Via Udine, mitten in der Fußgängerzone, Räume im Keller etwas niedrig, Eintritt ca. 10 € incl. ein Getränk, Mädels meist gratis. ✆ 0431/70444.

Drago (35), Viale Centrale 1, Jugenddisco unter einer Straßenbrücke zwischen Camping Sabbiadoro und Zentrum, Preislich etwas günstiger, Eintritt mit Getränk ca. 5–7 €. Im Hochsommer tägl. ✆ 0431/71661, www.dragoclub.com

Bunker (23), Corso degli Alisei 11, weitere beliebte Disco, allerdings in Lignano Pineta. Im Hochsommer gibt's einen Shuttlebus ab Sabbiadoro (✆ 338-6565707). Geöffnet Mai und erste Septemberhälfte Do–So, Juni bis August tägl. ✆ 0431/420642, www.discobunker.it

Mirò (1), große Diskothek bei der Einfahrt nach Lignano, kurz vor dem Kreisverkehr bei der Tankstelle links in die Via della Vigna abbiegen. Aufwändig gestaltet, acht verschiedene Räumlichkeiten, Wasserspiele, Strand und Meer, vieles läuft im Freien ab. Da etwas abseits, eher Italiener als Gäste. Teurer Eintritt. ✆ 0431/422487, www.mirodiscoteca.com

Freizeit/Shopping/Sonstiges (siehe Karte S. 190/191)

• *Freizeit* **Aquasplash**, beliebter Wasserpark mit Riesenrutschen, großem See und Wellenschwimmbad am Viale Europa neben dem Themenpark Gulliverlandia. ✆ 0431/428826, ℻ 427470, www.aquasplash.it

Arena Alpe Adria, architektonisch reizvolles Veranstaltungszentrum in Form eines antiken Theaters mit 2800 Sitzplätzen, eröffnet 1987. Umgeben ist es von einem großen Gartenlabyrinth, dort findet man u. a. Elemente des klassischen Labyrinths von Kreta mit dem Minotauros.

Circolo Ippico Lignanese, Reitstall in der Via Mezzasacca 37. ✆ 0431/73844, ℻ 720088.

Cinema Cinecity, Via Arcobaleno 12, Sabbiadoro. Während der Saison werden hier täglich die neuesten Filmhits gezeigt. ✆ 0431/71120.

Golf Club Lignano, Via della Bonifica 3, schön gelegener 18-Loch-Platz mit Übungsgelände im Hinterland von Lignano Riviera, umrahmt von herrlichem Pinienwald. ✆ 0431/428025, 423230, www.golflignano.it

Gulliverlandia, großer Themenpark mit einer Meereslandschaft, wo man die Fische aus einem durchsichtigen Tunnel unter dem Wasser betrachten kann. Mit kleinen Booten befährt man die Vulcano Rapids, dort gibt es eine große Dinosaurierausstellung. Ein Grubenzug zuckelt zum Maya-Dorf mit seinen riesigen Statuen, im mittelalterlichen Bereich finden Shows statt, es gibt einen Zirkus, mit Family-Karts fährt man an einigen der wichtigsten Denkmäler der Welt vorbei, toll ist der Blick vom 60-m-Turm. Anfang Mai bis Mitte Sept. tägl. 10–18 Uhr, Eintritt ca. 16 €, Kinder (3–8 Jahre) 13 €. ✆ 0431/423133, ℻ 427793, www.gulliverlandia.it

Lunapark Strabilia, die Anfänge des großen Vergnügungsparks am Viale Europa gehen bis 1946 zurück. Tägl. 20–1 Uhr nachts, die Attraktionen kosten zwischen 1 und 3 €, www.strabilialunapark.it

Little Golf, Minigolf und Trampolin bei der Bar Sabbiadoro, Via Sabbiadoro 14, Nähe Campingplatz.. ✆ 0431/720067.

Parco Junior, Viale Centrale, zentral in Sabbiadoro, großes Spielgelände für Kids, Hüpfburg, Tretcarts, Parcours für Mountainbikes, Kanufahren, ferngesteuerte Boote, Kinderkegeln, Rutschen etc. Bei schönem Wetter 10–13.30, 17–23.30 Uhr, bei Bewölkung durchgehend geöffnet. ✆ 0431/721370.

Ein weiterer Spielplatz namens **I Gommosi** liegt im Parco del Mare in Pineta. Bei schönem Wetter 17–23.30 Uhr, bei Bewölkung 10–13, 16–23.30 Uhr. ✆ 339-2193521.

Parco Zoo Punta Verde, mit großer Pflanzenvielfalt, Wasserläufen und Seen liebevoll angelegter 10-ha-Park direkt am Tagliamento. 1200 Tiere von über 200 verschiedenen Arten leben hier in großen, weitgehend artgerechten Gehegen. April bis Sept. tägl., März/Okt. Mo-Fr, Febr. nur So. Eintritt ca. 10 €, Kinder (3–11 Jahre) 8 €. ✆ 0431/428775, ℻ 427051, www.parcozoopuntaverde.it

Centro Ippico Lignanese, Via Mezzasacca 37, Reitstall in der Nähe vom Lunapark. ✆ 0431/73844, ℻ 720088.

Riviera Acqua Park, im Parco Unicef in Riviera, Viale dell'Industria. Öffentlicher Pool, Kinderspielplatz und Snackbar. Tägl. ab 10 Uhr. ✆ 0431/423657.

Terme di Lignano, moderne Anlage in Riviera direkt am Strand, neben diversen ärztlichen Anwendungen (u. a. Thermalwannenbäder in Meerwasser und Sandbäder) gibt es auch ein Schwimmbad mit Sauna (ca. 16 €). ✆ 0431/422217, ℻ 424488, www.termedilignano.it

• *Shopping* **Salumeria da Luciano (5)**, mitten in der Fußgängerzone von Sabbiadoro, Viale Venezia 50. Wenn ein Preis für die schönste Ladengestaltung zu vergeben wäre, würde Luciano sicher auf einem der vordersten Plätze landen. Opulent reihen sich in den Schaufenstern Gläser mit eingelegtem Gemüse, dazu gibt es eine große Fleisch- und Wursttheke, Weine der Region, Pasta etc.

Sbaiz (6), Viale Venezia, Ecke Via Marina (Sabbiadoro), ein ganzes Modehaus mit Stücken von Gucci, Armani, Dior und Konsorten (www.sbaiz.it).

Pescheria da Gigi, Via dei Pini 2, in Lignano Pineta, Fisch und Meeresfrüchte in reicher Auswahl.

Isola Augusta, das große Weingut liegt westlich von Palazzolo della Stella, nicht weit von der Autobahnausfahrt Latisana. Erstehen kann man die guten und gar nicht teuren Weine des Hauses in der „Cantinetta Isola Augusta" direkt an der SS 14 (etwa 5 km südlich der Autobahn). Geöffnet etwa Mai bis Sept. ✆ 0431/58046, www.isolaugusta.com

• *Sonstiges* **Ärztliche Versorgung (15)**, die „Guardia Medica Turistica" liegt in Sabbia-

Historisches Leuchtfeuer an der Landspitze von Lignano

doro, Parco San Giovanni Bosco 20/a (am Strand, nicht weit von der Chiesa San Giovanni). Mitte Mai bis Mitte Sept. tägl. 8–20 Uhr, ✆ 0431/71001. Italienische Krankenscheine gibt es bei der „Unità Sanitaria Locale" in der Via Latisana 42 (✆ 0431/71821) und in der Via dei Pini 53 (✆ 0431/422169).

Internet, Netc@fé in Lignano Pineta, Corso Alisei 11, ✆ 0431/42709.

Sehenswertes: Wahrzeichen von Lignano ist die *Terrazza Mare*, eine Betonbrücke mit muschelförmigem Aufbau, die im östlichen Strandbereich von Sabbiadoro weit ins Wasser hineinragt. Auf der Terrasse des „Café Gossip" kann man sich hier eine kühle Brise um die Nase wehen lassen.

Zwischen Sabbiadoro und Pineta steht zwischen schattigen Pinien am Viale Centrale die Kirche *Santa Maria del Mare*. Ursprünglich hatte sie ihren Standort in Bevazzana am Ufer des Tagliamento, wegen der häufigen Überschwemmungen wurde sie aber abgebaut und an einem sicheren Ort wieder errichtet. Im Inneren des schlichten Backsteinbaus verbergen sich kostbare Fresken des 15. Jh.

In Pineta liegt der *Parco Hemingway*, heute der Stadtpark von Lignano. 1953 besuchte der berühmte amerikanische Schriftsteller Lignano und bezeichnete es als „Florida Italiens". Man bot ihm damals an, an dieser Stelle ein Sommerhaus zu bauen. Er nahm zwar an, kam aber nie mehr nach Lignano. Heute ist der vier Hektar große Park mit über 4000 Bäumen bepflanzt, es gibt einen Trimm-Dich-Pfad, einen Kinderspielplatz und eine kleine, überdachte Freilichtbühne.

Lignano/Umgebung

▶ **Latisana**: Das alte Städtchen liegt 15 km landeinwärts am Tagliamento. Durch Überschwemmungen hat es immer wieder Schäden davongetragen und im Weltkrieg wurde es wegen seiner wichtigen Flussbrücke schwer bombardiert, sodass das historische Zentrum weitgehend zerstört wurde. Inzwischen hat man versucht, es

Die friulanische Küste
Karte S. 189

Kreuzfahrten in der Lagune: Adriano Zentilin, Enkel des legendären „Capitano Geremia", der 1969 diese Fahrten ins Leben rief, startet mit seinem Boot „Nuovo Saturno" (170 Sitzplätze) von Mitte Juni bis Mitte Sept. 2 x tägl. in Lignano Sabbiadoro, Mitte Sept. bis Mitte Juni jeweils sonntags in Marano Lagunara (→ S. 197). Angeboten werden verschiedene Routen, von Lignano aus z. B. nach Marano Lagunara und zu den küstennahen Inseln, zum Naturpark Foci dello Stella und zwischen Weiden und Pappeln den stillen Flusslauf des Fiume Stella hinauf bis Precenicco und Palazzolo dello Stella. Gerastet wird in einem typischen „Casone", dort gibt es Essen und Trinken und Adriano spielt auf seiner Gitarre. Kontakt: ✆ 0431/67891, 335-5368685, www.saturnodageremia.it

Die Lagune per Fahrrad: Um die Lagune zwischen Lignano und Grado verläuft ein Netz von Fahrradwegen, die teilweise neu angelegt wurden und vielfältige Ausflugsmöglichkeiten eröffnen. Informationen unter www.lagunainbicicletta.it, dort gibt es auch ein umfangreiches Kartenwerk zum Downloaden.

in der alten Bautradition wieder aufzubauen. In der Pfarrkirche *San Giovanni Battista* ist das wertvolle Tafelbild „Die Taufe Christi" von Paolo Veronese erhalten, das er 1567 vollendet hat. Mittwochs findet ein großer, bunter Markt statt.

Wenn man über die Tagliamento-Brücke fährt, kommt man ins Veneto und nach *Alvisopoli* und *Portogruaro* (→ S. 121).

▶ **Palazzolo dello Stella**: Das unter den Römern als „Castrum" gegründete Städtchen am Fluss Stella besitzt mehrere historische Bauten. Die *Casa del Marinaretto* an der großen Piazza del Porto in Precenicco wurde in den dreißiger Jahren für die damals populäre Sonnentherapie gebaut. Hier ist heute das *Museo della Stella* mit hauptsächlich römischen Fundstücken eingerichtet, darunter die Überreste zweier antiker Schiffe, die im Fluss geborgen werden konnten. In der Pfarrkirche *Santo Stefano* sind Fresken des bekannten Malers „Il Pordenone" erhalten, in der kleinen *Chiesa di San Bartolomeo* gibt es ein Fresko aus dem 13. Jh., das der Schule Giottos zugeschrieben wird. Weitere Wandbilder des 15. Jh. findet man in der Friedhofskirche *Beata Vergine del Suffragio*.

Genussradeln um die Lagune

Parco dello Stella: Da es nördlich von Palazzolo keine größeren Ortschaften am Fluss gibt, sind die Uferregionen eine anmutige und relativ unberührte Landschaft mit vielen Wasserläufen und Grundwasserquellen („Risorgive") geblieben. Vor allem in der Nähe der Quellen bei *Sterpo* trifft man auf zahlreiche kleine Wasseradern und Tümpel. In *Ariis* steht an der Stelle einer alten Festung die *Villa Ottelio* aus dem 16. Jh., ehemaliger Herrensitz der Adelsfamilie Savorgnan, die bis zum Untergang der venezianischen Dogenrepublik unter

Napoleon die Region um den Fluss beherrschten. Hier kann man in aller Ruhe spazieren gehen und die prächtige, alte Vegetation bewundern, es gibt eine Wassermühle sowie Lagerhäuser für Salz, da die Savorgnan den Handel auf dem Fluss kontrollierten. Ebenfalls in Ariis wurde ein Süßwasseraquarium für die über 50 verschiedenen Fischarten des Flusses eingerichtet.

Laguna di Marano

Die Lagune von Marano Lagunare ist mit 9500 Hektar die größte im Friaul und gleichzeitig der nördlichste Bereich des gesamten Mittelmeers.

Immerhin 1377 Hektar sind davon als *Riserve Naturali Regionali* (Naturparks) ausgewiesen, die mit Hilfe des WWF (Worldwide Fund) geführt werden. Sie bestehen aus zwei Bereichen, dem „Valle Canal Novo" und den „Foci dello Stella". Einziger Ort an der Lagune ist das Fischerstädtchen *Marano Lagunara*, dort liegt der Zugang zum Valle Canal Novo.

Marano Lagunare

(ca. 2100 Einwohner)

Das sympathische Örtchen liegt am Rand der gleichnamigen Lagune. Die Fischfangflotte und die Fischmarkthallen gehören zu den größten im Friaul. In der Thunfischfabrik am Ortsrand wird außerdem „tonno" aus aller Herren Länder verarbeitet, u. a. aus Argentinien und Japan.

Marano wurde bereits von den Römern gegründet, von 1420 bis 1797 war es ein befestigter Stützpunkt der venezianischen Republik. Durch eine akkurat gepflasterte Fußgängerzone gelangt man auf die zentrale Piazza Vittorio Emanuele, die heimelig wie ein Wohnzimmer wirkt. Hier steht das Wahrzeichen Maranos, der *Uhrturm*. „Torre millenaria" heißt er bei den Einheimischen, weil keiner so recht weiß, wie alt er ist. Venezianische Herrscherwappen und in die Fensterbögen eingelassene Büsten schmücken ihn. Schräg gegenüber steht fast unscheinbar der *Palazzo dei Provveditori*, im 16. Jh. Sitz der venezianischen Gouverneure, heute werden hier antike Möbel verkauft.

Nur wenige Schritte sind es von der Piazza zum Rand der Lagune, wo der *Fischereihafen* liegt, sowie zum Naturschutzgebiet *Valle Canal Novo*, das 1992 am westlichen Ortsrand eingerichtet wurde (→ unten).

Gemütliches Pflaster: die Fußgängerzone von Marano

• *Übernachten* *** **Jolanda (1)**, Via Udine 7/9, am Ortseingang rechts, das einzige Hotel in Marano, ordentlich ausgestattet, gemütliche Zimmer mit Sat-TV und Klimaanlage, Parkplatz, gutes Ristorante und Bar. DZ ca. 65–95 €. ✆ 0431/67700, 📠 67988, www.hotel-jolanda.it

Die friulanische Küste
Karte S. 189

- *Essen & Trinken* **Stella d'Oro (2)**, direkt an der zentralen Piazza Vittorio Emanuele, nettes Plätzchen in einem mittelalterlichen Palazzo mit Laubengang, seit 1872 in nunmehr fünfter Generation von Familie Corso geführt. Mutter Giuseppina kocht, Sohn Cristian bedient. Solide Fischküche zu angemessenen Preisen. Mo/Di geschl. ✆ 0431/67018.

Vedova Raddi – alla Laguna (3), Piazza Garibaldi 1, weiteres gutes Fischlokal etwas südlich vom Zentrum, direkt am Beginn des Canale del Molino, der vom Lagunenhafen landeinwärts führt. Mi geschl. ✆ 0431/67019.

- *Feste und Veranstaltungen* Dienstag ist **Markttag**.

Festa di San Vito, großes Dorffest am dritten Sonntag im Juni. Am Sonntagvormittag fährt eine Bootsprozession in die Lagune, wo für den Schutzheiligen Blumen ins Wasser geworfen werden.

Festa Triennale, alle drei Jahre Mitte August, u. a. Ruderwettkämpfe und Feuerwerk und die gefeierte Ankunft einer Madonnenstatue mit dem Boot.

- *Bootsausflüge* → Kasten, S. 196.

Riserve Naturali Regionali delle Foci dello Stella e della Valle Canal Novo (Naturschutzgebiet)

Das Naturschutzgebiet Valle Canal Novo wurde 1992 am westlichen Ortsrand von Marano Lagunara eingerichtet, von der zentralen Piazza ist es in wenigen Minuten zu erreichen.

Der Spaziergang durch die romantische Lagunenlandschaft, über Holzbrücken durch mannshohes Schilf und vorbei an schnatternden Entenfamilien bietet nichts Spektakuläres, macht aber Spaß. Hier bekommt man einen Eindruck davon, wie Hemingway Anfang des 20. Jh. die Lagune noch erlebt hat. Am Ende des Wegs trifft man auf ein nach Art der traditionellen Schilfhütten („Casone") gebautes Haus, das eine kleine Dokumentation zur Lagune beherbergt und als Beobachtungspunkt dient.

Der Naturpark *Foci dello Stella* liegt weiter westlich um die Mündung (= Foci) des Flusses Stella und wurde bereits Ende der siebziger Jahre eingerichtet. In der unberührten Natur des Flussdeltas mit seinen zahllosen Wasserläufen und dem undurchdringlichen Schilfdickicht nisten und überwintern zahlreiche Vogelarten. Es gibt dort auch ein Dorf der Fischerhütten (casoni), die früher den Fischern als Unterkünfte während der Fischereisaison dienten. An einem toten Wasserarm steht das Kirchlein „Madonna della Neve di Titiano", im 12. Jh. ein Hospiz für Kreuzfahrer und Pilger, die darauf warteten, von Latisana aus ins Heilige Land zu fahren. Man kann die Region im Rahmen von organisierten Bootsausflügen besuchen (→ oben), ebenso die so genannte *Isola delle Conchiglie* (Muschelinsel), die die Lagune zum offenen Meer hin abtrennt.

• *Information* **Ufficio Riserve Naturali**, Via delle Valli 2, I-33050 Marano Lagunaro (UD), ✆ 0431/67551, www.riservenaturali.maranolagunare.com

• *Öffnungszeiten/Preise* **Valle Canal Novo**, Februar bis Mitte Juni Di–So 9–17 Uhr, Sa 9–18 Uhr, So 9–19 Uhr, Mo geschl.; Mitte Juni bis Mitte Sept. Di 9–13.30 Uhr, Mi–So 9–13.30, 16–20 Uhr, Mo geschl., Mitte Sept. bis Januar Di–So 9–17 Uhr, Mo geschl.; Eintritt ca. 3 €, Stud. 2 €. ✆ 0431/67551.

Palmanova

(ca. 5500 Einwohner)

Die Kleinstadt liegt auf halbem Weg zwischen Udine und der Küste um Grado, am Schnittpunkt der Autobahnen nach Venedig, Triest und Udine. Zwar gänzlich überwuchert, aber noch vollständig erhalten ist die Stadtbefestigung mit ihren drei Ringen aus jeweils neun gewaltigen Bastionen, die von den Venezianern seit 1593 als Grenzfestung gegen die Türken und die Habsburger in Form eines neunseitigen Sterns angelegt wurde – eine Symmetrie ohne jeden Makel.

Die hochtrabenden Pläne, die die Venezianer mit dem stolzen Bollwerk hatten, wurden allerdings nie Wirklichkeit. Anstatt wichtigster Brückenkopf der Serenissima auf dem Festland und eine der stärksten Festungen Europas zu werden, fristete das Städtchen als unattraktive Garnisonsstadt sein Dasein. Um Einwohner anzulocken, musste man sogar Häftlinge anheuern, denen Straffreiheit gewährt wurde. 1797 marschierte Napoleon ein, unterzeichnete hier die Kriegserklärung gegen Venedig und besiegelte damit das Ende der tausendjährigen Republik.

Heute ist Palmanova eine der wenigen barocken Planstädte, deren ursprüngliche geometrische Struktur noch unverfälscht erhalten ist. 1960 wurde sie zum nationalen

Karte S. 189

Auf der Piazza Grande: Blick auf den Dom

Denkmal erklärt. Weitere Städte in Sternform sind Hamina (Finnland), Hellevoetsluis (Niederlande), Nicosia (Zypern) und St. Petersburg (Russland), in Deutschland findet man die Festung Wülzburg bei Weißenburg in Form eines fünfzackigen Sterns.

• *Öffnungszeiten/Preise* **Civico Museo Storico**, Mo, Di u. Do–Sa 9.30–12.30, 16–18 Uhr, So 9.30–12.30, Mi geschl., Eintritt ca. 2 €. **Museo Storico Militare**, Mo–Sa 9–12, 16–18 Uhr, So 9–12 Uhr, Eintritt ca. 2 €.

• *Information* **Ufficio Turistico** im Palazzo Trevisan (Civico Museo Storico), Borgo Udine 4. ✆ 0432/929106.

• *Übernachten* ** **Commercio (6)**, Borgo Cividale 15, ordentliches Albergo, nur wenige Meter von der Piazza entfernt. Zum Haus gehört das große Ristorante Gennaro. DZ mit Frühstück ca. 60 €. ✆ 0432/928200, 923568, www.albergocommerciozarra.it

B & B Loretta (2), Via Manzoni 5, westlich außerhalb der Stadtmauern, etwa 100 m vom Bhf. Ruhig gelegenes Haus im Grünen, zwei Zimmer mit Bad und Klimaanlage, gutes Frühstück, freundlich geführt von Signora Loretta Ponte. ✆ 0432/928757 oder 338-1805702.

TIPP! **Mulino delle Tolle (8)**, Agriturismo in Sevegliano an der Straße nach Aquileia. Traditionell, naturbelassen und unverfälscht, hier wird noch alles von der Familie erledigt: Feldbau, Weinerzeugung, Viehmast, Schlachtung und Zubereitung. Vermietet werden gepflegte Zimmer, das Restaurant ist Mi–So geöffnet, das hauseigene Weingut liegt etwas außerhalb (Sauvignon, Malvasia). Die Tochter des Hauses spricht Deutsch. DZ ca. 70 €, EZ ca. 50 €. Geschl. im Jan. und während der Weinlese (1. Sept.–15. Okt.). ✆ 0432/924723, www.mulinodelletolle.it

• *Essen & Trinken* **Al Convento (7)**, Borgo Aquileia 10, alteingesessenes Bistrorestaurant in einem Palazzo des 16. Jh. Mo-Mittag und So geschl. ✆ 0432/923042.

La Campana d'Oro (4), Borgo Udine 27, bereits seit 1868 gibt es diese gemütliche Trattoria nahe der Piazza Grande. Familie Gandin serviert Meeresküche und Gerichte aus dem Hinterland, dazu gibt es eine gute Weinkarte. Di, So und Mo-abend geschl., außerdem zweite Julihälfte. ✆ 0432/928719.

Enoteca Vinarius (5), Borgo Udine 21, ein paar Schritte weiter kann man ein gutes Gläschen trinken und Wein einkaufen. So geschl.

• *Shopping* Montags ist **Wochenmarkt** auf der großen Piazza Grande.

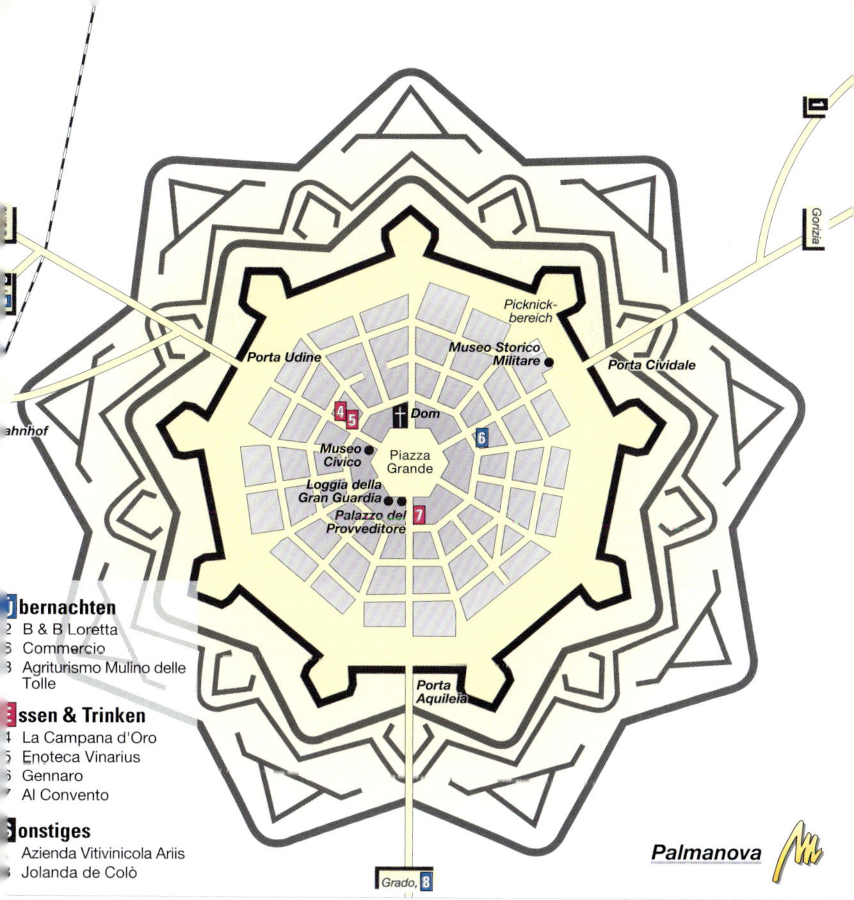

Jolanda de Colò (3), Via Primo Maggio 21, im Industrieviertel inder Nähe vom Bhf., hier kann man viel Leckeres kaufen, z. B. Gänsesalami nach alter jüdischer Tradition, Gänseleberpastete mit Picolit oder Porcaloca–Schinken, der durch das Entbeinen einer ganzen Gans hergestellt wird. ✆ 0432/920321.

Ariis (1), Via della Filanda 2, angesehene Kellerei in Claujano, nordwestlich von Palmanova. Produziert werden DOC-Weine und Honig. ✆ 0432/999367.

Sehenswertes: Ins „centro storico" gelangt man durch eins der drei monumentalen Stadttore: *Porta Udine* (Nordwest), *Porta Aquileia* (Süd) oder *Porta Cividale* (Nordost). Zwangsläufig trifft man dann auf die sechsseitige *Piazza Grande*, einst der Exerzierplatz der Garnison. Der riesige Platz bildet heute das verkehrsberuhigte Zentrum der Stadt und wirkt völlig überdimensioniert. Mit Blick auf die strahlend weiße Fassade des Renaissancedoms kann man in einem der Cafés sitzen und die Weite des fast völlig leeren Platzes in sich aufnehmen, der von Statuen und Fächerpalmen umgeben ist. Sechs Straßen gehen von hier nach allen Seiten strahlenförmig aus. Die konzentrisch angeordneten Nebenstraßen wiederholen das Sechseck der zentralen Piazza – es heißt, dass die Stadtplaner der Renaissance das Modell der „città ideale" beim Netzbau der Gemeinen Hausspinne abguckten.

Karte S. 189

Der *Duomo di Palmanova* (erbaut 1615–1636 von Vincenzo Scamozzi und Baldassare Longhena) besitzt eine Fassade aus istrischem Kalk und einen hohen, einschiffigen Innenraum ohne Säulen, beachtenswert ist die schöne Orgel aus dem 17. Jh. Neben dem *Palazzo del Provveditore Generale*, einst Sitz des Festungskommandanten, heute das Rathaus, steht die hohe *Loggia della Gran Guardia* mit einem Gefallenendenkmal. Das *Museo Civico* im Palazzo Trevisan am Borgo Udine 4, wenige Meter vom Platz, zeigt Relikte der Stadtgeschichte aus venezianischer und napoleonischer Zeit, u. a. Waffen, Karten und Dokumente zum Bau der Festungsstadt.

Ein *Museo Storico Militare* ist schließlich in der Porta Cividale untergebracht, die auch heute noch militärische Sperrzone ist. Links neben dem Tor kann man auf den dicht mit Gras, Büschen und Bäumen bewachsenen Wall hinaufsteigen. Dort findet man Picknickbänke und kann den Blick über die Mauern ins Grüne schweifen lassen. Die imposante *Maueranlage* besteht aus drei Festungsringen, die von innen nach außen angelegt wurden: der innerste Ring mit neun Bastionen und Wassergraben entstand Ende des 16. Jh., ab 1665 wurden weitere neun Bastionen vorgelagert und Napoleon erweiterte die Anlage abermals durch neun Bollwerke, „Lünette" genannt. Parallel zum Wasserlauf, der sich um die Mauer zieht, verlaufen heute Wege durchs Grüne, die zum Spazierengehen oder Radfahren genutzt werden können.

Aiello del Friuli: Dorf der Sonnenuhren

Südöstlich von Palmanova können Sie Ihr „gnomonisches" (→ unten) Wunder erleben. In den letzten Jahren wurden dort nämlich über 50 außergewöhnliche Sonnenuhren geschaffen, die sowohl künstlerisch als auch gnomonisch und handwerklich herausragend sind. Initiator dieses „Dorfs der Sonnenuhren" ist Aurelio Pantanali. Mit vielen anderen namhaften Künstlern aus ganz Italien hat er diese Kunstwerke geschaffen, die im ganzen Ort verteilt sind. Dabei sind die unterschiedlichsten Konstruktionen vertreten, keine ähnelt der anderen. Eine besondere Attraktion ist der große „Hof der Sonnenuhren" mit dem *Museo della Civiltà Contadina*, in dem gleich zwölf Sonnenuhren unterschiedlichster Art den Besucher faszinieren (www.ilpaesedellemeridiane.com).

Die **Gnomonik** ist die Lehre von der Sonnenuhr. Der Gnomon (griechisch: γνώμων, zu deutsch Schattenanzeiger) ist ein stabförmiger Körper, dessen Sonnenschatten beobachtet wird, um astronomische Größen zu erkennen. Heute wird er fast ausschließlich zur Bestimmung der Uhrzeit verwendet, in der Antike bestimmte man damit auch Tagundnachtgleiche, Sonnenwende, geografische Breite eines Ortes u. a.

▸ **Strassoldo**: Am Weg von Palmanova nach Aquileia passiert man den mittelalterlichen Flecken Strassoldo mit seiner charakteristischen Burganlage, bestehend aus *Castello di Sotto* und *Castello di Sopra*. Die beiden Castelli wurden von Familie Strassoldo vor über tausend Jahren auf zwei Flussinseln errichtet und sind noch heute in ihrem Besitz. Die Höfe sind öffentlich zugänglich, man kann hier schön bummeln und gelangt vom Castello di Sotto in einen prachtvollen, von Wasserläufen durchzogenen Park mit jahrhundertealtem Baumbestand. Im Ort kann auch stilvoll übernachtet werden.

• *Information* **Consorzio per la Salvaguardia dei Castelli Storici del Friuli Venezia Giulia**, Die „Gesellschaft zur Bewahrung der historischen Schlösser in Friaul-Julisch Venetien" hat eine Informationsstelle im Castello di Strassoldo di Sopra. Hier erfährt man alles Nötige zu Öffnungszeiten und Eintrittspreisen der betreuten Objekte. ✆ 0431/93217, 📠 93229, www.consorziocastelli.it

• *Übernachten* **Vicinia**, zwei geräumige DZ mit Bad sowie ein Apartment mit Veranda in einem restaurierten Haus des 15. Jh., mitten im mittelalterlichen Dorf, direkter Zugang zum Schlosspark. Geschmackvoll-gediegene Einrichtung mit venezianischen Möbeln des 17. Jh. Buchung und Informationen bei Gräfin Strassoldo, ✆ 0431-93217 oder 93095, www.castellodistrassoldo.it

• *Shopping* **Azienda Agricola La Corte**, Via Julia Augusta 51, an der Straße nach Cervignano, hier wird leckerer Käse aus Ziegenmilch und Kuhmilch hergestellt. ✆ 0431/93122, www.ovicaprini.fvg.it

Vollendetes Stilleben: Aquileias Basilika mit Zypressen

Aquileia

(ca. 3500 Einwohner)

Das heute unbedeutende Städtchen am stillen Flusslauf besitzt eine monumentale romanische Basilika mit einem einzigartigen Mosaikboden und ist außerdem die wichtigste römische Ausgrabung im Nordosten Italiens.

Was man im 21. Jh. kaum noch erahnen kann – das antike Aquileia war wirtschaftliches Zentrum der oberen Adria und zeitweise eine der größten Handelsstädte des römischen Imperiums. Über 100.000 Einwohner lebten hier und trieben über ihren Meereshafen, das heutige Grado, Handel mit dem östlichen Mittelmeer und dem germanischen Norden. An der Küste wurden die ankommenden Waren auf kleine Schiffe verladen, die sie den Fluss Natissa hinauf bis in die Stadt transportierten. Den Reichtum der antiken Stadt kann man an den kunstvollen Bodenmosaiken der römischen Häuser ermessen.

Auch in frühchristlicher Zeit konnte Aquileia seine Bedeutung zunächst behalten und spielte als Sitz eines Bischofs (der sich später „Patriarch" von Aquileia nannte) eine Vorreiterrolle in der Ausbreitung des Christentums, bis die Hunnen Attilas im

Karte S. 189

5. Jh. die Stadt dem Erdboden gleichmachten. Die großen Stadtbauten der Antike wie das Amphitheater und die Thermen wurden dabei völlig vernichtet und sind bis heute nicht ausgegraben worden. Im 11. Jh. kam Aquileia unter dem Patriarchen Poppone zeitweise nochmals zu neuer Blüte und besaß einen Einflussbereich, der bis weit ins Hinterland reichte. Seine Nachfolger verlegten ihre Residenz jedoch nach Cividale del Friuli (→ S. 158) und ab etwa 1238 nach Udine (→ S. 151).

• *Anfahrt/Verbindungen* **PKW**, Aquileia liegt direkt an der Zufahrtsstraße von Cervignano nach Grado.
Bahn, nächster Bahnhof ist **Cervignano** an der Strecke von Venedig bzw. Udine nach Triest, Busse pendeln nach Aquileia.

• *Information* am Platz vor der Basilika. 9–12.40, 14–17 Uhr, Do geschl. ✆ 0431/ 919491.

• *Übernachten* *** **Patriarchi (5)**, direkt an der Durchgangsstraße, bei der Einfahrt zur Basilika. 22 gut ausgestattete Zimmer. Mit Parkplatz. DZ mit Frühstück 80–85 €. ✆ 0431/ 919595, 📠 919596, www.hotelpatriarchi.it

*** **Aquila Nera (8)**, ordentliches Albergo an der zentralen Piazza Garibaldi, ruhig, gute Küche, moderne Zimmer mit TV. DZ ca. 70–75 €. ✆ 0431/91045, www.hotelaquilanera.com

Casa Corazza (2), Via S. Zilli 3, nordöstlich vom Ort, schön restauriertes Bauerngehöft aus dem 19. Jh., mit Zimmervermietung, traditionell-rustikal eingerichtet, moderne Sanitäranlagen. ✆ 0431/918913, 📠 917294, www.casa-corazza.com

Azienda Agrituristica Ca'Ospitale (9), Via Beligna 10, an der Straße nach Grado. Das ehemalige Zollgebäude wurde zu einem schönen Gästehaus mit 14 komfortablen Zimmern hergerichtet, auch einen Swimmingpool gibt es. DZ ca. 32–72 €, jede weitere Pers. 22–25 €. ✆ 0431/917423, www.caospitale.com

Ostello Domus Augusta (7), Via Roma 25, 1999 eröffnete Jugendherberge in einer früheren Schule für Säuglingsschwestern, die Rückfront grenzt direkt an den Flusslauf. Geräumig und gut ausgestattet, 92 Betten in DZ (18 € pro Pers.) und Mehrbettzimmer (16,50 € pro Pers.), Frühstück incl. TV-Raum, Waschmaschine, Fahrradverleih. ✆ 0431/ 91024, 📠 917105, www.ostelloaquileia.it

** **Camping Aquileia (3)**, am nördlichen Ortsrand die Straße nach Osten nehmen (beschildert). Wiese mit viel Baumschatten, Restaurant, Pool und Kinderbecken. Mitte Mai bis Mitte September. ✆ 0431/91042, 919583, www.campingaquileia.it

**** **Camping Belvedere Pineta**, 5 km in Richtung Grado, in einem Pinienhain am Rand der Lagune. Badestrand, Pool mit Kinderbecken, Minigolf, Tennis. Vermietung von Bungalows. Mai bis September. ✆ 0431/ 91007, 📠 918640, www.belvederepineta.it

• *Essen & Trinken* **La Colombara (4)**, ca. 1 km von Camping Aquileia (Straße weiter Richtung Triest fahren), beliebtes Fischrestaurant mit großem Parkplatz. Mo geschl.

• *Cafés* **Mosaico (6)**, hübsches Café/ Pasticceria im Gässchen rechts vor der Basilika. Unter schlanken Zypressen vor dem Haus kann man Nusscremetore und Eis schlemmen.

• *Shopping* **Distilleria Aquileia (1)**, Via Julia Augusta 87/a, am nördlichen Ortsausgang. Verkauf von Grappa und Weinen. Besichtigung der Destillerie auf Anfrage. Mo–Sa 9–12, 15.30–19.30 Uhr, So geschl. ✆ 0431/91091, www.aziendafacile.com/distilleria

TIPP! Fattoria Clementin, Franco Clementin produziert in seinem Weingut in Terzo di Aquileia (nördlich von Aquileia) sehr gefällige und wohlriechende Weine auf biologischer Basis: Friulano, Pinot Grigio, Chardonnay, Refosco u.v.a. Verkostung in einem schönen großen Raum mit Kamin, gelegentlich Kunstausstellungen gutes Preis/Leistungsverhältnis. Kontakt Via Galileo Galileo 5, ✆/℻ 0431/32642, www.fattoriaclementin.it

Sehenswertes

Basilika: Der romanische Bau aus dem 11. Jh. steht auf Vorgängerbauten, die bis in frühe 4. Jh. zurückreichen, und wurde im 14. Jh. noch einmal grundlegend umgestaltet. Ein Portikus verbindet die Fassade mit dem vorgebauten *Baptisterium*, der freistehende *Campanile* ist 73 m hoch.

Der weite und lichte Kirchenraum wird durch zwei Säulenreihen in drei Schiffe unterteilt, die Holzdecke in Form eines Schiffskiels stammt aus dem 16. Jh. Der Altarraum liegt etwas erhöht und ist mit verblassten byzantinischen Fresken aus dem 11. Jh. ausgemalt. Der wellige Mosaikboden zieht sich über die ganze Länge des Kirchenschiffs und stammt aus dem 4. Jh. Er gilt mit seinen 760 qm als das **bedeutendste und größte frühchristliche Mosaik Europas** und wurde erst Anfang des 20. Jh. entdeckt – beim Umbau im Mittelalter hatte man einfach einen zweiten Boden über das Meisterwerk gezogen. Von gläsernen Stegen aus kann man die Bildwerke genauer betrachten. Dargestellt sind hauptsächlich Meeresszenen in erstaunlich realistischer Weise, u. a. Engel und Apostel, die auf Fischfang gehen (bekannte christliche Symbolik), die Episoden um Jonas, der von einem Ungeheuer verschlungen (Tod Christi) und wieder ausgespien wird (Auferstehung), der Kampf von Hahn (Christus) und Schildkröte (Mächte der Finsternis), außerdem Fische und Meerestiere aller Art. Auf einigen Porträts sind Stifter dargestellt, die sich um den Bau der Kirche verdient gemacht haben (Standorte der einzelnen Motive und Hinweise zu den Mosaiken im deutschsprachigen Faltblatt, das in der Kirche erhältlich ist). Die *Cripta degli Affreschi* unter dem Altar ist mit hübsch bunten, naiv anmutenden Fresken des 12. Jh. ausgemalt, die Leben und Tod des heiligen

Karte S. 189

Hermagoras, der vom Evangelisten Markus im Auftrag des Petrus zum Bischof von Aquileia geweiht worden sein soll, zum Thema haben. In vergitterten Wandschränken sind außerdem reich geschmückte Reliquien aus Knochenresten ausgestellt. Besonders sehenswert ist die lang gestreckte *Cripta degli Scavi*, links vom Kirchenschiff (Zugang gleich hinter der Fassade). Auch hier schreitet man auf gläsernem Steg über die weitläufigen Mosaikböden früherer Basiliken und Häuser mit filigranen Mustern von Blumen, Tieren und Ornamenten. Vor allem im hintersten Abschnitt gibt es wunderschöne Darstellungen von bunten Vögeln, Hummern, Widdern, Hahn und Schildkröte etc. Krönender Abschluss einer Besichtigung ist die Besteigung des Campanile auf über hundert hohen Stufen, wo man die Ausgrabungen von Aquileia bestens aus der Vogelperspektive betrachten kann. Auch im Turm ist ein Mosaik erhalten.

• *Öffnungszeiten/Preise* **Kirche**, Mai bis Okt. tägl. 9–19 Uhr, Nov. bis April 8.30–12.30, 14.30–17.30 Uhr, sonntags wegen Messe nicht zugängl. 10.30–11.15 Uhr. Eintritt in die Kirche frei, Sammeleintritt für beide Krypten ca. 3 €.
Torre Campanile, tägl. 9–13, 14.30–18 Uhr, Eintritt ca. 1,50 €.

Römische Stadt: Sie wurde im 5. Jh. völlig zerstört – und was die Hunnen stehen gelassen hatten, nutzten die Venezianer später als willkommenen Steinbruch. Erhalten sind das *Forum* (direkt an der Durchgangsstraße), Reste von Häusern, eine Grabstätte *(sepolcreto)* und der Flusshafen. Die Thermen und ein Amphitheater sind verschüttet.

Schön und beschaulich ist der etwa 1 km lange Spaziergang auf der Zypressenallee *Via Sacra* den halb zugewachsenen Fluss Natissa entlang Richtung Norden. Der Weg beginnt hinter der Basilika, man kommt an den Hafenanlagen des *Porto Fluviale Romano* vorbei und erreicht die Via Gemina, die zum Campingplatz führt. Erst kürzlich hat man dort einen weiteren großen Mosaikboden entdeckt. Ein Stück weiter nördlich kann man das *Museo Paleocristiano* besuchen, das hauptsächlich frühchristliche Grabinschriften und Mosaiken besitzt.

Von der Basilika aus auf der anderen Seite der Durchgangsstraße liegt das *Museo Archeologico* (Eingang Via Roma 1) mit zahlreichen Funden aus römischer Zeit, darunter beachtliche Skulpturen und Porträtköpfe.

• *Öffnungszeiten/Preise* **Museo Paleocristiano**, Di–So 8.30–14 Uhr, Eintritt frei.
Museo Archeologico, Mo 8.30–14, Di–So 8.30–19.30 Uhr, Eintritt ca. 4 €.
Führungen durch die Basilika und zum Mosaikboden an der Via Gemina 2 x wöch., Eintritt ca. 5 €.

Grado

(ca. 10.000 Einwohner)

Das einstige Fischerdorf liegt weit draußen in der Laguna di Grado und ist über einen kilometerlangen Autodamm zu erreichen. Seit langem ist es zu einer modernen Badestadt gewachsen, deren sympathisch verwinkelter Kern aber ausgezeichnet erhalten und durch einen begehbaren Damm zum Meer hin geschützt ist. Zwei lange Sandstrände liegen zu beiden Seiten benachbart.

In römischer Zeit war Grado der Hafen des weiter landeinwärts gelegenen Aquileia, Überreste hat man im Stadtzentrum gefunden. Später war es Zufluchtsort vor den marodierenden Horden der Hunnen und auch einer der beiden konkurrierenden Patriarchen von Aquileia (→ Geschichte, S. 15) zog sich hierher zurück. Zur k.u.k.-Zeit genoss Grado einen guten Ruf als Thermalkurort, der Adel und das vermögende Bürgertum aus der Habsburger Monarchie kamen zuhauf zur

Ein langer Kanal verbindet den Fischerhafen von Grado mit der Lagune

Sommerfrische. Auch heute gibt es einen großen Thermalbereich und der mit Mineralien angereicherte Sand wird für Kuranwendungen genutzt. Die lange *Spiaggia Principale* östlich vom alten Ortskern ist gänzlich mit kostenpflichtigen Badeanstalten belegt, an der Inselspitze westlich vom Zentrum liegt dagegen der frei zugängliche, im Sommer allerdings übervolle Strand *Costa Azzurra*. Gebadet wird außerdem an der Dammpromenade, die die Altstadt zum Meer ihn abschirmt. Generell fallen die Strände sehr flach ins Wasser ab, man kann weit hinauslaufen – ideal für Kinder.

Information/Sport

• *Information* **AIAT**, Viale Dante Alighieri 72, Fußgängerzone hinter dem Strand, parallel zum Lungomare. Unterkunftslisten, Preislisten für Badeeinrichtungen sowie diverses weitere Material. Mo–Fr 9–18, Sa/So 9–18.30 Uhr. ✆ 0431/877111, 📠 83509, www.gradoturismo.it

• *Sport* **Parco Termale Acquatico**, großer Thermalwasser-Park östlich vom Stadtkern, unmittelbar hinter der Strandpromenade. 85 m langes Meerwasserbassin mit Rutschen, künstlichen Wasserfällen. Hydromassage, Gegenstromkanal, Whirlpool, begrünten Liegeflächen und Spielgelegenheiten für Kinder. Tageskarte kostet für Erw. ca. 10 €, Kinder 5 €.

Golfplatz, beim Camping Tenuta Primero, schön gelegen zwischen Seen und Kanälen, einmal 18 und einmal 9 Löcher. ✆ 0431/896896, 📠 896897, www.tenuta-primero.com

Übernachten (siehe Karte S. 209)

Etwa 100 Hotels, ein Großteil im Sommer mit Pensionspflicht. Besonderer Tipp sind die Villen aus österreichischer Zeit.

**** **Savoy (7)**, Via Carducci 33, gehobener Komfort in der Fußgängerzone, elegantes Ambiente, geräumige Zimmer, Außenbecken und Hallenbad, Fitness, Thalassotherapie,

Die friulanische Küste
Karte S. 189

Beauty und Wellness. Vollpension pro Pers. ca. 100–120 €. ✆ 0431/897111, www.hotelsavoy-grado.it

**** **Ville Bianchi (15)**, Viale Dante Alighieri 50, fünf Villen aus der k.u.k.-Zeit in einem großen Parkgelände hinter dem Strand. Vor einigen Jahren umfassend renoviert, gepflegt und unaufdringlich-elegant möbliert. Zimmer mit behaglichen Parkettböden, teils große Balkone, auch Apartments für Familien. Vollpension pro Pers. 100–120 €. ✆ 0431/80169, ℻ 877000, www.villebianchi.it

*** **Marina Fiorita (1)**, außerhalb in Richtung Golfplatz am Rand der Lagune, große moderne Apartmentanlage mit geräumigen und gut eingerichteten Wohneinheiten, jeweils mit Klimaanlage, TV und Waschmaschine, das Ganze eingebettet in Rasenflächen. Vorhanden sind ein Pool mit Kinderbecken, Tennisplatz und eine kleine Marina, zum Strand sind es 250 m. Wochenpreis 2–4 Pers. ca. 385–650 €, 4–6 Pers. ca. 500–720 €. ✆ 0431-85557, ℻ 878365, www.marinafiorita.it, www.gradese.it

*** **Villa Reale (11)**, Via Colombo 11/Ecke Viale Dante, in der Fußgängerzone, prächtige herrschaftliche Villa einer Familie aus Wien, in dritter Generation aufmerksam und freundlich geführt von Maria Vianello. In den behaglichen Zimmern Parkettböden, schöner Garten, ruhig, Garage. Ein Haus voll alter „Grandezza" und Atmosphäre. DZ ca. 100–175 €, Frühstück extra. ✆ 0431/80015, ℻ 80520, www.hotelvillareale.com

*** **Alla Spiaggia (18)**, Via Mazzini 2, prima Lage direkt an der Strandpromenade, gleichzeitig nur wenige Schritte von der Altstadt. Zimmer mit Meerblick, ruhig, kleiner Garten, Restaurant. DZ mit Frühstück ca. 110–130 €. ✆ 0431/84841, ℻ 80162, www.albergoallaspiaggia.it

*** **Marea (9)**, Via dei Provveditori 6, modernes Albergo direkt am Damm vor der Altstadt, sehr ruhig, vorne raus Panoramablick aufs Meer, von zwei Schwestern freundlich geführt. DZ mit Frühstück ca. 75–90 €. ✆/℻ 0431/81206.

** **Sirenetta (3)**, Via Milano 1, in unmittelbarer Nähe zum Weststrand, allerdings durch eine Straße vom Strand getrennt. DZ ca. 76–86 €, Frühstück extra. ✆ 0431/80404, ℻ 80807.

* **Villa Marin (16)**, Via dei Provveditori 20, dieselben Vorzüge der Lage wie „Marea" und derselbe Preis. DZ mit Frühstück ca. 75–87 €. ✆ 0431/80789, ℻ 85534, E-Mail: villamarin@grado.it

* **Al Sole Meuble (8)**, Viale del Sole 31, schräg gegenüber vom Thermalwasser-Park, wenige Schritte zur großen Strandzone. 9 Zimmer, Parkplatz, kleiner Garten. DZ mit Frühstück ca. 47–60 €. ✆ 0431/80370, ℻ 877221, E-Mail: solemare@xnet.it

• *Camping* Mehrere Zeltplätze **(5)** liegen östlich vom Ort direkt am Strand (im Zentrum gut ausgeschildert).

** **Al Bosco**, der ortsnächste Platz, ca. 3 km ab Zentrum, naturbelassenes Gelände in einem schönen Wäldchen mit dichtem Baumbestand, gemütliche Bar und kleines, rustikales Restaurant mit gutem Essen, Laden mit internationaler Presse, Sanitäranlagen okay. Außerdem nette Besitzer und kinderfreundlich. Vor dem Platz sehr flacher Strand mit Schlick und vielen Krabben, wenn man nach links geht, wird's deutlich schöner. Keine Haustiere. Preislich relativ günstig. Mai bis Sept.. ✆ 0431/80485, ℻ 81008, www.campingalbosco.it

4 km weiter findet man die schön gelegenen und komfortabel ausgestatteten Vier-Sterne-Plätze **Punta Spin** (April bis Sept., ✆ 0431/80732, ℻ 83530, www.puntaspin.it), **Europa** (April bis Sept., ✆ 0431/80877, ℻ 82290, www.villaggioeuropa.com) und **Tenuta Primero** (Mai bis Mitte Sept., ✆ 0431/896900, ℻ 896901, www.tenuta-primero.com).

Essen & Trinken

Im Zentrum von Grado isst man stimmungsvoll, allerdings auch zu recht gehobenen Preisen. Weiter außerhalb wird es günstiger.

Alla Fortuna „Da Nico" (12), Via Marina 10, in strategisch günstiger Lage wenige Schritte vom Hafen, hübsch ausstaffiert. Nico Mazzolini bereitet frischen Fisch und Meeresfrüchte nach traditionellen Rezepten zu, allabendlich findet sich hier ein fröhliches Volk ein. Nicht billig. Reservierung unter ✆ 0431/80470. Do geschl.

Tavernetta All'Androna (14), Campo Porta Piccola 4, mitten in der Altstadt hinter der Kirche Santa Maria delle Grazie, elegant und stimmungsvoll illuminiert, schön zum Draußensitzen, dieselbe Preisklasse wie „Alla Fortuna. Di geschl. (nur Winter). ✆ 0431/80950.

Alla Vittoria (20), Piazza Biagio Marin, beliebtes Freiluftlokal bei der Ausgrabung der Basilica del Campo (→ Sehenswertes). ✆ 0431/80744.

In Piasèta (10), Campo Porta Nuova, unprätentiöse Spaghetteria an einem kleinen Platz am Beginn der Altstadt, frür Grado-Verhältnisse günstig, neben Nudelgerichten auch Fisch und Pizza.

Al Chiaro di Luna (6), Riva Sant'Andrea 36, auf der Isola della Schiusa, etwas abseits vom Trubel. Ruhiges Lokal, geführt von einer italienisch-deutschen Familie, kein Coperto. ✆ 0431/877103.

Al Casone (2), Gourmet-Tipp am Golfplatz gegenüber von Camping Tenuta Primero, östlich von Grado. Man speist in einem schilfgedeckten Lokal, das den traditionellen Fischerhütten der Lagune nachempfunden ist. ✆ 0431/896891.

TIPP! **Al Quattro Pioppi (4)**, einige Kilometer außerhalb, die Ausfallstraße nach Osten nehmen und nach dem Canale Asonzato rechts abzweigen (beschildert). Einfaches Landlokal mit *carne e pesca alla griglia* zu erfreulich günstigen Preisen. Fr–So mittags und abends, sonst nur abends. ✆ 0481/711584.

• *Weinstuben (Enoteche)* **Santa Lucia (Gustibus 2000) (13)**, Via Marina 28, wenige Schritte vom Restaurant Da Nico entfernt. Gepflegte und edel aufgemachte Enoteca mit reicher Auswahl an regionalen und überregionalen Weinen. Hinten kleine Terrasse zum Verkosten.

Al Gìal (19), Via Marina/Ecke G. Caprin, große, aufwändig auf alt getrimmte Osteria im Neubauviertel. Netter Ort, um ein Gläschen zu genießen. Mi geschl.

Vini Pregiati (17), Viale Europa Unità 52, populäre Weinprobierstube in der Fußgängerzone.

Sehenswertes: Der malerische, kleine *Hafen* hinter der Altstadt ist durch einen Kanal mit der Lagune verbunden. Hier kann man den zahlreichen Fischern zusehen, die ihre Netze sortieren, oder einen der täglichen Bootsausflüge in die Lagune mitmachen. Ein interessantes Schauspiel bietet sich werktags jeweils ab 8 und 15

Karte S. 189

Uhr im *Mercato Ittico* an der Ostseite des langen Hafenkanals, wenn der frische Fang unter den örtlichen Händlern und Gastronomen versteigert wird.

Fischversteigerung im Mercato Ittico

Das historische Zentrum mit seinen geduckten, grauen Häusern und engen, gepflasterten Gassen steht unter Denkmalschutz und ist für den motorisierten Verkehr gesperrt. Es wirkt schlicht und natürlich und scheint trotz Touristenrummel so unberührt wie eh und je. An einem freien Platz erhebt sich die Pfarrkirche *Sant'Eufemia*, ein großer Backsteinbau aus dem 6. Jh., deren gesamter Innenraum von einem prächtigen Mosaikboden eingenommen wird. Gleich daneben befinden sich schwere römische Sarkophage und ein großes, helles *Baptisterium* mit sechseckigem Taufbecken und ebenfalls einem Mosaikboden. Wenige Schritte entfernt steht die Kirche *Santa Maria delle Grazie*, in der eine Marienstatue verehrt wird. Ihr ursprünglicher Boden, ebenfalls Mosaik, liegt ein ganzes Stück tiefer als der heutige und ist mit Gittern abgesperrt.

Die hübsche, überdachte *Markthalle* (Mercato coperto) findet man an der Piazza Duca d'Aosta meerwärts der Altstadt. Mit wenigen Schritten kommt man von dort zum Damm, der als bevorzugte Flanier- und Sonnenpromenade fungiert und von dem man schnell Ost- und Weststrand erreicht.

Unmittelbar östlich der Altstadt hat man auf der Piazza Biagio Marin die frühchristliche *Basilica del Campo* mit Mosaikboden und Friedhof ausgegraben. Sie stammt wahrscheinlich aus derselben Zeit wie die Vorgängerbauten der Basilika von Aquileia (ca. 5. Jh. v. Chr.). Darunter liegen die Ruinen eines römischen Landhauses. Sehr geschickt und publikumswirksam wurde das Ausgrabungsfeld unter dem heutigen Straßenniveau abgesteckt.

Gediegene Kuratmosphäre herrscht in den modernen Straßenzügen östlich der Altstadt. Am Fischerhafen beginnt der *Viale Europa Unità*, die quirlige Flanier- und Einkaufsstraße mit zahlreichen Cafés, Ristoranti und Boutiquen. Er trifft auf den *Viale Dante*, die lange Fußgängerzone, die sich parallel zum Lungomare und Strand nach Osten zieht. Hier durchquert man bald nach dem Informationsbüro den großen *Parco delle Rose* und trifft auf das Hallenbad, die modernen Seethermen und den großen Thermalwasser-Park *Parco Termale Acquatico* (→ Sport).

Sturm und Pest: Die Madonna von Barbana

Barbana ist eine der größten Inseln im Ostteil der Lagune. Von Grado aus sieht man den Turm der Wallfahrtskirche *Santa Maria di Barbana* hervorragen. Die Ursache für ihren Bau liegt lange zurück. Im Jahr 582 n. Chr. soll ein schwerer Sturm auf der damals von Eremiten bewohnten Insel gewütet haben. Plötzlich erschien eine hölzerne Muttergottesstatue und der Sturm zog ab. So errichtete man zu Ehren der Maria erst eine Kapelle, später ein Kloster. 1237 bewahrte die heilige Jungfrau die Region um Grado von einer schrecklichen Pestepidemie. Seitdem veranstalten die Bewohner von Grado am ersten Julisonntag eine eindrucksvolle Schiffsprozession mit festlich beflaggten Booten nach Barbana, genannt „perdón de Barbana" (Vergebung von Barbana), an der mindestens ein Mitglied jeder Familie teilnehmen soll – die älteste Tradition der Lagune. Morgens gegen acht Uhr geht es los mit den Rufen: „In nome de Dio, avanti!", dabei wird auf den Booten eine Marienstatue aus der Basilika von Grado mitgenommen. In Barbana angekommen, findet eine kurze Prozession zur Kirche statt, dort wird die Messe gelesen und die heilige Statue der Madonna gesegnet.
Die heutige Wallfahrtskirche von Barbana wurde 1924 geweiht. Nach dem Haupttor kommt man zu einem höchst ungewöhnlichen Weihwasserbecken aus rotem Marmor: Auf ihm ist nämlich der Teufel abgebildet, wie er dazu gezwungen wird, Weihwasser zu tragen. Auf dem prächtigen Hauptaltar steht die Holzstatue der Madonna. Die freskenbemalte Kuppel zeigt Marienbilder und symbolische Themen dazu, im unteren Teil sind die bedeutendsten Ereignisse der Inselgeschichte dargestellt: der Sturm im Jahre 582 mit der Erscheinung der Muttergottes, eine Legende über die Ankunft der Holzstatue und die Krönung der Maria. Zahlreiche Devotionalien aus den letzten Jahrhunderten belegen die lange und intensive Verehrung der heiligen Maria.
Nicht weit von der Wallfahrtskirche steht die kleine *Cappella dell'apparizione* (Kapelle der Erscheinung) – an dieser Stelle soll sich im Sturm des Jahres 582 die Holzstatue der Maria gezeigt haben. In der Kapelle wird der Leichnam des mit 23 Jahren an Tuberkulose gestorbenen Franziskaners Egidio Bullesi (1905–1929) verwahrt. Er arbeitete in einer Schiffswerft, war im Ersten Weltkrieg an Bord eines Kriegsschiffs und tat sich durch seine Glaubens- und Missionsarbeit hervor. 1997 wurde er vom Vatikan selig gesprochen, seine Heiligsprechung steht auf der Agenda.

Riserva Naturale Regionale della Foce dell'Isonzo

Das Mündungsgebiet des Isonzo steht unter Naturschutz, zahlreiche Vögel nisten in den ausgedehnten Schilfgebieten. Die „Area Naturale Caneo" am Westufer kann auf Asphalt erreicht werden (beschildert ab der Straße zwischen Grado und Monfalcone).

Am Ende der Straße steht am Rande eines großen Schilfgebiets am Isonzo-Ufer das funkelnagelneue „Centro Visite Caneo" (Canna = Schilf) mit Restaurant, Bar, großer Terrasse und modernen Doppelzimmern. Ein hölzerner Steg führt durch das dichte Schilf zu einem Aussichtspunkt am Flussufer, dann einige hundert Meter weiter zu einer schlichten, kleinen Fischersiedlung mit Miniaturhafenbecken und

Karte S. 189

Hübscher Spaziergang im Areale Naturale Caneo

weiter zu einem überdachten Holztürmchen mit herrlichem Blick über den Isonzo bis hinüber zu den Werften von Monfalcone, dem Schloss von Duino und dem dahinter aufsteigenden Karst – ein idyllisches Fleckchen Erde.

Auf der *Isola della Cona* an der Ostseite des Isonzo gibt es ebenfalls ein Besucherzentrum, zu erreichen auf einer Erdpiste. Eine kleine Ausstellung zeigt die verschiedenen Entenarten, es gibt eine Bar und 20 Gästebetten. Man kann Fahrräder leihen, geführte Touren zu Pferd unternehmen – seit 1991 leben Camargue-Ponys im Mündungsgebiet – oder zu Fuß zu den Schilfhütten (Casoni) an der Flussmündung wandern (ca. 3 Std. hin und zurück). Bester Aussichtspunkt ist das *Osservatorio Marinetta*.

• *Öffnungszeiten/Preise* **Isola della Cona**, Fr–Mi 9–17 Uhr, Do geschl., Eintritt ca. 2 €. ✆ 0432/998133, www.foceisonzo.it, www.isoladellacona.it

• *Übernachten/Essen & Trinken* **Centro Visite Caneo**, Westseite des Isonzo, 10 Zimmer mit edlen Holzfußböden, Air-Condition, Heizung und Kühlschrank, Blick übers Schilf zum Isonzo, zwei Zimmer sind behindertengerecht ausgebaut. Das Restaurant bietet Fisch nach Art der Region, Reservierung sinnvoll (Fr–So mittags und abends, Di–Do nur mittags, Mo geschl.). DZ mit Frühstück ca. 60 €, mit Halbpension 80 €. ✆ 0431/884422, ℻ 88480, www.areanaturalecaneo.it

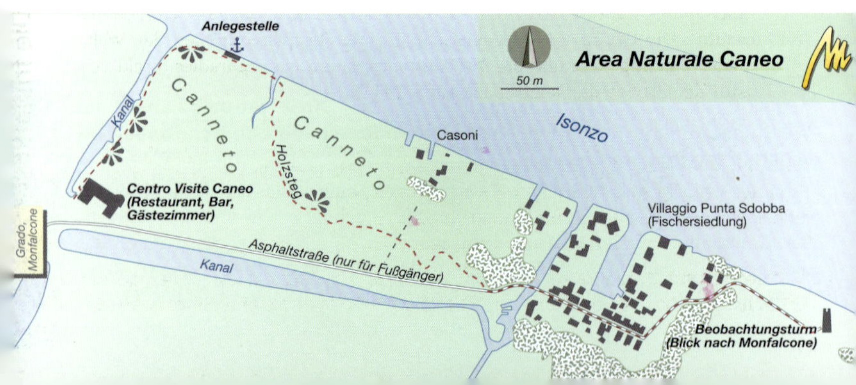

Mangels Sandstrand wird sich auf den Felsen gesonnt

Riviera Triestina

Östlich der Industriestadt Monfalcone ändert die Küste ihren Charakter völlig. Die weiß-grauen Kalkfelsen des Karst, die teilweise fast senkrecht zum Meer hin abbrechen, sind dicht mit Macchia und Mischwald überwachsen und ziehen sich bis Triest. Darunter verstecken sich einige kleine Küstenorte, die hauptsächlich als Jachthäfen fungieren, aber auch eingelagerte Strände besitzen.

Vor Triest lohnt in erster Linie ein Besuch der beiden Schlösser *Castello di Duino* und *Castello di Miramare*, hinter der klassizistischen Großstadt ein Abstecher ins venezianische Küstenstädtchen *Muggia*, wenige Kilometer vor der slowenischen Grenze.
Im Hinterland bietet der bewaldete Karst viele Wandermöglichkeiten, (nicht nur) für die erschöpften Wanderer stehen zahlreiche Gasthäuser entlang der „Strada del Vino Terrano". Die *Grotta Gigante*, eine der größten Tropfsteinhöhlen der Welt, will ebenfalls besichtigt sein und das *Val Rosandra* ist ein Naturparadies direkt vor der Haustür der Großstadt. Details dazu auf S. 241 ff.

Tipp: Am ersten Sonntag im Mai ist die Triestiner Riviera Schauplatz des großen Marathonlaufs **Maratona d'Europa** auf einer exakt 42,195 km langen Strecke vom Castello di Duino zum Castello di Miramare, deswegen auch „Zwei-Schlösser-Marathon" genannt (www.bavisela.it).

▸ **Monfalcone und Umgebung**: Die Stadt und ihre vorgelagerte Uferzone, die die nördlichste Bucht des Mittelmeers bildet, sind nicht über die Maßen attraktiv. Es

Karte S. 189

Lago di Doberdò: Der See ohne Wasser

Im Hinterland von Monfalcone liegt der Lago di Doberdò, deutlich eingetragen auf allen Friaul-Karten. Wer ihn im Sommer sucht, kann trotzdem Pech haben, denn der See ist von einem dichten Waldgürtel umgeben, der kaum einen Blick auf die Wasserfläche freigibt. Und wenn man denn endlich eine Stelle gefunden hat, kann es sein, dass der See einfach nicht da ist oder sich nur ein kleiner, unscheinbarer Sumpftümpel zeigt. Des Rätsels Lösung: Im durchlässigen Karstgestein fließt das Wasser weitgehend unterirdisch. An die Oberfläche tritt es nur, wenn die Höhlen und Tunnels bis zum Rand gefüllt sind, z. B. nach starken Regenfällen. Der Wasserspiegel des Lago di Doberdò kann so innerhalb weniger Tage plötzlich vehement ansteigen – aber auch genauso unvermittelt wieder in den unergründlichen Karsttiefen verschwinden. Der See steht unter Naturschutz, Wanderwege führen rundum.

Übernachten/Essen & Trinken Der Agriturismo „Alture di Polazzo" liegt auf der Hochebene des Carso Isontino (Gemeinde Fogliano Redipuglia) und ist um den See häufig beschildert. Es gibt dort mehrere ordentlich eingerichtete Ferienwohnungen im Grünen und eine Campingwiese, einen Pool, Mountainbikes und ein Bogenschießgelände. Die Verköstigung erfolgt hauptsächlich mit selbst angebauten biologischen Produkten. Preis pro Pers. ca. 25–30 €. ✆ 330-240132 o. 330-936836, ✆ 338-5124428, www.parcorurale.it.

An der Straße zwischen Doberdò und lamiano kann man im einsam gelegenen Gasthaus „Al Lago" oberhalb vom See einkehren, ein Weg führt zum Ufer hinunter.

gibt ein, zwei Campingplätze, die wenigen Strände sind naturbelassen und ungepflegt. Wegen ihrer 1908 noch unter den Österreichern gegründeten Großwerft wurde Monfalcone im Zweiten Weltkrieg völlig zerstört. Heute werden in der Fincantieri-Werft einige der weltgrößten Kreuzfahrtschiffe gebaut – 1996 lief als erstes Passagierschiff von mehr als 100.000 Bruttoregistertonnen die „Carnival Destiny" vom Stapel. Mittlerweile ist die „Carnival Freedom" in Bau, die über 110.000 Tonnen besitzt. Das große Schiffsbaugelände erkennt man auf der Ostseite der Bucht. Erst wenn man die riesige Papierfabrik am südlichen Stadtende hinter sich gelassen hat, wird die Strecke nach Triest reizvoll.

Unterwegs auf der Strada Costiera

Die in den Fels gesprengte SS 14 wurde 1928 eröffnet. Sie verläuft hoch über dem Meer und gilt bis heute als eine der schönsten Küstenstraßen der Welt. Vor allem hinter Sistiana genießt man immer wieder herrliche Panoramablicke, an einer Stelle durchquert man die „Galleria naturale", einen in den Fels gehauenen Tunnel. Es gibt auch einige Parkplätze („Belvedere"), wo man anhalten und den Rundumblick genießen kann.

▸ **Alberoni**: attraktive Waldzone an der Mündung des Isonzo, zu erreichen von der Straße nach Grado, indem man sich an der Kreuzung von *Bistrigna* (Ortsteil von Staranzano) in Richtung Meer hält. Es gibt dort zahlreiche Wege für Spaziergänger und Radfahrer, ein schöner Anlaufpunkt ist das Ausflugslokal „Alberoni".

Essen & Trinken **Alberoni**, Via Rivalunga 1, allein stehendes Haus mitten im Grünen, angeschlossen ist ein großer Kinderspielplatz. ✆ 0481/419926.

▸ **San Giovanni del Timavo**: Die westliche Grenze der Triestiner Riviera bildet die Timavo-Mündung. Bei San Giovanni del Timavo bricht der Fluss nach rund 40 km unterirdischem Lauf aus dem Karst, gerde mal 2 km verläuft er oberirdisch. Der Ort war in der Antike heilig, heute ist er ein lauschiges Plätzchen mitten im Wald, beschildert mit „Risorgive del Timavo" (in der Nähe des Abzweigs nach Gorizia, kurz bevor am rechten Straßenrand zwei steinerne Wölfe heulen). Direkt unterhalb der SS 14 steht hier die große gotische Kirche *San Giovanni in Tuba*, im Umkreis findet man ein paar historische Schleusen.

▸ **Villaggio del Pescatore**: Nördlich von Duino führt eine steile Abfahrt zu dieser ehemaligen Fischersiedlung direkt an der Mündung des Timavo hinunter. Doch der romantische Name täuscht – die Fischerei lohnt sich kaum noch, fast alle der ehemaligen Fischer arbeiten inzwischen in der großen Papierfabrik von Monfalcone und in der Marina liegen die Jachten der Triestiner. Etwas ganz Besonders ist der Ort jedoch für Paläontologen: In einer nahegelegenen Höhle wurde nämlich 1996 das vollständige Skelett des größten je auf italienischem Boden gefundenen Dinosauriers entdeckt! Der 4 m lange Androsaurus, der vor etwa 80 Millionen Jahren lebte, wurde liebevoll „Antonio" genannt (obwohl er weiblich war) und wurde im Dezember 2000 zum ersten Mal ausgestellt. Heute ist er im Civico Museo di Storia Naturale von Triest zu betrachten.

Duino

(ca. 9000 Einwohner)

Die Perle der Triestiner Riviera – nicht unbedingt der Ort selbst, sondern seine unmittelbare Umgebung. Der schmucke Hafen mit Kiesstrand und mehreren Restaurants (im Sommer erhebliche Parkplatzprobleme!) ist von malerischer Steilküste umgeben, das Castello di Duino der Familie Thurn und Taxis bzw. der Familie „Torre e Tasso", wie der italienische Zweig der Fürstenfamilie sich nennt, thront hoch über dem Meer.

Heute kommen vor allem Teilnehmer internationaler Kongresse in den Genuss der adligen Gastfreundschaft im Schloss, früher waren es begnadete Dichter. Der berühmteste unter ihnen war Rilke, der sich hier während langer Wanderungen entlang der Küste zu den „Duineser Elegien" inspirieren ließ, einem Meisterwerk deutscher Lyrik, und sie seiner Gönnerin, der Fürstin Marie von Thurn und Taxis-Hohenlohe widmete. In der Nähe des Schlosses sind die schwer zugänglichen Ruinen des *Castello Vecchio* erhalten, einer älteren Burg aus dem 11. Jh., die während der Kämpfe zwischen Venezianern und Türken zerstört wurde. Unterhalb davon gibt es einen kalkweißen monolithischen Felsblock, der der Legende nach eine versteinerte Frau darstellt – die Gattin eines eifersüchtigen Schlossherren und von diesem ins Meer geworfen – und deshalb „Dama bianca" („Weiße Dame) genannt wird. Es heißt auch, dass Dante Alighieri, der Schöpfer der „Divina Commedia", die Burg einst im Auftrag der Skaliger aus Verona besucht hat. Auf einem exponierten Felsrücken, der weit ins Meer hineinragt, soll er damals seine Verse verfasst haben, seitdem heißt dieser „Scoglio di Dante".

Duino ist aber auch bekannt für sein berühmtes „United World College of the Adriatic", das hier seit 1982 seinen Sitz hat. Es ist eins von zwölf United World Colleges weltweit, eine Art von Eliteinternat, das die letzten beiden Schuljahre vor dem Studium umfasst. Derzeit gibt es 200 Schüler aus 80 Ländern, alle mit Stipendium, so dass sie unabhängig von ihrem sozialen oder finanziellen Hintergrund

Karte S. 189

sind. Etwa 20 Schülerinnen und Schüler aus Deutschland erhalten jährlich einen Platz an einem der Colleges. Bewerben können sich Schüler der 10. oder 11. Jahrgangsstufe, Schulsprache ist Englisch, Näheres unter www.uwc.de (UWC of the Adriatic, Via Trieste 29, I-34011 Duino (TS), ✆ 040/3739111, 📠 3739225, www.uwcad.it).

• *Übernachten* ** **Villa Gruber**, am Hafen, altes Landhaus mit wunderschönem Garten. DZ ca. 80–90 €, Frühstück extra. ✆ 040/208115, 📠 2071119, www.alladamabianca.com

** **Alla Dama Bianca**, am Hafen, sieben helle Zimmer, fast alle mit Balkon, Speiseterrasse direkt über dem Meer, kleines, hoteleigenes Strandbad, Bianca Varisco heißt die freundliche Wirtin. DZ ca. 80–90 €, Frühstück extra. ✆ 040/208137, 📠 208258, www.alladamabianca.com

• *Essen & Trinken* **Al Cavalluccio**, am Hafen. Guter Ruf und gute Küche, nicht billig, dafür speist man in traumhafter Lage auf einer idyllischen Terrasse (vor der sich im Hochsommer allerdings die zu- und abfahrenden Autos stapeln). Di geschl. ✆ 040/208133.

Alla Dama Bianca, schönes Terrassenrestaurant im gleichnamigen Hotel, bekannt für seine gute Fischküche. Mi geschl.

Unterwegs auf dem „Sentiero Rilke"

Der Rilke-Pfad führt etwa 2,5 km weit an der Steilküste entlang von Duino nach Sistiana. Er beginnt bei der östlichen Einfahrt von der SS 14 nach „Duino Centro" und endet in Sistiana neben dem Informationsbüro. Für den Hin- und Rückweg zwischen den grauen Karstfelsen benötigt man etwas mehr als eine Stunde, die Aussicht ist dabei ebenso betörend wie der Duft von Lavendel und Thymian – man kann vom Isonzo im Westen bis Savudrija (Kroatien) an der Spitze der istrischen Halbinsel blicken. Unterwegs trifft man auch auf die Reste einiger Stellungen aus dem Ersten Weltkrieg. Das Gebiet um den Rilke-Pfad steht als „Riserva naturale regionale delle Falesie di Duino" (Naturschutzgebiet Duineser Klippen) unter Naturschutz und ist Lebensraum der Samtkopfgrasmücke und der Blaumerle, der dunkelbraunen Pracht-Kieleidechse und der Europäischen Katzennatter. Das Verlassen des Wegs ist deshalb untersagt.

Castello di Duino

Das stolze Kastell steht exponiert auf einem Felssporn am Steilhang über der adriatischen Küste. Es entstand im 14. Jh. auf römischen Fundamenten und entwickelte sich schon im 17. Jh. zum humanistischen Kulturzentrum. Im Verlauf der Isonzo-Schlachten des Ersten Weltkriegs wurde es großteils zerstört, in den zwanziger Jahren aber wieder aufgebaut.

Seine Blütezeit hatte es Ende des 19. Jh., als Therese Gräfin Thurn-Hofer und Valsassina und ihre Tochter Marie, Gattin von Alexander Prinz von Thurn und Taxis, ihre Salons den internationalen Größen der damaligen Kunst- und Literaturwelt öffneten: Johann Strauß, Franz Liszt, Mark Twain, Hugo von Hofmannsthal und Rainer Maria Rilke weilten hier wochen- und monatelang. Mit Rilke pflegte Marie, die selber literarisch tätig war, einen 17-jährigen Briefwechsel, der in mehreren Sprachen veröffentlicht wurde. Die zwanzig Jahre ältere Gräfin war für Rilke eine mütterliche Ratgeberin, geistreich und witzig, er war ihr ein geduldiger und aufmerksamer Zuhörer. Nach dem Ersten Weltkrieg ließen sich die Thurn und Taxis als „Torre e Tasso" in Italien einbürgern. Nach dem Zweiten Weltkrieg gründete Prinz Raymondo della Torre e Tasso, ein überzeugter Demokrat und Europäer, der als erster „die europäische Flagge an der adriatischen Küste hisste", mehrere

Die Duineser Elegien: Rilkes lyrisches Hauptwerk

Wer, wenn ich schriee, hörte mich denn aus der Engel Ordnungen? und gesetzt selbst, es nähme einer mich plötzlich ans Herz: ich verginge von seinem stärkeren Dasein. Denn das Schöne ist nichts als des Schrecklichen Anfang, den wir noch grade ertragen, und wir bewundern es so, weil es gelassen verschmäht, uns zu zerstören. Ein jeder Engel ist schrecklich ...

(Beginn der Ersten Elegie)

Rilke weilte im Winter 1911/12 auf Einladung der Fürstin Marie von Thurn und Taxis auf Schloss Duino. Gerne ging er im Garten des Schlosses spazieren, dabei sind die ersten zwei der insgesamt zehn Duineser Elegien entstanden (sowie Fragmente zu später fertig gestellten Elegien). Rilke hat sie mit „Aus dem Besitz der Fürstin Marie von Thurn und Taxis-Hohenlohe" überschrieben, Marie übersetzte sie ins Italienische. Erst 1922 hat Rilke die Elegien in der französischen Schweiz vollendet. Sie umfassen insgesamt nur 853 Zeilen, doch Rilke betrachtete sie als sein Hauptwerk. Er sah sich jedoch nicht als ihr eigentlicher Schöpfer, sondern als Empfänger einer Art Offenbarung, die ihm quasi diktiert wurde. Marie hat beschrieben, wie es ihm beim Spaziergang, während gerade heftig die Bora wehte, so war, als ob ihm im Brausen des Sturms eine Stimme zugerufen hätte: „Wer wenn ich schrie, hörte mich denn aus der Engel Ordnung ..." Am Abend war die erste Duineser Elegie niedergeschrieben.

Die zehn Gedichte stellen einen dramatisierten inneren Monolog dar, sind frei rhythmisiert und besitzen keine Reime, jedoch viele Distichen und ähneln so der griechischen Tragödie, z. B. der „Odyssee" von Homer. Rilke steht damit in einer von Klopstock und Hölderlin begründeten Tradition, in der antiken Gestaltung einem eigenen prophetischen Auftrag zu dienen. Sie sind nicht unmittelbar und einfach verständlich, vieles bleibt der eigenen Interpretation überlassen oder ganz im Dunkeln. Am besten sollten sie vorgelesen oder gesprochen werden. Auch Rilke selbst trug wenig zu ihrem Verständnis bei: „Bin ich es, der den Elegien die richtige Erklärung geben darf? Sie reichen unendlich über mich hinaus." Die ersten Elegien sind Gesänge der Klage, die späteren finden zu einer Bejahung des Lebens. In Form eines Gesprächs mit einem Engel (Symbol für das Über-Ich), spricht Rilke über große Themen des menschlichen Lebens: Tod, Liebe, Kunst, Eltern, Kinder, Mensch und Tier. Grundthema ist der moderne Mensch, der sich aus dem Paradies vertrieben fühlt und im Zwiespalt mit sich selbst ist. Rilke beschreibt die Daseinsproblematik des neuzeitlichen Menschen, will darüber hinaus jedoch eine mythische Sinngebung der Existenz verkünden und erkennt dies als Aufgabe des Dichters.

renommierte internationale Institute, darunter das „International Centre for Theoretical Physics" von Miramare. Heute lebt sein Sohn Carlo Alessandro della Torre e Tasso mit seiner Familie im Schloss.

Die Besichtigung des Schlosses mit seinem reizvoll angelegten Park und den mit Gobelins, Ölgemälden und historischem Mobiliar reich ausgestatteten Zimmerfluchten ist beeindruckend. Zahlreiche Fotos und Dokumente weisen auf die große Zeit Ende des 19. und Anfang des 20. Jh. zurück. Es gibt einen schönen Innenhof,

Karte S. 189

Vom Rilke-Pfad gut zu sehen: das Schloss von Duino

einen Turm aus dem 16. Jh. mit angeblich zweitausend Jahre alten Grundmauern und einer antiken Gedenktafel zum Besuch des Kaisers Diokletian im 3. Jh. n. Chr. sowie mehrere Aussichtspunkte (Belvedere 1–3), von denen man den herrlichen Ausblick aufs Meer genießen kann. Der Park ist mit romantischen Wegen, Statuen und Terrassen auf mehreren Ebenen angelegt, ein Pfad führt zu einem kleinen, versteckten Privatstrand hinunter.

Erst seit März 2006 ist der 400 qm große *Bunker* zu besichtigen, der 1943 von Zwangsarbeitern für die deutsche Kriegsmarine 18 m unter dem Schloss in den Fels gegraben wurde, um Sistiana gegen eine Landung der Alliierten zu verteidigen. Anfangs fanden hier bei Fliegerangriffen noch Einwohner von Duino Zuflucht, doch ab 1944 wurden Kanonen installiert und der Zutritt war für die Zivilbevölkerung nicht mehr erlaubt.

Im Sommer finden gelegentlich kulturelle Veranstaltungen im Schloss statt, z. B. das „Festival di Musica da Camera", bei dem bekannte Orchestermusiker spielen.

Öffnungszeiten/Preise **Castello di Duino**, März bis Sept. Mi–Mo 9.30–17.30 Uhr, Okt. Mi–Mo 9.30–16.30 Uhr, jeweils Di geschl., Nov.–Febr. nur Sa/So 9.30–16 Uhr. Eintritt ca. 7 €, Stud. und über 65-Jährige 4,50 €, 7–16 J. 3 €. ✆ 040/208120, www.castellodiduino.it

▸ **Sistiana**: Der zweite Ort der Triestiner Riviera liegt über einer von Karstfelsen umgebenen Bucht. Unten gibt es einen großen Jachthafen und einen Kiesstrand mit Badeanstalt (Eintrittsgebühr), Parken ist kostenpflichtig. Ein schattiger Campingplatz blickt oberhalb der Steilküste auf den Hafen hinunter.

• *Übernachten/Essen & Trinken* *** **Locanda Gaudemus**, kleines, gepflegtes Hotel an der Durchgangsstraße, 11 Zimmer mit TV und hübsches Ristorante, die Terrasse mit viel Grün zur Straße abgeschirmt. DZ mit Frühstück ca. 70–80 €. ✆ 040/299255, ✉ 2908031, www.gaudemus.com

*** **Gruden**, in San Pelagio, knapp 5 km im Landesinneren. Vortreffliches Restaurant mit fünf Apartments. Das Gruden liegt an der Weinstraße des Carso, die im Hinterland von Villa Opicina (bei Triest) nach Visogliano oberhalb von Sistiana führt (→ S. 245). Hier sollte man einmal den erdigen Terrano probieren, dazu gibt es gute Hausmannskost. Apt. ca. 80 €, Restaurant Mo/Di geschl. ✆ 040/200151, ✉ 200854, www.myresidence.it

Dream House, Strada Costiera 230, wunderbar gelegen unterhalb der Küstenstraße nach Triest, 2 km nach dem markanten Felsentunnel „Galleria naturale" (Abfahrt nicht verpassen). Geräumige, gut eingerichtete Zimmer mit Panoramablick, Gemeinschaftsraum mit TV und großer Terrasse, kleiner Pool. Mindestaufenthalt zwei Tage. DZ ca. 90–120 €. ✆ 040/224186 o. 380-7096375, www.dreamhousetrieste.it

Da Ciro, Strada Statale 14, beliebte Pizzeria an der Durchgangsstraße, freundlich geführt, an Wochenenden Livemusik. ✆ 040/208226.

**** **Camping Marepineta**, an der SS 14, Ortsausfahrt Richtung Duino. Großes, angenehm schattiges Gelände im Pinienwald über der Steilküste, das Meer liegt allerdings weit unten (im Sommer Pendelbus). Restaurant/Pizzeria, Pool, Tennis, Spielplatz, Vermietung von Mobil Homes und Wohnwagen. Es wird Deutsch gesprochen. Vor dem Gelände führt der Rilke-Pfad vorbei. Mai bis Mitte Sept. ✆ 040/ 299264, ℻ 299265, www.marepineta.com

* **Camping Alle Rose**, kleiner Platz ein paar hundert Meter weiter landeinwärts (beschildert), keine Einrichtungen und sanitär bescheiden, dafür preiswert und sehr freundlich geführt von Herrn Giovanni (Johann), der ausgezeichnet Deutsch spricht. Viele Stammgäste. ✆ 040/299457.

*** **Camping Imperial**, vom Camping Alle Rose noch ein Stück die Straße weiter hinauf in Richtung Aurisina. Schönes, bewaldetes Gelände mit Pool, im Sommer Shuttlebus zum 4 km entfernten Meer. ✆ 040/ 200459, www.campingimperialalcarso.it

• *Sonstiges* Schiffsausflüge mit dem Motorschiff **Livenza** entlang der Küste bis Triest und in der anderen Richtung bis zum Naturschutzgebiet an der Mündung des Isonzo. ✆ 040/299264.

Castello e Parco di Miramare (Schloss und Park Miramare)

Das schneeweiße Habsburgerschloss thront mit seinem wunderschönen, kleinen Hafen und dem weitläufigen Park bühnenbildgerecht auf einem Felsvorsprung direkt am Meer – ein Hollywood-Regisseur hätte es nicht besser platzieren können. Es ist zu einem Symbol der Riviera Triestina geworden und gehört zu den meistbesuchten Schlössern Italiens.

Mitte des 19. Jh. fand der österreichische Erzherzog Maximilian, Bruder von Kaiser Franz Joseph, Gefallen an der Triestiner Riviera und wünschte sich hier eine Residenz. 1859 ließ er sich im zarten Alter von 27 mit seiner knapp 20-jährigen Gemahlin Charlotte, Tochter des belgischen Königs Leopold, im *Castelletto* (vom Hafen aus sichtbar) nieder und überwachte die schwierigen und enorm kostspieligen Bauarbeiten unter dem Wiener Architekten Carl Junker persönlich. Ein Jahr später zog das Paar dann ins noch längst nicht fertig gestellte Schloss ein. Maximilian hätte hier in Ruhe seinen zahlreichen Interessen nachgehen und ein sorgenfreies Leben führen können, die junge Charlotte hätte sich der Musik, Literatur und Malerei gewidmet. Doch packte ihn der Ehrgeiz, er nahm das Angebot klerikal-konservativer Notabeln an und ließ sich, von französischen Truppen unterstützt, zum Kaiser von Mexiko ausrufen (und verzichtete dafür auf die österreichische Thronfolge). 1864 stach er von Miramare aus in See, wurde aber nach dem Abzug der Franzosen im Bürgerkrieg gegen die mexikanische Nationalbewegung unter Benito Juárez gefangen genommen und 1867 von Aufständischen erschossen. Seine Gattin, die Maximilian zu dem verhängnisvollen Abenteuer ermutigt hatte, verfiel in geistige Umnachtung, kehrte nach Europa zurück und lebte dort noch sechzig Jahre. Das Märchen von Miramare fand nicht statt, das Schloss wurde erst 1870 endgültig fertig gestellt und beherbergte nach Maximilian noch weitere gekrönte Häupter, darunter Kaiserin Elisabeth (Sissi), die 1898 vom Anarchisten Luigi Lucheni in Genf erstochen wurde, das österreichische Thronfolgepaar, das 1914 in Sarajevo ermordet wurde, Herzog Amadeo von Aosta, der 1942 in einem britischen Gefangenenlager an Malaria starb, sowie im Zweiten Weltkrieg die deutsche

Die friulanische Küste
Karte S. 189

Generalität, die z. T. hingerichtet wurde. Erst als das Gerücht die Runde machte, dass jeder, der in Miramare wohne, eines unnatürlichen Todes sterbe, ließ der Andrang nach. Heute stehen die großen, lichten Räume mit ihrem wertvollen historischen Mobiliar zur Besichtigung frei.

Museo Storico del Castello di Miramare: Der Rundgang durch die wunderbar restaurierten Räumlichkeiten ist ein Genuss. In jedem Raum findet man interessante Erläuterungen zu Entstehung und Einrichtung.

Die ersten beiden Räume im Erdgeschoss sind das spartanisch gehaltene *Schlafzimmer* und das *Arbeitszimmer* Maximilians. Sie besitzen wunderbare Holztäfelungen, sind aber niedrig wie Schiffskajüten gehalten. Maximilian war seinerzeit oberster Kommandeur der österreichischen Kriegsmarine und hat hier seine Zeit auf der Kriegsfregatte „Novara“ festgehalten. Das Arbeitszimmer ist dem Heckraum dieses Schiffes nachgebildet, das Schlafzimmer soll eine Kabine darstellen.

Es folgen die prächtige *Bibliothek* mit etwa 3000 Bänden, dann der *Speisesaal* und das *Arbeitszimmer* Charlottes, beide mit herrlicher blauer Tapete. Das folgende achteckige Zimmer diente als *Musik-*, *Lese-* und *Malraum* für Charlotte. Weiter kommt man durch das *Schlafzimmer* Charlottes und die *Hauskapelle* in den großen *Windrosensaal* – so genannt, weil der Zeiger an der Decke mit einer Wetterfahne am Dach verbunden war. Er diente als Eingangsraum für Gäste, die vom kleinen Hafen heraufkamen, wurde aber auch als Spielzimmer genutzt.

Schloss Miramare: pittoresker Bau mit prachtvollen Innenleben

Durch ein herrliches *Treppenhaus* aus Eichenholz im Renaissancestil steigt man in den ersten Stock hinauf, der erst nach der Abreise des jungen Paars nach Mexiko fertig gestellt wurde. Der *Herrschersaal*, so genannt nach den zahlreichen Herrscherporträts an den Wänden, wurde später als Gästezimmer genutzt. Der Fußboden spiegelt die Motive der Deckenverzierungen wider. Das Bett ist ein Geschenk Kaiser Napoleons III., an dem kleinen, schwarzen Marmortisch hat Maximilian die Annahme der mexikanischen Krone unterzeichnet.

Im *Audienzsaal* sieht man über den Türen Bilder der Habsburger Schlösser, darunter eins von Schloss Chapultepec, Maximilians Residenz in Mexiko.

Durch zwei Räume im *japanisch/chinesischen Stil* gelangt man in den *Historischen Saal* (auch Cesare-dell' Acqua-Saal) mit einigen bedeutenden Bildwerken zur Biografie Maximilians: das „Angebot der Krone Mexikos durch eine mexikanische Delegation“, die „Abreise Maximilians und Charlottes“ sowie der „Besuch der Kaiserin Elisabeth im Schloss“. Schließlich setzt der prunkvolle, zwei Stockwerke hohe *Thronsaal* mit seiner aufwändigen gotischen Holzdecke einen krönenden Schlusspunkt. An den Wänden hängen zwei riesige Gemälde: die „Allegorische Darstellung der Besitzungen Karls V.“, dessen

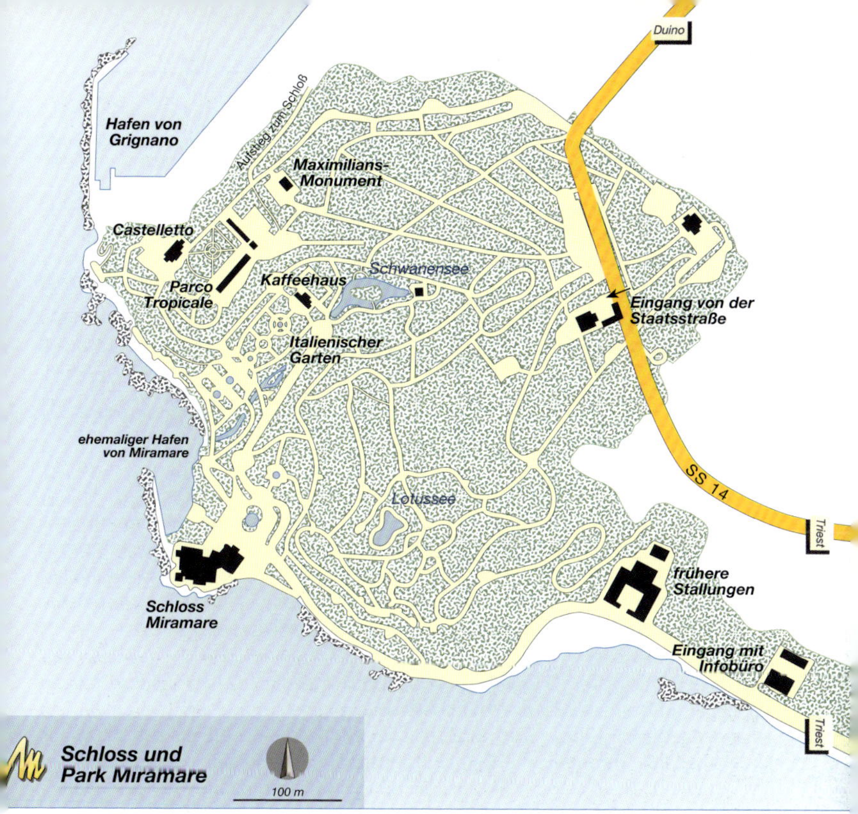

Nachkomme Maximilian war, sowie der „Stammbau der Familie Habsburg-Lothringen“. Die Habsburger sind darin golden hinterlegt, die Lothringer „nur“ silbern.

Parco di Miramare: Ebenso reizvoll wie der Schlossbesuch ist ein Spaziergang durch den 22 Hektar großen, wunderschön angelegten Park. Die Bepflanzung mit z. T. seltenen Bäumen (darunter viele aus Mexiko und Kalifornien) wurde von Maximilian persönlich veranlasst und folgte einem präzisen Plan, allerdings konnte die ursprüngliche Planung eines rein tropischen Gartens wegen des rauen Klimas nicht verwirklicht werden. Im zentralen italienischen Garten mit seinen kunstvollen Blumenrabatten gibt es ein Kaffeehaus, im hinteren Teil trifft man auf ein großes, bronzenes Standbild des Kaisers von Mexiko, im *Parco Tropicale* werden tropische Vögel und Schmetterlinge gehalten (separater Eintritt) und das *Castelletto* beherbergt eine Ausstellung zur Meeresfauna und -flora. Vor der Küste von Miramare hat der WWF bereits vor über zwanzig Jahren einen geschützten *Meerespark* initiiert, der an Wochenenden mit Schnorchel oder Atemgerät besichtigt werden kann (nur mit Führung, Anmeldung unter ✆ 040/224147, www.riservamarinamiramare.it).

• *Anfahrt/Verbindungen* Man erreicht Schloss Miramare direkt von der SS 14 (Abfahrt beschildert) oder mit einem kleinen Spaziergang vom Hafen von Grignano aus. Von Triest fährt **Bus 36** ab Bhf., auch Nahverkehrszüge stoppen in Grignano, im Sommer gibt es außerdem **Bootsverbindungen** ab Triest: Ende April bis Mitte Okt. etwa 5-mal tägl. (im Sommer häufiger), ca. 3 € einfach, www.triestetrasporti.it

• *Öffnungszeiten/Preise* **Schloss**, ganzjährig tägl. 9–19 Uhr, Eintritt ca. 4 €, von 18–25 Jahre 2 €, unter 18 und über 65 frei.

Schlosspark, April bis September tägl. 8–19 Uhr, Rest des Jahres bis 17 bzw. 18 Uhr, Eintritt frei. ✆ 040/224143.

Castelletto, April bis Sept. tägl. 9-12.30, 14.30–18.30 Uhr, Okt. bis März 9–12.30, 14–17 Uhr (Mo u. Do geschl.); Eintritt ca. 3 €, mit Führung 5 €, von 6–17 Jahre 2 bzw. 3 €.

• *Übernachten* *** **Riviera e Maximilian's**, Strada Costiera 22, komfortables Haus oberhalb der Bucht von Grignano, herrlicher Blick die Küste entlang, Restaurant mit Panoramaterrasse. Lift zu einer großen, privaten Badeplattform unterhalb. Gut eingerichtete Zimmer mit Balkonen und Meerblick, Restaurant „Le Terrazze" ebenfalls mit herrlichem Blick aufs Meer. DZ mit Frühstück ca. 125–240 €,. ✆ 040/ 224551, ℻ 224300, www.hotelrivieraemaximilian.com

* **Mignon**, Via Junker 12, direkt im Hafen von Grignano, schöner Meerblick. DZ mit Frühstück ca. 70–90 €. ✆/℻ 040/224611.

Jugendherberge Ostello Tergeste (IYHF), Viale Miramare 331, an der Zufahrt zum Schloss, kurz vor dem Parkeingang. Vom Bahnhof in Triest Bus Nr. 36. Großartige Lage in einer Villa direkt am Meer, 74 Betten, Übernachtung mit Frühstück ca. 14 €/Pers. ✆/℻ 040/224102, www.ostellotergeste.it

Von Grignano bis Triest

Hinter dem Schlossfelsen von Miramare zieht sich entlang der Straße eine kilometerlange Küstenpromenade bis nach *Bárcola*, das bereits zu Triest gehört. Man stellt den mitgebrachten Liegestuhl aufs Pflaster und springt über die Mauer ins Meer. Die Wasserqualität nimmt gegen Triest hin ab, dafür gibt es in Bárcola einen schattigen Pinienhain. Unübersehbar steht oberhalb vom Ort der Leuchtturm *Faro della Vittoria.*

▸ **Faro della Vittoria**: Der 68 m hohe Leuchtturm wurde seit 1924 als Denkmal für die gefallenen Marinesoldaten des Ersten Weltkriegs errichtet und am 24. Mai 1927 in Anwesenheit von König Vittorio Emanuele III feierlich eröffnet. Als mächtige, klassische Säule thront er mit der überlebensgroßen Statue eines Soldaten auf den Grundmauern einer österreichischen Festung. Das Kapitell bildet ein ausladender „Mastkorb", darin ragt ein Gerüst aus Bronze und Glas mit verzierter Bronzekuppel empor, gekrönt von der „Statua della Vittoria". Das Leuchtwerk liegt ungefähr in 130 m ü.M. und hat eine Reichweite von über 50 km. Der Leuchtturm kann bis zum Kapitell bestiegen werden.

Öffnungszeiten/Preise **Faro della Vittoria**, April bis September 9–11, 16–18 Uhr, sonst 10–15 Uhr, Mi geschl.; Eintritt frei.

Triest (Trieste)

(ca. 230.000 Einwohner)

Hauptstadt der Region Friaul-Julisch Venetien, östlichste Großstadt Italiens, einstmals wichtigster Mittelmeerhafen der Doppelmonarchie Österreich-Ungarn. Eingeschlossen von karstigen Kalkhängen liegt die Stadt in einer halbkreisförmigen Bucht nur wenige Kilometer vor der slowenischen Grenze. Die eigenartige Mischung aus riesigen Hafendocks, prächtigen Palästen der k.u.k.-Monarchie und Kaffeehausromantik prägt ihr Ambiente. Allgegenwärtig sind die Winde, vor allem die Bora, die immer wieder mit bis zu 100 km/h von den umliegenden Hängen herunterfegt.

Die exponierte geografische Lage und die damit verbundene, wechselvolle Geschichte haben das Gesicht der Stadt gezeichnet. Ungarische, slawische und vor allem österreichische Einflüsse sind spürbar: in der Architektur, im alltäglichen Leben, in Kunst und Literatur, nicht zuletzt aber auch in der Küche. Das Zentrum ist in effektvollen klassizistischen Linien gestaltet, zahlreiche monumentale Bauten aus Eklektizismus, Jugendstil und Neugotik spiegeln die Bedeutung Triests im 18. und 19. Jh., als die Stadt unter den Habsburgern ein bedeutender Freihafen war. Als Zeichen von Reichtum und „Grandezza" entstanden damals überall prächtige Palazzi, u. a. die Börse, die Theater und das auch heute noch anerkannt gute Opernhaus. Triest wurde zur bedeutenden Kulturmetropole an der Nahtstelle zwischen Ost und West, aber gleichzeitig im Herzen Europas, Schriftsteller wie James Joyce, Italo Svevo und Umberto Saba machten es zu einer Hochburg der Literatur – mit den Worten von Claudio Magris, dem bedeutendsten derzeit lebenden Triestiner Schriftsteller, sogar zur „literarischen Hauptstadt Mitteleuropas".

Auf der Piazza dell'Unità d'Italia

Nach dem Ersten Weltkrieg und dem Auseinanderfallen des k.u.k.-Imperiums wurde Triest Italien zugeschlagen und zu einem Zentrum des Schiffbaus, die großen Werften liegen bis heute südlich vom Zentrum. Nach der deutschen Besetzung im Zweiten Weltkrieg geriet Triest zum Zankapfel zwischen Italien und Jugoslawien, wirtschaftliche Not und soziale Krisen drohten den Glanz der einstigen Handels- und Wirtschaftsmetropole zu zerstören. Erst 1954 wurde Triest wieder italienisch, wobei das Hinterland jugoslawisch bzw. slowenisch blieb – ein schwieriges Erbe, denn der „Eiserne Vorhang" verhinderte jeglichen wirtschaftlichen Austausch. Seit der Demokratisierung der Balkanstaaten ist man jedoch auf gutem Weg, an die frühere Bedeutung anknüpfen zu können. Schon jetzt ist Triest, das sich gerne „Porta d'Europa" (Tor Europas) nennt, wegen diverser Vergünstigungen und Steuernachlässe die italienische Metropole des Versicherungswesens.

Lebensqualität in Triest

2006 kam eine Studie der Zeitung „Il Sole 24 Ore" zum Ergebnis, dass Triest nach Siena in der Toskana die höchste Lebensqualität Italiens bietet. Auf den Plätzen drei bis fünf folgen Bozen, Trento und Bologna. Lebensstandard, Umweltverschmutzung, Kriminalität, Freizeit- und Grünanlagen, Dienstleistungen, Verkehrsverbindungen und wirtschaftliche Lage waren einige der 30 Kriterien der Untersuchung.

Karte S. 189

Anfahrt/Verbindungen/Information

• *Anfahrt/Verbindungen* **PKW**, an der Uferfront gibt es viele gebührenpflichtige Stellplätze, weitere gibt es bei der Piazza Oberdan und im südlichen Hafenbereich (gegenüber Stazione di Campo Marzio). Das **Parkhaus** „Silos" liegt neben dem Bahnhof.

Flug: Der Flughafen „Aeroporto Friuli Venezia Giulia" in Ronchi dei Legionari liegt etwas außerhalb von Monfalcone (→ S. 213), am Beginn des triestinischen Karstes, etwa 30 km von Triest. Er wird u. a. von Frankfurt-Hahn mit Ryan Air angeflogen. APT-Bus 10 pendelt tagsüber alle 20–25 Min. von und zum Bahnhof von Monfalcone, Bus 1 u. 51 fährt von und nach Gorizia, Bus 51 von und nach Udine und Triest/Busbahnhof (aktuelle Infos unter www.aptgorizia.it oder ✆ 0481/593511). Fluginformation unter ✆ 0481/773224, www.aeroporto.fvg.it

Bahn, der Hbf. **Stazione Centrale** liegt an der Piazza della Libertà etwas nördlich vom Hafen und der Altstadt. Häufige Verbindungen gibt es u. a. nach Gorizia und Udine, außerdem nach Venedig, Mailand, Villach und Salzburg.

Bus, Busstation neben dem Bahnhof, stündliche Busse die Küste hinauf bis Udine. Bus 20 fährt ins Städtchen Muggia, 24 zum Burghügel San Giusto hinauf, Bus 36 zum Schloss Miramare, Bus 51 zum Fughafen.

Schiff, täglich mehrmals Verbindungen nach Muggia ab Molo Pescheria, nach Grignano (Schloss Miramare) ab Stazione Marittima.

• *Information* **AIAT**, im Palazzo del Municipio an der Piazza dell'Unità d'Italia. Tägl. 9.30–19 Uhr. ✆ 040/3478312, 📠 3478320, E-Mail: aptour@libero.it

Hauptstelle in der Fußgängerzone, Via San Nicolò 20 (3. Stock). Mo–Fr 9–19 Uhr. ✆ 040/6796111, 📠 6796299, www.triesteturismo.com

T for you: Mit dieser Karte gibt es freien Eintritt in den städtischen Museen und in der Grotta Gigante (S. 243), eine kostenlose Stadtrundfahrt mit „Trieste by bus" sowie Rabatte in verschiedenen Hotels, Restaurants, Cafés Museen u. a. Die Karte ist für 8 (24 Std.) bzw. 10 € (48 Std.) im Informationsbüro an der Piazza dell'Unità d'Italia, im Schloss Miramare und bei den teilnehmenden Adressen erhältlich.

Übernachten (siehe Karte hintere Umschlagklappe)

Etliche Mittelklassehotels liegen in Bahnhofsnähe, einfache *locande* verstreut im Zentrum, in der untersten Kategorie gibt es kaum Preis- und Qualitätsunterschiede.

****** Grand Hotel Duca d'Aosta (9)**, Piazza Unità d'Italia 2, bestes Haus am Platz, repräsentative Lage am schönsten Platz der Stadt, komfortable und sehr stilvolle Ausstattung im gediegenen „mitteleuropäischen" Stil. Im Untergeschoss liegt das exklusive Ristorante „Harry's Grill", das in den meisten Restaurantführern in Triest den ersten Platz einnimmt. Parkgarage in der Nähe, die Badeplattform vom „Riviera e Maximilian's" in Grignano kann gratis benutzt werden. DZ mit Frühstück ca. 190–330 €. ✆ 040/7600011, 📠 366092, www.grandhotelduchidaosta.com

****** Savoia Excelsior (12)**, Riva del Mandracchio 4, klassizistischer Palazzo in zentraler Lage an der Uferstraße. Herrlicher Meerblick, prächtige Einrichtung mit Stuck, Marmor und Spiegeln im Stil der Habsburger Dynastie. Helle und komfortable Zimmer, schallisoliert und klimatisiert, Internetzugang, TV. Restaurant mit ausgesuchter Küche. DZ mit Frühstück ca. 140–270 €, 24 Std. Parken ca. 25 €. ✆ 040/77941, 📠 638260, www.starhotels.it

****** Continentale (39)**, Via San Nicolò 25, komfortables Haus in zentraler Lage in der Fußgängerzone, vor wenigen Jahren renoviert. 53 Zimmer mit TV. DZ mit Frühstück ca. 140–230 €. ✆ 040/631717, 📠 368816, www.continentalehotel.com

****** Colombia (17)**, Via della Geppa 18, in Bahnhofsnähe, ein Haus, das sich mit Kunstausstellungen einen Namen macht. Die Zimmereinrichtung ist farblich sorgfältig aufeinander abgestimmt. DZ mit Frühstück ca. 130–260 €, 24 Std. Parken ca. 18 €. ✆ 040/369191, ℻ 369644, www.hotelcolombia.it

*** **Alla Posta (25)**, Piazza Oberdan 1, großes, elegantes und wohnliches Albergo in einem alten Palazzo, gemütlicher Aufenthaltsraum mit Kamin, 47 gut ausgestattete Zimmern, jeweils mit Klimaanlage und geräumigem Bad. DZ mit Frühstück ca. 130–155 € (mit „T for you" um die 100 €). ✆ 040/365208, ℻ 633720, www.albergopostatrieste.it

*** **Roma (16)**, Via Carlo Ghega 7, alteingeführter Familienbetrieb in Bahnhofsnähe, geräumige Zimmer, Sanitäres okay, freundlich geführt. DZ mit Frühstück ca. 105–140 €, Parkgarage in der Nähe (gegen Gebühr). ✆ 040/370040, ℻ 3483574, www.hotelroma-trieste.it

*** **Abbazia (19)**, Via della Geppa 20, ebenfalls Bahnhofsnähe, kleineres Haus in einer relativ ruhigen Gasse, gemütliche Lobby mit Polstermöbeln, akzeptabler Standard. DZ mit Frühstück ca. 105–130 €. ✆ 040/369464, ℻ 369769, www.albergoabbazia.com

** **Alabarda (28)**, Via Valdirivo 22, in der Nähe des Canal Grande. Geräumige, helle Räume mit Sat-TV in einem restaurierten Gebäude, freundlicher Service, familiär geführt. 18 Zimmer, z. T. nur mit Etagendusche. DZ mit Bad ca. 60–75 €, mit Etagendusche ca. 44–58 €, jeweils mit Frühstück. ✆ 040/630269, ℻ 639284, www.hotelalabarda.it

** **James Joyce (26)**, Via dei Cavazzoni 7, charakteristischer Palazzo mitten in der Altstadt, kürzlich modern renoviert. Neun helle und saubere Zimmer mit Holzbalkendecke, Bad und TV. DZ mit Frühstück ca. 80–110 €. ✆ 040/311023, ℻ 302618, www.hoteljamesjoyce.com

* **Nuovo Albergo Centro (29)**, Via Roma 13, Nähe Kanal, 2004 renoviert, moderner Standard, 24 Zimmer mit Sat-TV. DZ mit Bad ca. 70 €, mit Etagendusche ca. 55 €, Frühstück incl. ✆ 040/3478790, ℻ 3475258, www.hotelcentrotrieste.it

* **Centrale (36)**, Via Ponchielli 1, ordentliches Albergo in verkehrsberuhigter Straße am Kopfende des Canal Grande, neben der klassizistische Kirche Sant'Antonio Taumaturgo. 15 Zimmer, DZ mit Bad ca. 73 €, mit Etagendusche 60 €, Frühstück incl. ✆ 040/639482, ℻ 370677, E-Mail: hotelcentralets@libero.it

* **Locanda Marina (21)**, Via Galatti 14, Nähe Bahnhof, mit 28 Zimmern das größte Ein-Stern-Albergo, sehr einfach, altes Mobiliar, aber nette, ehrliche Leute. DZ mit Bad ca. 60–65 €, mit Etagendusche ca. 45–50 €, kein Frühstück. ✆ 040/369298, ℻ 775259.

Kunstvolle Fassadenmosaike am Palazzo del Governo

* **Gianni (44)**, Via Lazaretto Vecchio 22, Nähe ehemalige Fischmarkthalle und Hallenbad, nur 8 Zimmer, DZ mit Etagendusche ca. 50–55 €, kein Frühstück. ✆ 040/300738, ℻ 232118, E-Mail: pensionegianni@libero.it

• *Privatzimmer* **Rittmeyer (14)**, Via Rittmeyer 2, ca. 5 Min. vom Bhf. Einfache Pension im 3. Stock, elf Zimmer mit drei Gemeinschaftsbädern für ca. 43 €, ein Zimmer mit eigener Nasszelle für ca. 55 €, kein Frühstück. ✆ 040/76223311, www.pensionerittmeyer.com

B & B Marta (27), Via Valdirivo 11, ebenfalls zentrale Lage zwischen Bahnhof und Canal Grande, gemütliche Wohnung im zweiten Stock, alle Zimmer mit TV. DZ mit Bad/WC ca. 63 €, nur mit Dusche ca. 55 €, mit Etagendusche 50 €, Frühstück ca. 4 € pro Pers. ✆/℻ 040/660242, www.hotelmarta.it

B & B Battisti (30), Via Cesare Battisti 18, im 5. Stock eines historischen Palazzo, über

Die friulanische Küste
Karte S. 189

dem berühmten Caffè San Marco (→ Cafés). DZ ca. 58–62 €. ✆ 040/3498350, www.bb-battisti.it

• *Ferienwohnungen* **Residence Al Teatro (8)**, Via Capo di Piazza Bartoli 1, ganz zentrale Lage bei der Piazza Unità d'Italia. Das frühere Hotel wurde in schön eingerichtete Apartments und Studios umgewandelt. Preis ca. 80–160 €/Tag, bei mehrtägiger Anmietung wird es günstiger. ✆ 328-0685866 (9–21 Uhr), www.alteatrostudios.com

VivereAstra (1), Via Udine 85, in Bárcola, 21 moderne Apartments beim Bhf., jeweils mit Wohnraum/Küche, TV und separatem Schlafzimmer. Wochenpreis 350–800 €. ✆ 040/635546, www.vivereastra.it

• *Jugendherberge* **Ostello Tergeste** (IYHF), 8 km außerhalb beim Schloss Miramare (→ Schloss Miramare).

• *Camping* *** **Pian del Grisa**, bei Villa Opicina, einem Vorort hoch über Triest, etwa 7 km vom Meer (→ S. 242). Moderner Platz in waldreicher Umgebung, großer Swimmingpool, Tennis, Kinderspielplatz, gutes Restaurant. Zu erreichen ab Piazza Oberdan mit der „Tranvia/Tram 2" (siehe unter Villa Opicina) und noch 2 km zu Fuß oder mit Bus 4 und 1,2 km zu Fuß. Mitte Mai bis Mitte Sept. ✆ 040/213142, 📠 2155112, www.piandelgrisa.it

** **Obelisco**, unterhalb von Villa Opicina, an der Strecke der kabelgezogenen Straßenbahn „Tranvia" ab Piazza Oberdan. Uriger Platz in einem Waldstück an steilem Hang, terrassenförmige Stellplätze, ziemlich eng, für Wohnmobile ungeeignet, ruhig, aber nicht sonderlich gepflegt. Ganzjährig geöffnet. ✆ 040/211655, 📠 212744.

Zwei weitere Plätze liegen in **Sistiana** über einer schönen Bucht mit Kalkfelsen (→ Sistiana), einer kurz vor der slowenischen Grenze bei **Muggia** (→ Muggia).

> Weitere Unterkünfte unter **Muggia** (→ S. 238), **Rupingrande** (→ S. 244) und **Val Rosandra** (→ S. 245).

Essen & Trinken (siehe Karte hintere Umschlagklappe)

In der Triestiner Küche mischen sich venezianische, friulanische, ungarische, slawische, jüdische, griechische und österreichische Einflüsse. Neben den üblichen italienischen Gerichten stehen auch Knödel und Klöße, *porzina* (Kaiserfleisch) und Prager Schinken, Schweinefleisch und Wiener Schnitzel, Gulasch und *jota*, eine slowenische dicke Bohnensuppe, auf den Speisekarten. Daneben sind auch die in Zwiebeln eingelegten Sardinen namens *sardoni in savor* sehr beliebt. An Süßspeisen gibt es z. B. Krapfen, Strudel und Wiener Sachertorte, aber auch slowenische Leckereien wie *presnitz* (Mandeltorte), *putizza* und *pinza*. Auf jeden Fall sollte man einmal einen frisch vom Fass gezapften *Terrano* versuchen, den erdigen, dunkelroten Wein aus dem Karst.

> Wer wenig Geld ausgeben, aber trotzdem gut und reichlich essen möchte, sollte eins der so genannten „Buffets" aufsuchen, wo hauptsächlich Schweinefleisch in allen erdenklichen Varianten angeboten wird – auch dies ein Überbleibsel der österreichischen Epoche. Hier steht man ungezwungen am Tresen und nimmt eine Jause („rebechin" oder „merenda") ein, kann aber auch an einem der wenigen Tische Platz nehmen.

Elefante Bianco (3), Riva Tre Novembre 3 (Uferfront), elegantes „In"-Lokal mit halbrundem, verglastem Vorbau, warm beleuchtet. Italienische Küche vom Feinsten, gute Nudelgerichte mit Meereszutaten, die aus Slowenien importiert werden. Menü um die 35–40 €. Sa-Mittag und So geschl. ✆ 040/362603.

Alle Bandierette (20), Riva Nazario Sauro 2, klein, aber fein, seit fünfzig Jahren bester Fisch, z. B. *pesce „alla dalmata" con vino bianco e olive*, Fischrisotti oder *scampi con capperi e pomodoro*. Den Köchen kann man bei der Arbeit zusehen. Im Sommer kann man auch draußen essen. Etwas höhere Preise. Mo geschl. Reservierung notwendig. ✆ 040/300686.

Vulcania (23), große, populäre Pizzeria an der Uferfront, Riva Nazario Sauro 4/Ecke Via Felice Venezian, gegenüber der Stazione Marittima. Abends eins der fröhlichsten Plätzchen der Stadt, große Freiluftterrasse, „vera pizza napoletana", nicht teuer. ✆ 040/304053.

Da Pepi (5), Via della Cassa di Risparmio 3, das bekannteste einer ganzen Reihe von „Buffets", 1997 hundert Jahre alt geworden. Man kann den ganzen Tag warmes Essen bekommen, vorzugsweise deftige Fleischgerichte vom Schwein mit Sauerkraut, es geht laut und ungezwungen zu. Nur Innenplätze. So geschl. ✆ 040/366858.

Al Barattolo (33), Via Rossini 2/d, Ristorante/Pizzeria in schöner Lage an der Piazza San Antonio, wenige Schritte vom Canal Grande. An warmen Tagen bleibt kein Plätzchen an den Außentischen frei, Straßenmusiker geben dazu ihre Konzerte. ✆ 040/631480.

Da Giovanni (35), Via San Lazzaro 14, Nähe Canal Grande. Nett rustikal eingerichtetes Buffet, wo die Schinken dekorativ von der Decke hängen und eine riesige Mortadella auf der Theke liegt. Diverse Vorspeisen und deftige Fleischgerichte, aber auch Fisch und Meeresküche. Man kann schön an Tischen auf der Fußgängerzone sitzen. So geschl. ✆ 040/639396.

Da Mario (34), Via Torrebianca 41, Seitenstraße der Via Carducci. Weiteres gemütliches Buffet mit kleinem Speisesaal und offener Terrasse vor der Tür, allerdings Mopedparkplatz gleich daneben. Sa/So geschl. ✆ 040/639324.

Weitere Cafés und Bistros mit warmer Küche findet man z. B. in der Fußgängerzone **Via San Lazzaro** hinter der Kirche Sant'Antonio Taumaturgo am Kopfende des Canal Grande.

• *Altstadtviertel Cavana* landeinwärts der Uferfront, etwa auf Höhe der Stazione Marittima.

Ai Fiori (31), Piazza Hortis 7, gepflegtes Ristorante, dessen Fischküche einen ausgezeichneten Ruf genießt. Menü um die 35–50 €. So/Mo geschl. ✆ 040/300633.

Città di Pisino (18), Via Alberto Boccardi 7, schöne Einrichtung, gute Fischgerichte lokaler Tradition, z. B. *sardoni in savor*, freundlich und originell geführt von Alessandro Cattaruzza. Sa/So geschl. ✆ 040/303706.

La Piazzetta (24), Piazzetta di Cavana 1, zwar hübsch zum Draußensitzen auf der Piazza, leider muss man sich die schöne Lage mit viel Geld und kleinen Portionen erkaufen. Mo geschl. ✆ 040/300323.

TIPP! **Da Siora Rosa (42)**, Piazza Hortis 3, seit Jahrzehnten kulinarischer Eckpfeiler des Viertels, schlichtes Buffet mit Trattoria, nette Plätze auf der verkehrsbefreiten Straße vor dem Haus. Auf der täglich neu mit der Hand geschriebenen Speisekarte sind zahlreiche bodenständige Gerichte verzeichnet, dazu trinkt man Terranowein und Tropfen aus dem Collio. Wird abends schnell voll, frühzeitig kommen. Sa/So geschl. ✆ 040/301460.

Fleischlastige Kost am Buffet

• *Außerhalb vom Zentrum* **Antipastoteca di Mare (43)**, Via della Fornace 14, versteckt an der Rückseite des Hügels von San Giusto liegt das kleine, innovative Fischlokal von Roberto Surian bei der Piazza Sansovino (vom Kastell steigt man rasch hinunter). Wie der Name sagt, gibt es keine Hauptgerichte, sondern ausschließlich Meeres-Antipasti, so kann man hier die wunderbarsten Kombinationen von Fisch, Muscheln und Meeresfrüchten kosten, dazu Salat, Polenta, Kartoffeln und Hauswein. Sehr empfohlen. Nur abends, Mo geschl. ✆ 040/309606.

Antica Trattoria Suban, Via Comici 2, im Vorort San Giovanni, 1865 als Landgasthaus gegründet, eingerichtet mit viel dunklem Holz und Schmiedeeisen, Panoramablick von der Terrasse. Seit langem Garant für die hervorragende Zubereitung typischer Triestiner und slowenischer Spezialitäten –

Die friulanische Küste
Karte S. 189

Rund um die schwarze Bohne: Kaffeeröstereien in Triest

Triest ist seit Jahrhunderten der wichtigste Einfuhrhafen für Kaffee im Mittelmeer. Dementsprechend viel Wert legt man hier auf Qualität, zahlreiche Kaffeeröstereien, „Torrefazioni" genannt, machen bekannt guten Kaffee und die Kaffeehauskultur ist lebendig wie eh und je. In den Röstereien kann man aber nicht nur viele Kaffeesorten verkosten und kaufen, man trifft sich auch gerne auf ein Tässchen, verbunden mit einem zwanglosen Schwatz. Zu den beliebtesten zählen die Torrefazioni „CremCaffè" an der Piazza Goldoni (Via Carducci) und „La Triestina" an der Piazza Cavana (Altstadt), beide am Sonntag geschl. Neben den Kaffeemischungen für alle Geschmäcker gibt es für Urlauber schöne Souvenirtassen namens „The Taste of Triest".

Bekannteste Triestiner Kaffeedynastie ist jedoch die Familie Illy. Jeder, der Italien bereist, wird früher oder später auf das Logo „illycaffè" stoßen. Bereits in dritter Generation führt die Familie Illy ihr stetig expandierendes Kaffeeunternehmen. Was 1933 als kleine Kaffeerösterei des Großvaters begann, ist dabei, den Weltmarkt zu erobern. In Italien ist man im Bereich Gastronomie bereits Marktführer vor Lavazza und Segafredo. Der Umsatz verdoppelt sich alle fünf Jahre und der Exportanteil beträgt 39 %. In der Illy-Sippe mischen sich die verschiedensten Nationalitäten – neben Italienern haben auch Ungarn, Südafrikaner, Iren und Österreicher ihren Platz in der Ahnengalerie. Vor allem das Interesse an technischen Innovationen war es, das den steilen Aufstieg der Illys ermöglichte. Schon der Großvater Francesco Illy – ursprünglich ein ungarischer Tischler – erfand ein verbessertes Herstellungsverfahren für Espresso und auch sein Sohn Ernesto und der heutige Juniorchef Andrea – beide sind Chemiker – haben das Streben nach perfektem Geschmack und herausragender Qualität in den hauseigenen Labors fast bis zur Besessenheit entwickelt. Dass die Triestiner den Ideenreichtum und die Wirtschaftskraft der Illys schätzen, zeigt sich nicht zuletzt daran, dass Andreas älterer Bruder Ricardo Mitte der Neunziger zum Bürgermeister der Stadt gewählt wurde.

z. B. die berühmte *jota*, ein hervorragendes Risotto mit Kräutern und gute Fleischgerichte, darunter auch Cevapcici. Aus der k.u.k.-Küche wurde der *palacinche* (Palatschinken) in die Gegenwart gerettet. Menü um die 40–50 €. Reservieren und mit dem Taxi hinfahren. Mo-Mittag und Di sowie in der ersten Augusthälfte geschl. ✆ 040/54368.

Hosteria Bellavista, Via Bonomea 52, herrliche Lage am Berghang mit tollem Blick auf Triest, geführt von Familie De Simone. Gutes Geflügel und hausgemachte Pasta. Menü um die 40 €. So und Mo-Mittag geschl. ✆ 040/411150.

TIPP! **Scabar**, Erta Sant'Anna 63, südöstlich vom Zentrum, Nähe Ospedale della Maddalena. Von Ami Scabar und ihrer Familie liebevoll geführtes Lokal, ein Ort der „Haute cuisine", wunderbarer Fisch, kreativ zubereitet, dazu die besten Weine der Umgebung, ausgewählt von Bruder Giorgio. Lesetipp: „Triest, Stadt der Winde" von Veit Heinichen und Ami Scabar (→ S. 231). Menü ca. 50 €. August und Mo geschl. ✆ 040/810368.

• *Cafés* **Caffè degli Specchi (7)**, 1839 an der zentralen Piazza dell'Unità d'Italia eröffnet, galt das ehemalige Literatencafé mit seiner großen Terrasse einst als „Wohnzimmer" der Stadt, u. a. verkehrten hier Rilke und James Joyce. Nach mehreren Renovierungen erinnert nicht mehr viel an früher. Der Name bedeutet „Café der Spiegel" – und so sieht's denn innen auch aus. Do geschl.

Caffè Tommaseo (2), Riva Tre Novembre 5 (Uferfront), seit 1830 in Betrieb, das älteste

Café der Stadt und eins der ältesten Italiens, herrlicher Stuck ist erhalten und Stendhal soll hier verkehrt sein. Mo geschl.

Antico Caffè San Marco (30), Via Cesare Battisti 18 a (Seitenstraße der Via Carducci), berühmtes Jugendstil-Café direkt neben der Synagoge (→ Sehenswertes). Spiegel, Holztäfelung und kaffeebraune Marmortischchen, Klimaanlage, das ideale Zeitungscafé schlechthin. Und – es ist das Stammcafé von Claudio Magris (→ S. 231). Er hat seit vielen Jahren einen Stammplatz und arbeitet dort, gewissermaßen steht hier sein Schreibtisch. Mi geschl.

La Caffeteria del Borgo (15), Via Malcanton 6/a, Nähe Piazza dell'Unità d'Italia. Historische Inneneinrichtung und eine wunderbar geschwungene, schmiedeeiserne Treppe in den ersten Stock. Mo geschl.

Pasticceria/Caffè Pirona (41), Largo Barriera Vecchia 12, Verlängerung der Via Carducci. Seit 1900 berühmt für seine Kaffeesorten und die typischen Triestiner Leckereien *presnitz*, *putizza* und *pinza*. James Joyce war gerne hier. Mo geschl.

• *Enoteche* **Gran Malabar (37)**, Piazza San Giovanni 6. Legendärer Weinausschank, seit den achtziger Jahren setzt Walter Cusmich bevorzugt auf Weine kleiner und junger Winzer. Tägl. frühmorgens bis 20.30 Uhr. ✆ 040/636226.

Taverna del Ghetto (11), Via del Ponte 6/c, zentral gelegenes, kleines Weinlokal, wo man gemütlich um Fässer sitzt.

• *Eis/Konditoreien* **Gelateria Al Pinguino (40)**, Molo di Pescheria, gutes Eiscafé, man sitzt direkt am Kai unter riesengroßen Sonnenschirmen.

Zampolli (13), Via Ghega Carlo 10, das beste Eis, wie viele meinen.

Shopping/Sport/Veranstaltungen/Nachtleben (s. Karte hinterer Umschlag)

• *Shopping* **Markthalle**, Via Carducci 36 d. Mo 8–14 Uhr, Di–Sa 8–19 Uhr.

Wochenmarkt, Di–Sa auf der Piazza della Libertà, hauptsächlich Kleidung und Haushaltswaren.

Obst- und Gemüsemarkt, Di–Sa auf der Piazza Ponterosso am Canal Grande, auf derselben Piazza jedes Wochenende großer **Klamotten- und Jeansmarkt**.

Es gibt etwa 60 **Trödel- und Antiquitätenläden** in der Stadt (hauptsächlich im Altstadtviertel Cavana), in der Via del Bastione laden **Antiquariate** zum Stöbern ein. Ein **Mercatino dell'Antiquariato** findet jeden dritten Sonntag in den Straßen der Altstadt statt.

• *Sport* **Hallenbad Bruno Bianchi**, im südlichen Bereich der Hafenfront, kurz nach der früheren Fischmarkthalle. Im August/September geschl., sonst tägl. geöffnet, Eintritt ca. 7 €. ✆ 040/4306024.

Thermalbad Aquamarina, kurz vor dem Leuchtturm La Lanterna, mit Fitnesscenter, Sauna und türkischem Bad. Das Wasser ist 30 Grad warm. Eintritt ca. 6 €, Kind 4,70 €. Öffentlicher Zutritt nur zu bestimmten Zeiten. ✆ 040/301100, www.2001team.com

• *Veranstaltungen* Alljährlich im Januar bringt das große **Trieste Film Festival** (www.triestefilmfestival.it) Werke aus Mittel- und Osteuropa in ihrer Originalsprache zur Vorführung (Untertitel in Englisch und Italienisch).

• *Nachtleben* Im Sommer geht es im Stadtzentrum hoch her, zahlreiche Bars wurden in den letzten Jahren neu eröffnet. Von Mitte Juni bis Mitte Juli gibt es auf der Piazza dell'Unità d'Italia häufig Livekonzerte.

Super Bar (22), Largo Riccardo Pitteri, direkt hinter der Piazza dell'Unità d'Italia, gemütliche Bar, allabendlicher Szenetreff, immer voll.

Osteria da Marino (10), Via del Ponte 5/a, schöne, alte Osteria in einem schmalen Gässchen im alten jüdischen Viertel Nähe Piazza della Borsa. Wein, Bier und leckerer Schinken werden wochentags ab mittags, Sa/So ab 18.30 Uhr serviert. Abends und nachts ein besonders populärer Anlaufpunkt und bis 4 Uhr offen (Hinweis an der Tür: ab 23 Uhr darf kein Bier vor dem Lokal getrunken werden ...).

Mandracchio (6), Passo di Piazza 1, kleines, „heißes“ Disco-Lokal mit Blick auf die Piazza dell'Unità d'Italia, mittwochs Studentenparty.

Colonial Café (4), Via del Canale Piccolo 2/b, mitten in der Altstadt, Cocktails und vielfältige Musik. ✆ 040/7600464.

Viale 39 (32), Via XX Settembre 39/a, Nähe Rossetti-Theater. Sehr angesagte Discobar, Mi Studentenparty, Do lateinamerikanischer Abend, Fr Black music und R&B, Sa Hits von heute. 22–3 Uhr. So–Di geschl.

Round Midnight (38), Via Ginnastica 39, Musicclub mit Rock und Hip Hop. ✆ 040/369433.

„Mein Herz ist in Triest“: Literaten in Triest

James Joyce wurde am 2. Februar 1882 in Dublin geboren, Kindheit und Jugend in der zwölfköpfigen Familie waren von strenger katholischer Erziehung und Geldnot geprägt. Um der heimatlichen Enge zu entfliehen, ging er 1904 als 22-jähriger Englischlehrer mit seiner Lebensgefährtin Nora Barnacle nach Triest, wo er an der Berlitz-School arbeitete (Via San Nicolò 32, 2. Stock). Er lebte hier elf Jahre, schrieb dabei u. a. seinen Kurzgeschichtenband „Dubliners“, begann seinen autobiografisch geprägten Roman „Portrait of the artist as a young man“ („Ein Porträt des Künstlers als junger Mann“) und legte erste Grundzüge zu seinem Meisterwerk „Ulysses“, auf das er sich seit 1907 vorbereitet hatte. Der Roman verfolgt die Ereignisse im Leben von drei Figuren (Leopold Bloom, Molly Bloom und Stephen Dedalus) am 16. Juni 1904 in Dublin und verquickt das Großstadtgeschehen mit dem mythologischen Stoff des Odysseus. Joyce entwickelte darin die Technik des „Inneren Monologs“ und stellte in Form des so genannten *stream of consciousness* (Bewusstseinsstrom) die Gedankengänge und Empfindungen seiner Figuren völlig ungefiltert dar, besonders eindrucksvoll im Schlussmonolog, der über hundert Seiten ohne Punkt und Komma die Gedanken von Molly Bloom fließen lässt. Wegen seiner auch sexuell freizügigen Sprache war der "Ulysses" jahrelang verboten und wurde erst 1922 in zensierter Form als Buch veröffentlicht. Noch heute feiern Joyce-Fans alljährlich am 16. Juni den „Bloomsday“, der in Dublin zur touristischen Attraktion geworden ist. 1998 wählten amerikanische Literaturwissenschaftler den „Ulysses“ zum besten englischsprachigen Werk des Jahrhunderts.

Auf den Spuren von James Joyce

Eine englischsprachige Broschüre des Fremdenverkehrsamts bezeichnet 36 Lokalitäten in Triest, die für James Joyce wichtig waren, darunter allein neun Wohnungen, Häuser und Räume, in denen er gelebt hat – Joyce war dafür bekannt, die Miete seiner Wohnungen nicht zu zahlen, aus diesem Grund musste er immer wieder umziehen. 2004 wurde das „Museo Joyciano“ eröffnet (→ S. 238). Weitere umfassende Informationen unter www.univ.trieste.it/nirdange/netjoyce

Italo Svevo (Ettore Schmitz war sein eigentlicher Name) wurde 1861 als Sohn eines aus dem Rheinland stammenden Glasermeisters jüdischen Glaubens in Triest geboren. Im Jahre 1904 machte er Bekanntschaft mit James Joyce, der ihm Englischstunden gab und ihn zum eigenen Literaturschaffen ermutigte. 1928 kam er bei einem Autounfall ums Leben. Italo Svevo hat Triest zu einem wichtigen Teil seiner Geschichten gemacht. Er erwies sich als genauer Analytiker der Triestiner Gesellschaft, beschrieb sie in spröder und fast schmuckloser Sprache als morbide, nihilistisch und egozentrisch, was im schwülstigen, vorwiegend patriotisch geprägten Schrifttum der Epoche (z. B. d'Annunzio) seinen ersten beiden Romanen „Una Vita" (1892) und „Senilità" (1898) nicht zum Erfolg gereichte. „La coscienza di Zeno" (1923) ist sein wichtigstes Buch geworden, zu Deutsch „Zeno Cosini" – darin thematisiert er die Psychoanalyse Freuds und die „Krankheit des Individuums an der Gesellschaft". Ein „Museo Sveviano" kann besichtigt werden (→ S. 238).

Umberto Saba, eigentlich Umberto Poli (1883–1957), geboren im jüdischen Ghetto von Triest, machte sich mit seiner autobiografisch geprägten Lyrik einen Namen. In Deutschland ist er nur wenig bekannt. „Ernesto", sein einziger Roman, wurde erst vor wenigen Jahren übersetzt. Der Erzählband „Der Dichter, der Hund und das Huhn" beinhalten hauptsächlich Erzählungen und Aphorismen der Jahre 1910–12. Sabas Erzählungen aus dem Vorkriegsitalien sind oft in seiner Geburtsstadt Triest angesiedelt, er schreibt über das verschwundene jüdische Leben, betrachtet vieles aus sehr subjektiven, überraschenden und ungewöhnlichen Blickwinkeln und ist ein exzellenter Beobachter – „Coi miei occhi" (Mit meinen Augen) heißt so auch seine erste Gedichtsammlung (1912).

Pier Antonio Quarantotti Gambini (1910–65) wurde in Istrien geboren. 1929 kam er als Student nach Triest, Umberto Saba erkannte das Talent des 19-Jährigen und verschaffte ihm Zugang zum Kreis der Literaten. Quarantotti Gambini war nicht im Habsburger Triest groß geworden, er schrieb bereits ganz im italienisch und international geprägten Gestus. Ab 1945 lebte er in Venedig, er war u. a. mit Hemingway und Somerset Maugham befreundet. Seine ersten beiden Bücher „I nostri simili" und „La Rosa Rossa" erschienen 1932, „L'onda dell'incrociatore" aus dem Jahr 1947 wurde 2002 in einer Neuübersetzung unter dem Titel „Ein Kinderspiel" (Mare-Verlag, Hamburg) veröffentlicht. Es stellt die Welt einer Jugend in Triest dar, die vom Bösen überrollt wird.

Claudio Magris, 1939 in Triest geboren, galt als angesehener Germanist und Poet. Als Mittler zwischen zwischen der deutschsprachigen und italienischen Literatur übersetzte er italienische Werke ins Deutsche und umgekehrt und öffnete sie so einem größeren Publikum. „Ein leidenschaftlich Reisender und passionierter Flaneur durch die europäische Kultur, dessen Anker aber unübersehbar in seiner Heimatstadt Triest liegen", wurde er genannt. Seine 1966 erschienene Studie über den „Habsburger Mythos in der österreichischen Literatur" (im Hanser-Verlag neu aufgelegt) machte ihn bereits als 24-Jährigen bekannt. 1987 erschien die deutsche Übersetzung des großen Essays „Triest - Eine literarische Hauptstadt Mitteleuropas". Zu seinen wichtigen Reisebeschreibungen zählen „Donau. Biographie eines Flusses" und „Microcosmi" („Die Welt en gros und en détail"). Magris schreibt auch seit vielen Jahren kulturelle und politische Kommentare in der Mailänder Tageszeitung „Corriere della Sera".

Veit Heinichen, der 1957 im Schwäbischen geborene Schriftsteller lebt seit vielen Jahren in Triest und schreibt spannende Triest-Krimis mit Commissario Proteo Laurenti, z. B. „Die Toten vom Karst" (2002) und „Der Tod wirft lange Schatten" (2005), einige wurden bereits verfilmt. Er beschäftigt sich aber auch mit der Literatur der Stadt und hat für die Erforschung ihrer historisch-politischen Verflechtungen den Radio-Bremen-Krimipreis erhalten. Hübsch und sachkundig ist sein Buch „Triest, Stadt der Winde", erschienen 2005 bei Sanssouci (Zürich), wobei Ami Scabar von der gleichnamigen Trattoria (→ S. 228) Kulinarisches beisteuert und interessante Kochrezepte verrät.

Am Canal Grande im Zentrum von Triest

Sehenswertes

Um die ganze Atmosphäre und Verschiedenartigkeit der Stadt zu erleben, sollte man mehrere Spaziergänge unternehmen: durchs klassizistische Zentrum und ins benachbarte kleine Altstadtviertel Cavana, auf den Hügel von San Giusto und natürlich am Hafen entlang. Dem heftigen Verkehr in den langen Straßenschluchten kann man in den Fußgängerbereichen um Canal Grande und Piazza dell'Unità d'Italia entgehen.

Trieste by Bus: zweistündige Stadtrundfahrt per Bus, dabei 15 Min. Aufenthalt auf dem Stadthügel San Giusto. Abfahrt am Bahnhof, jeweils Sa um 14 Uhr. Tickets am selben Tag ab 12.30 Uhr im „Club Eurostar" im Bahnhof. Preis für Erw. 5,20 €, Kind bis 10 Jahre gratis. ✆ 040/44144.

Rondó di Trieste: knapp zweistündige Rundfahrt mit einem historischen Triebwagen ab Stazione di Campo Marzio bis zum Hbf., jeweils sonntags 9.45 Uhr von Mitte Mai bis Ende Oktober. Preis ca. 8 €, mit einstündiger Rückfahrt ca. 12 €. Tickets bei den Bahnhöfen der Region.

Schiffsausflüge: Nach Grado (16 € hin/zurück) und Lignano (18 € hin/zurück) fährt das Motorschiff „Marconi" ab Stazione Marittima 3 x wöch., außerdem zu Zielen auf der istrischen Halbinsel. Tickets bei Samer & Co Shipping, Stazione Marittima, ✆ 040/303540, E-Mail: stazione.marittima@samer.com

Hafenpromenade und Umgebung

Beim Gang entlang der breiten und stets viel befahrenen Uferstraße passiert man den Canal Grande, der rechts vom prächtigen Palazzo Carciotti flankiert wird. Danach kommt man kurz vor der Piazza dell'Unità d'Italia am klassizistischen *Teatro*

Verdi vorbei, das 1801 eröffnet wurde. Im Weiteren passiert man meerseitig die *Stazione Marittima*, heute Kongresszentrum, und danach das Aquarium mit der ehemaligen Fischmarkthalle *Ex-Pescheria Centrale*, die noch in den neunziger Jahren lebendiger Anlaufpunkt für alle Fischliebhaber der Stadt war und heute für Ausstellungen genutzt wird. Kurz nach dem Hallenbad endet das Hafenbecken mit dem Thermalhallenbad „Aquamarina" und dem früheren Leuchtturm La Lanterna.
Zu den Museen entlang der Hafenfront siehe weiter unten, S. 236.

Canal Grande: Der breite Kanal mit seinen monumentalen Fassaden, Brücken und Booten ist sicher das bekanntestes Stück der City und Zentrum des mondänen Viertels *Borgo Teresiano*, das hier mit streng rechtwinkligen Straßenzügen und neoklassischen Palästen Ende des 18. Jh. unter Joseph II. entstand. Einige Straßen in der Umgebung sind seit geraumer Zeit Fußgängerzonen, was der Stadt sehr gut getan hat.
Am Kopfende des Kanals steht die streng klassizistische *Kirche Sant'Antonio Taumaturgo* mit einem Vorbau im Stil griechischer Tempel, gleich in der Nähe die serbisch-orthodoxe *Kirche San Spiridone* aus dem 19. Jh. im neobyzantinischen Stil. Am meerseitigen Ende des Kanals erhebt sich rechter Hand der riesige *Palazzo Carciotti* mit Kuppel und ionischer Säulenfassade, heute Sitz der Hafenbehörden. Auf der anschließenden *Piazza Ponterosso* herrscht vor allem an Wochenenden lebhaftes Markttreiben.

Ex-Faro La Lanterna: Der ehemalige Leuchtturm auf der Mole Fratelli Bandiera am Westende des Hafens darf bis zur ersten Plattform bestiegen werden.
Öffnungszeiten/Preise April bis Sept. Do–Di 9–11, 16–18 Uhr, Mi geschl., Oktober bis März nur So 10–15 Uhr.

Piazza dell'Unità d'Italia und Umgebung

Die Piazza dell'Unità d'Italia ist einer der größten und eindrucksvollsten Plätze Italiens und gilt als größter Platz Europas am Meer. Sie ist der durch und durch repräsentative Mittelpunkt der Stadt, wunderbar weit und offen angelegt, abends wirkungsvoll illuminiert. Prachtvolle Palazzi umrahmen die Piazza: links vorne der *Palazzo del Governo* mit kunstvollen Fassadenmosaiken, daneben der *Palazzo Stratti* mit dem Caffè degli Specchi (Spiegelcafé), rechts vorne der *Palazzo Llyod Triestino* (heute Sitz der Regionalregierung), danach das Hotel *Duchi d'Aosta* und der barocke *Palazzo Pitteri*. An der Landseite steht der *Palazzo del Municipio* mit prachtvoller Fassadendekoration, davor ein hoher Brunnen, dessen Statuen die vier Kontinente darstellen, sowie eine Säule mit der Statue des Habsburger Kaisers Karl VI., der Triest im 18. Jh. zum Freihafen ernannte.
An der Meerfront steht das Fahnen schwingende Bronzedenkmal eines *Bersagliere*. Diese Elitetruppen gingen hier am 3. November 1918 an Land und nahmen Triest wieder für Italien in Besitz. Die daneben am Kai sitzenden Bronzefrauen nähen dazu emsig an der italienischen Trikolore.

Ghetto & römisches Theater: Links hinter der Piazza liegen um die Via delle Beccherie die engen Gassen des einstigen jüdischen Viertels, in denen sich heute einige beliebte Cafés und Kneipen verstecken. Zum Hügel San Giusto ist das Viertel abgegrenzt durch die Via del Teatro Romano, benannt nach dem *römischen Theater* am Fuß des Hügels, das in den 1930er Jahren entdeckt wurde, als die Faschisten hier einen Teil der Altstadt abreißen ließen. Daneben steigt man zum Hügel San Giusto hinauf (→ unten).

Das römische Theater am Fuß des Hügels von San Giusto

Piazza della Borsa: Die lang gestreckte Piazza wird dominiert von der klassizistischen Säulenfassade der *Borsa Vecchia* (Alte Börse) vom Anfang des 19. Jh., in der heute die Handelskammer untergebracht ist. Daneben liegt die kreuzförmige Einkaufspassage *Tergesteo*, die 1840 eröffnet wurde. Im Sommer findet auf der Piazza ein Teil des bunten Triester Nachtlebens statt.

Cavana

Rechter Hand der Piazza dell'Unità d'Italia beginnen die schmalen, abends reichlich düsteren Gassen des kleinen Altstadtviertels. Von der weiträumigen und großzügigen Planung des klassizistischen Zentrums ist hier nichts zu bemerken. Enge, verwinkelte Gassen und hohe, manchmal halb verfallene Häuser prägen das Bild, vieles ist baufällig und sanierungsbedürftig. Wenn die heftigen Borawinde die Hänge herunterstürmen, kommt es hier immer wieder zu schweren Schäden.
An der Piazzetta Barbacan, am Fuß des Stadthügels, steht der *Arco di Riccardo*, ein Tor der antiken Stadtmauer, errichtet 33 v. Chr. Ein wenig bergab kommt man zur Barockkirche *Santa Maria Maggiore* und zum romanischen Kirchlein *San Silvestro* aus dem 11. Jh., dem ältesten Sakralbau der Stadt, das seit 1785 die protestantische Glaubensgemeinschaft der Waldenser beherbergt, die sich lange vor Luther von der katholischen Kirche abspaltete

Hügel von San Giusto

Der Hügel war schon seit prähistorischer Zeit besiedelt und ist seit jeher das historische Zentrum der Stadt. Heute bietet sich ein etwas krauses Durcheinander von römischen, mittelalterlichen und venezianischen Überresten, jedoch hat man einen wunderbaren Blick auf Stadt und Meer.

Cattedrale di San Giusto: Der äußerlich schlichte Bau aus dem 15. Jh. ist aus zwei Kirchen zusammengefügt, die hier eng nebeneinander standen. Die romanische

Fassade ist einfach gehalten, einziger Schmuck ist eine große Rosette. Das Innere besteht aus fünf Schiffen, in einigen der Apsiden sind Mosaike und Fresken erhalten, so in der Hauptapsis die „Krönung Mariens“.

In einem Gewölbe unter der *Cappella dei Borboni* (im rechten Seitenschiff) sind neun Mitglieder der so genannten „Karlisten“ beigesetzt, die Grabplatten sind in der Kapelle sichtbar. Es handelte sich dabei um eine Seitenlinie des bourbonischen Königshauses, die um den spanischen Thron kämpfte und ihre streng absolutistische Auffassung gegen die Liberalen und Republikaner in mehreren Bürgerkriegen durchzusetzen versuchte. Die Grablege wird deshalb auch „El Escorial Carlista“ genannt. Ihren Hof hielten die Karlisten 1847–74 im Triester Exil, weil die Schwester einer Ehefrau des Thronprätendenten Carlos V. hier Grundbesitz besaß. Auf dem Friedhof von Sant'Anna liegen 24 Mitglieder des karlistischen Hofgefolges.

Römisches Forum: Neben dem Dom liegen die Ruinen des antiken römischen Forums, das nach dem Niedergang des Reiches als willkommener Steinbruch für den Bau des Doms diente.

Castello San Giusto: Das Kastell hinter der Kirche wurde im 15. Jh. von den Österreichern unter Erzherzog Maximilian an der Stelle einer früheren mittelalterlichen Burg errichtet, um den Habsburger Herrschaftsanspruch nach 1382 (→ Geschichte) buchstäblich zu „untermauern“. In den z. T. original ausgestatteten Räumen wird eine kleine Waffensammlung präsentiert.

Civico Museo di Storia ed Arte & Orto Lapidario: Im Museum an der Via Cattedrale 15, etwas unterhalb der Kathedrale, sind archäologische Funde aus dem Stadtgebiet von der Prähistorie bis zum Mittelalter ausgestellt. Im *Orto Lapidario* daneben (Zugang über das Museum) gibt es eine Inschriften- und Skulpturensammlung unter freiem Himmel. Hier findet man in einem klassizistischen „Tempel“ auch das Grab des deutschen Archäologen und Historikers Johann Joachim Winckelmann, der zu den bedeutendsten geistesgeschichtlichen Persönlichkeiten seiner Zeit zählte und dessen Hauptwerk „Geschichte der Kunst des Altertums“ Goethes treuester Begleiter auf seiner Italienreise war. Winckelmann wurde 1768 in Triest unter eigenartigen Umständen erstochen.

• *Hinaufkommen* Hinter der Piazza dell'Unità d'Italia geht es am **Römischen Theater** vorbei zur kopfsteingepflasterten Via Capitolina hinauf, die auf den Hügel führt. Alternative: die gewaltige **Scala dei Giganti** von der Piazza Goldoni, unter der Treppe rauscht der Verkehr durch den Sandrinelli-Tunnel. Weitere Alternative: am Bahnhof den Bus 24 nehmen.

Tod in Triest: Mord an Winckelmann

Der fünfzigjährige J. J. Winckelmann, im Auftrag des Kirchenstaates als Aufseher über alle Altertümer von Rom tätig, kam im Juni 1768 nach Triest. Er stieg in der Osteria Grande an der Piazza San Pietro ab (heute Piazza dell'Unità d'Italia). Mit dem italienischen Koch Francesco Arcangeli, mit dem er sich wohl angefreundet hatte, teilte er ein Zimmer und wohnte eine Woche lang mit seinem späteren Mörder zusammen. Warum diese Vertrautheit entstand, ist ungeklärt, vermutet werden gelegentlich homosexuelle Neigungen. Am 8. Juni erstach Arcangeli den Archäologen im Handgemenge – wahrscheinlich ein Raubmord, denn Winckelmann führte eine Sammlung wertvoller antiker Münzen mit sich. Der flüchtige Täter wurde eine Woche später gefasst, zum Tode verurteilt und bei lebendigem Leib gerädert.

• *Öffnungszeiten* **Kathedrale**, Mo–Sa 8–12, 14.30–18.30 Uhr, So 8–13, 15.30–20 Uhr. **Castello**, April bis Sept. tägl. 9–19 Uhr, Okt. bis März 9–17 Uhr; Eintritt ca. 1 € (Waffensammlung Di–So 9–13 Uhr, Eintritt ca. 2 €, Kind 1 €). **Civico Museo di Storia ed Arte & Orto Lapidario**, Di & Do–So 9–13 Uhr, Mi 9–19 Uhr, Mo geschl., Eintritt ca. 2 €, Kind 1 €.

Außerhalb vom Zentrum

Synagoge: Der monumentale, 1912 errichtete Bau steht an der Via Gaetano Donizetti, einer Seitenstraße der Via Cesare Battisti, westlich der Via Carducci. Sie ist eine der größten Synagogen in Europa und beherbergt ein hebräisches Museum.

Öffnungszeiten Besichtigung mit Führung Mo 15.30–18, Mi 9–12 und Do 15.30–18 Uhr, Eingang an der Piazza Giotti.

Giardino Pubblico Tommasini: Nicht mehr weit ist es von der Synagoge zum üppig grünen Park am Ende der Via Battisti, durchaus eine angenehme Abwechslung im Asphaltdschungel der Großstadt.

Museen

Die folgenden Museen liegen von Nord nach Süd direkt an der Hafenfront oder in den Straßenzügen dahinter.

Museo Postale e Telegrafico della Mitteleuropa: Ausstellung zum Postwesen in habsburgerischer Zeit im Postamt an der Piazza Vittorio Veneto (Nähe Bhf.).

Öffnungszeiten/Preise tägl. 9–13 Uhr, Eintritt ca. 1,60 €.

Museo d'Arte Orientale: in der Altstadt, Via San Sebastiano 1. Zahlreiche Stücke aus dem asiatischen Raum, hauptsächlich aus China und Japan, darunter Schmuck, Porzellan, Waffen und Musikinstrumente.

Öffnungszeiten/Preise Di & Do–So 9–13, Mi 9–19 Uhr, Eintritt ca. 3 €.

Acquario Marino: Das Aquarium wirkt mit seiner schummrig-nasskalten Atmosphäre ein wenig trist. Ein paar arme Pinguine stehen etwas verloren herum, im ersten Stock kann man ein paar Schlangenterrarien und Unterwasserfotografien betrachten.

Öffnungszeiten/Preise März bis Okt. Di–So 9–19 Uhr, Nov. bis Februar 8.30–13.30 Uhr, Mo geschl., Eintritt ca. 3 €.

Galleria d'Arte Moderna & Museo Revoltella: Die beiden aneinandergebauten Palazzi (Eingang in der Via Armando Diaz 27 neben Piazza Venezia) bilden zweifellos den musealen Höhepunkt Triests. Ersterer wurde innen völlig entkernt und mit viel Beton avantgardistisch-verwinkelt und reichlich verwirrend zur Kunstgalerie umgebaut. Die sehenswerte Sammlung moderner Maler und Bildhauer des 19. und 20. Jh. beinhaltet so viele originelle Stücke, dass ein Rundgang auch denen Spaß machen kann, die normalerweise mit moderner Kunst nicht viel anfangen können.
Ein echtes Kontrastprogramm bietet der benachbarte Palazzo Revoltella. Er gehörte dem Baron *Pasqualle Revoltella* (1795–1869), der mit dem Bau des Kanals von Suez zu Vermögen gekommen war und der bereits zu Lebzeiten plante, den Palazzo nach seinem Tod der Stadt Triest als Museum zu übereignen. Heute ist hier auf mehreren Stockwerken eine wunderbar erhaltene Inneneinrichtung des 19. Jh. zu besichtigen: Parkettböden mit Einlegearbeiten und vergoldete Kassettendecken, wertvolle Polstermöbel, Spiegel und Kronleuchter, aufwändige Skulpturengruppen aus Marmor und Gemälde Triestiner Maler.

Öffnungszeiten/Preise Mo und Mi–Sa 9–13.30, 16–19, So 10–19 Uhr, Di geschl., Mitte Juli bis Ende August Do–Sa bis Mitternacht geöffnet; Eintritt ca. 5 € (bei Ausstellungen 7 €).

Risiera di San Sabba: Konzentrationslager im Friaul

Nach der Kapitulation Italiens erklärten die deutschen Besatzer 1943 Triest und sein Hinterland zu einem großdeutschen Gau und richteten im Oktober desselben Jahres in einer früheren Reisfabrik südlich vom Stadtzentrum das einzige Vernichtungslager auf italienischem Boden ein (Sammellager zum Weitertransport nach Deutschland und Polen gab es mehrere). Unter der Regie der deutschen SS wurden hier zwischen drei- und fünftausend zivile Geiseln, Partisanen, politische Gefangene und Juden ermordet – erschlagen, erschossen oder in Lastwagen vergast – und danach in einem Krematoriumsofen verbrannt. Noch höher war die Zahl derer, die in andere Konzentrations- und Arbeitslager weitertransportiert wurden, wo sie ebenfalls großteils starben. Maßgeblich an den Tötungen beteiligt war die Truppen von „Einsatz Reinhardt" unter Christian Wirth, die vorher in den polnischen Vernichtungslagern Bełzec, Sobibor und Treblinka das „Handwerk" der effizienten und schnellen Massentötung perfektioniert hatten. In der Nacht vom 29. zum 30. April 1945 sprengten sie das Krematorium, um die Spuren ihrer Verbrechen zu vertuschen und setzten sich, sofern sie nicht von Partisanen ergriffen und erschossen wurden, nach Deutschland und Österreich ab, wo einige – unter falschen oder auch echten Namen – lange von der Justiz unbehelligt weiterlebten. Wirth wurde am 26. Mai 1944 von Partisanen erschossen, sein Nachfolger Dietrich Allers wurde nach dem Krieg unter seinem echten Namen Syndikus der Deutschen Werft AG und verstarb 1975, bevor sein Prozess zum Abschluss gekommen war.

In den sechziger Jahren formte der Architekt Romano Boico die halb zerstörte Risiera zur Gedenkstätte. Sie ist heute zum Nationaldenkmal erklärt, eine Ausstellung erinnert an die Gräuel der Massenvernichtung. Wenn man die Anlage durch den bedrückenden Zugang zwischen 11 m hohen Betonwänden betreten hat, liegt linker Hand die so genannte „Todeszelle", wo die Gefangenen vor ihrer Tötung eingekerkert wurden. Danach folgten Schneider- und Schusterwerkstatten, wo die Gefangenen arbeiteten, sowie die Unterkünfte für die SS-Soldaten. Im Erdgeschoss dieses Gebäudes liegt ein großer Saal mit siebzehn Zellen, in denen jeweils bis zu sechs Menschen für Tage und Wochen eingesperrt waren, bevor sie ermordet wurden. Im Hof erinnert eine stählerne Plattform an das Haus mit dem Verbrennungsofen, das hier stand, bevor es von den Nazis gesprengt wurde. Der Umriss ist noch am großen Zentralgebäude zu erkennen. Dort ist heute eine ergreifende Sammlung vom Erinnerungsstücken untergebracht, u. a. persönliche Gegenstände, Kleidungsstücke, Briefe und Zeichnungen der Häftlinge sowie Dokumente und Fotos der Zeit, dazu laufen erläuternde Filme.

Öffnungszeiten/Preise tägl. 9–19 Uhr (25. Dez. u. 1. Jan. geschl.), Eintritt frei.

Anfahrt/Verbindungen Die Risiera di San Sabba ist nicht ganz einfach zu finden. Sie liegt in der Via Ratto della Piliera 43, südöstlich vom Stadtzentrum, in unmittelbarer Nähe des großen Palasport Stadions. Bei der Anfahrt mit PKW nimmt man die Ausfallstraße am Ostende des Hafens in Richtung Muggia, fährt aber nicht auf die Autobahn ab. Genaue Lage siehe Stadtplan „Entdecken Sie Triest", erhältlich beim Infobüro. Zu erreichen mit Bus 8 bis „Stadio Comunale".

Lesetipp „Heldenfriedhof" von Thomas Harlan, 2006, Eichborn Verlag. Thomas Harlan ist Sohn von Veit Harlan, dem Regisseur des Nazipropagandafilms „Jud Süß". Er widmete sich sein ganzes Leben der Erforschung von NS-Verbrechen und hat maßgeblich zu den Anklagen in den Auschwitz-Prozessen beigetragen. Ausgangspunkt seines letzten Werks ist der (fiktive) Selbstmord von fünfzehn Angehörigen des „Einsatz Reinhardt", die sich 1962 auf einem Soldatenfriedhof bei Villa Opicina oberhalb von Triest ihr eigenes Grab geschaufelt und sich darin umgebracht haben.

Museo Sveviano & Museo Joyciano: im 2. Stock des Palazzo Attilio Hortis an der Piazza Hortis 4, wo auch die große städtische Bibliothek (Biblioteca Civica) ihren Sitz hat. Historische Druckausgaben, Manuskripte und Briefe des Triestiner Schriftstellers Italo Svevo sowie Dokumente zum elfjährigen Aufenthalt von James Joyce in Triest – das letztere Museum wurde 2004 eröffnet, exakt hundert Jahre nach der Ankunft von Joyce in Triest.

Öffnungszeiten/Preise **Museo Sveviano**, Mo–Sa 10–13, So 10–12 Uhr, **Museo Joyce**, Mo–Fr 10–12 Uhr; beide Eintritt frei.

Civico Museo di Storia Naturale: Naturkundesammlung im 3. Stock desselben Gebäudes an der Piazza Hortis 4. Ausstellungsstücke aus Botanik, Zoologie, Mineralogie, Geologie und Paläontologie, darunter Funde zur Menschheitsentwicklung (Uomo di Mompaderno) und das berühmte Dinosaurierskelett von „Antonio", der 1996 im Villaggio del Pescatore bei Duino entdeckt wurde (→ S. 215).

Öffnungszeiten/Preise Di–So 8.30–13.30, Mo geschl. Eintritt ca. 3 €.

Civico Museo Sartorio: am Largo Papa Giovanni XXIII, schräg gegenüber vom Palazzo Revoltella. Hier sind u. a. Keramik und Porzellan sowie kretisch-venezianische und slawische Ikonen ausgestellt, im ersten Stock Inneneinrichtungen verschiedener Stilarten, zahlreiche Gemälde und das herrliche „Triptychon di Santa Chiara", das Paolo Veronese zugeschrieben wird.

Öffnungszeiten/Preise Besichtigung nur nach Anmeldung unter ✆ 040/310500, Eintritt ca. 3 € (derzeit wegen Restaurierung geschl.).

Civico Museo del Mare: Am Südende des Hafens macht die Uferstraße eine scharfe Kurve. An der landeinwärts abzweigenden Via Campo Marzio findet man dieses Museum, in dem Schiffbau und Fischerei der Region dargestellt sind.

Öffnungszeiten/Preise Di–So 8.30–13.30 Uhr, Mo geschl., Eintritt ca. 3 € (bei Ausstellungen 4,50 €), bis 14 und über 60 Jahre 2 €.

Museo Ferroviario: In der 1960 stillgelegten Stazione di Campo Marzio der früheren „Wocheinerbahn" nach Österreich haben alte Dampfloks, Triebwagen und Pferdewagen der Triester Straßenbahnen ihre letzte Ruhe gefunden. Dokumente zur Eisenbahngeschichte Triests und eine umfangreiche Modelleisenbahn, die den früheren Bahnknotenpunkt Opicina im Jahre 1910 abbildet, runden die Ausstellung ab. Im nostalgisch eingerichteten Pub „The Tender" kann man seinen Durst löschen.

Öffnungszeiten/Preise Di–So 9–13 Uhr, Mo geschl., Eintritt ca. 2 €.

Speleovivarium: Via Guido Reni 2/c, beim Museo del Mare ein Stück landeinwärts. Fundstücke aus dem Karst und lebendige Exemplare der dortigen Tierwelt in einem ehemaligen Luftschutzbunker, dessen Umwelteigenschaften denen natürlicher Karsthöhlen ähnelt.

Öffnungszeiten/Preise Mitte Okt. bis Mitte Juni So 10–12 Uhr, im Sommer geschl., Eintritt frei.

Muggia (ca. 13.000 Einwohner)

Das kleine, außerhalb der Saison sympathisch verschlafene Küstenstädtchen liegt genau gegenüber von Triest. Es gehört schon zur istrischen Halbinsel, zur slowenischen Grenze sind es von hier nur noch wenige Kilometer. Zur großen klassizistischen Hafenstadt bildet es einen angenehm beschaulichen Kontrapunkt.

Der Ortskern „Borgo Lauro" ist mit seinen engen Gassen erfreulich intakt, von der Stadtmauer sind ein Turm und das Osttor erhalten geblieben. An der zentralen Piazza Giuglielmo Marconi steht der gotische *Duomo dei SS. Giovanni e Paolo*, dessen elegant geschwungene Schaufassade mit dem eindrucksvollen Relief der Dreifaltigkeit über dem Haupttor und der prächtigen Rosette einen markanten Blickfang bildet. Gegenüber steht der hübsche, meist flaggengeschmückte *Palazzo Comunale* mit Arkaden, an dessen Mauer ein venezianisches Löwenrelief prangt. Am Wasser schmiegt sich ein dicht mit Fischerbooten bestücktes *Hafenbecken* recht pittoresk in die Uferfront, davor liegt ein großes Becken mit Jachten und Sportbooten. Von den Fischrestaurants am Hafen blickt man auf die Industriezone von Triest – ein wenig gewöhnungsbedürftig, aber nicht unschön und vor allem nachts eindrucksvoll. Frischen Fisch kann man in der *Pescheria Comunale* der Fischereigenossenschaft kaufen (Di–Sa 8–14 Uhr).

Elegant geformt: der Dom von Muggia

Überragt wird der Ortskern von einem innen leider nicht zugänglichen *Kastell*, das vom Hafen auf einer beschilderten Treppe erreicht werden kann (Aufstieg neben der „Trattoria alla Sanità"). Oben kann man den Blick über den Ort genießen. Wenn man die gewundene Hauptgasse Viale Dante Alighieri verfolgt, kommt man zur Kirche *San Francesco*, in deren Innenraum man eine kleine, aber liebevoll aufgestellte Krippensammlung betrachten kann. Auch von hier kann man zum Kastell hinaufsteigen.

Reizvoll ist schließlich noch ein Abstecher zum *Santuario di Santa Maria Assunta* hoch über Muggia (→ unten).

Anfahrt/Verbindungen/Information

• *Anfahrt/Verbindungen* Von **Triest** nimmt man die Ausfallstraße am Ostende des Hafens in Richtung Slowenien, fährt auf die Autobahn ab und durchquert das riesige Industrie- und Werftenviertel von Triest. Nach einigen Kilometern kommt die Abfahrt nach Muggia, im Weiteren sorgfältig auf Schilder achten. Tagsüber fährt zudem alle 30 Min. der **Bus 20**.

Schöne Alternative: mit der **Fähre** übersetzen: Ende April bis Mitte Sept. 10-mal tägl. (an Sonn- und Feiertagen 6-mal) ab Molo Pescheria (hin u. zurück ca. 5,80 €), www.triestetrasporti.it

• *Information* **AIAT**, Via Roma 20, ✆ 040/273259, www.muggia.info.

Übernachten

**** **San Rocco**, schicke Herberge im gleichnamigen Jachthafen, ein wenig westlich außerhalb. DZ mit Frühstück ca. 115–140 €. ✆ 040/330100, ℻ 271867, www.hotelsanrocco.com

*** **Il Sole**, Strada per Lazzaretto 93, im Ortsteil Lazzaretto, kurz vor der slowenischen Grenze, ein wenig zurück vom Meer. 23

Die friulanische Küste
Karte S. 189

Zimmer mit Balkon, Ristorante mit Panoramaterrasse. DZ mit Frühstück ca. 73–90 €. ✆ 040/271106 📠 273515, www.hotelsolemuggia.it

* **Corallo**, Via Roma 34, fast im Zentrum, ordentliche Zimmer mit Bad, DZ ca. 52 €, kein Frühstück. Falls niemand da, im Ledergeschäft „Elena" (fast daneben) nachfragen. ✆/📠 040/271431.

* **La Bussola**, Via Manzoni 5, preisgünstiges Albergo mit Restaurant direkt im Hafen, saubere Zimmer, z. T. schöner Ausblick, nur Etagendusche. DZ mit Frühstück ca. 30–35 €. ✆/📠 040/271266.

** **Camping San Bartolomeo**, 5 km westlich von Muggia, 250 m vor dem Grenzübergang nach Slowenien. Großer, schattiger Platz in leichter Hügellage, viele Dauercamper, freundlich geführtes Ristorante/Bar. Busstopp 100 m entfernt. Mai bis Sept. ✆/📠 040/271275, www.campeggiosanbartolomeo.it

Wohnmobile können kurz vor Muggia am Molo Bolòta unterhalb von **Santa Barbara** stehen (beschildert).

Essen & Trinken

Um den Hafen sitzt man schön mit Blick auf die Skyline der Triestiner Werftindustrie.

TIPP! **Ittiturismo La Terrazza**, das Restaurant der Fischereigenossenschaft von Muggia (Cooperativa Peschatori Beta) liegt direkt am Hafen über der Fischhalle. Von der Terrasse im ersten Stock genießt man den schönen Meerblick, der täglich frisch angelieferte Fisch ist preislich im Rahmen. Mo geschl. ✆ 040/275331.

Risorta, Riva de Amicis 13/a, gepflegtes Ristorante gleich daneben, schöner, alter Innenraum und stimmungsvolle Terrasse zum Meer. Hervorragende Fischgerichte zu gehobenen Preisen, Primi ab 10 €, Secondi ab 17 €. So abends und Mo geschl. ✆ 040/271219.

La Bussola, Via Manzoni 5, ein paar Schritte weiter, ebenfalls mit Terrasse zum Meer, hier gibt es auch Pizza. Fr geschl. ✆ 338-8793436.

Buffet alla Marina, günstiges Lokal neben La Bussola, auch mit Meerterrasse. Di geschl. ✆ 040/271329.

Splendor, bescheidene Trattoria an der Hauptgasse in Richtung Kirche San Francesco. Tische an einer kleinen Piazza, günstige Preise, einfach und korrekt. ✆ 040/275262.

• *Außerhalb* **Al Porto**, Ristorante mit großer, luftiger Terrasse und herrlichem Blick im nahe gelegenen Sporthafen San Rocco (→ übernächster Abschnitt). ✆ 040/272433.

Azienda Agricola Scheriani, Via Darsella di S. Bartolomeo 20, typisch istrische Küche, man sitzt im Freien mit herrlichem Blick nach Istrien, Spielwiese. Es wird Englisch gesprochen. Eingekauft werden können Wein und Olivenöl aus eigener Produktion. Mo–Sa 10–22 Uhr. Nur auf Vorbestellung. ✆ 040/9277700.

Weitere Restaurants unter „Santuario di Santa Maria Assunta".

▶ **Santuario di Santa Maria Assunta und Parco Archeologico**: Auf einem Hügel hoch über Muggia steht die romanische Wallfahrtskirche Santa Maria Assunta, einzig unversehrt gebliebener Rest der mittelalterlichen Siedlung Muggia Vecchia, von der im Umkreis Mauerreste und Ruinen ausgegraben wurden. Dieser „Parco Archeologico" ist mit informativen Hinweisschildern (auch Deutsch) ausgestattet, sodass man einen schönen Eindruck von der alten Siedlung erhält, die in ihren Ursprüngen bis weit in prähistorische Zeiten zurückreicht. Erhalten sind u. a. Grundmauern eines größeren Hauses und zweier Türme der Stadtmauern.

Die schlichte Marienkirche wurde im 13. Jh. erstmals schriftlich erwähnt, ist aber wahrscheinlich deutlich älter. Der Innenraum besitzt hübsche, noch recht farbenkräftige Fresken, eine pittoreske Kanzel und ein Lesepult aus Marmor, in der Altarabgrenzung sind frühmittelalterliche Ornamente erhalten. Auch nach Aufgabe des Ortes, dessen Bewohner sich seit dem Ende des 15. Jh. unten am Meer ansiedelten, blieb die Kirche als Wallfahrtsziel erhalten.

Aber schon allein der Blick von der Aussichtsterrasse vor der Kirche über den Golf von Triest ist es, der den kleinen Ausflug lohnend macht: Man erkennt das Kastell von Duino, das Schloss Miramare und das merkwürdige Santuario a Maria Madre e

Regina (→ S. 243), aber auch der Standort des ehemaligen Konzentrationslagers Risiera di San Sabba ist anhand eines großen Panoramafotos des Golfs zu orten.

• *Anfahrt/Wegbeschreibung* Mehrere Straßen führen nach Muggia Vecchia, beschildert mit **Area Archeologica di Muggia Vecchia**, z. B. kurz bevor man von Triest kommend Muggia erreicht.
Von Muggia kann man außerdem in etwa 30 Fußminuten die Salita Muggia Vecchia hinaufsteigen (westlich vom Ortszentrum).

• *Essen & Trinken* Es gibt mehrere Restaurants mit Panoramablick in der Hügelzone, am nächsten zur Kirche liegt die **Hostaria Belvedere**, wo man aber vorher reservieren sollte, um warme Küche zu bekommen (✆ 349-6266731). Nicht weit ist auch die **Trattoria alla Terra Bianca**.

▸ **Von Muggia zur slowenischen Grenze**: Die Straße führt weitgehend direkt am Ufer entlang, immer wieder hat man schöne Ausblicke aufs Meer und hinüber nach Triest. Man passiert zunächst den großen neuen Sporthafen *Porto San Rocco*, dann geht es an der *Punta Olmi* vorbei, wo man bei Bora die mutigen Starkwindsurfer beobachten kann, und über die *Punta Sottile* bis zum Ortsteil *Lazzaretto* mit dem Campingplatz San Bartolomeo kurz vor dem Grenzübergang nach Slowenien. Hier führt eine Straße hinauf zur „Area Archeologica di Muggia Vecchia".

Carso Triestino (Triestiner Karst)

Der Name Karst stammt vom vorindoeuropäischen Wort „karra", was wahrscheinlich Stein bedeutete – die Kalklandschaft oberhalb von Triest hat damit allen geologisch verwandten Landschaften der Welt ihren Namen gegeben. Ausflüge auf das dicht bewachsene Karstplateau lohnen landschaftlich wegen der eindrucksvollen Erosionslandschaften und kulinarisch, um in den Osmizze (Buschenschänken) einzukehren, die überall ihre Weine aus Eigenanbau anbieten. Ideal sind dabei die Tage unter der Woche, da am Wochenende ganz Triest auf den Beinen ist. Von den einzelnen Orten lassen sich überall kleine Wanderungen und Spaziergänge unternehmen, z. B. von Sgonico, Sales, Rupingrande und Rupinpiccolo. Erster Anlaufpunkt ist aber natürlich meist die berühmte Grotta Gigante.

Die bizarren Oberflächenformen des Karst sind durch Verwitterung des Kalkgesteins entstanden: Das im Regenwasser enthaltene Kohlendioxid löst den Kalk, es entstehen Ritzen und Spalten, die sich im Lauf der Zeit erweitern. Dringt ein Fluss in Karstgebiet ein, so arbeitet er sich immer tiefer, bis er an besonders durchlässigen Stellen versickert, um oft erst weit entfernt wieder zu Tage zu treten – bestes Beispiel im Triestiner Karst ist der *Timavo* (→ S. 215), ein weiteres der geheimnisvolle *Lago di Doberdò* (→ S. 214). Aber auch eindringendes Regenwasser bildet unterirdische Wasserläufe. So entsteht eine Welt voller Höhlungen, Grotten und Stollen, in der das tropfende Wasser Stalaktiten und Stalagmiten bildet – beeindruckendstes Beispiel ist die Grotta Gigante. Ein weitere Karstphänomen sind die *Dolinen*, runde oder elliptische Löcher, die an der Oberfläche durch den Einsturz darunter liegender Gewölbe entstanden sind. In viele dieser „Schüsseln", die einen Durchmesser bis zu einem Kilometer haben können, wurde fruchtbare rote Erde eingeschwemmt, die im Karst den Anbau von Wein ermöglicht – der dunkelrot-erdige „Terrano" ist der typische Wein dieser Region, allerdings sehr eigen im Geschmack und deshalb nicht jedermanns Sache.

Vom Villenvorort Villa Opicina oberhalb von Triest zieht sich die 1986 eingeweihte „Strada del Vino Terrano" (Terrano-Weinstraße) mit fast zwei Dutzend ländlichen

Im Triestiner Karst

Gasthäusern nach Visogliano oberhalb von Sistiana. Eine Einkehr in einer der typischen „Osmizze" sollte man sich nicht entgehen lassen. Diese Lokale stammen noch aus der Zeit des Habsburger Reichs, als Kaiser Josef II. 1784 den Bauern den direkten Verkauf von Eigenbauwein und Eigenprodukten für eine Zeitspanne von acht Tagen zugestand: der slowenische Name „osmica" bedeutet acht. Man erkennt diese Lokale am bekannten Efeuzweig, der unweit der Wirtschaft an der Straße aufgehängt wird.

Für Wanderungen leistet folgende Karte gute Dienste: **Carso Triestino**, Carta Topografica per Escursionisti, Transalpina Editrice (1:25.000), erhältlich in Triest für ca. 8 €.

▸ **Villa Opicina**: Von Triest führt eine kurvige Autostraße hinauf oder man fährt ab der Piazza Oberdan mit der kabelgezogenen Straßenbahn namens „Tranvia" (7–20 Uhr alle 20 Min., ca. 1 € einfach), erbaut im Jahr 1902 als erste elektrische Zahnradbahn der k.u.k.-Monarchie. Die Grotta Gigante liegt nur wenige Kilometer außerhalb und kann auch per Bus schnell erreicht werden (→ Grotta Gigante).
Noch vor dem Ortseingang steht linker Hand ein großer *Obelisk*, errichtet 1830 von den Österreichern zur Erinnerung an den Straßenbau zur adriatischen Küste. Hier hat man einen wunderbaren Blick auf Triest, kann außerdem in Richtung Nordwesten eine kleine Wanderung auf der so genannten „Napoleonica" starten. Dieser gut ausgebaute, etwa 5 km lange Weg, der angeblich von Napoleons Truppen angelegt wurde, führt ohne große Höhenunterschiede entlang des Küstengebirges bis ins Örtchen *Prosecco*. Die Triester benutzen ihn gerne zum Joggen. Auf halber Strecke passiert man den Monte Grisa (334 m) mit dem monumentalen Wallfahrtszentrum *Santuario Nazionale a Maria Madre e Regina* und dem Aussichtsturm *Vedetta d'Italia*.

Von Villa Opicina kommt man auf der anfangs schnurgeraden „Strada per Vienna“ schnell hinüber nach Slowenien und über Ljubljana und Graz nach Wien – in der Habsburger Epoche die gängigste und schnellste Anreise zum Freihafen Triest.

• *Übernachten* **Ostello Scout „Alpe Adria“**, in Campo Sacro nördlich von Prosecco, große Jugendherberge in einem ehemaligen Flüchtlingslager, das die Amerikaner hier nach dem Zweiten Weltkrieg errichtet hatten. Etwa 70 Stockbetten in Schlafsälen, ordentliche Sanitäranlagen, auch Zeltmöglichkeit auf einem schattigen Wiesengelände. Zu erreichen ab Triest in 20 Min. mit Bus 44 ab Piazza Oberdan oder Bhf. (oder mit Bus 42 bis Prosecco und noch 20 Min. zu Fuß). Das Ostello liegt in Fußentfernung zur Grotta Gigante und zur Wallfahrtskirche auf dem Monte Grisa. Übernachtung ca. 11 €, Frühstück 4 € pro Pers. Gut für Gruppen geeignet. ✆ 040/225562, http://ostello.amiscout.it

• *Essen & Trinken* **Daneu**, Strada per Vienna 55, altes Wirtshaus an der Straße nach Wien, serviert wird vielfältige regionale Küche, sowohl aus den Bergen wie vom Meer. Tipp ist z. B. das Gulasch, zum Dessert Strudel und Palatschinken. ✆ 040/211241.

Santuario Nazionale a Maria Madre e Regina: Marienwallfahrtskirche auf dem Monte Grisa

Monumental und weithin sichtbar thront die Kirche über dem Golf von Triest. Ungewöhnlich und fast schon avantgardistisch wirkt ihre pyramidenförmige Betonarchitektur, in der die symmetrische Form des Dreiecks dominiert. Ihre Entstehung geht auf ein Gelübde zurück, das der Erzbischof von Triest im Zweiten Weltkrieg für die Rettung der Stadt abgelegt hatte. Die Nationalsozialisten hatten noch kurz vor der Kapitulation im Frühjahr 1945 gedroht, den Hafen zu sprengen. Dazu kam es glücklicherweise nicht und 1959 gab Papst Johannes XXIII. seine Zustimmung zum Bau einer Wallfahrtskirche, die als Symbol für Friede und Einheit der Völker zu Ehren Marias errichtet werden sollte. 1960 wurde eine weiß gewandete Madonnenstatue auf dem Seeweg aus dem berühmten portugiesischen Wallfahrtsort Fatima herbeigeschafft und 1963 begann man mit dem Bau der Kirche, die am 22. Mai 1966 eingeweiht wurde. Heute ist sie eins der wichtigsten Wallfahrtsziele im Friaul und ganzjährig Ziel zahlreicher Pilger.

Adresse Santuario Nazionale a Maria Madre e Regina Monte, Contovello, Monte Grisa, ✆ 040/225290, 📠 040/22289, http://users.iol.it/mgrisa, E-Mail: mgrisa@iol.it.
Verbindungen Bus 42 geht 2-mal stündl. ab Bahnhof Triest über Villa Opicina, Borgo Grotta Gigante und Prosecco nach Borgo San Nazario/Monte Grisa.

Grotta Gigante

Die mit fast 300 m Länge und 107 m Höhe zu den größten Einraum-Grotten der Welt zählende Tropfsteinhöhle (angeblich passt der gesamte Petersdom hinein!) liegt bei Borgo Grotta Gigante, etwa 3 km nordwestlich von Villa Opicina und 15 km nördlich von Triest.

Entstanden ist die schon wegen ihrer gewaltigen Ausmaße in höchstem Maß faszinierende Höhle durch den unterirdischen Verlauf des Flusses Timavo, entdeckt wurde sie 1840 und schon seit 1908 wird sie von Naturinteressierten besucht. Auf langen Treppen steigt man hinunter in den stimmungsvoll ausgeleuchteten Höhlensaal und auf der anderen Seite wieder hinauf. Die enorme Höhe der laut Guinnessbuch der Rekorde „größten touristischen Höhle der Welt“ kann auch wissenschaftlich genutzt werden, denn zwischen Gewölbe und Höhlengrund sind die zwei längsten Messpendel der Welt befestigt, die hier – eingefasst in Schutzmäntel

Karte S. 189

aus Kunststoff – ungestört von atmosphärischen Einflüssen seismische Bewegungen kontrollieren.

- *Anfahrt/Verbindungen* Mit der „Tranvia" nach **Villa Opicina** und von der dem Bahnhof gegenüberliegenden Busstation weiter mit Bus 42 (2-mal pro Std.). Auch Taxis stehen hier bereit.
- *Öffnungszeiten/Preise* Führungen April bis Sept. Di–Sa 10–18 Uhr jeweils zur halben und vollen Stunde; März u. Okt. 10–16 Uhr, übrige Monate 10–12, 14–16 Uhr, jeweils zur vollen Stunde, Mo geschl.; Eintritt ca. 7,50 €. ✆/✆ 040/327312, www.grottagigante.it
- *Sonstiges* **Centro Benessere Avalon**, Borgo Grotta Gigante. Großes Wellness-Zentrum am Ortsausgang in Richtung Rupinpiccolo, im Jahr 2000 eröffnet an einer Stelle, wo Karstquellen zutage treten. Diese werden erhitzt und für die Kuren und den Pool genutzt. Zur Anlage gehört das große Ristorante **Salviarosmarino** mit schöner Terrasse unter schattigen Bäumen. Eintritt für Pool, Sauna, Dampfbad und Fitnessraum ca. 16 €. Tägl. 9–22.30 Uhr. ✆ 040/327431, ✆ 2028035, www.avalonwellness.it

▸ **Rupingrande**: wenige Kilometer nordöstlich der Grotta Gigante. Hier kann man die in typischer Karstarchitektur erbaute *Casa Carsica* mit traditioneller Hauseinrichtung, alten landwirtschaftlichen Geräten und Trachten aus dem Karst besichtigen. Alle zwei Jahre findet um den letzten Augustsonntag das viertägige, ganz slawisch geprägte Fest der „nozze carsiche" statt, die Karsthochzeit.

Öffnungszeiten/Preise **Casa Carsica**, nur sonntags 11–12.30, 15–17 Uhr; Eintritt frei.

- *Übernachten/Essen & Trinken* ** **Krizman**, wohltuend ruhig gelegener Landgasthof mit hübschem Gartenrestaurant. Gute Alternative zum lauten Triest. DZ mit Frühstück ca. 64–74 €. ✆ 040/327002, ✆ 327370, www.hotelkrizman.com

▸ **Sgonico**: In der Ortsmitte lohnt ein Besuch in der neu renovierten Weinkellerei, wo man Weine und andere Köstlichkeiten aus der Region verkosten kann. Wer sich für die Flora des Karst interessiert, findet südlich von Sgonico, an der Straße nach Gabrovizza, den *Giardino Botanico Carsiana* mit hunderten von typischen Karstpflanzen und einer Höhle mit Zugangsschacht.

> **Tipp**: Der abwechslungsreiche und gut ausgeschilderte Lehrpfad „Riselce-Pfad" führt durch die landschaftlich reizvolle Umgebung von Sgonico. Er beginnt nordwestlich vom Ort auf dem Weg 34 und führt über den Weg 40 wieder zurück, bietet dabei allerhand aus Geschichte und Archäologie und ist reich mit Beschreibungstafeln ausgestattet. Sein Name leitet sich von der Karstdoline ab, durch die er hindurchführt.

- *Öffnungszeiten/Preise* **Giardino Botanico Carsiana**, April bis Okt. Di-Fr 10-12, Sa/So 10-13, 15-19 Uhr, Mo geschl. Eintritt ca. 2 €.
- *Übernachten* ** **Milic**, in Sgonico, Mittelklassehaus mit Restaurant (Mo geschl.). DZ mit Frühstück ca. 70–80 €. ✆ 040/327330, ✆ 327005.

Skerlj, Landgasthof in Sales, nördlich von Sgonico. Typische Karster Küche und drei Ferienwohnungen für je zwei Pers., Preis ca. 50 €. Feb. bis Juni & Sept. bis Nov. ✆ 040/229253.

- *Essen & Trinken* **Gustin**, Trattoria an der „Strada del Vino Terrano" mitten in Sgonico, nur ein paar Schritte vom botanischen Garten entfernt. Die Karte „T for you" (→ Triest) wird akzeptiert, es gibt ein Verkostungsmenü, Jahresmenüs und Aktionsmenüs, preislich meist um die 20 €. Mo abends und Mi geschl. ✆ 040/229123, www gustintrattoria.com

Wanderung von Sgonico nach Rupingrande und Rupinpiccolo

Auf der Straße von Sgonico über Rupinpiccolo nach Rupingrande trifft man bei der *Località Sagrado* auf einen kleinen Parkplatz. Von hier aus können wir genau gegenüber den Weg 5a nehmen und anschließend über den Weg 4 immer durch den Wald nach Rupingrande gehen. (Wer die Wandertour ausdehnen möchte, geht stattdessen den Weg 5 weiter, bis er auf den Weg 3 stößt. Dieser führt an der slowenischen Grenze entlang durch den ganzen Karst.) Um vom Weg 5 auf den Weg 4 zu gelangen, müssen wir einen Übergang nehmen, der uns über einen Zaun führt. Weiter geht es über eine kleine Anhöhe, immer weiter durch den Wald hinunter und an einer Pferdekoppel vorbei nach Rupingrande. Von Rupingrande gehen wir auf der Straße Richtung Sgonico zum Parkplatz zurück. Von hier aus geht es rechts über den Weg 40 und dann 40a nach Rupinpiccolo und anschließend wieder auf der Straße zum Parkplatz.

Einkehr im Bauernhof: die Azienda Agricola Zagrski

Wer sich nach obiger Wanderung stärken möchte, kann vom Parkplatz aus die „Azienda Agricola Zagrski" erreichen. Hier wird so gut wie alles in eigener Produktion hergestellt. Man sitzt schön im Hof und stärkt sich mit der typischen Karstküche, kann Terrano, Vitovska oder Malvasia verkosten, aber auch ein Chardonnay ist zu haben. Sehr zu empfehlen sind die selbst gemachten Kräuterschnäpse. Gästezimmer gibt es ebenfalls. Wichtig: Da sehr beliebt und nur an Wochenenden geöffnet, sollte man unbedingt reservieren!

Azienda Agricola Zagrski, Zagradec 2 (Sgonico). Geöffnet nur Fr–So. ✆ 040/229383, www.zagrski.com

▶ **Sales**: Im Osten von Sales kann man in zwei Varianten zum *Monte San Leonardo* (400 m) wandern. Die längere Strecke führt zunächst auf dem gekennzeichneten Weg mit der Nummer 45 über den *Monte Costa* (410 m), die kürzere auf dem Weg Nummer 45 a. Wo sich die beiden Strecken treffen, nimmt man den Weg 3, der immer an der slowenischen Grenze entlangführt und geht dann auf dem gleichen Weg zurück. Anstatt denselben Weg bis Sales zurückzugehen, kann man den Weg 45 nach *Samatorza* nehmen, von dort geht es auf der Straße zurück nach Sales. In der Nähe von Samatorza stehen die Überreste einer kleinen Kirche aus dem 18. Jh. im Wald versteckt.

▶ **Prepotto**: Der Ortsteil von San Pelagio oberhalb von Aurisina ist eins der besterhaltenen Karstdörfer. Von hier hat man einen herrlichen Blick auf den Triester Golf.

• *Übernachten/Essen & Trinken* *** **Gruden**, in San Pelagio, vortreffliches Restaurant (Mo/Di geschl) mit guter Hausmannskost, dazu werden fünf Apartments für ca. 80 € vermietet. ✆ 040/200151, 📠 200854, www.myresidence.it

Skerk, Prepotto 20, eleganter landwirtschaftlicher Betrieb im Grünen, Wein und Wurst, wenn die Osmizza geöffnet ist. Man spricht auch Deutsch. ✆ 040/200156, www.skerk.com

Zidarich, Prepotto 23, Weinverkostung nach Vereinbarung. In dem typischen Karstbauernhof findet gelegentlich nach alter Tradition eine Osmizza statt, bei der man Erzeugnisse aus eigener Produktion verkosten kann, z. B. Schinken, Speck und Salami. ✆ 040/201223, www.zidarich.com

Lupine, an der Strada del Vino Terrano. Wein erzeugender Betrieb mit traditionellem Karstkeller und Landgaststätte mit schönem, großem Garten. Mitte Mai bis Oktober Fr bis Mo mittags und abends geöffnet, Di–Do geschl. ✆ 040/200848.

• *Shopping* **Weingut Edi Kante**, Prepotto 1/a, Weinpionier und Erzeuger ganz spezieller Tropfen, gehobenes Preisniveau. ✆ 040/200255.

Val Rosandra

Die tiefe Schlucht des Flusses Rosandra liegt an der Grenze zu Slowenien, am Talschluss stürzt sich die Rosandra als schmaler Wasserfall nach unten.

Vom leichten einstündigen Spaziergang bis zur anspruchsvollen Tageswanderung ist hier alles möglich, Klettern im Kalkfelsen inklusive. An einigen Stellen im vorderen Talbereich bildet der Fluss außerdem Bassins, die genussvolles Baden ermöglichen. Ausgangspunkt für Wanderungen im Tal ist das „Rifugio Mario Premuda“ im ruhigen Örtchen *Bagnoli Superiore*, 1 km oberhalb von *Bagnoli di Rosandra*.

• *Anfahrt/Verbindungen* Mit dem eigenen Fahrzeug Triest in östlicher oder südöstlicher Richtung verlassen und Hinweisschilder nach **Bagnoli della Rosandra** im Gebiet von San Dorligo della Valle suchen, der Ort ist ca. 8 km vom Stadtzentrum entfernt. An Werktagen kann man bis **Bagnoli Superiore** fahren, am Wochenende muss man im unteren Ortsteil parken und 1 km hinaufgehen. Wer mit öffentlichen Verkehrsmitteln fahren will, kann vom Bahnhof in Triest Bus 40 oder 41 bis Bagnoli Superiore nehmen.

Badestelle im Val Rosandra

• *Übernachten* **Horse Farm**, Agriturismo am Fuß des Monte Cocusso, südöstlich von Basovizza, kurz vor der slowenischen Grenze. Ein landwirtschaftlicher Hof mit großem Gelände und rustikalem Restaurant (Tierzucht und Gemüse aus eigenem Anbau). 5 DZ und 2 Dreibettzimmer, Kinderspielplatz, Reitmöglichkeit und Mountainbiketouren. DZ ca. 70 €. ✆ 040/226901, www.horsefarm.it

• *Essen & Trinken* Im **Rifugio Mario Premuda** in Bagnoli Superiore kann man sich nach der Wanderung in aller Ruhe unter hohen Pappeln und Nadelbäumen stärken – ein nettes Örtchen. Di geschl. ✆ 040/228147.

TIPP! **Locanda Mario**, weitab im abgeschiedenen Weiler Draga Sant'Elia, östlich vom Val Rosandra, am besten zu erreichen über Basovizza. Früher keuchte ein Dampflok von Triest herauf, heute muss man mit dem Auto fahren. Bei Mario trifft man sich vormittags zur herzhaften „Merenda“ (Jause) mit Schinken, Käse und Salami, abends zu Wildspezialitäten, *filetto di ca-*

Das „schwarze Gold“ von San Dorligo della Valle: Erdöl für Mitteleuropa

Bei der Fahrt nach Bagnoli kommt man nach dem großen Werftenviertel und kurz vor dem Abzweig nach Dolina an Dutzenden von mächtigen Öltanks hinter hohen Zäunen vorbei. Dies sind die Rohöl-Reservoirs der mächtigen „Transalpine-Pipeline“ der Gesellschaft SIOT (Società Italiana per l'Oleodotto Transalpino), die über die Alpen nach Wien-Schwechat und Ingolstadt führt. Im August 1972 machte die Anlage Schlagzeilen, als mehrere Tanks in die Luft flogen und über 110.000 Tonnen Rohöl verbrannten. Glücklicherweise konnte der Großteil der Tanks vor dem Übergreifen der Flammen geschützt werden, doch der Schaden ging in die Millionen. Die palästinensische Terrorgruppe „Schwarzer September“ übernahm damals die Verantwortung für das Attentat – es waren dieselben, die einen Monat später während der Olympischen Spiele in München israelische Sportler als Geiseln nahmen.

vallo (Pferdesteak), Spaghetti mit Froschsoße (!) und Schneckenragout mit Polenta. Dazu schmeckt ein Dolina bianco oder Dolina rosso vom Karst. ✆ 040/228173.

• *Shopping* **Ota**, alteingesessene Konditorei an der Piazza von Bagnoli della Rosandra, seit Generationen von derselben Familie geführt. Anerkannt gute Schokoladenerzeugnisse mit hohem Kakaobutteranteil. 7.15–13 Uhr, 16.30–19 Uhr, geschl. So und Mo/Mi nachmittags. ✆ 040/228253, www.ota.it

Olivenöl siehe Kasten, S. 249.

Wanderung durch das Val Rosandra zur slowenischen Grenze

Panoramareiche Wanderung das Val di Rosandra entlang bis zur slowenischen Grenze, zurück auf der anderen Talseite. Unterwegs Bademöglichkeiten und ein Wasserfall.

GPS-Wanderung **Dauer**: ca. 2-2,5 Std.

Wegbeschreibung: Wir beginnen die Wanderung beim **Rifugio Mario Premuda (WP 1)** in Bagnoli Superiore und gehen dort in einem Hohlweg **(WP 2)** nach rechts bis zur **Asphaltstraße (WP 3)**, die zum Talbeginn führt. Auf der Straße gehen wir nach links, bis wir nach 50 m einen **Parkplatz** erreichen. Hier beginnt der Fußweg entlang der westlichen Talseite. Kurz darauf kommen wir zum Fluss. Wenn man ihn überquert, erreicht man einige malerische **Wasserbecken** zwischen den Felsen, wo man schön baden kann.

Für unsere Wanderung nehmen wir vor dem Fluss die **Abzweigung** rechts **(WP 4)**. Nach einigen Minuten treffen wir auf einen breiten **Weg** und gehen rechts hinauf **(WP 5)**, kurz darauf folgt eine **Gabelung** mit Beschilderung „Val di Rosandra“, wo wir links gehen **(WP 6)**. Der Pfad tritt nun aus dem Wald heraus und verläuft sonnig und luftig etwa

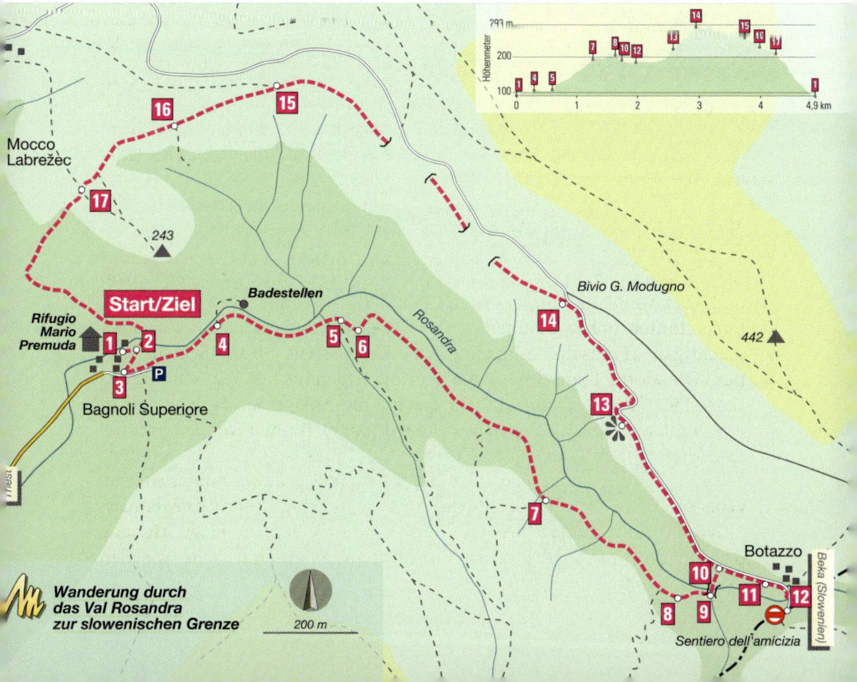

Ehemaliges Zollhäuschen am Sentiero dell'amicizia bei Botazzo

30 m über dem Flusslauf. Voraus ist das Ende des Tals bereits sichtbar, dort tritt die Rosandra als ein im Sommer nur spärlich fließender **Wasserfall** aus den Felsen heraus. Etwa 25 Min. nach Beginn der Wanderung kommen wir zu **Stufen (WP 7)**, 10 Min später zu einem abzweigenden Weg, wo die Markierung nach links weist **(WP 8)**. Kurz darauf erreichen wir eine **Brücke** über die Rosandra **(WP 9)**, die im Sommer nur ein Rinnsal ist. Wenige Meter weiter treffen wir auf einen **asphaltierten Fahrweg (WP 10)**, die Zufahrt zum einsamen Örtchen **Botazzo**, das nur aus wenigen Bauernhäusern besteht **(WP 11)**. Hier haben wir nun, knapp 60 Min. nach Beginn der Wanderung, die **slowenische Grenze** erreicht, symbolisiert durch einen blau-weiß-rot gehaltenen **Zollbaum (WP 12)**. Eine kleine **Quelle** lädt zur Erfrischung ein. Der Weg setzt sich hier über die seit dem Jahr 2000 offene Grenze als so genannter **„Sentiero dell'amicizia"** (Freundschaftsweg) nach **Beka** (Slowenien) fort, Wegverlauf siehe Karte „Carso Triestino, S. 242.

Für den Rückweg nehmen wir zunächst die **Asphaltstraße**, sie führt an der Ostseite des Tals steil bergauf. Ein Aussichtspunkt **(WP 13)** bietet einen schönen Blick über das Tal auf die andere Bergseite. 30 Min. ab Botazzo trifft man am **Bivio G. Modugno (WP 14)** auf einen breiten Radweg, der die Straße nach links verlässt. Bald sieht man unten Bagnoli liegen, im Hintergrund erblickt man Triest und das Meer. Wir durchqueren zwei **Tunnels** und verlassen nach etwa 45 Min. den Weg bei einer **Brücke** über ein Bachbett nach links. Der Abzweig ist hier deutlich auf Bäumen markiert **(WP 15)**. Der **Fußpfad** senkt sich nun durch den Wald allmählich ab, bei einem Abzweig links gehen wir geradeaus weiter **(WP 16)** und erreichen bald darauf einen breiten **Querweg (WP 66)**, den wir überqueren. Unter uns ist das **Rifugio Mario Premuda** schon gut in Sicht. Wir steigen auf schönem Waldweg hinunter und erreichen das **Rifugio (WP 18)**, wo wir gemütlich im Freien essen können.

Das „grüne Gold“ von San Dorligo della Valle: Olivenöl aus Triest

Dass unmittelbar bei Triest hervorragendes Olivenöl hergestellt wird, ist bislang nur wenigen Insidern bekannt: Im Gebiet *San Dorligo della Valle* (an der slowenischen Grenze südlich von Triest) liegt das Zentrum der Olivenölproduktion der Region Friaul-Julisch Venetien. Zwar wurden beim verheerenden Winterfrost von 1929 praktisch alle Olivenplantagen im Raum Triest vernichtet, doch konnte seit den achtziger Jahren die über hundertjährige Tradition der Olivenölgewinnung erfolgreich wieder belebt werden. Einer der ersten, die damals wieder Olivenbäume anpflanzten, war Dottor Vitjan Sancin. Mittlerweile stellen wieder zahlreiche Einwohner ihr eigenes Olivenöl her. Von allen Sorten, die in dieser Region gedeihen, hat sich die autochthone „Belica“ (ital. Bianchera) als besonders witterungsbeständig erwiesen. Daher gehören heute 50 % aller neu angepflanzten Ölbäume zu dieser Sorte. Die Bianchera-Belica wächst bis zu einer mittleren Höhe und hat sich mittlerweile von San Dorligo in Richtung Istrien verbreitet, aber auch bis ins friulanische Hügelland, wo früher ebenfalls Oliven gediehen. Sie verträgt niedrige Temperaturen gut und ist weitgehend krankheits- und schädlingsresistent. Sie ist sehr ertragreich, die Oliven sind mitteldick und können ab der zweiten Oktoberhälfte bis Mitte Dezember geerntet werden. Für die maschinelle Ernte sind diese Ölbäume nicht geeignet, die Früchte werden weitgehend per Hand gepflückt. Im Jahr 2001 wurden die Ölerzeuger von San Dorligo in den nationalen Verband „Città dell'olio“ aufgenommen, so steht es nun auch stolz am Ortsschild von Dolina, dem Hauptort der Region. Vor kurzem haben sie außerdem von der EU die kontrollierte Ursprungsbezeichnung „DOP Tergeste“ für ihr Öl bekommen. Um dieses Siegel tragen zu dürfen, müssen strenge Auflagen erfüllt werden und das Öl muss zu mindestens 20 % aus Belica produziert sein. Weitere Informationen zum Olivenöl der Region Friaul-Julisch Venetien siehe auf S. 51.

Alle nachfolgend aufgeführten Produzenten um San Dorligo della Valle produzieren Olivenöl und, abgesehen von Starec, außerdem Wein, vor allem den erdigen *Dolina Bianco* und den säurearmen *Dolina rosso*. In Dolina kann eine alte Ölfabrik besichtigt werden, die vor kurzem in ein Museum umgebaut wurde.

Azienda Agricola Sancin, Dolina 360, Monte d'Oro. Dottor Vitjan Sancin ist der Pionier des Olivenanbaus in San Dorligo. Er begann bereits 1983 mit der Produktion und vor einigen Jahren hat er begonnen, die Oliven vor der Extrahierung/Pressung zu entkernen – ob dies allerdings positive Auswirkungen auf den Geschmack hat, ist unter Experten sehr umstritten. Sein „Olio Celo“ genießt seit langem einen guten Ruf. ✆ 040/228870, www.sancin.com

Starec, Bagnoli della Rosandra, an der zentralen Piazza. Danilo Starec begann 1984 mit der Produktion, heute haben die Söhne Roberto und Paolo den Betrieb übernommen. Ihre Bäume werden weder gedüngt noch künstlich bewässert. Ihr besonderes Highlight ist das „Extra vergine Belica/Bianchera“, das es nur in kleinen Mengen gibt – die Oliven entstammen dabei zu 100 % der Sorte Belica und werden entkernt, das Öl wird in eleganten 250-ml-Flaschen verkauft. ✆ 040/227040, ☏ 8326105, www.starec.it

Azienda Agricola Ota Roberto, ebenfalls in Bagnoli della Rosandra, hier wird auch Deutsch gesprochen. Geöffnet 17–19 Uhr oder nach Vereinbarung. ✆ 040/227019.

Azienda Agricola Parovel, Località Caresana 81, Elena Parovel spricht ebenfalls Deutsch. ✆ 040/231908, ☏ 227080, www.parovel.com

Azienda Agricola Kocjancic Rado, in Kroglje, zwischen Bagnoli und Dolina. Betriebsführung und Verkostung nach Vereinbarung (mind. 10 Pers.). ✆ 040/228503.

Etwas Italienisch

Aussprache

(Hier nur die Abweichungen von der deutschen Aussprache)

c: vor e und i immer *"tsch"* wie in *rutschen*, z. B. *centro* (Zentrum) = *"tschentro"*. Sonst wie *"k"*, z. B. *cannelloni* = *"kannelloni"*.

cc: gleiche Ausspracheregeln wie beim einfachen **c**, nur betonter: *faccio* (ich mache) = *"fatscho"*; *boccone* (Imbiss) = *"bokkone"*.

ch: wie *"k"*, *chiuso* (geschlossen) = *"kiuso"*.

cch: immer wie ein hartes *"k"*, *spicchio* (Scheibe) = *"spikkio"*.

g: vor e und i *"dsch"* wie in *Django*, vor a, o , u als *"g"* wie in *gehen;* wenn es trotz eines nachfolgenden dunklen Vokals als *"dsch"* gesprochen werden soll, wird ein i eingefügt, das nicht mitgesprochen wird, z. B. in *Giacomo* = *"Dschakomo"*.

gh: immer als *"g"* gesprochen.

gi: wie in *giorno* (Tag) = *"dschorno"*, immer weich gesprochen.

gl: wird zu einem Laut, der wie *"lj"* klingt, z. B. in *moglie* (Ehefrau) = *"mollje"*.

gn: ein Laut, der hinten in der Kehle produziert wird, z. B. in *bagno* (Bad) = *"bannjo"*.

h: wird am Wortanfang nicht mitgesprochen, z. B. *hanno* (sie haben) = *"anno"*. Sonst nur als Hilfszeichen verwendet, um c und g vor den Konsonanten i und e hart auszusprechen.

qu: im Gegensatz zum Deutschen ist das u mitzusprechen, z. B. *acqua* (Wasser) = *"akua"* oder *quando* (wann) = *"kuando"*.

r: wird kräftig gerollt!

rr: wird noch kräftiger gerollt!

sp und **st**: gut norddeutsch zu sprechen, z. B. *specchio* (Spiegel) = *"s-pekkio"* (nicht *schpekkio), stella* (Stern) = *"s-tella"* (nicht *"schtella")*.

v: wie *"w"*.

z: immer weich sprechen wie in *Sahne*, z. B. *zucchero* (Zucker) = *"sukkero"*.

Elementares

Frau ...	*Signora*
Herr ...	*Signor(e)*
Guten Tag	*Buon giorno*
Guten Abend (ab nachmittags!)	*Buona sera*
Gute Nacht	*Buona notte*
Auf Wiedersehen	*Arrivederci*
Hallo/Tschüss	*Ciao*
Wie geht es Ihnen?	*Come sta?*
Wie geht es dir?	*Come stai?*
Danke, gut.	*Molto bene, grazie*
Danke!	*Grazie*
Entschuldigen Sie	*(Mi) scusi*
Entschuldige	*Scusami/Scusa*
Entschuldigung, können Sie mir sagen...?	*Scusi, sa dirmi...?*
ja	*si*
nein	*no*
Tut mir leid	*Mi dispiace*
Macht nichts	*Non fa niente*
Bitte! *(gern geschehen)*	*Prego!*
Bitte (als Einleitung zu einer Frage oder Bestellung)	*Per favore...*
Sprechen Sie Englisch/Deutsch?	*Parla inglese/ tedescso?*
Ich spreche kein Italienisch	*Non parlo l'italiano*
Ich verstehe nichts	*Non capisco niente*
Könnten Sie langsamer sprechen?	*Puo parlare un po` più lentamente?*
Ich suche nach...	*Cerco...*
Okay, geht in Ordnung	*va bene*
Ich möchte	*Vorrei*
Warte/Warten Sie!	*Aspetta/Aspetti!*
groß/klein	*grande/piccolo*
Geld	*i soldi*
Ich brauche ...	*Ho bisogno ...*
Ich muss ...	*Devo ...*
in Ordnung	*d'accordo*
Ist es möglich, dass ...	*È possibile ...*
mit/ohne	*con/senza*
offen/geschlossen	*aperto/chiuso*
Toilette	*bagno*
verboten	*vietato*
Wie heißt das?	*Come si dice?*
bezahlen	*pagare*

Fragen

Gibt es/Haben Sie...?	*C'è ...?*	Wo? Wo ist?	*Dove?/ Dov'è?*
Was kostet das?	*Quanto costa?*	Wie?/Wie bitte?	*Come?*
Gibt es (mehrere)	*Ci sono?*	Wieviel?	*Quanto?*
Wann?	*Quando?*	Warum?	*Perché?*

Smalltalk

Ich heiße ...	*Mi chiamo ...*
Wie heißt du?	*Come ti chiami?*
Wie alt bist du?	*Quanti anni hai?*
Das ist aber schön hier	*Meraviglioso!/Che bello!/Bellissimo!*
Von woher kommst du?	*Di dove sei tu?*
Ich bin aus München/Hamburg	*Sono di Monaco, Baviera/di Amburgo*
Bis später	*A più tardi!*

Orientierung

Wo ist bitte...?	*Per favore, dov'è..?*
... die Bushaltestelle	*...la fermata*
... der Bahnhof	*...la stazione*
Stadtplan	*la pianta della città*
rechts	*a destra*
links	*a sinistra*
immer geradeaus	*sempre diritto*
Können Sie mir den Weg nach ... zeigen?	*Sa indicarmi la direzione per..?*
Ist es weit?	*È lontano?*
Nein, es ist nah	*No, è vicino*

Bus/Zug

Fahrkarte	*un biglietto*	... der letzte?	*...l'ultimo?*
Stadtbus	*il bus*	Abfahrt	*partenza*
Überlandbus	*il pullman*	Ankunft	*arrivo*
Zug	*il treno*	Gleis	*binario*
hin und zurück	*andata e ritorno*	Verspätung	*ritardo*
Ein Ticket von X nach Y	*un biglietto da X a Y*	aussteigen	*scendere*
Wann fährt der nächste?	*Quando parte il prossimo?*	Ausgang	*uscita*
		Eingang	*entrata*

Auto/Motorrad

Auto	*macchina*	Reifen	*le gomme*
Motorrad	*la moto*	Kupplung	*la frizione*
Tankstelle	*distributore*	Lichtmaschine	*la dinamo*
Volltanken	*il pieno, per favore*	Zündung	*l'accensione*
Bleifrei	*benzina senza piombo*	Vergaser	*il carburatore*
Diesel	*gasolio*	Mechaniker	*il meccanico*
Panne	*guasto*	Werkstatt	*l'officina*
Unfall	*un incidente*	funktioniert nicht	*non funziona*
Bremsen	*i freni*		

Bank/Post/Telefon

Wo ist eine Bank?	*Dove c' è una banca*	Postkarte	*cartolina*
Postamt	*posta/ufficio postale*	Brief	*lettera*
Ich möchte Reiseschecks einlösen	*Vorrei cambiare dei traveller cheques*	Briefkasten	*la buca (delle lettere)*
		Briefmarken	*i francobolli*
		Wo ist das Telefon?	*Dov' è il telefono?*

Hotel/Camping

Haben Sie ein Einzel/ Doppelzimmer?	*C'è una camera singola/doppia?*
Können Sie mir ein Zimmer zeigen?	*Può mostrarmi una camera?*
Ich nehme es/wir nehmen es	*La prendo/la prendiamo*
Zelt/ kleines Zelt	*tenda/canadese*
Schatten	*ombra*
mit Dusche/Bad	*con doccia/ bagno*
ein ruhiges Zimmer	*una camera tranquilla*
Wir haben reserviert	*Abbiamo prenotato*
Schlüssel	*la chiave*
Vollpension	*pensione completa*
Halbpension	*mezza pensione*
Frühstück	*prima colazione*
Hochsaison	*alta stagione*
Nebensaison	*bassa stagione*

Zahlen

0	*zero*	13	*tredici*	60	*sessanta*
1	*uno*	14	*quattordici*	70	*settanta*
2	*due*	15	*quindici*	80	*ottanta*
3	*tre*	16	*sedici*	90	*novanta*
4	*quattro*	17	*diciassette*	100	*cento*
5	*cinque*	18	*diciotto*	101	*centuno*
6	*sei*	19	*diciannove*	102	*centodue*
7	*sette*	20	*venti*	200	*duecento*
8	*otto*	21	*ventuno*	1.000	*mille*
9	*nove*	22	*ventidue*	2.000	*duemila*
10	*dieci*	30	*trenta*	100.000	*centomila*
11	*undici*	40	*quaranta*	1.000 000	*un milione*
12	*dodici*	50	*cinquanta*		

Arzt/Krankenhaus

Ich brauche einen Arzt	*Ho bisogno di un medico*
Hilfe!	*Aiuto!*
Erste Hilfe	*pronto soccorso*
Krankenhaus	*ospedale*
Schmerzen	*dolori*
Ich bin krank	*Sono malato*
Biss/Stich	*puntura*
Fieber	*Febbre*
Durchfall	*diarrea*
Erkältung	*raffreddore*
Halsschmerzen	*mal di gola*
Magenschmerzen	*mal di stomaco*
Zahnweh	*mal di denti*
Zahnarzt	*dentista*
verstaucht	*slogato*

Restaurant

Haben Sie einen Tisch für x Personen?	*C'è un tavolo per x persone?*
Ich möchte zahlen	*Il conto, per favore*
Gabel	*forchetta*
Messer	*coltello*
Löffel	*cucchiaio*
Aschenbecher	*portacenere*
Mittagessen	*pranzo*
Abendessen	*cena*
Eine Quittung, bitte	*Vorrei la ricevuta, per favore*
Es war sehr gut	*Era buonissimo*
Trinkgeld	*mancia*
Extra-Preis für Gedeck, Service und Brot	*coperto/pane e servizio*
Vorspeise	*antipasto*
erster Gang	*primo piatto*
zweiter Gang	*secondo piatto*
Beilagen	*contorni*
Nachspeise (Süßes)	*dessert*
Obst	*frutta*
Käse	*formaggio*

Register

Arrivederci !
Aufwiedersehen !
Nasvidenje !
A riviódisi !